BRAHMA SUTRA

COM OS COMENTÁRIOS ADVAITA DE SHANKARACHARYA
TOMO I

Catalogação na Fonte
Elaborado por: Dayanne Leal Souza
Bibliotecária CRB 9/2162

T591b
2024

Tinoco, Carlos Alberto
Brahma sutra: com os comentários advaita de Shankaracharya - tomo 1 / Carlos Alberto Tinoco. - 1. ed. - Curitiba: Appris, 2024.
359 p. : il. color. ; 23 cm.

Inclui referências.
ISBN 978-65-250-6158-0

1. Brahma sutra. 2. Filosofia hindu. 3. Espiritualidade. I. Tinoco, Carlos Alberto. II. Título.

CDD - 248.4

Editora e Livraria Appris Ltda.
Av. Manoel Ribas, 2265 - Mercês
Curitiba/PR - CEP: 80810-002
Tel. (41) 3156 - 4731
www.editoraappris.com.br

Printed in Brazil
Impresso no Brasil

Carlos Alberto Tinoco

BRAHMA SUTRA

COM OS COMENTÁRIOS ADVAITA DE SHANKARACHARYA
TOMO I

Appris editora

Curitiba, PR
2024

FICHA TÉCNICA

EDITORIAL	Augusto Coelho Sara C. de Andrade Coelho
COMITÊ EDITORIAL	Ana El Achkar (UNIVERSO/RJ) Andréa Barbosa Gouveia (UFPR) Conrado Moreira Mendes (PUC-MG) Eliete Correia dos Santos (UEPB) Fabiano Santos (UERJ/IESP) Francinete Fernandes de Sousa (UEPB) Francisco Carlos Duarte (PUCPR) Francisco de Assis (Fiam-Faam, SP, Brasil) Jacques de Lima Ferreira (UP) Juliana Reichert Assunção Tonelli (UEL) Maria Aparecida Barbosa (USP) Maria Helena Zamora (PUC-Rio) Maria Margarida de Andrade (Umack) Marilda Aparecida Behrens (PUCPR) Marli Caetano Roque Ismael da Costa Güllich (UFFS) Toni Reis (UFPR) Valdomiro de Oliveira (UFPR) Valério Brusamolin (IFPR)
SUPERVISOR DA PRODUÇÃO	Renata Cristina Lopes Miccelli
PRODUÇÃO EDITORIAL	Bruna Holmen
REVISÃO	Stephanie Ferreira Lima
DIAGRAMAÇÃO	Amélia Lopes
CAPA	Mateus de Andrade Porfírio
REVISÃO DE PROVA	Jibril Keddeh

Querida Mãe Shakti, quero Te dar as minhas mãos, para que com elas possas tecer um ramalhete cor de sangue para enfeitar, com amor, os Teus pés de lótus.

Quero Te dar os meus braços e o meu corpo inteiro, para que, com eles, eu possa imolar-me em Teu coração cheio de amor, como o de Radha e Krishna.

Sempre existi, nunca fui criado e estou sempre a Ti ligado, como o Atmân está unido ao Eterno Brahmân, razão última e essência de tudo.

A Ti, querida Mãe, dedico este livro, a obra da minha vida.

O Autor

SUMÁRIO

INTRODUÇÃO

BADARAYANA E O BRAHMA SUTRA

O Brahma Sutra é um texto sânscrito atribuído ao sábio Badarayana, também conhecido como Vyasa. Estima-se ter sido concluído por volta de 400-450 d.C. A versão original, estimam outros estudiosos, pode ser mais antiga e teria sido composta entre 1.500 a.C. e 1.200 a.C. O texto sistematiza e resume as ideias filosóficas e espirituais contidas nas Upanishads pertencentes ao grupo das principais.

Figura 1 – Badarayana

Fonte: https://badarayana.org/who_is_sage_badarayana.php.

O Brahma Sutra sintetizou os diversos e, às vezes, conflitantes ensinamentos das Upanishads. É um dos textos fundamentais da escola Vedanta de filosofia hindu. A Bhagavad Gitâ, as Upanishads principais e o Brahma Sutra constituem o Prasthana Traya, ou seja, o tríplice cânone da escola Vedanta.

O Brahma Sutra é constituído por 555 versos, aforismos ou sutras, reunidos em quatro capítulos. Esses versos tentam expressar com palavras uma forma de conhecimento que está além das palavras, abordando temas sobre a natureza da existência humana e do universo e ideias sobre o princípio metafísico da Realidade Suprema chamado Brahmân.

O primeiro capítulo discute a metafísica da Realidade Absoluta. O segundo capítulo analisa e aborda as objeções levantadas pelas ideias filosóficas ortodoxas concorrentes de filosofias hindus, como Nyaya, Yoga, Vaishesika e Mimansa, bem como de escolas heterodoxas, como budismo e jainismo. O terceiro capítulo discute a epistemologia e o caminho para obter um conhecimento espiritualmente libertador. O quarto e último capítulo afirma porque tal conhecimento é uma necessidade humana importante.

O pensamento ortodoxo do hinduísmo é formado por escolas filosóficas que seguem os Vêdas ou admitem sua autoridade. Segundo Joseph Campbell (2003, p. 431- 436) e a maioria dos estudiosos dos Vêdas, há seis escolas de pensamento consideradas ortodoxas, conhecidas também como "os seis darshanas" ou seis "pontos de vista". Seriam baseadas nos Vêdas, aceitando a autoridade e a veracidade deles, enfocando-os sob aspectos diferentes. Essas escolas seriam:

ESCOLA	TEXTO BÁSICO	DATA EM QUE FOI ESCRITO	AUTOR
1 - *NYAYA*	*Nyaya-Sutra*	Séc. VII a.C.	Gautama[1]
2 - *VAISESIKA*	*Vaisesika-Sutra*	Séc. II a.C.	Kanada
3 - *MIMANSA*	*Purvamimansa-Sutra*	Séc. II a V d.C.	Jaimini
4 - *VEDANTA*	*Brahma-Sutra, Bhagavad Gita, Upanishads* (antigas)	Séc. VIII a II a.C.	Badarayana e outros
5 - *SANKHYA*	*Sastitantra* (desaparecido)	(?)	(?)

[1] Não se trata de Sidarta Gautama, o Buda.

6 – *YOGA*	*Yoga-Sutra*	Séc. II a.C a II d.C.	Patânjali

Em seguida, será feita uma exposição resumida de cada uma dessas escolas.

- *Nyaya*: é uma escola analítica e não especulativa. Contribui muito para o desenvolvimento do pensamento racional, científico. Defende a concepção de que é possível atingir o Absoluto por meio do pensamento lógico. Contém uma Teoria do Conhecimento. É uma escola adequada ao debate, admitindo que todas as formas de conhecimento são simples instrumentos de revelação da realidade. Sobre a escola *Nyaya*, assim escreveu Mahadevan[2]: "O sistema Nyaya é um realismo porque aceita a realidade de um mundo extramental; é lógico porque intenciona desenvolver sua visão do mundo mediante o raciocínio lógico. O Nyaya é uma lógica e uma filosofia".

- *Vaisheshika*: na natureza, existem categorias eternas que se combinam em diferentes proporções. É uma escola atomística. Segundo essa escola, os átomos das diversas substâncias são desprovido de extensão, mas, quando se combinam uns com os outros, adquirem extensão e visibilidade. Sobre o Vaisheshika, assim escreveu Glasenapp[3]:

> A palavra *Vaisheshika* deriva de "*vishesha*" (diferença); o *Vaisheshika* é uma doutrina que trata de alcançar a solução dos problemas metafísicos estabelecendo as diferenças específicas entre todas as coisas que se nos apresentam no mundo exterior e interior; os adeptos desta doutrina são chamados "*vaisheshikas*".

Sobre o atomismo da escola *Vaisheshika*, Carlos Alberto Tinoco[4] escreveu o seguinte:

> Durante os períodos em que ocorre a dissolução do universo, entre cada ciclo, os átomos não se combinam, por isso não

[2] MAHADEVAN, T. M. P. **Invitación a la Filosofia de la India**. Mexico: Fondo de Cultura Económica, 1991. p. 92.

[3] GLASENAPP, Helmuth von. **La Filosofia de los Hindues**. Barcelona: Barral Editores, 1977. p. 247-248.

[4] TINOCO, Carlos Alberto. **Introdução ao Pensamento Védico**. Manaus: Imprensa Oficial do Amazonas, 1989. p. 90.

há universo visível. Entretanto, as almas conservam seus méritos e deméritos e, consequentemente, se unem logo aos diversos átomos. Isso renova o movimento daqueles e então começa um novo ciclo.

- *Mimansa*: há duas linhas de pensamento com essa mesma denominação: Uttara-Mimansa e Purva-Mimansa. A palavra Mimansa significa "pensamento profundo", "reflexão", "exposição" e, quando aplicado à filosofia, quer dizer "reflexão" ou "exposição sobre os Vêdas". Apenas para usar expressões ocidentais para esclarecer melhor, pode-se dizer que Mimansa é um tipo de escolástica dos brâhmanes que define os cânones ortodoxos da liturgia do brahmanismo. Por essa razão, a palavra mimansa já aparece nos Brâhmanas mais recentes, com o significado de uma discussão a respeito de práticas rituais. Sobre o Mimansa-Sutra, na obra intitulada *The Cultural Heritage of India*, no volume VI[5], pode-se ler o seguinte:

> O objetivo do *Mimansa-Sutra* de *Jaimin* é explicar o significado dos *Vêdas*. Os *Vêdas* diretamente ou indiretamente indicam o que é *dharma* ou virtude ou o que é *adharma* ou vice-versa. Eles assim o fazem de modo que as pessoas possam praticar o *dharma* e se absterem do *adharma*. O *Mimansa-Sutra* entretanto não deveria ser considerado como um comentário dos *Vêdas* semelhante a outros *bhasyas*, mas a sua função é explicar como chegar ao real significado dos *Vêdas* que é aceitável para os sábios. Qualquer estudante do livro deveria lembrar bem que o seu principal objetivo é agastar-se e explicar em detalhes regras para remover dúvidas e assim, chegar ao real significado dos *Vêdas*.

- *Sankhya*: é uma escola que apresenta uma exposição teórica da natureza humana, especificando e enumerando seus elementos (*bhandas*) e descrevendo sua condição quando alcança a iluminação (*moksha, kaivalya*). Muito pouca coisa se sabe a respeito da história dessa escola ortodoxa, até o aparecimento do primeiro trabalho sistematizado escrito por Ishwarakrishna, possivelmente no século V d.C., com o título *de Sankhya – Kariká*. Os estudiosos aceitam a existência de um Sankhya antigo, anterior à sua sistematização feita por Iswarakrishna. Sobre o Sankhya, assim escreveu Mahadevan[6]:

[5] The Cultural Heritage of India. Calcutá-Índia: The Ramakrishna Mission; Institute of Culture, 2001. 6v. p. 152.

[6] MAHADEVAN, 1991, p. 118.

> O Samkhya é um sistema realista, dualista e pluralista. É um realismo porque reconhece a realidade do mundo externo; é um dualismo porque sustenta que há duas realidades fundamentais distintas, a saber o espírito e a matéria e é um pluralismo porque crê em uma pluralidade de espíritos.

- *Vedanta*: a palavra vedanta significa "fim do Vêda" e designava, no passado, as Upanishads, pelo fato dessas estarem localizadas no final dos textos védicos. Primordialmente, Vedanta designava o conjunto de ensinamentos encontrados nas Upanishads, na Bhagavad Gita e no Brahma Sutra ou Vedanta Sutra, escrito por Badharayana, aproximadamente no início da Era Cristã. Esse texto monumental foi comentado pelo sábio vedantino Shankaracharya. Com o decorrer do tempo e somente tardiamente, aproximadamente durante os primeiros séculos antes de Cristo, Vedanta passou a ser a denominação específica de um sistema filosófico que se opõe aos outros darshanas, especialmente ao Samkhya e ao Yoga clássico. Sobre o Vedanta, assim escreveu Helmuth Von Glasenapp[7]:

> Originalmente (*Vedanta*) era uma designação para todas as doutrinas que são expostas nas *Upanishads*, mas depois se converte em denominação específica daqueles sistemas que aceitam como causa de todo ser ou (como *Madhva*) de todo o devir, um princípio supremo cósmico, em oposição aos sistemas doutrinários da *Mimànsa*, do *Samkhya* (clássico) e do *Yoga* (de *Patañjali*), surgidos do âmbito das concepções comuns da literatura *védica*.

- *Yoga*: a palavra Yoga é originária do verbo sânscrito "*yuj*", que significa unir, juntar e é do gênero masculino. Essa escola tem por objetivo o despertar da consciência por meio da libertação do homem da roda do samsara ou "roda dos nascimentos e mortes". Muito usada pelo hinduísmo, a palavra samsara, significa a transmigração da alma, seu processo contínuo de encarnar e desencarnar devido à lei do *karma*. A origem do Yoga é remota, tendo surgido, provavelmente, do xamanismo pré-histórico. O Yoga sempre foi muito respeitado pelas religiões ortodoxas e inortodoxas. Algumas dessas escolas assimilaram o Yoga com o

7 GLASENAPP, 1977, p. 167.

objetivo de angariar prestígio. Assim, existe um Yoga brahmânico ou védico, um Yoga jainista, um Yoga budista e um Yoga no Vedanta. O Yoga ao qual se refere este livro é o Yoga hinduísta. Sobre o sistema Yoga, escreveu Mahadevan[8]:

> O *Yoga* não tem uma metafísica própria. Aceita a filosofia *samkhya* e formula um método por meio do qual pode alcançar-se a meta do homem, segundo se concebe neste sistema. O que tem que fazer-se é separar o espírito (*purusa*) da matéria primordial (*prakrti*); e esta separação há de logra-se mediante um processo de controle mental. Na mente é onde se reflete o espírito; e toda a desgraça que sofre o espírito se deve ao fato de que se identifica com o seu reflexo na mente.

Os seis dárshanas ou seis "pontos de vista" são considerados seis aspectos de uma única tradição ortodoxa. Embora aparentemente ou até abertamente contraditórios, são tidos como projeções complementares da verdade única em vários planos de consciência, intuições válidas a partir de diferentes pontos de vista. No contexto do hinduísmo, o Yoga é um darshana, uma maneira de ver o Vêda.

Os darshanas podem ser agrupados por afinidades ou por serem complementares. Assim, podem ser agrupados os seguintes darshanas:

Samkhya – Yoga

Mimansa – Vedanta

Vaisesika – Nyaya

O Brahma Sutra foi influente em várias escolas de filosofias indianas, mas interpretado de forma diferente pela subescola não dualista Advaita Vedanta, as subescolas teístas Vishishtadvaita e Dvaita Vedanta, bem como outras. Vários comentários sobre os Brahma Sutra estão perdidos na história ou ainda não foram encontrados. Dentre aqueles que sobreviveram, dentre os comentários mais bem estudados sobre os Brahma Sutra, destacam-se o bhashya ou comentário de Adi Shankaracharya, o de Ramanuja, o de Madhvacharya, o de Bhaskara, o de Vallabha, o de Nimbarka, dentre outros.

O Brahma Sutra é também conhecido como Vedanta Sutra — derivando esse nome do Vedanta, que significa "parte final dos Vedas". Outros nomes para o Brahma Sutra são Shariraka Sutra e Bhikshu Sutra, que

[8] MAHADEVAN, 1991, p. 129.

significa literalmente "Sutra para monges ou mendicantes" . A expressão Shariraka significa "aquilo que vive no corpo (Sharira), ou o Ser, Alma".

O Brahma Sutra é atribuído a Badarayana. Esse era o guru ou mestre espiritual de Jaimini, sendo este último considerado o autor dos Mimamsa Sutras da escola Mimamsa de filosofia hindu. Isso é provável, uma vez que tanto Badarayana quanto Jaimini citam um ao outro enquanto analisam as suas teorias. Badarayana enfatiza o conhecimento, enquanto Jaimini enfatiza rituais, às vezes concordando um com o outro, às vezes discordando, frequentemente um contrário ao outro.

O Brahma Sutra também poderia ser datado dos séculos que se seguiram a Buda e a Mahavira, porque ele menciona e critica as ideias do budismo e do jainismo no Pada 2. A cronologia relativa do texto também é baseada no fato de que Badarayana cita todos os principais hindus ortodoxos conhecidos nas escolas de filosofia, exceto Nyaya. O século exato de sua composição ou conclusão na forma final é desconhecido, mas estudiosos sugerem que o texto foi concluído em algum momento entre 500 e 200 a.C. Os filósofos Sarvepalli Radhakrishnan e Dasgupta, independentemente, sugerem o século 2 a.C. como mais provável. Por outro lado, Paul Deussen o situa entre 200 a.C e 400 d. C.

Como já foi abordado antes, o Brahma Sutra se consiste em 555 aforismos ou sutras, distribuídos em quatro capítulos — *adhyaya* —, sendo cada capítulo dividido em quatro partes ou padas. Por sua vez, cada parte é subdividida em seções chamadas *adhikaraṇas.*

No quadro a seguir, estão assinaladas as distribuições dos sutras por padas e seções.

Seção	1º Pada	2º Pada	3º Pada	4º Pada	Total
Adhyaya 1	31	32	43	28	134
Adhyaya 2	37	45	53	22	157
Adhyaya 3	27	41	66	52	186
Adhyaya 4	19	21	16	22	78
Totais	--------	---------	--------	------	555

O Brahma Sutra revisita e reafirma os ensinamentos encontrados em uma variedade de Upanishads, resumindo-os organizando-os, unificando-os e sistematizando-os. O texto revê e critica a maioria das principais escolas ortodoxas da filosofia hindu, bem como todas as filosofias indianas heterodoxas, como o budismo e o jainismo. O Brahma Sutra cita as principais Upanishads com frequência, como a Kaushitaki Upanishad, a Brhadaryaka Upanishad e a Shvetashvatara Upanishad etc., em vários sutras. Vale destacar que o Brahma Sutra também menciona Upanishads agora desconhecidos e perdidos.

Os versos ou sutras do Brahma Sutra são aforismos bastante confusos e enigmáticos e de difícil interpretação. Muitas pessoas, ao lerem o Brahma Sutra, pensam que o fato dos seus versos serem muito confusos e enigmáticos se deve a uma má tradução do sânscrito, o que não é verdade. O texto original também é confuso e de difícil leitura. O texto foi chamado pelo filósofo indiano Das Gupta de "Lógica das possibilidades infinitas" e Sri Aurobindo o chamou de "Lógica do Absoluto". Apesar de enigmático, o Brahma Sutra cita versos das Upanishads de grande beleza e profundidade, por exemplo: "Te pergunto acerca desse Espírito que só se conhece pelas Upanishads" (Brhadaranyaka Upanishad, III, 9, 26).

O desafio de traduzir o Brahma Sutra para a língua portuguesa é enorme. O texto é imenso e de vasta complexidade. Algumas versões o apresentam em volumes de quase mil páginas!

Esperamos que este livro possa contribuir para o público leitor brasileiro com o acesso ao coração do Vedanta e às Upanishads.

Curitiba, verão de 2021.

QUEM FOI ADI SHANKARACHARYA E O QUE É O ADVAITA VEDANTA

Escola do Advaita Vedanta foi fundada pelo brâhmane Adi Shankaracharya (788 a 820 d.C.), discípulo do discípulo de Gaudapada. Essa escola propõe um monismo ou não dualismo, a identidade absoluta entre o universo e Brahmân, ensinando, porém, que a consciência de tal unidade excede o poder de expressão da inteligência discursiva. Qualquer afirmação sobre o assunto é prejudicada pela própria contradição dos termos, ou seja, qualquer afirmação ou negação sobre a Verdade Absoluta é contraditória. Net, Net, Net (Não, Não, Não, ou Não é isto, Não é isto, Não é isto) é a afirmação mais segura que pode ser dita quando se reflete discursivamente sobre o Absoluto. Ao ser "percebido", o Absoluto não pode ser explicado com palavras. Basta-nos a consolação da fórmula Tat Twan Asi (Tu és Aquilo), encontrada na Chandogya Upanishad.

Shankara viajou através do subcontinente da Índia, com o objetivo de propagar sua filosofia Advaita, realizando amplos debates com outros filósofos por meio de discussões, principalmente contra os adeptos do budismo. Fundou quatro grandes mosteiros ou Mathas, visando ajudar o desenvolvimento e o renascimento do hinduísmo na Índia, que declinou em virtude da ação dos budistas. Esses quatro templos foram os seguintes:

SHISHYA	DIREÇÃO	TEMPLO	*MAHÂVÂKA*	*SAMHITÂ*	*SAMPRADAYA*
Hâstamalacakârya	Leste	*Govardhana Pîthan*	*Prajñānam brahma* (Brahman é *Conhecimento)*	*Rig Vêda*	*Bhogavala*
Sureshvârya	Sul	*Sharada Pîthan*	*Aham Brahmāsmi* (Eu sou *Brahmân)*	*Yajur Vêda*	*hurivala*
Padmapâda	Oeste	*Dvâraka Pîthan*	*Tattvamasi* (Tu és o Supremo)	*Sâma Vêda*	*Kitavala*

Totaâkara	Noroeste	*Jyothirmatha Pîthan*	*Ayamātmā Brahmân* (Este Âtma é Brahmân)	*Athârva Vêda*	*Nandavala*

De acordo com uma tradição de Kerala, após o Maha Samâdhi de Shankara (morte de Shankara), seus discípulos fundaram quatro outros templos, em Thrissur, chamados Naduvil Madhom, Thekke Madhom, Idayil Madhom e Vadakke Madhom.

Ele é considerado como o autor da contrarreforma do hinduísmo. Ele considerava-se o organizador da ordem monástica Dachanami e o fundador da tradição Shanmata de adoração. Seus trabalhos em sânscrito estabeleceram a escola Advaita Vedanta. Fez importantes comentários às Upanishads principais, ao Brahma Sutra e à Bhagavad Gitâ, visando dar suporte às suas teses monistas. Escreveu os textos *Viveka Chudamani* e *Tatva Bodha*, dentre outros. Foi o principal adversário da escola Mimansa, oferecendo também argumentos contra a escola ateística Samkhya e algumas escolas do budismo.

Com a idade de sete anos, Shankara sentiu inclinações para se tornar um Samniasyn. Isso era contra as intenções da sua mãe, que, com o tempo, deu-lhe consentimento para isso. Esse fato aconteceu em virtude do seguinte acontecimento: enquanto Shankara se banhava rio Poorna, um crocodilo foi até o jovem e mordeu-o a perna, causando-lhe muito sofrimento. Crocodilos não eram encontrados naquele rio, na época. Ao ver a cena, sua mãe prometeu que lhe daria o consentimento desejado, caso o crocodilo liberte seu filho, o que aconteceu. A partir desse momento, ele abandonou Kerala e passou a viajar até o norte da Índia, em busca de um mestre espiritual. Próximo às margens do rio Narmada, encontrou-se com aquele que seria o seu mestre, Govinda Bhagatpada, discípulo de Gaudapada. Ao ser indagado pela sua identidade, Shankara respondeu com um verso da filosofia Advaita Vedanta. Seu mestre o estimulou a escrever um comentário ao Brahma Sutra e a divulgar a escola Advaita Vedanta. Ao ouvi-lo, Govinda Bhagavatpada o aceitou como discípulo.

O pai de Shankara faleceu quando ele era muito jovem. Ele aprendeu a ler sozinho e, em virtude da morte prematura do seu pai, foi iniciado para a fase de brahmacharin pela sua mãe. Aos oito anos, demonstrou completo conhecimento dos quatro Samhitâs dos Vêdas. Ao viajar para Kashi, ele encontrou um jovem chamado Sanandana, que se tornou seu primeiro discípulo. De acordo com lendas, enquanto se dirigia ao templo Vishvanath, Shankara deparou-se com um grupo de intocáveis acompanhado por quatro cães. Quando seus discípulos pediram a eles que se afastassem, os intocáveis responderam "Você deseja que eu mova meu *Âtman Eterno ou este corpo feito de carne?*". Os intocáveis eram as pessoas nascidas da relação incestuosa entre castas e, portanto, não possuíam castas, estando fora da sociedade hindu. Compreendendo que os intocáveis eram ninguém mais que Shiva, que era ele mesmo, e que os quatro cães eram os quatro Samhitas dos Vêdas, Shankara prostrou-se ante eles e compôs os quatro versos (Slokas) conhecidos por Manisha Panchakan. Em Badari, escreveu seus famosos Bhasyas (Comentários) e Prakarana Granthas (Tratados Filosóficos).

Um dos seus mais famosos debates foi com o ritualista Mandana Mishra. Ele dizia que a vida de um pai de família (grihastha) era superior à do monge. Esse ponto de vista era muito respeitado em toda a Índia daquele tempo. Assim, deve ter sido importante para Shankara realizar um debate com Madana Mishra. Este foi um importante filósofo da escola Mimamsa. O mestre espiritual de Madana Mishra foi o filósofo Kumârila Bhatta, com quem Shankara debateu.

Após debater durante 15 dias com a Ubhaya Bhâratî, esposa de Mandana Mishra, agindo como árbitro, Mandana Mishra aceitou a derrota. Então, ela desafiou Shankara a ter um debate com ela, visando concluir sua vitória. Ela lhe indagou sobre questões sexuais entre homem e mulher, assunto sobre o qual Shankara não tinha conhecimento, pois era um Samniasyn, com votos de castidade. Shankara lhe pediu uma interrupção de 15 dias. Após esse período, ele usou a arte da Para-Kaya-Pravesha (o espírito que abandona um corpo e entra em outro). A história cita que, entrando no corpo morto de um rei que possuía duas esposas, ele aprendeu "a arte do amor". Daí, ganhou o debate com Ubhaya Bhâratî.

Finalmente, ele respondeu a todas as questões propostas por Ubhaya Bhâratî e ela seguiu seu marido, aceitando os votos de Samniasyn, com o nome espiritual de Sureshvarâcârya. Adi Shankaracharya viajou com seus discípulos para Maharshtra e Srisailam. Nesse local, ele compôs o famoso poema Shivanandalahari, uma espécie de hino devocional em louvor a Shiva, contendo cem versos.

Há um outro poema ou hino, escrito por Shankara, denominado Nirvânashatkan. Nesse hino, Shankara fala sobre Shiva ao invés do Absoluto Brahman. Mas, no hino, Shiva é uma forma espiritual emanada de Brahmân. O hino é o seguinte:

> 1-Não sou a mente, nem o pensamento, nem a memória, nem o Ego, nem os ouvidos, nem a língua, nem a visão e nem o olfato. Nem o éter, nem o ar, nem o fogo, nem a água nem a terra. Eu sou a consciência e a unidade eterna.
>
> 2-Não sou o Prâna nem os cinco ares vitais, nem os sete elementos ou os cinco envoltórios do corpo, nem as mãos nem os pés, nem a língua nem outros órgãos da ação (Karmendryas). Eu sou consciência e unidade eterna. Eu sou *Shiva !* Eu sou *Shiva!*
>
> 3-Não tenho medo ou ilusão, desejo ou anseio. Não tenho orgulho, nem apego, nem virtude, nem libertação. Não há desejos em minha mente, nem objetos que possam ser desejados. Eu sou consciência e unidade eterna. Eu sou *Shiva!* Eu sou *Shiva!*
>
> 4-Não conheço prazer nem dor, nem virtude nem vício, nem *mantra,* nem *Vêda,* nem ascetismo, nem local sagrado. Não sou o alimento, nem o que come a ação de comer. Eu sou consciência eterna e unidade eterna. Eu sou Shiva! Eu sou Shiva!
>
> 5-Não tenho morte nem medo, não pertenço a nenhuma casta, não tenho pai, nem mãe, pois jamais nasci. Não tenho amigo nem companheiro, nem discípulo, nem mestre espiritual. Eu sou consciência e unidade eterna. Eu sou Shiva! Eu sou Shiva!
>
> 6-Não tenho forma ou semelhança. Eu sou aquele que a tudo permeia. Estou em tudo e estou além dos sentidos. Não sou o salvador e não sou aquele que se deve conhecer. Eu sou consciência e unidade eterna. Eu sou Shiva! Eu sou Shiva!

O texto Madhaviya Shankaravijayam diz que, quando Shankara estava prestes a ser sacrificado por um Kapalika, o deus Narasimha apareceu para salvar Shankara em resposta à oração *Padmapadacharya* feita para ele. Como resultado, Adi Shankara compôs o Laksmi-Narasimha Stotra. Os Kapalikas eram os mais proeminentes adoradores de Shiva entre os séculos VIII e XIII d.C. Eles se tornaram famosos pelas suas práticas de adoração, as quais incluíam práticas esotéricas de sacrifícios de animais e de seres humanos.

Foram os sucessores dos Pashupatas e faziam votos antissociais. Junto com os Kalamukha, eram chamados de Mahavratins, ou seja, "observadores de grandes votos". Os Kapalikas usavam um colar de crânios humanos e foram os autores do texto tântrico intitulado Bhairava Tantra. Eram chamados de "Homens Caveira".

Figura 2 – *Kapalikas* e *Kalamukhas*

Fonte: cortesia do museu Vitória e Albert, séc. XVIII d.C.

Na figura, vê-se Shiva e sua esposa Parvati, olhando Ganesha, tendo Skanda nos braços. Shiva está com um colar de caveiras humanas. Há também uma fogueira.

Shankara viajou para Gokarna, o templo de Hari-Shankara (Hari--Shiva), em Kollur. Nesse local, ele aceitou seu jovem discípulo, a quem deu o nome espiritual de Hastâmalakâcârya ("aquele com o fruto amalaka em suas palmas" ou "aquele que, claramente, realizou o Ser"). Depois, visitou Sringeri, para ali criar o monastério de Sharada Pîtham, no sul da Índia, aceitando Sureshvarâcârya como seu discípulo.

Depois disso, Shankara iniciou o Dig-Vijaya ou "a viagem da conquista", objetivando difundir a sua filosofia Advaita por meio de controvérsias com os filósofos que a ele se opunham. Viajou através da Índia, indo ao norte em Kashimir e Nepal, promovendo debates com hinduístas, budistas e outros monges de outras escolas filosóficas. Com o rei Rei Sudhanva em sua companhia, Shankara caminhou por meio do Tamil Nadu, Andhra Pradesh e Vidarbha. Depois, foi para Karnataka, onde se encontrou com o referido grupo armado de Kapalikas.

Prosseguindo para Saurashtra (antigo Camboja) e tendo visitado os santuários de Girnar, Somnath e Prabhasa, onde explanou sobre a superioridade do Vedanta por onde passava, chegou a Dvarka, onde Bhâskara de Ujjayini, um grande propagador da filosofia Bhedâbheda, foi derrotado em debate, sendo ali humilhado pela argumentação sólida de Shankara. Com essa derrota, todos os integrantes da filosofia Bhedâbheda aceitaram o pensamento Advaita.

Shankara também derrotou os jainistas nos debates, no lugar chamado Bahlika. Depois, teve encontro com o mestre tântrico Navagupta de Kamarupa. Shankara também obteve vitória em seus debates com ascetas do Camboja e outras regiões desérticas da Índia até Kashimir. Shankara conheceu o sábio Sarvajñapîtha, em Kashimir (no atual Paquistão). Debateu com outros sábios de outras escolas, em monastérios, todos pertencentes às escolas do hinduísmo, como Mimansa e Vedanta.

Ao se aproximar o fim da sua vida, Adi Shankaracharya viajou aos Himalaias, nas regiões de Kedarnath-Badrinath, alcançando o estado de Videha Mukti (Liberto do Corpo). Ali, *há um templo, o Samâdhi Mandir, dedicado a Shankaracharya, situado por trás do templo de Kedarnath. Pelo estilo da escrita e da argumentação de Shankara, alguns estudiosos ocidentais o comparam a Tomás de Aquino (1224-*1274), o filósofo medieval que estabeleceu a filosofia chamada de Tomismo Aristotélico, por ter baseado o pensamento da Igreja Católica em Aristóteles. Notabilizou-se pelo seu estilo argumentativo, sob a forma de perguntas e respostas. Por isso, Shankara é denominado por

"Santo Tomás de Aquino do Pensamento Indiano" ou "o mais brilhante personagem da história do pensamento da Índia".

Devido ao intenso trabalho de Shankara, o hinduísmo voltou a florescer na Índia, apesar dos esforços contrários dos budistas e de outras escolas. Naquela época, o hinduísmo estava dividido em muitas seitas, umas se digladiando com as outras. Os seguidores das escolas Mimansa e Samkhya eram ateus. Mas, ao lado dessas escolas ateísticas, existiam outras escolas do hinduísmo teístas. Havia também aqueles materialistas que não aceitavam a autoridade dos Vêdas. Eram os Carvarkas, também chamados de Lokayatas. Graças aos esforços de Shankara, ele conseguiu unificar aquelas seitas do hinduísmo em uma estrutura comum, o Sistema Shanmata. Com o seu trabalho, ele reestabeleceu a importância dos quatro Samhitás dos Vêdas, o que ajudou o hinduísmo a se tornar mais popularmente aceito, transformando-se, como antes, em uma das mais importantes religiões da Índia e do mundo. Deve ser lembrado que Shankara se deslocou pela Índia, caminhando a pé, uma façanha incrível para nós, homens do século XXI. Viveu apenas 32 anos, o suficiente para causar uma contrarreforma no hinduísmo, até então decadente. Ele é a mais importante figura da tradição Advaita Vedanta e, sem dúvidas, uma das mais importantes do hinduísmo. Ele, Madhva e Ramanuja criaram doutrinas que são aceitas até os dias atuais pelos seus seguidores. São as mais importantes figuras da filosofia Vedanta. Eles debateram bastante com os filósofos das escolas Samkhya, Vaishesika etc. Assim, preparam o amplo caminho para que o Vedanta se tornasse dominante, a mais admirada e seguida escola filosófica do hinduísmo. Shankara deu especial importância ao estudo dos Vedangas.

Shankara também não concordou com as práticas do Yoga, discordando desse Darshana. Para ele, o conhecimento de Brahmân ocorre pelo estudo das escrituras sagradas, e não por práticas de Yoga. Há um poema devocional seu, intitulado "Bhaja Govinda" (Adore Govinda). Esse poema é considerado um resumo da sua filosofia Advaita Vedanta. Para Madhva e Ramanuja, a Verdade Absoluta é Vishnu. Para Shankara, a Verdade Absoluta é Brahman sem atributos e impessoal.

Um verso muito bonito recitado pela tradição Smarta em louvor a Shankaracharya, é: "*Śruti smṛti purāṇānāṃālayaṃ karuṇālayaṃ| Namāmi Bhagavatpādaśaṅkaraṃ lokaśaṅkaraṃ||*". A tradução é a seguinte: "Eu saúdo o defensor compassivo dos Vêdas, Puranas e Smritis conhecidos como Shankara Bhagavatpada, que faz o mundo auspicioso". Em resumo, Shankaracharya ensinava o seguinte: 1. O Ser é único, radicalmente simples; 2. O Âtman também é simples e é esse Ser; 3. Brahmân é esse Âtman e esse Ser.

Shankaracharya propôs que, embora o universo dos fenômenos seja experimentado, ele não é a verdadeira realidade. Shankara desprezava o universo material, mas afirmou que a Verdade Última é Brahman, que está além do tempo, do espaço e da cadeia incessante da causação. Apesar de ser a causa eficiente do universo, Brahman não se encontra limitado por isso. Ele transcende toda dualidade ou pares de opostos. O indivíduo deve entender sua verdadeira natureza, entendendo que ela não é a mudança e a mortalidade, mas, sim, a Bem-Aventurança Eterna. Para se poder compreender o verdadeiro motivo dos nossos atos e pensamentos, devemos despertar para a unidade do Ser. Já que a mente limitada do indivíduo não pode abarcar o Ser Supremo ilimitado, a mente individual deve ser transcendida para conseguirmos a união com a Consciência Universal.

Shankaracharya denunciou o sistema de castas e os rituais como tolices e ensinou que a Verdade Última deve ser alcançada pela meditação sobre o amor divino. Sua maior lição é que a razão não é suficiente para se alcançar a Libertação Espiritual (*moksha*), sendo imprescindível para isso o altruísmo e o amor.

Segundo Glasenapp, Shankara se utilizou da Teoria do Conhecimento budista para explicar a metafísica do hinduísmo. A Teoria do Conhecimento está, necessariamente, articulada à Ontologia na filosofia de Shankara. A necessidade de se explicar a relação entre Brahm*ân* e o mundo material gerou uma diferenciação quanto ao modo como se pode conhecer o Absoluto, e não uma diferença na natureza dele mesmo.

A base do ato de conhecer é o Eu ou o Ser. Ele é autoevidente, não necessitando de provas ulteriores para ser provado. Ele é o fundamento, no sentido de início, do ato de conhecer, e é ele que ilumina os objetos a serem desvelados, a serem conhecidos. Na base de cada ser individual, está a onipresente Consciência de Brahm*ân*. Ela se manifesta nas criaturas em uma clara ligação entre Epistemologia e Ontologia, fazendo com que as criaturas se manifestem pela iluminação gerada pelo conhecimento. Esse aspecto diferencia o Advaita das filosofias ocidentais, elaboradas durante os séculos XVI até o XIX.

Figura 3 – Adi Shankara com os discípulos

Fonte: pintura de Raji Ravi Varma (1848-1906)

Não se sabe ao certo onde e quando nasceu. Alguns o fazem aparecer no **século II** a.C., já outros fazem a data avançar até mesmo ao **século X**. Para outros, ele nasceu em 510 a.C., conforme inscrições encontradas em Conjeeveram, Sringeri, Jagannâtha, Benares e Kashmir. Existe a tendência, entre os orientalistas europeus, de situar seu nascimento em torno do **século VIII** da era Cristã. Igualmente, o local de seu nascimento é objeto de disputas, sendo indicadas as povoações de **Shringeri**, **Sasala-grama**, **Cidambara-pura**, **Kalati** e, por fim, **Kalpi**.

Shivaguru e **Aryamba**, seus futuros pais, há muito desejavam um filho. Então, conforme lendas, Shiva lhes apareceu em sonho, perguntando se desejavam um único filho, que seria o mestre mais brilhante de sua geração, mas morreria jovem, ou muitos rebentos, todos, porém, medíocres. Optando pela primeira alternativa, nasceu então Shankaracharya. A tradição oral relata a ocorrência de diversos prodígios na ocasião de seu nascimento, como o congraçamento de feras anteriormente hostis entre si, a emanação sobrenatural de fragrâncias por árvores e outras plantas, a audição de cantos celestiais e outros fenômenos que espelhariam a alegria da natureza e dos deuses com seu nascimento.

Narra-se também que com apenas um ano de vida teria aprendido o alfabeto **sânscrito**, aos dois, já saberia ler e, aos três, teria estudado os **Kavyas** e os **Puranas**. Com sete anos, sua avançada inteligência já era tão elevada que abandonou o professor e voltou para casa. Ainda na infância, começou a operar **milagres**, curando a mãe e provocando a cheia de um rio. Nessa época, o sábio **Agastya** profetizou à mãe de Sankaracharya que seu filho não ultrapassaria os 32 anos de vida. Percebendo a fragilidade do mundo material, Sankaracharya decidiu assumir a vida de **asceta** errante, tornando-se um samnisyn.

Após deixar a mãe aos cuidados de parentes e já não tendo pai, partiu Sankaracharya. Saiu de casa e passou a perambular por florestas e cidades, até chegar à caverna onde **Govinda Yati** estabelecera seu refúgio. Solicitando admissão como **discípulo**, foi aceito e aprendeu sobre Brahmân. Logo após ser aceito como discípulo, estando seu mestre em profunda meditação, absorto do mundo, Shankaracharya produziu outro milagre, acalmando uma furiosa tempestade que se desencadeara sobre o local. Despertando Govinda Yati de sua meditação e este percebendo o que o jovem discípulo fizera, felicitou-o, abençoou-o e recomendou que fosse à cidade santa de **Benares** para receber as bênçãos da Divindade. Chegando a Benares, passou ele também a aceitar discípulos, apesar de ainda não ter passado dos 12 anos de idade. O primeiro foi **Sananda**, que seria seu favorito. Provavelmente, houve muitos outros, mas só ficaram conhecidos, os nomes de mais três: **Suresvara**, **Totaka** e **Hastamalaka**. Sankaracharya transferiu-se então para **Badari**, à margem do rio **Ganges**, onde compôs sua obra-prima, o comentário sobre os **Brahma-sutras**. Outras obras se seguiram, como os comentários sobre os **Upanishades** principais e outras obras clássicas indianas.

Depois desses feitos, Shankaracharya passou a ser amplamente conhecido, atraindo a atenção de muitos seguidores e a inveja e fúria assassina de inimigos. Nas muitas disputas filosóficas em que entrava, saía sempre vitorioso, incluindo a que travou com o sábio **Vyasa**, que lhe apareceu disfarçado como um idoso **brâmane**. Após oito dias de debates, atestando o profundo conhecimento do jovem, Vyasa concedeu-lhe 16 anos adicionais à sua perspectiva de vida, a fim de que ele completasse seu trabalho de reformar o **hinduísmo**.

Daí doravante, Shankaracharya passou ir de cidade em cidade, de vitória em vitória em todas as querelas filosóficas e operando ainda diversos outros milagres, como o de entrar na casa de **Mandana Mishra** pelos ares. Mandara Mishra era um grande e conhecido filósofo, com o qual disputou, vencendo-o e chamando-o de discípulo.

A oeste da cidade, deparou-se com uma multidão que estava a prantear um rei, **Arnaruka**, recentemente falecido. Decidido a aproveitar a oportunidade, confiou seu próprio corpo ao cuidado dos seus discípulos e, em segredo, fez sua **alma** entrar no corpo do rei morto, que despertou novamente para a vida, sem, entretanto, revelar sua verdadeira identidade. A multidão feliz levou-o ao palácio real, onde o asceta disfarçado de rei entregou-se aos braços da esposa do falecido, com o objetivo de aprender tudo sobre o amor e o sexo. Porém, percebendo todos que seu "rei" voltara à vida muito mais sábio do que quando dela partira há tão pouco tempo, começaram a suspeitar de uma possível "troca de almas" e ordenou-se, sem seu conhecimento, que todos os cadáveres do reino fossem imediatamente cremados.

Enquanto isso, seus discípulos, tendo transcorrido um tempo maior do que o previsto para seu retorno, iniciaram sua busca e acabaram por chegar à cidade imperial, onde escutaram a história da ressurreição do idoso rei e, com cantos e lamentos, tocaram a consciência interna de Shankaracharya, fazendo-o abandonar o corpo emprestado. Retomando o seu, que nesse momento já estava sendo entregue às chamas, conforme a ordem dos ministros do rei, voltou então à casa de Mandana, respondeu à pergunta de Sarasvati e converteu Mandana ao Vedanta.

Voltando a perambular, soube que sua mãe estava à beira da morte e foi ao seu encontro, tranquilizando-a no momento do desencarne. Sendo impedido por seus parentes de oficiar os ritos de **cremação**, por ser um samniasyn, com os seus poderes paranormais, ele "lançou um fogo" de sua mão que incinerou o corpo da mãe. Depois disso, Shankara continuou em suas peregrinações, visitando diversos reinos, estabelecendo **templos**, reformando antigos **cultos** e debatendo incansavelmente com todos os grandes luminares que encontrou, corrigindo os erros que maculavam a pureza do hinduísmo. Após outras peregrinações, acabou seus dias, conforme havia sido profetizado, com 32 anos, subido aos céus, como diz a lenda, cercado de deuses e sábios.

O Advaita Vedanta é uma doutrina filosófica hindu centrada na noção de não dualidade, no qual *a* significa "não", *dvaita* significa "dual"

— entre o mundo e o Absoluto e na consciência de que a única coisa que realmente existe é **Brahman**. Além de negar a realidade autônoma do mundo fenomênico, o Advaita defende que não existe uma real oposição entre o Eu e Brahman, sendo eles um único ser. Sua origem estaria nos ensinamentos de **Gaudapada**, mas, de fato, é com Shankaracharya que o Vedanta Advaita é fundamentado e consolidado.

Suas obras podem ser classificadas em cinco tipos:

1. Comentários às Upanishades principais;
2. Comentário ao Brahma Sutra;
3. Comentário ao Bhagavad Guitá;
4. Tratados filosóficos;
5. Hinos religiosos.

Os comentários pretendem encontrar na literatura hindu anterior os fundamentos das teses do Vedanta Advaita e, paralelamente, interpretar tais escritos na perspectiva do próprio Shankara. Já os tratados possuem um caráter **metodológico** e **didático**, visando aos estudantes da doutrina e apresentando as dificuldades no entendimento do Advaita e as maneiras de superá-las. Por fim, os hinos religiosos limitam-se à devoção e à glorificação da divindade.

As Upanishads comentadas por Adi Shankararacharya foram as seguintes:

1. Isha;
2. Kena;
3. Katha;
4. Mundaka;
5. Mandukya;
6. Prasna;
7. Taitiriya;

8. Shvatasvatara;
9. Chandogya;
10. Brhadaranyaka.

Antes de apresentar a doutrina do Vedanta Advaita de Shankara mais detalhadamente, é importante contextualizar essa escola, na ampla, complexa e pouco conhecida história do hinduísmo e da sua vasta literatura.

Quais são os textos da literatura do hinduísmo? Como descrever cada um deles?

Existem quatro ramos dos Vêdas ou quatro Vêdas, que são:

1. Rig – Veda
2. Sâma – Veda
3. Yajur – Veda
4. Athârva – Veda

Cada um desses ramos é formado por um conjunto de textos, elaborados e escritos em épocas diferentes e classificados do seguinte modo:

TEXTO *VÊDICO* DATA DE ELABORAÇÃO (PROVAVEL)

- Samhitas ou Hinos primitivos 1.300 a 1.000 a. C.
- Brâhmanas 872 a 772 a.C.
- Aranyâkas 900 a 500 a.C.
- Upanishads (primeiras) 800 a 200 a.C.
- Sutras 500 a.C. a 500 d. C.
- Mahabharata 400 a.C. a 400 d.C.
- Ramayana Itihasas 274 a.C. a 237 a.C.
- Puranas 200 a.C. e depois
- Tantras 527 d.C e depois

A cronologia anterior foi extraída de Zimmer (1986, p. 68-9), tendo sido proposta por Joseph Campbell. Ela não é aceita por muitos estudiosos do hinduísmo. É importante assinalar que a datação dos textos védicos não é tarefa fácil, pois não há muitas bases para tanto.

- Os Samhitâs ou primitivos hinos: são os textos elaborados em períodos mais remotos. São formados por hinos dedicados aos deuses védicos, fórmulas mágicas e invocações diversas. Cada ramo do Vêda possui um Samhitâ.

- Os Brâhmanas: são textos contendo instruções rituais detalhadas. São manuais para serem seguidos pelos sacerdotes, contendo orientações sobre práticas, rituais etc.

- Os Aranyâkas: são textos filosóficos conhecidos como "os textos das florestas". Foram compilados por meditadores que viveram nas florestas da *Índia ou* teriam sido redigidos para serem usados nas florestas. Os Aranyâkas eram ensinados em segredo, longe das aldeias. Suas doutrinas enfatizam o Eu, sujeito do sacrifício, e não a realização dos rituais propriamente ditos. De acordo com esses textos, os deuses estão na consciência do indivíduo. No interior do homem, no seu Eu, é onde residem os deuses e a Verdade. Os rituais, importantes nos Samhitâs e Brâhmanas, perdem aqui sua importância. Os rituais aos deuses devem ser endereçados ao interior do homem.

- As Upanishads: são textos considerados pela tradição indiana como a própria essência filosófica da antiga sabedoria dos Vêdas. Alguns pensadores as consideram como esotéricas. Esses antigos textos, de difícil compreensão, tentam expressar em palavras um conhecimento que está além das palavras, o que transforma a tentativa de fazê-lo em algo aparentemente absurdo. Certamente, nenhum texto pode transmitir algo que está além dos limites do pensamento e das palavras. São textos de grande profundidade metafísica e pode-se dizer que são a essência do Vêda. Uma Upanishad pode ou não estar contida em um Aranyâka ou podem ser uma coisa só. A **etimologia** do termo Upanidshad é controversa, mas a versão mais aceita seria *upa,* significando "próximo", *ni,* "embaixo" e *sad,* "sentar", indicando uma doutrina "dita ao pé do ouvido": uma referência ao ato do discípulo em sentar-se junto ao mestre para ouvir-lhe as instruções. São textos, em sua maioria, anônimos e que adotam diversas formas literárias, desde **parábolas** e diálogos até máximas e poemas. As perguntas fundamentais da "filosofia", como "de onde viemos?", "qual o fundamento da realidade?", já estão presentes. As Upanishads tratam da natureza íntima do ser humano e das coisas. Especulam sobre a essência de um Ser Supremo ou Absoluto denominado Brahmam, dentre vários outros temas.

- Os Sutras: são textos quase sempre pequenos e muito resumidos, versando sobre assuntos diversos, como gramática, literatura, astronomia, astrologia, manuais de geometria, arquitetura, Yoga e leis éticas e sociais.

- O Mahâbhârata: é o maior poema épico do mundo, a mais longa epopeia da literatura universal, possuindo aproximadamente cem mil versos duplos. É oito vezes maior que a Ilíada e a Odisseia juntas. Como nos é apresentado, o texto contém retoques e numerosas interpolações, sobretudo nos cantos XII e XIII. Não é possível recompor a forma primitiva dessa vasta obra. Possivelmente, já estava pronta por volta do século IV a.C., adquirindo sua forma atual entre os séculos IV a.C. e IV d.C. O Mahâbhârata foi escrito durante um intervalo de tempo que abrange grandes transformações sociais ocorridas na Índia. Essa vasta obra descreve uma batalha desenvolvida no campo de Kurukshetra. Alguns estudiosos admitem que a batalha descrita no Mahâbhãrata provavelmente se refere àquela travada entre os invasores arianos e os exércitos dos povos autóctones. Kurukshetra situava-se entre os rios Sutlej e Jumma, onde se localizava o centro da cultura indo-ariana no período dos Brâhmanas. O Mahãbhârata, nos últimos 1.500 anos, tem inspirado poetas, romancistas, teatrólogos, orações e meditações, gerando representações teatrais, entretenimentos palacianos, fábulas, literatura de toda espécie, pinturas, canções, aforismos para yoguins, influenciando ainda a conduta de milhões de pessoas em toda a Índia. Atualmente, ainda se diz naquele país: "Se não está no Mahâbhârata, não pode ser encontrado em nenhuma parte do mundo". O Mahâbhârata está associado a todos os quatro ramos dos Vêdas.

- O Ramayana: é outro poema épico muito importante. Possui 24 mil dísticos. Foi redigido muito provavelmente no século II a.C. e sua autoria é atribuída a Valmiki. Contém sete capítulos abordando o drama do rei Râma e seu combate contra o mortal demônio Ravana. Está associado aos quatro ramos dos Vêdas.

- Os Puranas: a palavra Purana significa "antiguidade". Contém, de modo prolixo, ensinamentos mitológicos, lendas, genealogia de deuses, informações sobre peregrinações e informações sobre práticas espirituais. Também são encontradas biografias de deuses conhecidos como integrantes da Trimúrti, tais como Shiva, Vishnu e Krishna. Os Puranas possuem certa pretensão histórica, genealogia de reis, história das dinastias baseadas em passado mítico. Com o decorrer do tempo, sofreram várias interpolações, enriquecendo-se com elementos de diversas origens. São antologias comparáveis à Bíblia. Diz a tradição que existem apenas 22 Puranas superiores, classificados em Vishnuístas, Shivaístas e Brahmânicos, de acordo com os deuses da Trimúrti ao qual se dediquem. O mais conhecido deles no Ocidente é o Bhagavata Purana, também chamado "Shrimad Bhagavatam". Cada Purana está associado a um dos quatro ramos dos Vedas.

- Os Tantras: são textos recentes, escritos após o século VI d.C. Dentre eles, podem ser distinguidos aqueles considerados Shivaístas, conhecidos como "coletâneas", e os Vishnuístas, denominados "Âgamas" ou "tradições", assim como os "Tantras" propriamente ditos. Os Tantras possuem rituais diversos, métodos para "despertar os *chakras*", para adquirir poderes paranormais (Siddhis), para alterar a consciência, além de elementos doutrinários e éticos. O tantrismo é uma forma de expressão religiosa rica em elementos esotéricos, onde se desenvolveu um verdadeiro vocabulário "oculto", cujos ensinamentos são mantidos afastados da sociedade "profana". De acordo com os praticantes do tantrismo, essas técnicas podem desencadear forças mágicas poderosas, podendo conduzir à Liberação ou à Libertação Espiritual de modo imediato. Algumas das suas práticas podem conter elementos envolvendo a sexualidade, nas quais se recomenda que sejam orientadas por pessoas experientes, um guru. Alguns estudiosos dizem ser os textos tântricos remanescentes do "hinduísmo primitivo", isto é, da religião dos antigos povos autóctones, que existiam antes da invasão ariana. Assim, haveria um traço de união entre os textos tântricos e os ritos sexuais pré-históricos praticados pelos dravidianos. Samhiâs, Brâhmanas, Aranyakas e as Upanishads são considerados "Srutis" ou "revelações". Os demais textos védicos são considerados como "Smritis", ou seja, foram "ouvidos".

* * *

As diferenças entre o Yajur-Vêda Branco e Negro é que o Samhita do primeiro é mais fácil de ser lido. No Samhita do Yajur-Vêda Negro, existem em meio às suas orações alguns comentários e interpretações que dificultam sua leitura. Os Puranas, o Mahabharata e o Ramayana são conhecidos como Itihasas. Eles não pertencem a nenhum ramo dos Vêdas, mas integram a literatura védica como um todo. Cada ramo dos Vêdas contém seu Samhitá, seus Brâhmanas, seus Arayâkas, suas Upanishads etc.

Os textos védicos são os primeiros monumentos literários da Índia e um dos mais antigos do mundo. A religião védica, também chamada brahmanismo, é aquela que os invasores arianos levaram consigo quando irromperam no noroeste indiano, primeiramente no vale do rio Indu e no Punjab, por volta de 2.000 ou 1.500 anos a.C.

O Samhitâ do Rig Vêda é a mais antiga e a mais importante fonte de informações sobre os indo-europeus ou arianos. Ali, está claramente indicado que, nos primeiros tempos daquele povo na Índia, os arianos estavam restritos ao canto noroeste da Índia. Isso inclui a área onde se localizava a cultura do Vale do Indo. As peças arqueológicas descobertas em Mohenjo Daro, Harappa e em outros sítios arqueológicos daquela civilização não mostram uma continuidade entre as civilizações dos árias e a do Vale do Indo. No Vale do Indo, foram descobertos esqueletos humanos com sinais de violência, de agressões, tudo indicando que um combate foi ali travado. Não se sabe a origem desse combate. Especulam alguns estudiosos que se trata de uma batalha travada contra os invasores arianos. Outros acreditam em batalhas internas daquele povo, como foi observado anteriormente.

Deve ser aqui lembrado que, por volta de 1.500 a.C., o idioma indo-europeu ainda não havia assumido a forma com a qual apareceu no Samhitâ do Rig Vêda. Nessa época, o que havia era o idioma "Proto-Indu-Ariano" ou "Proto-Iraniano". Descobertas arqueológicas no Egito e na Síria atuais revelaram o fato que, na metade do segundo milênio a.C., sugiram nomes tipicamente indo-iranianos.

Os estudiosos do hinduísmo classificam o Vedanta em duas partes, o Vedanta Pré-Sistemático e o Vedanta Sistemático. No primeiro caso, é onde se encontram as Upanishads e outros dois textos citados a seguir. Em relação ao segundo, há certa corrente que afirma que ele só foi iniciado com o grande filósofo Shankararacharya.

A literatura do Vedanta Pré-Sistemático é constituída pelos seguintes textos:

1. As Upanishads Principais;
2. A Bhagavad Gitâ;
3. O Brahma Sutra.

CAPÍTULO I

BRAHMA SUTRA – PLANO DE ESTUDO

Esta tradução do Brahma Sutra será estudada e comentada, do seguinte modo:

1. Serão traduzidos cada um dos versos ou parágrafos do Brahma Sutra, extraídos dos seguintes autores:

- GAMBHIRANANDA, Swami (Trad.). **Brahma- Sûtra- Bhasya of S'ri S'ankaracârya**. Calcutta-India: Advaita Ashran, 1983;
- GAMBHIRANANDA, Swami. **Brahma Sutra Bhasya de Shankaracharya**. (Traduzido para o espanhol) Las Vegas: Sarada Ma Publishing, 2011. 2 v;
- APTE, V. M. B. A. **Brahma-Sûtra Shânkara- Bhâsya, Bâdarayana's Brahma-Sûtra with Shakârachârya's Commentary.** Bombay-Índia: Popular Book Depot, 1882-1960;
- VIRESWARANANDA, Swami. **Brahma-Sutras**. Mayavadi, Almora, Himalaya-Índia: Advaita Ashrama, 1936;
- THIBAULT, George (Trad.). **The Vedanta Sutras**. Dover Publications, Inc. New York, 1962. 2v.;
- MARTÍN, Consuelo. **Brahma-Sutras-Con los Comentarios Advaita de S'ankara**. Madrid: Editorial Trotta, 2001;
- SANKARANANDA, Dr. S. **S'ri S'ankara-His Life, Philosophy and Relevance to Man In Modern Times**. Madras: The Adyar Library Research Center, 2001.

1. Em seguida, serão comparados cada um dos referidos sutras ou parágrafos, um a um;
2. O autor dessa tradução, após comparação, extrairá o seu próprio sutra ou parágrafo, baseado nos demais;

3. Cada sutra ou parágrafo, escolhido por este tradutor, será seguido dos comentários de Shankara, traduzidos do mesmo modo;

4. Os sutras ou os parágrafos traduzidos, serão acompanhado dos comentários deste autor ou de outros, feitos em notas de rodapé;

5. Cada um dos 555 versos dessa versão do Brahma Sutra serão traduzidos de Swami Gambhirananda (edição em inglês) e de Consuelo Martín, apenas. Essa medida se deve à necessidade de não tornar esta edição desnecessariamente muito longa. Não serão traduzidos os versos das outras quatro versões anteriormente referidas.

RELAÇÃO DE ABREVIATURAS

1. Ai.Â: Aitareya Âranyaka;
2. Ai.Br: Aitareya Brâmana;
3. Ai.Up.: Aitareya Upanishad;
4. Ap.: Apastamba Dharma Sutra;
5. Bhagavad Gitâ;
6. B.S.: Brahma Sutra;
7. Br. Up.: Brhadaranyka Upanishad;
8. Ch. Up.: Chandogya Upanishad;
9. Gau. Dh. Su: Gautama Dharma Sutra;
10. Gaud. Kâ: Kârikâ de Gaudapada;
11. Is. Up.: Isha Upanishad;
12. Jâ. Su.: Jâbala Upanishad;
13. Jai. Su.: Jaimni-Sutra;

14. Ka. Up.: Katha Upanishad;
15. Kau. Up.: Kaushitaki Upanishad;
16. Ke. Up.: Kena Upanishad;
17. Mâ. Up.: Mândukhya Upanishad;
18. Mâ. Kâ.: Mândukhya Kârikâ;
19. Manu.:Leis de Manu;
20. Mbh.: Mahâbharata;
21. Um. Up.:Mundaka Upanishad;
22. Nr. Pû.: Naisimha Pûrvatâni Upanishad;
23. N.S.: Nyâya Sutra;
24. Pâ. Sû,: Pânini Sutra;
25. Pr. Up.: Prâsna Upanishad;
26. Pû.Mi,: Pûrva Mimansa Sutra;
27. R.V.: Rig Veda;
28. S. Br,:Satapata Brâhmana;
29. Sv. Up. Shetasvatara Upanishad;
30. Tai. Â,: Taittitya Âraniaka;
31. Tai. Br,: Taittiriya Brâhmana;
32. Tai. S.,: Taittirya Samhita;
33. Tai. Up.: Taittiriya Upanishad;
1. Vai. Sû.: Vaishesika Sûtra.

CAPÍTULO II

INTRODUÇÃO DE SHANKARACHARYA

É um fato estabelecido que o objeto e o sujeito, contidos nos conceitos de "tu" e "eu",[9] opostos e contraditórios como a luz e a escuridão, é claro que entre eles não pode haver nenhuma identidade e, menos ainda, em relação aos seus atributos. Analogamente, a superposição do objeto, ao qual se refere o conceito de "eu", é impossível. E a inversa, a superposição do sujeito e seus atributos sobre o objeto, é também impossível. Porém, por falta de discernimento entre esses atributos e as substâncias que são absolutamente diferentes, produz-se a identificação que se expressa sob a forma: "eu sou isto" ou "isto é meu".

O ser humano cai nessa rede de ignorância, ao confundir o real com o irreal, em consequência da superposição das coisas e dos seus atributos entre si. Se nos perguntassem: "o que é o que chamamos de superposição?", responderíamos que é um estado de consciência cuja natureza é similar à memória que aparece da impressão de alguma experiência passada. Em relação a isso, alguns dizem que consiste na superposição dos atributos de uma coisa e da outra. Por sua vez, outros afirmam que, onde quer que se verifique uma superposição com alguma coisa, é evidente que só há uma confusão, fruto da ausência de discernimento entre ambas. Outros dizem que a superposição de algo sobre algum substrato consiste em imaginar certos atributos opostos sobre essa base[10]. Sem dúvida, todos os pontos de vista convergem, no que diz respeito à aparência de algo como distinto. De acordo com o que foi dito anteriormente, discernimos a experiência comum de que a nácar se parece com a prata e uma única lua, refletida na água, assemelha-se aos dois (por reflexo).

Diz o opositor: como pode haver uma superposição de qualquer objeto ou dos seus atributos, sobre o Ser, que é o oposto ao não Ser e nunca é um objeto? Todas as pessoas supõem algo ao que se percebe e tu afirmas que o Ser é o oposto ao não Ser e não pode pertencer à concepção de "tu".

[9] Não Ser ou matéria e Ser ou Consciência, respectivamente.

[10] Esse ponto de vista de Asatkhyati é típico do budista niilista, para o qual a prata não existente aparece sobre a nácar não existente (nota de Swami Gambhirananda, tradutor do Brahma Sutra, p. 3).

A resposta é: o Ser não está além da apreensão, uma vez que se capta como o conceito de "eu" e porque o Ser, oposto ao não Ser, é conhecido no mundo como uma entidade imediatamente percebida. Tão pouco não existe nenhuma regra pela qual algo se superponha unicamente sobre o que se percebe diretamente pelos sentidos. As pessoas superpõem as ideias de superfície sobre o espaço que não é o objeto de percepção. Portanto, não é impossível superpor ao não Ser como um conceito, o Ser, que é o seu oposto.

A natureza dessa superposição é considerada pelo filósofo como *avidyâ* (ignorância) e as investigações sobre a natureza real, separando-a da coisa que foi superposta, é o que se denomina *vidyâ* (sabedoria, conhecimento). Tendo dito isso, quando há uma superposição de uma coisa ou outra, o substrato não é afetado, seja pelos méritos ou os deméritos da coisa superposta. Todas as formas mundanas ou védicas de comportamento, que possuam um nexo com os meios e os objetos válidos de conhecimentos, inicia-se dando por feito essa superposição mútua do Ser e não Ser, a qual se denomina ignorância. E assim nascem todas as escrituras que tratam das regras, de proibição ou liberação.

Diz o opositor: como os meio de conhecimento válido, como a percepção direta ou as escrituras, podem ter lugar em um conhecedor que está sujeito à ignorância?

Diz o adepto do Vedanta: dado que um ser humano que não se identificou com o corpo, a mente e os sentidos, não pode converter-se em conhecedor e, assim, os meios de conhecimento não podem funcionar para ele, uma vez que a percepção e outras atividades não são possíveis sem se aceitar os sentidos (como se fossem ele mesmo). Os sentidos não podem funcionar sem que exista uma base corporal e nada atua com um corpo que não tenha a noção do ser superposto sobre ele. E como o ser que não está relacionado com nada, não pode converter-se em um conhecedor. A não ser que existam tais superposições, depreende-se, portanto, que os meios de conhecimento, tais como a percepção direta e as escrituras, podem ter como instrumento um ser humano que esteja sujeito à ignorância.

Além disso, não há diferença entre aquele que é instruído e os animais (no que diz respeito ao comportamento empírico). Como os animais e outros se distanciam de um som que lhes é danoso aos ouvidos e se dirigem àquele que é harmonioso, procuram entrar em contato com ele. E quando percebem que um ser humano se aproxima com um pau levantado, começam a fugir, pensando: "Esse deseja me causar danos", e se acercam de outro que tenha nas mãos um punhado de ervas. Do mesmo modo, os sábios repelem a presença de pessoas rudes e escandalosas que dele se aproximam com olhares mal intencionados e com uma espada erguida. E, sem dúvida, são atraídos por pessoas de naturezas opostas. Portanto, o comportamento do ser humano, em relação com os meios e o objeto do conhecimento, é algo semelhante aos animais. É sabido que os animais empregam os seus meios de percepção, sem discernimento entre o corpo e o ser. A conclusão que se pode ter desse fato de similitude é o que diz respeito ao comportamento empírico, o emprego dos meios de percepção pelos sábios é semelhante ao dos animais.

É claro que é um fato que os seres humanos, atuando com inteligência, não adquirem capacidade para os deveres constantes nas escrituras, a menos que tenham o conhecimento da relação entre o ser e o mundo externo. Por outro lado, um Conhecimento da Realidade Absoluta que é o Ser não é requisito prévio para essa capacidade. Não tem importância a realidade, inclusive, é oposta a ela. Por estar acima da fome e da sede e livre de diferenças, tais como o brâhmane, o kshatrya e o vaishya, não está sujeita ao nascimento e à morte. E as escrituras que são úteis, antes do aparecimento real do Ser, não podem transgredir os limites de sua dependência sobre os seres humanos que se encontram cegos pela ignorância.

Para aclarar esse ponto, mencionaremos agora a seguinte regra das escrituras: "Um brâhmane deve realizar rituais". Essa regra pode ser efetiva apenas se tomarmos como garantia alguns tipos de superposições de casta[11], estado da vida[12], idade, condições etc. É importante destacar que a superposição é projetar sobre uma coisa, uma situação, algo que não é (veja-se o exemplo da corda e da serpente). Assim, quando a esposa, os filhos e outros familiares estão sadios e vigorosos, com os seus membros intactos ou se sofrem a perda dos seus membros, pensam "estou forte e vigoroso" ou "estou ferido". Então, superpõem-se umas características extensas ao Ser, do mesmo modo que se superpõem as características do corpo, quando se têm ideias como: "estou magro", "estou gordo", "estou bonito", "eu estou aqui", "eu vou" e "eu subo".

Também se pode supor os atributos dos sentidos e dos órgãos, quando se pensa: "eu sou mudo", "perdi um olho", "sou eunuco" e "estou

---

[11] Ver: DONIGER, Wendy; SMITH, Brian K. **The Laws of Manu**. London: Peguin Books, 1991. p. 6-7.

[12] O homem na sociedade hindu passava pelas seguintes fases da vida: a) Brahmacharyn, Grihasta, Vanaprashta e Samniasyn (ver: TINOCO, Carlos Alberto. **As Upanishads do Yoga**. São Paulo: Madras Editora, 2005. p. 17-18).

cego". Igualmente se impõem os atributos dos órgãos internos, como os desejos, as ligações emocionais, as dúvidas, a perseverança etc. Também se superpõem os órgãos internos com a ideia de "ego" sobre o Ser, testemunha das manifestações desse órgão. Inversamente, supõe-se nos órgãos internos o Ser, que é o oposto do não Ser e a testemunha de tudo.

A partir daqui, ocorre essa superposição, que não tem princípio, nem fim, mas que flui eternamente, que surge como o universo manifestado e é percebido, evocando uma reação ativa e feliz, alegre. Desse modo, é percebido por todas as pessoas.

Para se extinguir essa fonte de erro e adquirir o conhecimento da unidade do Ser, inicia-se um diálogo após o estudo de todas as Upanishads. Nesse diálogo sobre a natureza do ser encarnado, apontaremos qual é o significado das Upanishads.

CAPÍTULO III

PRIMEIRO PÂDA: INVESTIGAÇÃO SOBRE O ABSOLUTO

TEMA 1: A DELIBERAÇÃO SOBRE BRAHMÂM

Estudaremos, agora, este primeiro sutra que aborda o significado das Upanishads.

Sutra 1: portanto (deve-se empreender), depois, uma deliberação sobre o Absoluto (Brahmâm)[13].

Sutra 1: a partir daqui, far-se-á uma investigação acerca do Absoluto[14].

COMENTÁRIO DE SHANKARA:

A palavra "depois" é usada no sentido de "sequencial", e não de "começo"; já que *brahma-jijñasa*[15] não é algo que pode ser começado. E o significado de "auspicioso" não pode entrar, sintaticamente, no sentido da frase. Por sua vez, a palavra *atha*, ainda quando se usa em alguma outra acepção, serve como uma coisa auspiciosa pelo fato de havê-la ouvido,[16] implica-se na antecipação de alguma coisa que acontecerá depois, como fruto do que foi introduzido anteriormente. Isso não difere, de fato, da causalidade (sequência).

---

[13] GAMBHIRANANDA, Swami (Trad.). **Brahma-Sûtra-Bhasya of S'ri S'ankaracârya**. Calcutta-India: Advaita Ashran, 1983. p. 6.

[14] MARTÍN, Consuelo. **Brahma-Sutras-Con los Comentarios Advaita de S'ankara**. Madrid: Editorial Trotta, 2001. p. 37.

[15] *Brahma jijñasa* é uma expressão sânscrita que significa o desejo de conhecer Brahman. Um desejo de surge espontaneamente do conhecimento de que há algo que se pode obter com esforço e, que uma vez atingido, conduzirá aos resultados desejados. Assim, um desejo não pode ser começado, por exemplo, um pote (panela). Então, a frase leva implícito o significado "uma deliberação sobre (a natureza) de Brahmãn" e, para concluir a frase, devemos indicar "se deve empreender". De acordo com essa interpretação, também *atha* não pode significar começo, dado que essa ideia está implícita no verbo mesmo que deve ser indicado. Nota de Swami Gambhirananda, na sua tradução do Brahma Sutra (**Brahma Sutra Bhasya**). Calcutta: Vedanta Ashrama, p. 7, 1983.

[16] Como o auspicioso som de uma concha. Nota de Swami Gambhirananda, na sua tradução do Brahma Sutra. (**Brahma Sutra Bhasya**). Calcutta: Vedanta Ashrama, p. 7 , 1983.

O significado de "sequência", que é constante, constitui-se em requisito prévio para uma investigação sobre o Absoluto Brahmân, o mesmo que a investigação sobre práticas religiosas, depende de um estudo prévio dos Vêdas. O simples fato do estudo dos Vêdas não pode ser, portanto, o objetivo que aqui se procura, uma vez que já é um fator comum em ambos os casos.

Diz o adversário: aqui, pode-se aceitar uma concepção prévia dos rituais religiosos como fator especial que leva à discussão sobre o Absoluto Brahmân.

Diz o adepto do Vedanta: não é desse modo, pois, para o ser humano que tenha estudado as Upanishads logicamente é possível participar de uma discussão sobre Brahmâm sem um debate que diga respeito aos rituais religiosos. Nesse caso, não queremos dar a entender que exista uma sequência entre esses dois, como nos passos que foram dados para a expressão do coração, pelo que se estabeleceu as práticas religiosas. Porque não se trata de uma prova prévia, nem sequer existe relação entre os dois estudos, como a que existe entre o todo e as suas partes e nem se mostra que um tipo de capacidade se origina da outra. Inclusive, o estudo dos atos virtuosos difere do Absoluto Brahmâm, no que se refere aos resultados e aos objetos que se investiga.

Os atos virtuosos resultam no êxito exterior, segundo as suas execuções. Mas o conhecimento do Absoluto Brahmâm está livre desses resultados e não depende de nenhum tipo de execução. Por outro lado, um ato virtuoso, a respeito do qual se deve investigar, é algo que deve ser concluído e não está presente no instante em que se deve conhecê-lo. Depois, quando aparece, depende do esforço humano, porque é uma Eterna Presença.

Por outro lado, há uma diferença nas reações mentais que aparecem nos textos védicos. Esses textos que dividem conhecimentos sobre os atos virtuosos esclarecem seus significados às pessoas, enquanto estas ocupam suas atenções nos atos estabelecidos. Ao contrário, os textos védicos que se referem ao Absoluto Brahmâm apontam apenas por seu conhecimento. E como o conhecimento não é produto dos seus preceitos, o ser humano não está compelido a conhecer. Não adquirimos conhecimento, por exemplo, mediante o contato da nossa visão, com o objeto que se deseja conhecer. Portanto, deve ser assinalado algo que sirva de requisito preliminar, após o que se ensina que é possível deliberar acerca do Absoluto Brahmâm.

O discernimento entre o eterno e o que é perecível; o desapego entre os frutos das nossas ações, realizadas aqui e no futuro; a perfeição das práticas sobre o controle da mente, dos sentidos e dos órgãos e o anseio pela Libertação Espiritual. Quando o que foi dito antes se converte em realidade para um ser, cabe deliberar sobre o Absoluto Brahmâm ou pode se conhecer sobre um antes e um depois dos atos virtuosos, mas não de outro modo.

A palavra *atha* estabelece o processo para se atingir a perfeição nas práticas aqui referidas. Essa palavra implica em causalidade. Em textos como: "a fim de ilustrar esse ponto; do mesmo modo que as coisas prazerosas que se consegue pelo trabalho, se extinguem neste mundo, as coisas agradáveis no outro mundo são obtidas através do mérito" (Ch. Up., VIII, I, 6).

Os Vêdas ensinam que o ritual *Agnihotra* e outros, que são meios para se alcançar as coisas superiores, têm resultados temporários ou efêmeros. E como em tais textos se diz que: "aquele que conhece Brahmâm alcança o Supremo" (Tai. Up., II, 1)[17], os Vêdas apontam que a realização do Absoluto Brahmâm é o objetivo mais elevado do ser humano. Portanto, deveria se empreender uma reflexão sobre o Absoluto Brahmâm, após um aperfeiçoamento nas práticas anteriormente mencionadas.

Brahm-Jijñasa significa o desejo de conhecer o Absoluto Brahmâm, o que implica em uma reflexão sobre ele. Doravante, o Absoluto Brahmâm se definirá como "aquele a partir do qual o universo nasceu" (B.S.; I, 1,2). Não se deverá interpretar aqui erroneamente a palavra Brahmâm pela casta dos brâhmanes. O sexto caso (genitivo) deriva do significado do Absoluto. Usa-se o acusativo quando há um objeto, em lugar de se usar o genitivo, que se refere a uma relação, porque o desejo de conhecer pressupõe que se quer conhecer algo e o que é investigado e o Absoluto Brahmâm não é uma coisa.[18]

Diz o adversário: sem dúvida, ainda quando se interprete "*Jijñasa*" no sentido de relação, isso não torna inválido o fato de que o Absoluto Brahmâm é um objeto da investigação, porque uma relação geral inclui todas as relações especiais, como a que existe entre o verbo e o objeto.

Diz o adepto do Vedanta: então, isso envolve um esforço inútil por não tomar o Absoluto Brahmâm como um objeto direto por meio de uma relação geral.

---

[17] TINOCO, Carlos Alberto. **As Upanishads**. São Paulo: Editora Ibrasa, 1996. p. 228.

[18] O objeto do desejo é conhecer mesmo e o objeto do conhecer é o Absoluto Brahmân. Mas o que havia de se aclarar aqui é que o conhecimento do Absoluto não é o conhecimento de um objeto. Conhecer é um verbo intransitivo; tem um acusativo como objeto. Mas, nesse caso, é um conhecer diferente, uma visão tão direta que rompe a dualidade sujeito cognoscente e objeto conhecido, Nota de Martín (2000, p. 39).

Diz o adversário: não é inútil, uma vez que a investigação em todas as coisas relacionadas ao Absoluto Brahmâm se torna evidente.

Diz o adepto do Vedanta: não é desse modo, porque, quando se toma o fator-chave, os secundários se apresentam por implicação. Mas o Absoluto Brahmâm deve ser o fator principal, sendo o objeto que se deseja compreender mais que todos os outros. Quando esse elemento principal é tomado como objeto de investigação, os demais podem ser deduzidos. Daí que não tenham que ser citados em separado, como aponta esse aforismo. Isso quer dizer: "Aí, segue o Rei", do que se deduz que o Rei segue com a sua comitiva. Isso deve aceitar para que haja concordância com o texto védico. O referido texto diz: "Aquele do qual esses seres nascem, Aquele pelo qual são mantidos depois que nascem e Aquele dentro do qual se fundem". Essa frase revela diretamente o Absoluto Brahmâm como objeto de investigação. Diz: "desejo conhecer isso, isso é o Absoluto Brahmâm" (Tai. Upa.,III, 1). Esse texto upanishádico está em consonância com o aforismo, se interpretamos "*jiñasa*" como complemento direto (acusativo).

Jijñasa quer dizer "um desejo de conhecer" e o conhecimento que culmina em se fazer diretamente consciente do Absoluto Brahmâm, que é o objeto de desejo que está no sufixo *san* em *Jijñasa.* Um desejo aponta seu resultado, sendo o desejo de estar consciente do Absoluto Brahmâm, ou seja, descobri-lo mediante esse conhecimento que é um meio válido de fazê-lo. Estar consciente do Absoluto Brahmâm e fazer-se uno com Ele é o objetivo máximo do ser humano; já que elimina todos os males, como a ignorância, os quais constituem a semente para o reencarnação. Portanto, deve-se realizar uma investigação sobre o Absoluto Brahmâm.

Diz o adversário: é o Absoluto Brahmâm familiar ou é não familiar? Se for algo familiar, não é necessário se investigar para conhecê-Lo. E se for não familiar, não é necessário se investigar sobre Ele.

Diz o adepto do Vedanta: o Absoluto Brahmâm existe como uma entidade conhecida, eterna, pura, inteligente, livre por sua própria natureza, onisciente e toda poderosa. A mesma etimologia da palavra Brahmâm deixa claro as ideias de eternidade, pureza etc., porque está em harmonia com a raiz etimológica *Brmh.*[19] Além disso, a existência do Absoluto Brahmâm é Ser existente e nunca sente: "eu não existo". Se ninguém reconhecesse a

[19] A raiz *Brmh* significa crescimento e o sufixo *-man,* que se agrega à palavra, indica uma ausência de limitação. Então, *Brahmân* quer dizer: isso que é absolutamente o supremo. A eternidade etc. são obvias por ser ilimitado. Nota de Swami Gambhirananda (1983, p. 12).

existência do Ser, todos experimentariam o "eu não existo". Esse Ser é o Absoluto Brahmâm.

Diz o adversário: se todos no mundo sabem que o Absoluto Brahmâm é o "Eu", então, como se sabe, aparece nova dificuldade de que o Absoluto Brahmam não deve ser objeto de discussão.

Diz o adepto do Vedanta: não é assim, porque há um conflito sobre a Sua natureza distintiva. As pessoas ordinárias e os materialistas da escola Lokayata reconhecem que apenas o corpo é o "Eu" que possui consciência. De acordo com outros, a mente é o "Eu". Segundo outros, é uma consciência puramente momentânea. Alguns acreditam que é um vazio. Outros, ainda, que existe uma alma separada do corpo, a qual transmigra, sendo o agente e experimentador dos resultados. Para alguns, a alma é o experimentador puro e não um agente. Alguns dizem que existe um Deus que é onipresente, onipotente e distinto dessa alma. Outros dizem que Ele é o "Eu" que experimenta. É por Ele que há muitos que seguem conceitos opostos, dependendo da lógica, dos textos etc. Ao aceitar uma dessas opiniões, sem examiná-las, é possível que alguém se extravie da Libertação Espiritual, permanecendo estagnado. Portanto, iniciando por apresentar uma deliberação sobre o Absoluto Brahmâm, agora iniciamos uma análise dos textos das Upanishads, valendo-nos de um raciocínio que não se opõe às Upanidhads e tem por objetivo conduzir à Libertação Espiritual.[20]

TEMA 2: ORIGEM ETC. DO UNIVERSO

DEFINIÇÃO DO ABSOLUTO BRAHMÂN E A ORIGEM DO UNIVERSO

Diz o adversário: segundo o que foi dito, deve-se investigar sobre o Absoluto Brahmâm. Como Ele pode ser definido?

Diz o adepto do Vedanta: eis, aqui, o que disse o venerável aforismo:

Sutra 2: aquele do qual este universo nasceu[21].

---

[20] A Libertação Espiritual é a eliminação do Karma, passado, presente e futuro. Com isso, o ser humano se liberta da "roda do samsara", esse processo de nascer, morrer, renascer ainda e assim continuar nesse processo interminável. Há várias denominações para isso, como Samadhi, Nirvana, Reino dos Céus, Fana ou Kurb etc. Nota de Carlos Alberto Tinoco, o tradutor.

[21] GAMBHIRANANDA, 1983, p. 13.

Sutra 2: aquele pelo qual tudo isto há chagado a ser, isso é o Absoluto[22].

Janmádi, o dá nascimento, pode ser dividido em: esse, o qual *Janma* (nascimento) é o *adi* (primeiro). Na frase *Janmádi*, temos essa classe de *Bahuvriti* composto, de onde o sujeito apresentado é apreendido com os seus atributos. Portanto, esse composto implica nascimento, preservação e dissolução. Citar o nascimento primeiro está em harmonia com as declarações dos textos védicos e a natureza das coisas. Os Vêdas afirmam: "Aquilo ao qual eles retornam"[23]. Aqui, encontra-se a origem, continuidade e dissolução, o que aponta para uma ordem. Pela natureza das coisas, algo chegou a existir por meio do nascimento, podendo ter continuidade e desintegração.

O significado do sutra é a seguinte: essa fonte onisciente e onipotente tem que ser o Absoluto Brahmâm, do qual aparece a origem, a continuação e a dissolução deste universo que se manifesta por meio de nome e forma e está associado a agentes e experiências diversas. É Ele que provê o suporte das ações e os seus resultados e controla o espaço, o tempo e a causalidade. Ele desafia todos os pensamentos sobre a natureza real dessa criação. Só se mencionam aqui a origem, continuidade e dissolução, porque as outras mudanças nelas estão incluídas.

Apesar que se tenha aceitado as seis mudanças enunciadas assim: "Ele se origina, existe, cresce etc." Isso poderia conduzir à dúvida de que a origem, a existência e a destruição do universo, desde a causa primeira, não se referem a essas modificações que só são possíveis apenas durante a continuidade do universo. Para que essa dúvida não apareça, atribui-se a origem que tem lugar no Absoluto Brahmâm à continuidade e à fusão que sucede nele.

Além de Deus, o possuidor das qualificações já citadas, não é possível conceber o universo, segundo o que foi descrito, como tendo a sua origem em algum outro fator, ou seja, de Pradhana (a natureza primordial) inconsciente, os átomos, a não existência ou alguma alma em condições mundanas (Hirayagarbha). Nem pode originar-se espontaneamente; já que, neste universo, as pessoas (que desejam ver os resultados) devem depender de um espaço, tempo, causa e efeito específicos. Aqueles que afirmam que Deus é a causa só confiam nessa dedução para estabelecer a existência de Deus como distinta de um ser vivo que reencarna.

22 MARTÍN, 2001, p. 41.

23 TINOCO, 1996, p. 235.

Diz o adversário: não é essa a mesma dedução a que se apresenta começando por: "Aquele, do qual este universo..."? (Ver Sutra 2).

Diz o adepto do Vedanta: não, porque os sutras têm o objetivo de reunir as flores das sentenças das Upanishads e se referem em suas sequências à firme convicção que aparece ao se refletir sobre os textos védicos e aos seus significados e não seguindo outra via, como a dedução. Sem dúvida, quando tomamos textos das Upanishads que se referem à origem do universo, a dedução não descarta a inferência que está em tom com os textos em questão, mas não se exclui como meio de aquisição de conhecimento que reforça esses textos, uma vez que as Upanishads mesmas aceitam o raciocínio como uma ajuda. Assim, por exemplo: "Se deve tomar consciência do Ser, se deve escutar, refletir e meditar sobre Ele".[24] E o seguinte: "O ser humano não instruído e inteligente, pode alcançar o país dos Gândhânas"[25]. Do mesmo modo: "Neste mundo, uma pessoa que tem um mestre, obtém o conhecimento" (Ch. Up.; VI, XIV, 2). Isso mostra que os textos védicos confiam na inteligência humana.

No que diz respeito à liberação sobre o Absoluto Brahmâm, os textos diretos, os sinais indicativos etc. não são os únicos meios para se atingir o conhecimento válido sobre o Absoluto Brahmâm, como o são quando se delibera sobre os deveres religiosos. Para que se possa conhecer o Absoluto Brahmâm, os textos védicos, a experiência pessoal etc. são os meios válidos, uma vez que conhecê-Lo culmina na experiência e tem a ver com uma entidade existente. Como no caso dos rituais a serem empreendidos, não há nenhuma dependência da experiência direta e podemos dizer que os textos diretos são as únicas autoridades. Além disso, uma ação que deve ser feita se converte no que é, por meio do esforço humano. As atividades mundanas ou védicas podem não empreender-se e podem ser realizadas de distintos modos. Assim, por exemplo, uma pessoa pode passear, montar ou fazer qualquer outra coisa não precisa mover-se de um modo particular. De igual maneira, no ritual Atirâstra (onde se usava o soma),[26] toma-se o vaso chamado *sodasí* e, ainda no mesmo ritual ou em outra ocasião, o referido

---

[24] MARTÍN, Consuelo. **Gran Upanisad del Bosque (Brhadaranyaka Upanisad), com los comentários Advaita de S'ankara.** Madrid: Editorial Trotta, 2002. p. 206, sutra 4.

[25] Região situada no extremo noroeste na Índia. Foi a fonte do Budismo. Se trata de um país, em parte legendário, símbolo do no budismo da meta no caminho do conhecimento (nota de MARTÍN, Consuelo. **Brama-Sutras com los comentários advaita de S'ankara**. Madrid: Editorial Trotta- Nota de rodapé, p. 42, 2000).

[26] Soma era uma bebida ritual alucinógena ingerida durante os rituais védicos. Era preparada com leite. Até o momento, não se sabe se era obtida de plantas ou de cogumelos (Nota de Carlos Alberto Tinoco, o tradutor).

vaso não se usa (Tai. S., VI, VI, 2, 4). "No sacrifício *Agnihotra*[27] se oferece a oblação após o pôr do sol" e "a oblação se oferece depois do pôr do sol". Esses preceitos e proibições têm os seus significados aqui (nos textos sobre cerimônias), o mesmo que as normas gerais e exceções. Mas uma coisa não pode ser julgada por ser e não ser de determinado tipo específico, por ser existente e não existente, simultaneamente.

Figura 4 – Realização do ritual Agnihotra

Fonte: http://rajunaryanaswamy.blogspot.com/2008/07/agnihotra.html

As opções dependem das noções humanas, enquanto o conhecimento válido da verdadeira natureza de uma coisa não depende das noções humanas. Então, de que dependem? Depende da coisa mesma. Já que está consciente da forma, como é o caso: "Este é um tronco, é um homem ou é outra coisa"

[27] Agnihotra era ou é o ritual do fogo. Esse poderoso ritual de fogo consiste em oferecer ao fogo ervas, frutas, doces, cereais e essências juntamente com a lenha, cada qual representando simbolicamente aspectos de nosso corpo e personalidades, que gostaríamos de transformar e purificar.

não pode ser um conhecimento válido em relação ao mesmo tronco. Em tal caso, estar consciente da forma: "Este é um homem ou é outra coisa" é errôneo; enquanto, ao dizer: "Isso é, seguramente um tronco", expressamos um conhecimento válido, porque corresponde à coisa mesma. Portanto, a validade do conhecimento de uma coisa existente está estabelecida pela coisa mesma. Sendo esse o posicionamento, fica claro que o conhecimento do Absoluto Brahmâm deve ser determinado pela coisa mesma, uma vez que se refere a uma coisa existente.

O adversário diz: se o Absoluto Brahmâm é uma realidade existente, deve ser o objeto de outros meios de conhecimento válido, então, qualquer deliberação sobre os textos das Upanihads (para se alcançar o conhecimento do Absoluto Brahmâm) é insubstancial.

Diz o adepto do Vedanta: não é assim, já que a relação do Absoluto Brahmâm com qualquer coisa é incompreensível, porque transcende o alcance da percepção sensorial. Os sentidos, naturalmente, percebem os objetos e não o Absoluto Brahmâm. Se Ele fosse um objeto perceptível pelos sentidos, o conhecimento teria sido da forma: "Este produto está relacionado com o Absoluto Brahmâm". Inclusive, quando o mero efeito é conhecido, não se pode determinar se procede do Absoluto Brahmâm ou de alguma outra coisa. Por isso, o sutra "Aquele pelo qual tudo isso há chegado a ser" não se pode considerar uma dedução. Para que é, então? Para apresentar um texto das Upanishads ao qual se refere o Sutra? Começa com Bhrigu, o famoso filho de Varuna. Aproximou-se do seu pai com a petição: "Reverendo Senhor, mostra-me o Absoluto Brahmâm". A Taittiriya Upanishad afirma: "Busca para que chegues a conhecer Aquilo".[28] Shankara traduz esse verso do seguinte modo: "Busca para que chegues a conhecer aquele pelo que todos estes seres hão chegado a existir, pelo que vivem, através dos nascimentos, para onde se dirigem e em quem se fundem. Este é o Absoluto". E a resposta adequada a essa pergunta é: "Pela bem-aventurança, depois de nascidos, eles vivem; à bem-aventurança retornam quando se dissolvem, fundindo-se com Ela".[29]

Também se deve distinguir outros textos da mesma classe que falam de uma causa que, por natureza, é eterna, pura, livre e intrinsecamente omnisciente.

---

[28] TINOCO, 1997, p. 235 (Taittiriyria Upanishad- III, 1, 1).

[29] TINOCO, 1997, p. 237 (Taittiriyria Upanishad- VI, 6, 1).

TEMA 3: AS ESCRITURAS COMO FONTES DE CONHECIMENTO DO ABSOLUTO BRAHMÂM

O ABSOLUTO SE LHE CONHECE PELAS ESCRITURAS

Com a finalidade de mostrar que o Absoluto Brahmâm é a fonte do universo, ficou implícito que Ele é omnisciente. Para confirmar isto, o redator do aforismo, disse:

Sutra 3: Brahmâm é onisciente, por ser a fonte das escrituras[30].

Sutra 3: o Absoluto Brahmân é omnisciente por ser a fonte das escrituras[31].

O Absoluto Brahmâm é a causa material eficiente das grandes escrituras (Shastras), como o Rig Vêda, que são complementados por outras escrituras, que são as fontes (de vários tipos) de conhecimentos, as quais revelam todas as coisas como uma lâmpada e que são quase onisciente. Porque escrituras como o Rig Vêda, depositárias de todas as boas qualidades como só são, só podem emergir de outra fonte que não seja do Uno que tudo o conhece, visto que é um fato reconhecido que a pessoa, da qual se origina as escrituras que tratam de vários temas, sabe mais que a escritura mesma. Por exemplo, a gramática, emanada de Panini e outros, representa só uma parte do tema conhecido por eles. É ostensivo que esse grande Ser é de uma onisciência absoluta, uma vez que Dele surge o Rig Vêda, dividido em muitos ramos, sendo a fonte da classificação dos deuses, animais, seres humanos, castas, estado social etc. de todo tipo de conhecimento. Por sua vez, os Vêdas emergem desse Ser como um passatempo (lila) e sem esforço, como alento humano. Sem dúvida, segundo se pode ler de um texto védico: "Como o fogo aceso com farpas produz diversas classes de fumaça, assim querida, o Rig Vêda, o Yajur Vêda, Sama Vêda... são como o alento do Ser"[32]. Esse sutra pode pretender dizer também: ao Absoluto Brahmâm não se O conhece por outra fonte, já que as escrituras são um meio válido para conhecê-Lo. As escrituras mencionadas são um meio válido para conhecer a natureza do Absoluto Brahmâm. Isso implica que Ele se reconhece como fonte da existência deste universo, pelas escrituras que são o único meio

30 GAMBHIRANANDA, 1983, p. 18.

31 MARTÍN, 2001, p. 44.

32 MARTÍN, 2001, p. 208-209, verso II,4, 10.

válido para O conhecer. Sobre isso, deve-se ler: "Aquilo de onde esses seres nascem, Aquilo pelo qual, após nascerem, eles vivem".[33]

Que necessidade há, aqui desse sutra, se ao citar os textos escriturais não se referem explicitamente ao que o sutra prévio se refere, poderia suspeitar-se que só se há apresentado, ali, uma dedução. "Aquele por quem tudo isso há chegado a ser" (B.S, I,2). Para eliminar essa dúvida, esse sutra diz: "as escrituras são o meio válido para o Seu conhecimento".

TEMA 4: AS UPANISHADS REVELAM A BRAHMÂM

AS UPANISHADS REVELAM O ABSOLUTO BRAHMÂN

O adversário diz: porque se afirma novamente que apenas as escrituras são meios válidos para se conhecer o Absoluto Brahmâm? Já que no aforismo de Jamini se pode ler: "Como os Vêdas ordenam a ação, as porções que não contemplam este propósito, são inúteis" (I,II,1). Portanto, mostraram-nos que as escrituras tratam da ação. Logo, as Upanishads são inúteis, já que prescrevem a conduta na ação. Podem formar parte de um preceito sobre a conduta revelando o ator, a divindade etc. dessa ação ou também podem ser um meio para realizar outro tipo de atos, como a meditação. Não é possível que as Upanishads sejam o meio de conhecer uma coisa que existe, porque uma coisa que já existe se conhece por percepção direta. E nenhum objetivo humano se consegue pela revelação de algo que não é aceitável, nem rechaçável. Por ele, disse-se "Como as afirmações corroborativas do Atharva Vêda podem combinar-se com alguma regra para formar uma ideia, se convertem em meios válidos de conhecimento (as ações virtuosas) elogiando os deveres ordenados pelas regras" (Jaim. Sû, I.III, 7). Isso é expressado em frases como: "Ele chorou" (Tai. S., II, V, 11). Podem ser que não tenham sentido, mas podem servir para exaltar algo, já que que os mantras, como "Ise Tvâ" (Tai. S., I, 1,1), mostraram-se que estão em relação com a conduta, ao se referir a algum dever quanto ao modo de praticá-lo. Em nenhuma parte há uma frase védica com claro objetivo que não esteja relacionada a um preceito. E não poderá fazer-se de outro modo. Portanto, não será possível um preceito que não esteja relacionado a algo que já estivesse realizado, uma vez que um preceito está sempre associado à ação.

[33] TINOCO, Carlos Alberto. **As Upanishads.** (Taittirya Upanishad, III, 1, 1). São Paulo: Editora Ibrasa, 1997. p. 235.

Por tudo isso, as Upanishads se convertem em preceitos, ao revelarem a natureza dos atores e das divindades necessárias em alguns atos.[34] Se isso não se aceita por medo de ignorar o contexto, as Upanishads podem se referir às práticas meditavas que expressam seus próprios textos. É por isso que o Absoluto Brahmân não é apresentado por escrituras como objeto de conhecimento.

Sutra 4: por isso, o Absoluto Brahmâm é cognoscível através das Upanishads, sendo o objeto de Seu significado mais profundo e completo[35].

Sutra 4: sem dúvida, Aquele (o Absoluto) tem que ser conhecido pelas escrituras, pois com esse propósito está relacionado com os textos[36].

A palavra sânscrita *tu* (mas) invalida o ponto de vista do adversário. A palavra *Tat* (isso) quer dizer o Absoluto Brahmâm, que é onisciente e onipotente, é a causa da origem, a existência e a dissolução do universo e se conhece por meio das Upanishads.

Como é isso? Porque é objeto de máxima importância. E Nele coincidem os textos upanishádicos. Assim, por exemplo: "Este universo antes da sua criação não era senão, existência, o Uno sem segundo" (Ch. Up.; IV, 2, 1). "Antes da criação deste mundo, só existia o Atmân, apenas o Atmân, não existia mais nada".[23] "O Absoluto não tem causa, nem efeito, nem interior, nem exterior. O Ser, o que é consciente de todas as coisas, é o Absoluto"[37]. "Tudo o que está diante de nós, é o Absoluto, o Imortal" (Mu. Up., II,2,11). Além disso, quando as palavras nas frases das Upanishads atingem uma completa certeza, ao revelar a natureza do Absoluto Brahmâm, não é adequado imaginar qualquer outro significado, uma vez que isso seria negar algo estabelecido nos Vêdas e aceitar algo que eles não admitem. Não se pode afirmar que tais palavras tenham como última meta determinar a natureza do ator.

Sobre isso, vejamos o texto védico que se segue: "Mas para quem, ao ser consciente do Absoluto, todas as coisas são o Ser, quem poderia cheirar

[34] Este é o ponto de vista do filósofo da escola Mimansa, Kumarala Bhata. Ele é o autor de um comentário ao Mimansa Sutra de Jamini. A diferentemente da filosofia Vedanta- Advaita, o Mimansa considera as práticas religiosas necessárias e prévias ao conhecimento da Verdade. Shankara qucas religiosas necessárias e prévias ao conhecimento da Verdade. Shankara quer demonstrar que os sutras se põem a isto. Por isso, um filósofo Mimansa é um oponente (adversário). Nota de rodapé de: MARTÍN, Consuelo.**Brama- Sutras, com los comentários Advaitas de S'ankara**. Madrid: Editorial Trotta, p. 46, 2000.

[35] GAMBHIRANANDA, 1983, p. 21.

[36] MARTÍN, 2001, p. 46.

[37] MARTIN, 2001, p. 228, verso II, 5, 19.

e mediante o que?; quem poderia ver-se e com que?"[38]. Isso nega a ação, o instrumento e o resultado, tão pouco o Absoluto Brahmâm é um objeto de percepção, embora permanecesse como uma entidade positiva pela unidade do Ser e o Absoluto Brahmâm, como se expressa na frase "Isto és Tu". (Ch, Up., VI, 8,7). Não se pode conhecê-Lo de outro modo, se não po meio dos textos das escrituras. Quanto à objeção de que o aprender sobre o Absoluto Brahmâm é algo inútil, já que não se pode aceitar, nem rechaçar, isso não é prejudicial, uma vez que, ao ascender ao mais elevado objetivo humano — que é Libertação Espiritual — efetua-se apenas quando são eliminados todos os tipos de sofrimentos, em decorrência da realização do Ser, o Absoluto Brahmâm, transcendendo a aceitação e a negação. No que diz respeito à apresentação das divindades nas práticas meditativas contidas nas Upanishads, não aparece nenhuma dificuldade.

É claro que o Absoluto Brahmâm não pode se converter em nenhum preceito para a meditação. Isso porque, quando se atinge a unidade, é natural que se eliminem todas as ideias de dualidade referentes à conduta em todos os detalhes, visto que o Absoluto Brahmâm não é aceitável, nem recusável. Já a percepção da dualidade não pode surgir após havê-la desarraigado pela realização da não dualidade. Se isso fosse possível, somente nesse caso se poderia apontar que o Absoluto Brahmâm está implicado em algum preceito sobre a meditação.

Embora não se veja em nenhum lugar que os textos védicos tenham validez, quando não estão interpretados por preceitos, e dado que o conhecimento do Absoluto Brahmâm culmina em seu resultado (Libertação Espiritual), não se pode ignorar a validade das escrituras que tratam dos instrumentos da referida Libertação. Não se determina, nem um pouco, a validez das Upanishads por dedução e só nesse caso será necessária a analogia. Dessa forma, fica provado que o Absoluto Brahmâm se conhece unicamente pelas escrituras.

Outras pessoas mantêm suas oposições, afirmando: embora Ele seja conhecido apenas pelas escrituras, Ele também se apresenta como um fator relacionado com o preceito da meditação. Igual à vara no ritual e o fogo, embora desconhecidos na vida normal, as escrituras os apresentam à persuasão ou à dissuasão das atividades, como afirmam os que conhecem a importância das escrituras: "A intensão óbvia dos Vêdas é dar a conhecer estes deveres" (Sabara-Bhasya, I, 1,1). "Por preceito se entende uma frase

[38] MARTÍN, 2001, p. 215, verso II, 5,13.

que impulsiona ao dever" (Sabara-Bhasya, I,1,2). "Uma instrução é o que dá a conhecer estes (deveres religiosos)" (Jai. Sû, I, 1, 5). "Ali (nos Vêdas) as palavras usadas para as realidades que se estabelecem deverão expressar-se verbalmente" (Sabara-Bhasya, I, 1, 25).

Uma vez que os Vêdas têm por objetivo prescrever os deveres, tudo aquilo que não tem essa finalidade carece de sentido. Então, as escrituras adquirem um caráter significante, persuadindo uma pessoa a atuar tendo em vista um objetivo particular, assim como dissuadi-la a atuar ante outro. Outras afirmações possuem a sua utilidade como parte dessas. Uma vez que os textos upanishádicos são semelhantes aos textos védicos, deverá propor-se apenas essa via. Sabe-se que as Upanishads se propõem a fornecer preceitos. Vê-se claramente que nesses textos referidos se aconselha a realização do ritual Agnihotra para se alcançar o céu, a mesma coisa que o conhecimento do Absoluto Brahmâm é aconselhável para aqueles que desejam ardentemente a imortalidade.[39]

Pode-se fazer a seguinte objeção: por acaso não foi indicado no "Purva e Uttara Mimansa" que existe uma diferença entre os objetos investigados? Na sessão que trata dos rituais, são as práticas religiosas as que têm que se fazer, mas aqui (onde se trata do conhecimento), o objeto que se investiga é o Absoluto Brahmâm, que é uma realidade para sempre existente. Daí, conclui-se que o resultado do conhecimento do Absoluto Brahmâm deveria ser diferente do resultado de conhecer os ritos religiosos que dependem das suas práticas.

Diz o adversário (Vrittikara): não pode ser assim, já que aqui, ao Absoluto Brahmâm, apresenta-se a ele como um fator de uma regra dedicada a alguma ação, enquanto existem certas regras (sobre a meditação), como: "Devemos ver ao Ser"(Br. Up, II, 4,5).[40] "É necessário investigar, conhecer ao Ser, que está livre do todo o mal" (Ch. Up, VIII, 7, 1), "Deveríamos meditar somente no Ser" (Br. Up., I, 4, 7)[41] e "É necessário investigar, conhecer ao Ser, que está livre de todo o mal" (Ch. Up., VIII, 7,1). "Deveríamos meditar somente no mundo do Ser".[42] Como uma consequência dessas frases, aparece a seguinte questão: o que é o Ser? O que é o Absoluto Brahmâm? Além disso,

[39] TINOCO, 1997, p. 258. Sobre atingir a imortalidade, há um verso da Brhadaranyaka Upanishad (I, 3, 28), onde o devoto diz, dirigindo-se ao Absoluto Brahmân: "Do irreal, conduza-me ao Real, das travas, conduza-me à Luz, da Morte, conduza-me à Imortalidade (Nota de Carlos Alberto Tinoco)

[40] MARTÍN, 2002, p. 206, verso II, 4, 5 (uma frase do referido verso).

[41] MARTÍN, 2002, p. 81-82, verso I, 4, 7.

[42] MARTÍN, 2002, p. 118, verso I, 4, 15.

há a seguinte frase: "Eterno, onisciente".[43] "Sempre puro, inteligente e livre por natureza" (Nr. Up.). "O Absoluto é consciência e bem aventurança" (Br. Up.,III, 9, 28)[44] etc. nos ajudam a apresentar as características do Ser e do Absoluto Brahmâm. Ao se consagrar a Ele, chega-se à Libertação Espiritual e se revela nas escrituras, mas não O conhece por nenhuma outra fonte. Mas, se as frases das Upanishads não constituem parte das prescrições sobre os atos, de outra forma que se refira a uma entidade, não haveria possibilidade se aceitá-las ou negá-las. Portanto, serão tão inúteis como as seguintes expressões: "A terra é formada por sete ilhas", "Aqui está o rei" etc. Poderia-se objetar que, talvez, algumas proposições sobre coisas existentes, como: "Isto é uma corda, não uma serpente", servem para adiar o medo que ocasiona o engano. Do mesmo modo, as Upanishads, ensinando sobre o Ser ou o Absoluto Brahmâm, servem para eliminar o erro de se pensar que somos simples pessoas que transmigram.

Se pode fazer a seguinte objeção: isso poderia ser, se for eliminado o erro da serpente, sabendo que esta é feita de corda. O erro sobre a transmigração desaparecerá ao se examinar a natureza do Absoluto Brahmâm. Mas, de fato, não se elimina, porque se vê que, ainda quando se ouve falar sobre o Absoluto Brahmâm, as caraterísticas da alma apegada à dor e à felicidade persistem do mesmo modo que antes. Observa-se também que a reflexão e a meditação que aparecem depois de tê-lo escutado estão prescritas: "Se deve tomar consciência do Ser, se deve escutá-Lo, refletir e meditar Nele"[45]. Por isso, deve-se aceitar que as escrituras apresentam o Absoluto Brahmâm como um preceito para a meditação.

Sobre isso, dizem os adeptos de Vedanta: com relação a isso, dizemos que não é assim, já que os resultados da ação e o conhecimento do Absoluto Brahmâm são diferentes. Com a expressão: ações virtuosas indicam esses atos físicos, verbais e mentais bem conhecidos pelos Vêdas e na literatura Smriti (Bhagavad Gitâ, Puranas etc.), cuja investigação tem sido exposta pelo aforismo: "Portanto, doravante se deverá fazer um estudo sobre os deveres religiosos" (Jai. Su;, I,1). Mais ainda, deveria se estudar os defeitos, como a injúria para evitá-los, porque também estão em frases védicas que expressam proibições.

---

[43] MARTÍN, Consuelo. **Bhagavad Gitâ com los contarios Advaitas de S'ankara**. Madrid: Editorial Trotta, 2009. verso II, 20, p. 57.

[44] MARTÍN, 2002, p. 305, verso III, 9, 28.

[45] MARTIN, 2002, p. 206, verso II, 5, 5.

A felicidade e o sofrimento resultam da virtude e do vício, consistindo no bem e no mal, sobre os quais os textos védicos, com as suas regras e proibições, são autoritários. Todos os seres, desde o Absoluto Brahmâm, as árvores até o reino imóvel, experimentam esses resultados, que aparecem pelo contato entre os sentidos e os objetos. Os graus de felicidade entre os seres encarnados, desde os seres humanos até o Criador, são conhecidos pelas Upanishads (Tai. Up. II, 8 e Br. Up., IV, 3, 33). Conhecemos ainda uma graduação dos méritos que correspondem a esses diferentes graus. Também há grandes diferenças de aptidões e de capacidades entre as pessoas, para realizar os deveres religiosos. Tais capacidades se definem por atribuição aos resultados. Por exemplo, conhece-se pelas escrituras que aqueles que realizam práticas religiosas seguem rumo ao norte (após a morte), de acordo com a qualidade dos seus conhecimentos e práticas meditativas. Enquanto aqueles que só fazem trabalhos de natureza social permanecem no rumo que conduz ao sul, de acordo com os resultados das suas práticas (*ista, jûrta* e *data*).[46] Há também diferentes graus de felicidades no mundo lunar e os meios para obtê-la se conhecem pela frase: "Residindo ali, enquanto o resultado das ações produzam felicidade" (Ch. Up., V, 10, 5). Do mesmo modo, pode-se compreender que a felicidade ocorre gradualmente entre as criaturas, desde os humanos, passando pelo inanimado até o reino infernal. Sabe-se que são decorrentes do efeito dos atos que os textos védicos prescrevem. Percebendo-se uma gradação do sofrimento, desde o mais elevado ao mais baixo, fica claro que também haverá graus entre os atos proibidos pela autoridade dos textos védicos, que este mundo transitório está constituído por uma sucessão de felicidade e sofrimento. É isso o que acontece com as pessoas que estão sujeitas à ignorância e começa desde o seu nascimento, de acordo com os seus atos cometidos em vidas anteriores.

Um texto védico corrobora a natureza do mundo do seguinte modo: "É certo que no caso do ser encarnado, a felicidade e a dor não se erradicam" (Ch. Up. VIII, 12, 10). Essa frase corrobora a afirmação da natureza do mundo referido anteriormente. A negação pode ser encontrada na frase: "O prazer e a dor não afetam a quem não está identificado com o corpo" (Ch. Up. VIII, 12, 10). Pode-se deduzir que a Libertação Espiritual, que é a

---

[46] As práticas ou deveres religiosos estão aqui classificados em três grupos que poderíamos aproximadamente, resumir aqui: *ista*: são ações valiosas entre as que se encontram: a sinceridade, a austeridade e o estudo das escrituras: *jûrta:* São a construção de templos e outros atos úteis; *Datta:* inclui muitas ações sociais e morais, como a caridade, a bondade etc. (nota de rodapé de Consuelo Martín, em: **Brahma-Sutras:** Madrid Editorial Trotta, p. 50, 2000).

mesma coisa que a não identificação com o corpo, é uma decorrência dos atos corretos, dos quais os textos védicos são os únicos meios de conhecimento. Sendo isso o resultado correto — como a meditação —, não se pode negar a relação que possuem com a felicidade e o sofrimento.

Diz o opositor: o estado incorpóreo, ou seja, a não identificação com o corpo físico, pode ser também o produto das ações virtuosas.

Diz o adepto do Vedanta, corrigindo: não é assim. A não identificação é inerente ao Ser, de acordo com os textos védicos: "O homem sábio, percebendo o Atman morando dentro dos corpos impermanentes, sendo Ele mesmo sem corpo, vasto e a tudo permeando, liberta-se do sofrimento"[47]. "Ele é vazio de Prâna, vazio de mente, puro, tão imperecível quanto Imperecível Brahmâm"[48]. "Porque o Ser infinito é incondicionado"[49]. Assim, prova-se que a não identificação, também chamada Libertação Espiritual, é eterna, independentemente dos resultados dos trabalhos que devem ser feitos.

Dentre as coisas permanentes, algumas estão permanentemente mudando, de acordo com a ideia: "Aquela mesma coisa é esta". E não deixa de ser correto, ainda que a coisa siga mudando, como a Terra para aqueles que dizem ser o mundo permanente ou as três forças da natureza — *Sattva, Rajas* e *Tamas* —, de acordo com a escola Sankhya.[50] Mas esse Uno é permanente e imutável no sentido Absoluto, que é oniabarcante, como o espaço isento de todas as modificações, sempre contente, sem partes e luminoso com luz própria. O anteriormente citado é essa incorporeidade chamada Libertação Espiritual, na qual a ideia dos três períodos de tempo não existe e as ações virtuosas ou malvadas cessam em conjunto com os seus efeitos de felicidade e dor. Como afirmam os textos védicos: "Falas ó Yama, o que sabeis existir além do certo e do errado, além da causa e do efeito, além do passado, do presente e do futuro?"[51], porque a Libertação Espiritual é como o Absoluto Brahmâm do qual se está falando e investigando. Se fala-se de Libertação Espiritual como um complemento da ação, como algo que se consegue com esforço, seria, então, impermanente. Nesse caso, a Libertação Espiritual seria um produto excelente do trabalho, dentro de uma gradação,

---

[47] TINOCO, 1997, p. 163, verso I, 2, 22.

[48] TINOCO, 1997, p. 198, verso II, 1,2.

[49] MANTÍN, 2002, p. 346, verso IV, 3, 15.

[50] Filósofos que seguem o sistema fundado por Kapila, mantendo a permanência dos princípios Purusha, Espírito ou Consciência, Prakriti, ,Matéria ou Natureza. Da união dessas forças, se originam todas as manifestações mutantes do universo. Nota de rodapé de Consuelo Martín, na sua tradução do Brahma Suttra, p. 51.

[51] TINOCO, 1997, p. 163, verso I, 2,14.

mas todo aquele que crer na Libertação Espiritual admite que essa é eterna, como dependente de alguma ação.

Por outro lado, os textos védicos mostram a Libertação Espiritual como imediata para o conhecimento do Absoluto Brahmâm e, com isso, eliminam qualquer atividade no intervalo. "Quando o Absoluto Brahmâm, fundamento de toda causa e efeito, chega a ser conhecido, todos os resultados das ações são extintas" (Mu; Up., II,2, 8). "Aquele que conhece a Bem Aventurança de Brahmâm, consciente de que palavras e pensamentos são incapazes de descrevê- Lo, não é capaz de ser atingido pelo medo, ou por qualquer coisa de natureza malévola".[52] "E Janaka , de Videha lhe contestou: 'O que está livre do medo seja contigo, senhor, porque tu conheces Aquele que está livre do temor!'".[53] "Qual desilusão, qual mágoa pode existir para eles, que estão permanentemente estabelecido nessa grande unidade com o Atman?".[54] Todos esses versos se referem à negação das dúvidas, enquanto se toma consciência do Absoluto Brahmân e se chega a ser a totalidade. "O sábio Vamadeva enquanto descobria o Ser como Aquele, supôs 'Eu sou Manu, o sol'".[55] Também a frase: "Permanecendo ali, ele canta", na qual pode entender-se que o ser humano não tem outra atividade enquanto permanece ali cantando. O seguinte texto, em conjunto com outros, indica que o resultado do conhecimento do Absoluto Brahmân é simplesmente a eliminação dos obstáculos para se conquistar a Libertação Espiritual. Sobre isso, vamos citar o seguinte: "Ó Senhor, vós sois como um pai, nos levastes para além dos limites da ignorância!"[56] e "Tem-se ouvido pessoas como tu que aquele que conhece o Ser, que transcende a dor. E eu, tal como sou, estou cheio de sofrimento, venerável senhor, tu podes conduzir-me mais além da ignorância" (Ch. Up., VII, 1, 3).

"O adorável Sanatkumara lhe mostrou a outra margem da ignorância a Narada, de quem se havia livrado dos defeitos" (Ch. Up., VII, 26, 2). Essa frase é uma evidência do aforismo do grande mestre Gautama apoiado no raciocínio de que "A Libertação da sucessão de dores, nascimentos e desejos é possível, uma vez que são os primeiros de uma série de dores e vícios, defeitos, apegos, simpatias, antipatias etc. e o conhecimento falso se aniquilam, tão logo quanto se destroem os que os sucedem imediatamente" (N.S.,

---

52 TINOCO, 1997, p. 234, verso II, 9.

53 MARTÍN, 2002. Ver o comentário de Shankara ao verso IV, 2, 4, p. 319. Nota de Carlos Alberto Tinoco

54 TINOCO, 1997, p. 136, verso 7.

55 MARTÍN, 2002, p. 99-10, verso I, 4, 10.

56 TINOCO, 1997, p. 190, verso VI, 8.

I,1 2). A eliminação da ignorância segue-se ao conhecimento da Unidade do Ser individual e a do Ser Absoluto. Porém, esse conhecimento da unidade do Ser e do Absoluto Brahmâm não é do tipo de meditação chamada *Sampad*[57], por exemplo: "A mente é, certamente, infinita e as divindades *Visvadevas* também. Através dessa meditação se ganha um mundo infinito". Nem se trata da forma de meditação, chamada *adhyâsa*[58], como em "Se deveria meditar com a mente do Absoluto Brahmâm" (Ch. Up. II, 19, 1). A ideia do Absoluto Brahmâm está superposta à meta, ao sol etc. Não é nem uma meditação baseada em alguma atividade especial, como em: "O ar é verdadeiramente o lugar de fusão" (Ch. Up, IV, 3, 14), nem consiste em uma certa classe de purificação por alguma prática como olhar a oferenda.

Se o Conhecimento da unidade do ser é aceito como uma espécie de *Sampad* (comparação) etc., isso contrariaria o sentido verificável da todas as palavras que se encontram nas seguintes frases que estabelecem a unidade do Ser, como em: "Tu és Isto" (Ch. Up. IV, 8, 7) e "O Ser, o que é consciente de todas as coisas, é o Absoluto" (Br. Up.,II, 5,19).[59] Também se negarão frases como: "Os grilhões do coração são quebrados, todas as dúvidas são removidas, e todo esforço cessa de produzir frutos, quando Ele é contemplado. Ele que é Elevado e baixo".[60] Nessas frases, pode-se observar que o resultado é que a ignorância desaparece. Inclusive, desde o ponto de vista das meditações citadas, frases como: "Aquele que conhece o Absoluto Brahmâm, chega a ser o Absoluto" apontam a unidade com o Absoluto e não podem ser justificadas. Portanto, pode-se concluir que o conhecimento do Absoluto Brahmâm não depende de atuação humana.

De que depende, então? Depende da coisa mesma. Veja o caso do conhecimento de algo obtido por meios válidos, como a percepção direta. Nenhum esforço imaginativo pode fazer convergir ao Absoluto Brahmân e ao seu conhecimento, com o trabalho. Nem se pode imaginar que o Absoluto Brahmâm tem algum sentido com o trabalho, sendo o objeto da ação a ser conhecida. "Ele é diferente de tudo o que é conhecido e está acima do

[57] *Sampad*: Meditação onde o inferior é tomado como o superior por uma semelhança. O superior predomina e quase se ignora o inferior (*Gambhirananda* nota ao *Brahma Sutras*) .No exemplo do texto, os Visvadevas, espécies de anjos ou divindades menores, são o inferior.

[58] *Adhyâsa*: Meditação onde o suposto, neste vaso o Absoluto Brahmân ocupa uma posição subordinada, e outros aspectos, como a mente e o sol predominam (*Gambhirananda* Idem)

[59] MARTÍN, 2002, p. 228, verso II, 5, 19.

[60] TINOCO, 1997, p. 201, verso II, 2 8.

desconhecido"[61] e "Por meio de que se poderia conhecer ao conhecedor?".[62] Aqui, nega-se que o Absoluto Brahmâm seja um objeto do ato de conhecer. Também é negado que seja objeto da meditação, na frase "Aquilo que não pode ser expresso com palavras mas pelo qual a língua fala – sabei que é Brahmâm".[63]

O adversário diz: se o Absoluto Brahmâm não é um objeto, não pode ser apresentado pelas escrituras, como foi estabelecido (B.S.,I,1,3).

Diz o adepto do Vedanta: não é assim, uma vez que as escrituras se propõem a quitar as diferenças que a ignorância nos fazem imaginar. Por outro lado, as escrituras não abordam sobre o Absoluto Brahmâm como uma entidade que faça alusão objetivamente à palavra "este".

Como o fazem? Apresentando o Absoluto Brahmâm como um objeto, senão como o mesmo Ser. Distinguem entre "o conhecedor", "o conhecido" e "o conhecimento", os quais são concebidos pela ignorância. Existem textos nos quais se encontra a frase: "Aquele através de quem Brahmâm não é conhecido, verdadeiramente O conhece; aqueles através de quem Brahmâm é conhecido, certamente não O conhece".[64] "Explica-me o que é Brahmâm, o Absoluto que é imediato e direto, o Ser que está dentro de todos"[65] Portanto, é impossível que a Libertação Espiritual seja impermanente, já que nela se revela a Realidade do Ser eternamente livre, após haver eliminado deste a ideia superposta pela ignorância de que o Ser está sujeito ao nascimento e à morte. Sem dúvida, há quem acredite que o ponto de vista daquele que crer que a Libertação Espiritual é um produto de quem dependa da atividade mental, vocal e física. A posição fica inalterada se considera-se a Libertação Espiritual como a transformação de algo[66].

Desse outro ponto de vista, a Libertação Espiritual deve ser, por necessidade, impermanente, uma vez que aquelas coisas que são modificações, como a coalhada e as coisas que são feitas como a jarra de barro, não são permanentes. E não se pode provar que a Libertação Espiritual dependa tão somente da ação e do esforço como alguma coisa que se deve conseguir.

[61] TINOCO, 1997, p. 144, verso I, 4.

[62] MARTÍN, 2002, p. 215, verso II, 4, 14.

[63] TINOCO, 1997, p. 144, verso I, 5.

[64] TINOCO, 1997, p. 145, verso II, 3.

[65] MARTIN, 2002, p. 262, verso, III, 4, 2, p. 262.

[66] O estar livre de algo implica dependência pela limitação que supõem umas coisas com exclusão de outras. Só há liberdade verdadeira na Libertação Espiritual total. Nela não existe relação com nada. Nota de rodapé de Consuelo Martin, na sua tradução de Brahma-Sutras, p. 54.

Isso porque somos uno com o nosso próprio Ser e não existe nada que se deva conseguir. Se o Absoluto Brahmâm fosse diferente de si mesmo, não seria possível conseguir alguma coisa, porque Ele a tudo penetra, é infinito em todos os sentidos como o espaço e está permanentemente à disposição de todas as pessoas.

Figura 5 – Sacerdote Brâhmane

Fonte: https://pt.erch2014.com/duhovnoe-razvitie/26907-brahman-eto-brahmany-v--indii.html

A Libertação Espiritual não pode ser conseguida por meio da purificação, dependendo da ação. A purificação pode ser conseguida por meio de alguma qualidade ou da eliminação de algum defeito moral. Por isso, não se pode libertar-se adicionando uma qualidade, já que a Libertação Espiritual é a legitima natureza do Absoluto Brahmâm, ao qual não se pode atribuir nenhuma qualidade. Nem é possível por eliminação de algum defeito, já que a Libertação Espiritual é a natureza própria do Absoluto Brahmâm, que é sempre puro.

O opositor faz a seguinte objeção: não pode ser, porque a Libertação Espiritual é inerente às pessoas. Não permanece encoberta e se põe manifesta quando o Ser é purificado por ações, como um brilhante espelho que foi limpo pelo ato do polimento?

O adepto do Vedanta diz: não é assim. O ser humano conhecido pela ignorância como elemento constituinte do corpo etc. é o que deve ser purificado. Mas se o Ser mudasse pela ação, ele estaria sujeito à impermanência. Isso é o oposto de textos como: "Mesmo se haja dito que o Ser não é algo manifesto, que está além do pensamento e das mudanças, isto não deve causar desânimo"[67]. Isso não é algo desejável. Portanto, no Ser não é possível haver nenhuma ação e, quando a ação acontece em algo, não pode causar a purificação do Ser, uma vez que Ele não é um objeto de tal ação.

O adversário diz: por acaso, a experiência nos ensina que a alma encarnada se purifica mediante as atividades corporais, como banhar-se, limpar a boca, levar posto o japa mala (cordão de contas que leva ao pescoço) etc.?

O adepto do Vedanta diz: não é assim. É o ser humano, conhecido por ignorância como elemento em conjunto com o corpo, quem pode ser purificado. O banho, a limpeza da boca etc. estão diretamente associados ao corpo. É razoável admitir que algo associado ao corpo e identificado com o Ser é a causa a ignorância, que poderia purificar-se efetuando ações corporais. Com essa mesma entidade estando ligada ao corpo e identificando-se com este, recebe os efeitos da cura quando se trata do veículo físico e pensa: "agora, estou curada". Como consequência do equilíbrio provocado nos constituintes do corpo — fleuma, bílis, ar —, o corpo se purifica ao banhar-se, limpando a boca ou levando ao pescoço o japa mala (cordão do sacrifício) e então lhe ocorre a ideia de que "está purificado", mas, na realidade, permanece limitado ao corpo.

[67] MARTÍN, 2009, p. 63, verso II, 25.

Figura 6 – Cordão do sacrifício ou japa mala

Fonte: https://www.elo7.com.br/japamala-madeira-108-

É verdade que as ações acontecem e os seus frutos serão vivenciados por essa entidade, que pensa assim: "Eu sou o criador, o artífice", como diz o mantra:

> Como inseparáveis companheiros, dois pássaros de plumagens douradas estão empoleirados numa árvore. O primeiro representa o eu individual (ego) e o segundo o Eu imortal (Atman). O primeiro prova as frutas doces e amargas da árvore e o outro, apenas observa atentamente.[68]

Outro texto diz: "O sábio chama o Atman, unido ao corpo, aos sentidos e à mente, de o Desfrutador"[69], já outros dizem: "O Senhor Supremo, resplandecente e não dual, está oculto em todos os seres. Todo penetrante, Ele é o Ser interno de todas as criaturas, aquele que impele às ações, habitando todas as coisas; Ele é a Testemunha, o Animador, o Absoluto livre de formas"[70] e "Permeando tudo, brilhante e sem corpo, sem cicatrizes ou máculas, puro e intocado pela corrupção, o Atman é vidente, onisciente, transcendente e incriado. Ele, desde a eternidade, distribui tarefas e produz

[68] TINOCO, 1997, p. 201, verso III, 1, 1.

[69] TINOCO, 1997, p. 164, verso I, 3, 4.

[70] TINOCO, 1997, p. 32, verso, VI, 11.

a ordem em todos os planos da existência"[71]. Esses dois mantras nos mostram que o Absoluto Brahmâm transcende toda qualificação de excelência ou de inferioridade e é sempre puro e luminoso. A Libertação Espiritual é o estado de identificação com Ele e, por isso, é necessário a purificação. Além desses modos de aquisição, transformação e purificação, ninguém pode mostrar outro pelo qual a Libertação Espiritual pode ser associada à ação. Apenas no conhecimento não existe a limitação da ação.[72]

O adversário diz: não é o conhecimento um tipo de ação mental?

O adepto do Vedanta diz: não, há uma diferença. Há uma ação na realidade, onde há uma prescrição sobre o que está sucedendo, independentemente da natureza daquilo a que se refere, e está sujeita às atividades da mente. Assim, por exemplo, nesta frase: "Quando o sacerdote chamado Hotri está por pronunciar o 'mantra vausat' deverá meditar mentalmente na deidade em favor da qual o Advaryu realiza a libação" (Ai. Br., XI, 3, 1) e na frase: "Deve-se meditar mentalmente na deidade identificada com a noite"[73], mesmo se essa meditação, que é simplesmente pensar, é uma ação mental. Assim, uma pessoa pode meditar, não meditar ou meditar de outra forma, já que depende do ser humano. Mas o conhecimento aparece dos meios válidos, como percepção, inferência etc., os quais apreendem as coisas como são[74]. Portanto, o conhecimento válido não é algo a fazer, não fazer ou fazer de outra forma, uma vez que está determinado completamente pelas coisas e não pelas regras, nem pelo ser humano. Mesmo que o conhecimento seja um ato mental, há uma grande diferença. Por exemplo, se pensamos sobre o fogo como: "Oh Gautama, um homem é, sem dúvida, fogo" (Ch. Up., VIII, 1), isso é um ato, porque surge somente

---

[71] TINOCO, 1997, p. 136, 1997.

[72] Nota do tradutor. O Brahma Sutra, de acordo com o que já foi dito, é um texto obscuro e de certo modo, confuso, como se pode observar pela leitura dos dois parágrafos acima e de vários outros. Não se trata de má tradução e sim, da obscuridade do texto escrito no século VIII d.C., quando a Índia estava no auge do "pensamento mágico".

[73] GAMBHIRANANDA, Swami. **Brahma Sutra Bhasya de Shankaracharya**. Hollyood: Sarada Ma Publishing, 2011. p. 63. Isso dr refere à deidade da noite. Consuelo Martin, na sua tradução do Brama-Sutras, p. 55 diz: "Se deve meditar mentalmente (na deidade da) tarde, não da noite".

[74] Na filosofia Vedanta-Advaita, se mantem a realidade relativa ao conhecimento no âmbito da realidade múltipla que cria a visão dual. Ali se distinguem entre o conhecedor, (*Pramâtâ*) o objeto conhecido (*Prameya*) e o conhecimento *(Pramiti)*. Este conhecimento conduz a uma verdade relativa quando é válido, capta as coisas "tais como são" para a experiência dual. Mas chegar a uma verdade absoluta, que é a que esta sendo tratada no Brahma- Sutras, se requer uma superacão do conhecimento na consciência não dual. Na tradição advaita se segue chamando a esta sabedoria conhecimento. O denominamos para evitar confusão, conhecimento da verdade (MARTÍN, Consuelo. **Brahma- Sutras, con los comentários advaita de S'ankara**. Madrid: Editorial Trotta, p. 56, nota de rodape).

do preceito e depende da pessoa. O que é, então? Estando determinada por algo, entra na classificação da percepção, é sem dúvida conhecimento, e não ação. O mesmo é aplicável no caso de todos os objetos que entram na categoria dos meios válidos de conhecimento. Assim sendo, ao se tomar consciência plena da unidade do Absoluto Brahmâm e do Ser, isso também é um tipo de conhecimento não determinado por alguma regra. Se bem que nas Upanishads se considera que os verbos imperativos devem ser usados para esse tipo de conhecimento, eles se convertem em inúteis, como uma navalha bem afiada esfregada na superfície de uma pedra. Isso porque foi apontado para algo que está além do esforço humano, uma vez que esse tipo de conhecimento tem por objetivo algo que não é aceitável, nem recusável.

O adversário diz: então, por que existem frases como: "Querida Maitrey, se deve tomar consciência do Ser, se deve escutar, refletir e meditar Nele"[75], que parecem preceitos?

Diz o adepto do Vedanta: dizemos que o que elas querem dizer é que a espada se volta para quem tem inclinação natural. Frases como: "Querida Maitreye, se deve tomar consciência do Ser", vista anteriormente, são para as pessoas que, desejando o mais alto objetivo humano, comprometem-se com os objetos externos, com a ideia de "Que me aconteça o melhor" e "que o mal não me ocorra". Tudo isso faz com que a espada se volte aos objetos que são atrativos ao seu corpo e o introduz na corrente até onde reside o Ser interno. Para quem se entrega à procura do Ser, nesses textos, apresenta-se a realidade do Ser, o qual transcende toda e qualquer aceitação e rejeição: "[...] e tudo o que se conhece não é senão o Ser"[76], "Porque para se conhecer o Absoluto todas as coisas são o Ser, então o que haveria para se saborear e com que? [...] Através de que, Oh, Maitriey, se poderia conhecer o conhecedor?"[77] e, ainda, "O Ser [...] é a Realidade Absoluta"[78]. Para o juízo crítico, o referido conhecimento do Ser não determina nenhuma ação especial e não implica em aceitação ou negação.

O que foi dito corrobora e constata que estamos plenamente consciente do Absoluto Brahmâm e, então, experimentamos uma completa satisfação e a cessação de todos os deveres. Para constatar isso, devemos observar a frase: "Se um ser humano fosse consciente do Ser, poderia dizer 'eu sou isto',

[75] MARTÍN, 2002, p. 206, verso II, 4, 5.

[76] MARTÍN, 2002, p. 207, verso II, 4, 7.

[77] MARTÍN, 2002, p. 441, verso IV, 5, 15.

[78] MARTÍN, 2002, verso II, 5, 19.

então por que desejo e por que causa sofreria no despertar do corpo?"[79] e outro texto também: "Te revelei, Oh, impecável, a mais secreta das escrituras. Quem a compreende chega a ser sábio, e com ela, culminam todas as suas obras, Oh membro da dinastia Bharata!"[80,81]. Portanto, o Absoluto Brahmâm não se apresenta como nenhum preceito sobre o conhecimento.

Agora, passamos a considerar a doutrina daqueles que sustentam que não há nenhuma parte do Vêda que tenha o poder de fazer estatutos sobre meras coisas existentes e não é uma injunção ou uma proibição complementar qualquer[82]. Essa opinião é errônea, porque a alma, que é o sujeito das Upanishads, não constitui um complemento de nenhum outro pensamento. Não se pode dizer que não existe o Absoluto Brahmâm, nem que pode ser realizado. Embora O conheçamos pelas Upanishads como uma Realidade Infinita, situada além de qualquer atributo mundano, diferente de todas as coisas, das quatro classes, as que podem ser produzidas, purificadas, transformadas e obtidas, Ele está apresentado nos textos e é transcendente a tudo, porque o Absoluto Brahmâm se chama o Ser, na frase: "Nem isto, nem aquilo"[83]. Isso porque o Ser não pode ser negado, já que Ele é o Ser mesmo daqueles que o negam.

Assim diz o adversário: não está provado que o Ser pode conhecer-Se por meio das Upanishads, já que se encerra na ideia de "Eu".

Diz o adepto do Vedanta: não é dessa forma, porque o anterior foi refutado, ao dizer que o Ser é a testemunha dessa ideia. Colocando de lado o conhecimento do Ser como ator, como na ideia de "Eu", o Ser, testemunha da ideia de "Eu", existe em todos os seres sem diferença de graus e é uno, permanente, eterno e consciência infinita. Não é conhecido como o Ser de tudo na literatura dos Vêdas, que tratam dos atos virtuosos ou nas escrituras dos lógicos dialéticos. Daí, não pode ser negado por ninguém, nem formar parte de nenhum preceito. Isso porque Ele é o Ser de tudo — seja vivo ou não — e está além da aceitação e da negação. Todas as coisas mutáveis e

---

79 MARTÍN, 2002, p. 393, verso IV, 4, 12.

80 MARTÍN, 2009, p. 265, verso XV

81 O verso citado por Consuelo Martín, na sua tradução da Bhagavad Gita (p. 265) é diferente do que consta na sua tradução do Brahma-Sutras (p. 57).

82 Uma referência provável aos seguidores de *Prabhakara,* filósofo que preocupou com a validade do conhecimento. Ele pertencia a uma escola da filosofia *Purva- Mimansa,* a mais antiga dentro do *Mimansa,* que significa literalmente "busca mental". Nota de rodapé de Consuelo Martín (2000, p. 57), no livro: *Brahma- Sutras- com os comentários advaitas de S'ankara.* Essa tradução da referida autora é, na opinião deste tradutor, a melhor dentre todas as existentes.

83 MARTÍN, 2002, p. 302, verso III, 9, 26.

imperecíveis culminam no Espírito (Atman) como sua última fronteira e o Espírito é indestrutível, porque não muda, é eterno, é por natureza puro, inteligente e livre. A seguinte frase justifica essa posição: "Além do Purusha nada há. Este é o final, o Supremo Objetivo"[84] e "Agora te pergunto por aquele Ser que só se conhece pelas Upanishads [...]"[85]. Essas frases explicam que o Atman (Espírito) é o objetivo fundamental das Upanishads. É muito arriscado afirmar que os textos dos Vêdas não tratam desse tema.

As pessoas eruditas e versadas no estudo dos textos védicos afirmam: "O que se percebe pela leitura dos Vêdas é o conhecimento do saber sobre os atos virtuosos" e em outras frases, como "Se faz uma investigação sobre os atos virtuosos". Devemos entender, portanto, que as referidas frases apontam as escrituras que tratam de preceitos e proibições e, ainda, aqueles que admitem no sentido absoluto, a ideia seguinte: "Tendo-se em conta que os Vêdas revelam a ação, os textos que não possuem esse objetivo não fazem sentido. E todas as instruções sobre esse tema são inúteis". Se aceitarmos que as ações são diferentes do impulso e da negação, o que se ensina nas escrituras é que as coisas são complementos das ações. Que motivos existem para se afirmar que não se comentam enganos nas escrituras, sobre a Realidade Eterna? Nada que é dado como instrução é ação.

Diz o adversário: mesmo se uma coisa não seja uma ação, sem dúvida, a instrução prática sobre uma coisa é um meio para a ação.

Diz o adepto do Vedanta: essa refutação não é válida, porque, quando uma coisa se apresenta como um motivo para uma ação, isso não nega o fato de que a instrução seja referente a algo que pode ajudar na ação. Esse objetivo pode fazer um elemento da ação, mas não importa afirmar que tal coisa não afeta as escrituras.

Prossegue o opositor: visto que tal instrução não é dada sobre as coisas, o que se consegue com isso?

Continua o adepto do Vedanta: os ensinamentos sobre coisas desconhecidas, como o conhecimento do Ser, são possíveis, ao par que as outras como beber o Soma[86]. Seu conhecimento serve ao propósito de eliminar a ignorância, que é a causa do estado mundano. Dessa maneira, sua utilidade é análoga àquela da instrução acerca dos acessórios usados no trabalho. Além

[84] TINOCO, 1996, p. 165, verso I, 3, 11.

[85] MARTÍN, 2002, p. 302, verso III, 9, 26.

[86] Soma era uma bebida ritual alucinógena usada durante rituais védicos. Existem 120 hinos no Samhitâ do Rig Vêda dedicados ao Soma, que era preparado com leite (Nota deste tradutor).

disso, há o seguinte texto: "Não se deve matar um sacerdote brâhmane". Isso não é uma ação, nem um complemento da ação. A instrução das coisas que não se referem à ação é inútil. Daí, o preceito que sustenta a ação em textos como o que foi referido antes resulta inútil, mas isso não é desejável. Do nexo do negativo (*na*) com o significado da raiz (*han* – matar), o sentido que se obtém é uma inatividade que consiste em não empreender ação de matar, da qual as pessoas se valeriam para induzir a atividade natural. Além de se abster de matar, não podemos imaginar outra nova atividade que não esteja garantida pela negativa. Além de manter longe a destruição, não pode ser entendida aqui como outro tipo de negação. Isso porque essa é a verdadeira natureza da negação, ou seja, converter a ideia da não existência da ação naquilo a que está conectada. A concepção da não existência provoca inatividade e essa ideia cessa de existir automaticamente, como o fogo do qual foi esgotado o combustível. Portanto, pensamos que, exceto nos casos como a "Promessa de Prajapati"[87], o significado da proibição em frases, como: "Não se deve matar um brâhmane", é mera inação que consiste em não realizar um ato que surge de um impulso. Por isso, devemos advertir o tipo de inutilidade da frase: "Já que as escrituras são meios de se prescrever ações, aquelas palavras que não tenham esse significado, são inúteis" (Jai.Sû.,I, 2, 1). Essa frase se refere a seções dos livros contendo histórias mitológicas que não servem para nenhum objetivo humano. Porém, responde-se que essa referência a objetos que não são relacionados com nenhum preceito sobre as obras será inútil, como na narrativa *A Terra tem Sete Ilhas*. O argumento fica anulado diante da declaração: "Essa é uma corda e não uma serpente".

Diz o adversário: diremos que uma declaração sobre o Absoluto Brahmâm não pode ser tão útil como a da natureza da corda, uma vez que não é um fato patente que uma pessoa que ouviu falar Dele continua levando uma vida mundana como antes?

O adepto do Vedanta diz: a resposta a essa indagação é que não se pode provar que a vida mundana de quem está consciente da Unidade do Ser e do Absoluto Brahmâm continue como antes, uma vez que contradiz isso o conhecimento da unidade do Ser e do Absoluto Brahmâm que surge dos Vêdas, os quais são um meio válido de conhecimento. Ao se dar conta do fato de que um ser humano pode sofrer e temer como resultado da sua

[87] *Prajapati* o Senhor das Criaturas, é um título que se aplica a alguns deuses (*Devas*) védicos como *Indra*. Um jovem fez a promessa a esse deus, de não olhar o sol nascente durante um eclipse, que se reflete na água o qual está no zênite. Embora negaca a proibição, a promessa é positiva. (Nota de rodapé de Consuelo Martín, na sua tradução do Brahma- Sutras, p. 59.

identificação com o corpo, não se deduz que o referido ser humano sofra eventualmente por ignorância, inclusive quando a sua identificação com o seu corpo cesse por causa da unidade do Absoluto Brahmâm que se percebe pela leitura dos Vêdas, que constam de Conhecimento Verdadeiro. Exatamente porque um pai de família (*Grihasta*) que se fez rico e se orgulha disso pode sofrer pelos ladrões ou por sua saúde e isso não implica que esse homem se torne um miserável pela perda da sua fortuna, mesmo depois de ter decidido ser monge e ter abandonado a ideia de ser rico. Aquele a quem uma pessoa leva um anel de presente se faz feliz por se considerar possuidor do referido anel, não quer dizer que a sua felicidade e alegria apareçam pela posse do anel, mesmo depois de ter se separado desse anel e de se desfazer da ideia de que era seu possuidor. Isso fica claro, na frase: "A felicidade e o sofrimento não pertencem àquele que está completamente desapegado do seu corpo" (Ch. Up. VIII, 12, 1).

Diz o adversário: suponhamos que essa não identificação com o corpo sobrevenha quando o corpo morre, mas não é assim para um ser humano vivo.

Diz o adepto do Vedanta: não é assim, porque a ideia de identificação com o corpo resulta da ignorância. Não pode haver incorporação para o Ser, a não ser por meio da ausência de conhecimento que conduz a identificar-se o Ser com o corpo. Além disso, dizemos que a encarnação do Ser é eterna, já que não é um produto da ação.

Assim diz o adversário: por acaso, essa encarnação não é o resultado das ações virtuosas ou viciosas do Ser?

Diz o adepto do Vedanta: não é assim. O Ser não pode executar ações virtuosas, nem viciosas, pois não se pode provar que têm nexo algum com o corpo — causa do vício e da virtude. A afirmação sobre a relação do Ser com o corpo e a criação dessa relação de virtude ou vício forma um argumento em círculo, como se fosse o cego da tradição que mantém uma cadeia eterna. Além disso, o Ser não pode atuar — no que diz respeito à virtude e ao vício —, porque não está relacionado aos esforços das obras.

O opositor indaga: não possuem os reis e outras pessoas uma relação ativa com aqueles que lhes são mais próximos?

Assim disse o adepto do Vedanta: não é assim, porque a sua relação ativa pode ser explicada como resultante da conexão estabelecida com os serventes, mediante pagamento. Mas não se pode imaginar no Ser uma relação de identidade que possa ser comparada àquela existente entre o senhor e o seu servente, realizada mediante o pagamento feito em moedas ou de outro modo. Por outro lado, que a falsa identidade do "eu" pode ser percebida diretamente como causa. Assim, explica-se como o Ser se transforma em um hierofante.[88]

Diz o opositor: de acordo com o que foi dito, eles (os seguidores de *Prabhâkara*) dizem que se pode argumentar que a Identificação, embora seja um fato diferente do corpo, se identifica a si mesma com ele, em segundo sentido. E isso não é falso.

Diz o adepto do Vedanta: não é assim, porque sua relação ativa se explica como resultante da conexão estabelecida com os serventes que são pagos. Mas não podemos imaginar no Ser uma relação de identidade que possa ser comparada àquela que existe entre o patrão e o servente, realizada por meio de pagamento com moedas ou outros meios. Enquanto a falsa identidade do "eu" pode ser percebida diretamente como causa. Assim, explica-se como o Ser se converte em hierofante

Assim diz o opositor: de acordo com o que foi dito, eles — os seguidores de *Prabhâkara* — dizem: pode-se argumentar que a identidade, mesmo se é de fato diferente do corpo, identifica-se com si mesma com ele, em um outro sentido. E isso não é falso.

Assim disse o Adepto do Vedanta: não é assim, porque é sabido que as palavras e as ideias podem ter um outro sentido — um primário e o outro secundário — unicamente para aqueles que veem como evidência as diferenças, por exemplo, quando conhece suficientemente o método, como aceitar e diferenciar. Há um animal específico que, tendo costumes e gestas distintos, é denominado, no sentido primário, com a palavra "leão". Já há um homem que possui as qualidades de um "leão" e sua ideia pode ser feita em um sentido secundário. Não se pode, porém, aplicar-se esse sentido a quem não perceba as diferenças entre os dois seres.

Em último caso, a aplicação de palavras e ideias a outras coisas diferentes daquelas que implicam essas palavras e ideias, em princípio, elas geralmente não são em sentido metafórico, mas, sim, como resultantes da ignorância. Dessa obscuridade, da confusão, a palavra "homem" e as suas ideias se aplicam ao tronco da árvore, quando não se conhece distintamente

[88] Pelo erro de se ver o Ser como hierofante, como o que faz o sacrifício do yo. Se a identidade está no Ser, não há nenhum eu que deve ser sacrificado. Realmente, o eu era imaginado (Nota de rodapé de Consulelo Martín, na sua tradução do Brahma- Sutras, p. 61. Hierofante era um sacerdote que, nas religiões de mistérios da Grecia antiga, notadamente em Elêusis, instruía os futuros iniciados, mostrando-lhes solenemente os objetos sagrados. Shankaracharya usa a palavra hierofante para designar sacerdote do hinduísmo.

como "isto é um tronco". A palavra "prata" e a sua ideia são aplicáveis a uma simples vista ao "nácar". Desse modo, a palavra "Eu" e sua ideia podem se aplicar em seu sentido literal ao agregado do corpo e aos sentidos, como consequência da falta de discernimento entre a identidade e a não identificação. Como é possível decidir que isso seja algo metafórico? Pode-se ver o que se está aprendendo, quando se conhece a diferença entre identidade e não identidade, e usa as palavras e tem ideias que implicam em confusão entre a identidade, o mesmo que qualquer ignorante, ou seja, um pastor de cabras. Por isso, a ideia de "Eu" em relação ao corpo, para aqueles que acreditam em uma identidade diferente do corpo, será falsa e não metafórica.

A identificação com o corpo é resultado de uma má percepção, fica estabelecido que o ser humano iluminado não terá essa identificação e nem sequer enquanto vive. Desse modo, expressam-se os textos védicos daquele que conhece o Absoluto Brahmâm, como diz a frase: "Como a pele sem vida de uma serpente é abandonada e jaz no formigueiro. Assim ocorre com este corpo".[89] "Então o Ser, desencarnado e imortal, é a vida, o Absoluto, a Luz".[90]

Portanto, a identificação com o corpo resulta de uma percepção falsa que se estabeleceu quando o iluminado não se identifica com esse, ainda quando está vivo — como se estivesse encarnado. Assim, expressam-se os textos védicos: "Quando a pele sem vida de uma serpente é abandonada e jaz em um formigueiro, assim sucede com este corpo. Então o ser, desencarnado e imortal, é a vida, o Absoluto, a luz"[91] e "embora sem olhos, aparece com olhos, embora sem orelhas, aparece com orelhas, embora sem fala, aparece com fala, sem mente, aparece com mente, sem a força vital (Prâna), aparece com força vital". Ainda, está no texto da tradição que inicia com: "Disse Arjuna: Keshava (Krishna) o que é que caracteriza aquele que está firmemente estabelecido na Verdade e unido ao Ser? Como fala, como caminha, como se senta quem permanece na Sabedoria?"[92]. Isso, enquanto se mostra a característica de um ser com uma sabedoria fixa e equilibrada, revela que, no caso de um iluminado, há ausência completa de nexo com algum impulso para a ação.[93]

89 MARTÍN, 2002, p. 387, verso IV, 4, 7.

90 MARTÍN, 2002, p. 387.

91 MARTÍN, 2002, p. 387, verso IV, 4, 7.

92 MARTÍN, 2009, p. 71, verso II, 54.

93 MARTÍN, Consuelo. Nota de rodapé: "Falta de ambição é esta ausência de compulsão para a ação". Ver Brahma- Sutras, com los comentários advaita de S'ankara, p. 62, 2000.

Um ser humano que realizou sua própria identidade com o Absoluto Brahmâm não pode continuar com o estado mundano que manteve antes. Portanto, aquele que mantem esse estado como no passado não realizou a sua identidade com Ele. Isso está além de qualquer crítica, isso se diz com a reflexão e a meditação (*nidiahyâsana*), mesmo depois de ter ouvido (em Br. Up., II, 4,5) que o Absoluto Brahmâm se complementa com algum preceito e o seu conhecimento. Isso não quer dizer que esse conhecimento atinge o máximo com a realização da sua própria natureza.

Não uma objeção válida — que foi realizada ultimamente —, porque, para que apareça o conhecimento direto, são necessárias a reflexão e uma profunda meditação. Se o Absoluto Brahmâm se torna conhecido por meio de outra fonte de conhecimento e, assim, usado em qualquer ato de meditação, então, poderá ter tomado parte de um preceito, mas esse não é o caso. Isso porque devemos escutar, refletir e meditar, que são os meios para se alcançar o Conhecimento. Portanto, não é possível conhecer o Absoluto Brahmâm por meio das escrituras como elemento incluído em algum preceito sobre a meditação devocional (*Upâsanâ*).[94]

Aceita-se que o Absoluto Brahmâm se apresenta nas escrituras como uma entidade independente, pois os textos upanishádicos falam sobre Ele. Desse ponto de vista, fica justificado o início de um texto separado sobre o Absoluto Brahmâm, de acordo com a passagem: "A partir daqui, será feita uma investigação sobre o Absoluto" (ver Sutra I, 1 do Brahma Sutra). De qualquer modo, o Absoluto Brahmâm se apresenta como complementar a um preceito sobre a meditação devocional, como foi tratado na frase: "Agora tem início uma investigação sobre os atos virtuosos" (Jai. Su., I,1,1). Não teria que haver uma escritura independente, inclusive se tivesse sido iniciado com a frase: "Agora tem início uma investigação sobre os atos virtuosos". Isso foi excluído com o sutra: "E depois – de determinar fatos primários e secundários- se inicia uma deliberação de coisas que nos conduzem às práticas religiosas e aos atos para se conseguir objetivos humanos" (Jai. Su., IV, 1,1). Mas, de fato, o conhecimento da unidade do Absoluto Brahmâm com o Ser não fica estabelecido aqui. Desde o início deste livro, justifica-se esse objetivo com o primeiro Sutra.

94 Upasana significa literalmente "adoração" e "sentado perto". O termo também se refere a um dos três khaṇḍa dos Vêdas, um que se concentra na adoração. As outras duas partes dos Vêdas são chamadas Aranyakas e Upanishads, às vezes identificadas como karma-khaṇḍa e jñāna-khaṇḍa.

Todos esses preceitos e outros meios de conhecimento valem até que se constata: "Eu sou a Realidade Absoluta". Uma vez que se tenha tomado consciência da própria identidade individual, que não pode ser aceita, nem rechaçada, não há possibilidade de se manter os meios de conhecimento que digam respeito a sujeitos e objetos. Por outro lado, aqueles que se realizaram dizem: "Quando, pela realização da existência do Absoluto Brahmâm como "'eu', o corpo, os filhos etc., chegam a ser algo secundário, e o falso 'eu' deixa de existir, como haverá algum tipo de ação?".[95]

A própria identidade pode ser um ator de conhecimentos, antes do conhecimento total da realização absoluta pela qual se terá investigado, mas o conhecedor livre dos enganos chega a ser uno com o que procurava. Na medida em que se considera verdadeira a ideia de ser o corpo como a própria identidade, aceita-se ainda os meios empíricos de conhecimentos do próprio ser.

TEMA 5: A PRIMEIRA CAUSA QUE POSSUI CONSCIÊNCIA

A PRIMEIRA CAUSA CONSCINTE

Disse-se que os textos upanishádicos servem para transmitir o conhecimento sobre a Realidade Absoluta. Quando se descobre o seu significado pleno, constata-se que se considera ao Absoluto Brahmâm como o mais importante e elevado, sem relação com a ação. Também se disse que o onisciente e onipotente Absoluto Brahmâm é a causa da origem, da continuidade e da dissolução do universo[96]. Porém, os adeptos do Samkhya[97] e outros admitem a existência de uma entidade preexistente que pode ser conhecida mediante outros meios. Ao considerar a natureza original (*pradhâna*) e outras realidades como causa do universo, redigiram os textos das

[95] Não pode haver nenhum tipo de ação condicionada, com intencionalidade, para se obter algo fora do Ser, pois o Ser é tudo. As ações seguirão surgindo, livres e espontâneas desde a inteligência do Ser. Ao não haver já pensamentos intencionados, sobram os preceitos religiosos morais. Nota de Rodapé de Consuelo Martí, na sua tradução do Brahma Sutra, Madrid: Editorial Trotta, p. 63, 2000.

[96] A visão de universo pelos hindus é cíclica. **Depois que um universo é destruído por Shiva, Vishnu se encontra dormindo e flutuando no oceano primordial.** Quando o próximo universo está para ser criado, Brahma aparece montado numa flor de lótus brotada do umbigo de Vishnu e recria todo o universo. E tudo se repete indefinidamente.

[97] Filosofia dualista que considera o Espírito e a Matéria como realidades independentes e eternas. O fundador desta escola foi Kanâda (nota de rodapé de Consuelo Martín, na sua tradução do Brahma Sutra, p. 63, Madrid: Editorial Trotta, 2000).

Upanishads a partir desse único ponto de vista. Admitiram que todas as Upanishads, quando tratam da criação (ver a Aitareya Upanishad), apresentam a causa por meio do efeito com o auxílio da dedução. Sustentam ainda que se pode deduzir o contato entre os Espíritos Viventes (*Purushas*) e a Natureza (*Pradhâna*).

Dos referidos textos upanishsádicos, os seguidores de Kanâda supõem que o Absoluto Brahmâm é a causa eficiente juntamente com os átomos materiais. Há também alguns lógicos budistas e outros que se opõem a isso, baseando-se em citações confusas. Por isso, o mestre Vyasa, versado na validez das palavras e frases, refuta as diversas ideias baseadas em citações falsas e sofismas, pondo-as em oposição para evidenciar, assim, o objetivo dos textos upanishádicos que transmitem o conhecimento da Realidade Absoluta. Dentre esses, os adeptos da filosofia Samkhya pensam que o inconsciente (*Pradhâna*) abrange os seus três constituintes ou três gunas — *Satwa, Rajas* e *Tamas* — e que esses são a causa do universo. Os referidos adeptos dizem: "Os textos das Upanishads que, segundo o tu, ó Vedantista, revelam o Absoluto Brahmâm, onipotente e onisciente como a causa do universo" e podem entender que a natureza original é também a causa do universo. Quanto à onipotência, a natureza também pode tê-la em relação às suas próprias modificações e o mesmo em relação à onisciência.

Diz o adepto do Vedanta: como?

Diz o adepto do Samkhya: o que consideras ser uma forma de conhecimento é uma característica de *Satwas*, como o demonstra a frase: "De *Satwa*, a harmonia, nasce o conhecimento verdadeiro [...]"[98]. Os Yogues que controlam o corpo e os sentidos são oniscientes, em virtude do seu conhecimento, que é uma característica de *Satwa*. É um fato aceitado que a onisciência se dá por meio da elevada perfeição de *Satwa*. Por isso, não podemos imaginar que o onipenetrante, o que não tem atributos, o Espírito (*Purusha*), que é pura consciência sem corpo nem sentidos, possa ter algum conhecimento de poucas coisas ou de todas. A Natureza (*Pradhâna*), incluindo-se os três constituintes já citados, tem *Satwa* como a fonte de todo o conhecimento, inclusive em seu estado originário. Portanto: os textos das Upanishads declaram que a onisciência, em sentido secundário em relação à Natureza — *Pradhâna* —, apesar de que seja inconsciente.[99] Ao se postular a onisciência do Absoluto Brahâm, deve-se admitir que Ele

[98] MARTÍN, 2009, p. 252, verso XIV, 17.

[99] Frase obscura.

se volve onisciente pela sua potencialidade de conhecê-Lo todo. Ele está aí efetivamente, conhecendo todas as coisas, durante todo o tempo. Portanto, a aceitação de que o conhecimento do Absoluto Brahmâm é eterno e a sua independência em relação ao ato de conhecer ficará comprometida. Ao contrário, se cada ato de conhecimento é impermanente, o Absoluto Brahmâm cessará de existir quando o ato do conhecimento cessar.

A conclusão que se deduz aqui é que a onisciência se origina da potencialidade de conhecer todas as coisas. Mas seu ponto de vista é que a Realidade Absoluta está isenta de qualquer dependência anterior à criação. Não é lógico, sem dúvida, que alguém possa ter algum tipo de conhecimento, na ausência do corpo e dos sentidos. As modificações são possíveis na Natureza (*Pradâna*), já que é composta, e é lógico que seja a causa material, como terra etc., enquanto a Realidade Absoluta, que é uniforme por natureza e simples, não pode sofrer modificações.

O adepto do Vedanta diz: contra essa oposição, apresenta-se o seguinte sutra:

Sutra 5: "*Pradhâna* dos Samkhyas não e causa do universo, porque não é mencionado nas Upanishads, feito esse que é claro, porque fala do ver (ou pensar, visualizar)"[100].

Sutra 5: se vê claramente que a interpretação da Natureza (*Pradâna*) como a causa do Universo não está baseada nas Escrituras[101].

Nos textos das Upanishads, não se pode manter a inanimada Natureza. Sobre isso, vejamos o texto: "Querido, antes desta criação, o Universo não era mais que Existência, um sem segundo" (Ch.Up., VI, 2,1) e, ainda, "Aquele chegará a ser muitos, chegará a nascer. Aquele criou o Fogo" (Ch. Up.,VI, 2,3). Nesse texto, o Universo manifestado com nomes e formas, ao qual se refere com a palavra "isto", descobre-se, desde o princípio, já identificado com a Existência "Antes da Criação". O texto mostra, assim, que a criação do fogo etc. segue à imaginação da criação futura, além da mesma Existência, que aqui foi considerada.

Em outra parte do texto, fala da criação depois da imaginação: "No princípio, este Universo não era senão o Ser Único, não havia nenhuma coisa pestanejante. Ele imaginou. 'Criarei os Mundos'"[102]. O texto diz isso e, ao mesmo tempo, introduz a ideia de Espírito (*Purusha*), com 16 partes:

---

100 GAMBHIRANANDA, 1983, p. 77.

101 MARTÍN, 2001, p. 65.

102 TINOCO, 1996, p. 258, verso I,1,1.

"Assim refletindo, o Purusha criou o Prâna". Portanto, quando as 16 partes criadas por Purusha retornam e desaparecem Nele, perdendo as suas identidades como coisas separadas, então, pode-se falar apenas de Purusha.[103] De acordo com o que foi dito anteriormente, podemos citar aqui a seguinte frase "Quem conhece tudo e compreende todas as coisas, percebe que Dele, o Imperecível Brahmâm, nascem Brahmâm, nome, forma e comida"[104] e algumas outras frases que outros dão importância ao Onisciênte Brahmâm como sendo a causa.

Então, não fica justificado aqui declarar que a Natureza (*Pradhâna*) pode converter-se em onisciente por meio da característica do conhecimento pertencente ao seu constituinte, ou seja, *Satwa.* Isso porque nesse estado não pode haver possibilidades de conhecimento como uma característica de *Satwa*, uma vez que os constituintes da Natureza estão em equilíbrio, ou seja, em equilíbrio dos três *Gunas* (*Satwa, Rajas e Tamas*).

Então, disse o filósofo Samkhya: não se afirma que a Natureza (*Pradhâna*) pode converter-se em onisciente, em virtude das suas potencialidades em conhecer tudo?

Respondeu o filósofo Vedântico: isso não pode ser provado. Se durante o estado de equilíbrio dos constituintes da Natureza se diz que ela é omnisciente por ter o poder de conhecer que pertence de fato a *Satwa*, então, pode-se dizer igualmente que tem um conhecimento limitado em virtude do poder de obstrução do conhecer, que pertence a *Rajas* e *Tamas.* Por outro lado, na medida em que *Satwa* não está iluminada pela consciência[105], nenhuma mudança pode ser chamada de conhecimento. Isso porque a Natureza inanimada não possui o poder de iluminar. Por isso, a onisciência da Natureza (*Pradhâna*) não se justifica. A capacidade de conhecer tudo sobre os yogues não se pode colocar como exemplo, uma vez que eles têm consciência do ser e, portanto, podem chegar a conhecê-la toda por meio da perfeição de *Satwa.* A analogia de uma massa de ferro quente como capaz de queimar algo por causa do seu calor interno usamos para argumentar que a Natureza tem o poder de ver a causa da presença uma entidade testemunha. Portanto,

[103] As 16 partes mencionadas por Gambhirananda são: Força Vital, fé, espaço, ar, fogo, água, terra, órgãos dos sentidos, mente, alimento, energia, austeridade, mantras, "sons ou palavras que são repetidas" trabalhos, mundos, nomes (nota de rodapé de Consuelo Martín, na sua tradução do Brama-Sutras, p. 65).

[104] TINOCO, 1996, p. 195, verso I, 1, 9.

[105] Quando a Natureza está em si mesma, na origem, os três *Gunas* estão em equilíbrio mas, isto não implica que estejam iluminados pela lei da consciência. Nota de rodapé de Consuelo Martins, na tradução do Brahma Sutra, p. 66.

é lógico que sustentar que a entidade pela qual a Natureza tem o poder de imaginar não é nenhuma outra, se não o onisciente Absoluto Brahâm, uma vez que Ele é a causa do universo.

Tem-se argumentado que o Absoluto Brahmâm não pode ter onisciência no sentido primário, já que, se é um conhecedor eterno, não pode ter nenhuma independência no que se refere ao ato de conhecer. A resposta a isso é: "Como se pode perder a própria onisciência por possuir o ato de conhecer para sempre?".[106] É uma contradição afirmar que se tem o conhecimento capaz de revelar todas as coisas e, por sua vez, não se é onisciente. A condição para que um conhecimento não seja eterno deve conhecer-se uma vez e outras não. Desse modo, não seria omnisciente. Mas essa questão não aparece, se o conhecimento for eterno.

Diz o filósofo Samkhya: se o conhecimento for eterno, qualquer independência sobre o conhecer seria ilógica.

O filósofo Vedântico diz: não é assim. É o mesmo que no caso do sol que, possuindo luz e calor contínuos, independentemente da ação, pode-se dizer que "o sol queima" e "o sol brilha".

Diz o filósofo Samkhya: apenas quando o sol entra em contato com as coisas para iluminá-las ou queimá-las, pode-se dizer: "queimar e iluminar", mas a Realidade Absoluta não tem contato com nenhum objeto de conhecimento antes da criação, porque o exemplo não está adequado.

Diz o adepto do Vedanta: não é assim. Na ausência de objetos, também se pode dizer: "O sol brilha". O mesmo se aplica à ação ao sol. De igual maneira, enquanto o Absoluto Brahmâm não tenha objetos de conhecimento, é importante aplicar-Lhe uma relação com a ação, dizendo: "Ele viu". Portanto, não existe inadequação. Se, de qualquer modo, surge a necessidade de suplantar um objeto[107], será para que os textos védicos que se referem a um "ver" pelo Absoluto Brahmâm resultem mais claros.

Assim diz o filósofo Samkhya: quais são esses objetos que formam o conteúdo do conhecimento de Deus, antes da criação?

---

[106] A objeção não pode significar: (a) Brahmân não tem consciência eterna; ou (b): Brahmân não conhece eternamente. As duas frases seguintes dão a resposta. Nota de rodapé de Swami Gambhirananda, na sua tradução do sânscrito intitulada Brahma Sutra Bhasya: Calcutta: Advaita Ashram, 1983, p. 49.

[107] Para que o conhecedor seja conhecimento de algo tal como estamos acostumados no conhecer relativo. Mas, no conhecer absoluto não há relação, não há referência a um objeto. Se trata, segundo indica Shankara, de uma concessão ao pensamento lógico, relativo. Nota de rodapé de Consuelo Martín, na sua tradução do Brahma Sutra, p. 67.

Assim disse o filósofo Vedântico: dizemos que são o nome e a forma imanifastados, aos quais não se pode referir como diferentes, nem como diferentes do Absoluto Brahmâm e que estão a ponto de manifestar-se. Isso sucede sem dizer que a eterna e pura Divindade tem sempre o conhecimento da criação, continuação e dissolução, porque dizem os adeptos das escrituras do Yoga que os yogues recebem o conhecimento direto do passado e do futuro, por sua graça. A seguinte objeção que apareceu foi que o Absoluto Brahmâm não teria corpo antes da criação, porque não poderia ver. A resposta a essa objeção salta a vista, porque, como a luminosidade do sol, o Absoluto Brahmâm tem uma consciência eterna pela sua própria natureza e, por isso, não depende dos meios de conhecimento.

No caso de um ser individual ou alma que transmigra, sujeita à ignorância, o despertar do conhecimento depende do corpo (dos órgãos), mas isso não é correto no caso da Divindade, cujo conhecimento está livre de obstáculos. Portanto, os seguintes mantras mostram como a Divindade não depende do corpo e seu conhecimento não tem roupagem.

> Ele não possui corpo físico ou órgãos; ninguém como Ele pode ser visto, ninguém melhor do que Ele pode existir. Os Vêdas falam sobre Ele exaltando Seus poderes, capazes de produzir diversos efeitos, falando também sobre Sua onisciência e Sua capacidade de ação[108].

> Avarento sem mãos, apressado sem pés, o conhecedor de Brahmâm vê sem os olhos, ouve sem os ouvidos; ele conhece aquilo que necessita ser conhecido, mas outros, que não O conhecem, não são capazes de perceber a mesma coisa. Os conhecedores de Brahmâm chamam o que conhecem de O Primeiro, O Grande, O Pleno[109]

Assim disse o filósofo Samkhya: a partir do seu ponto de vista, não pode haver alma distinta de Deus, a qual pode transmigrar e cujo conhecimento pode ter limitações, porque há um texto védico que diz: "Não há outro testemunho senão Ele, nem nenhum ouvinte, nenhum pensador, nenhum senão Ele"[110]. Portanto, o que queres dizer quando afirmas que, para um ser humano ainda não liberto, o aparecimento do saber depende do corpo etc., mas não é assim no caso da Divindade?

---

[108] TINOCO, 1996, p. 311, verso VI. 8.

[109] TINOCO, 1996, p. 304, verso III. 19.

[110] MARTÍN, 2002, p. 282, verso III, 7, 23.

Assim responde o Filósofo Vedântico: diante do que foi exposto, a nossa resposta é a seguinte: na verdade, não existem seres individuais não liberados e diferentes da Divindade. É como a relação entre o espaço e fatores condicionantes, como as jarras, as cavernas e outros. Presume-se que o Divino está associado às limitações que o seguem, como o som no corpo etc. As pessoas geralmente usam palavras e ideias baseadas em associação, como "O espaço em uma jarra", apesar de que ambos não são diferentes do espaço. Diz-se que com essa relação se cria no espaço, uma falsa noção de diferença, como "O espaço dentro de um pote".

O mesmo acontece como foi abordado antes, ou seja, a concepção de diferença entre o Divino e os seres individuais que trasmigram (reencarnam) é falsa. Isso se criou pela falta de discernimento que supõe a aplicação das limitações que o acompanham. Mesmo se o Ser continua como antes, percebe-se falsamente identificado com o corpo etc. A identificação aparece em virtude de uma longa série de erros associados uns aos outros. Criou-se o argumento de que com esse estado de apego se poderá raciocinar que os seres que reencarnam dependerão do corpo etc., desde esse ponto de vista. O argumento proposto sobre a Natureza (*Pradhâna*) deve ser a causa, do mesmo modo que a argila, já que é algo imposto, mas é assim o Absoluto Brahmâm, que é simples. Isso foi refutado pelo fato de que a Natureza está fora do âmbito védico. Inclusive, por lógica, a causalidade do Absoluto Brahmâm, e não a Natureza, estabeler-se-á a partir das frases que se iniciem do seguinte modo: "Isto não é assim porque as características são diferentes" (II, 1, 4).[111]

Dizem os Filósofos Samkhyas: a afirmação de que a inanimada Natureza não pode ser a causa do universo em virtude da referência védica à imaginação pode ser explicada de outro modo, porque, em linguagem comum, uma coisa inanimada se refere de modo figurado ao animado. Assim, por exemplo, é sabido por experiência que, percebendo a margem de um rio desde sua embocadura, pode-se dizer que: "A margem está quase desaparecendo". Essa frase pode ser aqui usada à inanimada margem e, ao mesmo tempo, com respeito à Natureza, onde a criação é evidente. Deve haver uma explicação de modo figurado do sentir: "Tomarei um banho, depois comerei e irei à cidade de carro, na parte da tarde" e, havendo planejado, atua nessa ordem. Do mesmo modo, a Natureza transforma-se a si mesma

[111] Brahmân não é a causa material do universo, já que as características do universo são diferentes das de Brahmân. Nota de rodapé de Swami Gambhirananda na sua tradução Brama Sutra, Bhasya: Calcutta: Advaita Ashrama, p. 50.

em *Mahat*[112] e tudo mais, de acordo com uma ordem, enquanto se explica de modo figurativo como ser animado.

Diz o filósofo Vedântico: por que, uma vez mais, deveria descartar-se o sentido primário por um secundário?

Responde o filósofo Samkhya: porque o uso figurativo do inanimado se capta no caso das coisas inanimadas, como a água e o fogo, em citações como: "O fogo viu"[113] e "Essas águas viram".[114] Portanto, ao aparecer em um contexto de uso secundário, na Chandogya Upanishad, VI, 2-4, deve-se compreender que "o pensar" da Existência (*Sat*) se aplica em sentido secundário.

Diz o filósofo Vedântico: ao surgir essa contingência, apresenta-se aqui este Sutra:

Sutra 6: *Pradhâna* não significa a palavra "*Ser*", "porque se promete a liberação a quem está firme Naquele"[115].

Sutra 6: "Se há dito que o conceito de 'ver' se emprega em sentido secundário. Dissemos que isto não é assim, a causa do uso da palavra 'Ser'" (como causa primeira)[116].

É um erro se afirmar que a Natureza inanimada se refere à existência (*Sat*) e que "ver" pode ser aplicado a ela, em sentido secundário, como no caso da água e do fogo. Por quê? A causa do uso da palavrar "Ser", após a frase introdutória: "Oh, amigo! Este universo antes da sua criação não era senão Existência"[117]. Foi estabelecida a criação do fogo, da água e da terra na frase: "Aquele viu [...] criou o fogo"[118]. O texto se refere a esse mesmo ponto de vista da Existência, o mesmo que esse fogo, terra e água pela palavra "Deidade". O texto diz que "Aquela mesma deidade viu" e que "Agora deixa-me manifestar nome e forma por mim mesmo, entrando nessas três deidades como o vivente (*Jiva*), que não é senão o Ser"[119]. Agora, tem-se imaginado que, ao ser a Natureza inanimada, é a que se pensa em sentido

---

[112] *Mahat* é o primeiro princípio inteligente, a primeira manifestação. É o primeiro espírito que surge da Natureza original, de acordo com a Filosofia *Samkhya*. Nota de rodapé de Consuelo Martín, na sua tradução do Brahma Sutra, pg 69.

[113] TINOCO, Carlos Alberto. **Chandogya Upanishad**. São Paulo: Editora Ibrasa, 2021. Verso VI, 2, 3.

[114] TINOCO, 2021, IV, 2, 4.

[115] GAMBHIRANANDA, 2011, p. 85.

[116] MARTÍN, 2001, p. 69.

[117] TINOCO, 2021, verso VI, 2, 3.

[118] TINOCO, 2021, verso VI, 2,3.

[119] TINOCO, 2021, verso VI, 3,2.

secundário, então, estaria aludida na frase: "Aquela mesma deidade", mas, nesse caso, a deidade não se chamaria "ser vivente" por ser próprio Ser, porque, pelo uso e pela etimologia da palavra (*Jiva*), significa que o vivente controla o corpo e mantém unidos os órgãos e os sentidos.

Como se pode considerar esse ser, ao Ser da Natureza inanimada, se o Ser é da mesma essência? A Natureza inanimada não pode ter, certamente, um ser inanimado como sua essência. Ao contrário, se o Absoluto Brahmâm, que é consciência, aceita-se como o que vê ou pensa no sentido primário, justifica-se o uso da palavra "Ser" pare se referir ao ser individual. Assim, é também o caso da frase: "Seu pai continuou: 'traga-me um fruto daquela árvore *nyâgroha (banyan)*":

Khahda 12: o nascimento do Grosseiro a partir do Sutil

Verso 1

> Aqui está, venerável senhor;
>
> Abra-o
>
> Está aberto, venerável senhor
>
> O que vê aí?
>
> Há sementes muito pequenas, venerável senhor
>
> O vê aí?
>
> Nada, venerável senhor.

Verso 2

"O seu pai disse: 'esta sutil essência meu querido, que não percebes aí, desta essência surge esta grande árvore. Acredite em mim, meu querido'".

Verso 3

"Creia-me querido, esta essência sutil é o *Atman* que está em tudo. Esta é a verdade. Tu és isto, *Savetaketo*"[120].

Ao dizer "Isto é o Ser", a frase apresenta Aquele como uma identidade de *Svataketo*. Mas, o ver no caso da água e do fogo é secundário, pois são inanimados por serem objetos de percepção. Por outro lado, mencionam-se fatores empregados na manifestação de nome e forma. Mas ainda não

[120] TINOCO, 2021, p. 374, versos 1, 2 e 3.

há nada como a palavra "identidade" (o Ser) para fazer do seu "ver" uma possibilidade no sentido primário. Por isso, é razoável que o "ver" para eles seja em sentido secundário, como no caso das margens do rio. O "ver" para eles pode ser em sentido primário. Este último é possível do ponto de vista da Realidade como base. Nós afirmamos que "ver" para a Realidade não é algo secundário, pelo uso da palavra "Ser"

Disse o filósofo Samkhya: deve-se sustentar de todas as maneiras que a palavra "Ser" não se aplica à Natureza inanimada, porque realiza todo o Ser (*Atman*). É como quando se usa a palavra em uma expressão como "Bhadasena sou eu" por um rei, em relação ao seu servo que tudo faz para servi-lo. Do mesmo modo que um oficial que serve a um rei, comprometendo-se em conseguir a paz, empreende guerras etc. Assim, a Natureza serve ao "Ser" (*Atman*), a entidade cuja consciência o penetra todo, preparando-o para a Libertação e a Alegria para Ele. Também a mesma palavra (ser, como identidade) pode significar animado e o inanimado, dessa forma, usa-se em linguagem comum: "Os elementos mesmos", assim como a mesma palavra "fogo" se usa para um ritual e para o fogo.

Por essa razão, como se pode inferir do uso da palavra "Ser" que "ver" ou "pensar" não se usa no sentido secundário?

O filósofo Vedântico diz: a resposta está aqui:

Sutra 7: *Pradhâna* não significa a palavra "Ser", "porque se promete a liberação a quem está firme Naquele"[121].

Sutra 7: a Natureza (*Pradhâna*) não é o Ser, porque se promete a liberação a quem se manifeste nesse — Sat, o Ser como Existência[122].

A Natureza inanimada não pode ser incluída na palavra Ser, porque a Existência Suprasensual da qual tratamos anteriormente é indicada nesta frase: "Este é o teu Ser como identidade"[123] , um ser humano sensível que alcançou a Libertação mesma se entende com esta frase: "Ele que tem um Mestre, sabe. Tardará menos a Libertação para ele, quanto mais precise da liberdade, até que chegue o momento quando se identifique com a Realidade Suprema".[124] Quando dizemos: "Este és tu" o texto dá o mesmo sentido à Natureza inanimada do que à Realidade e isso seria o mesmo que dizer que

121 GAMBHIRANANDA, 1983, p. 54.

122 MARTÍN, 2001, p. 71.

123 TINOCO, 2021, verso VI, 7, 8.

124 TINOCO, 2021, VI, 14, 2.

ensina "Tu és inanimado" a um ser humano sensível e desejoso de alcançar a Libertação Espiritual.

A escritura também fala em sabedoria. Seria prejudicial para um ser humano e perderia a sua validez, mas a escritura é livre de imperfeições para uma pessoa e, assim, perderia a sua validez. A escritura está livre de defeitos, pois que não pode ser invalidada. Se a escritura, sendo autoridade, dissesse a uma pessoa ignorante — que aspira a Libertação Espiritual — que o inanimado Ser é seu "Eu", não faria mais que perplexidade sobre o Ser, a causa da fé de uma pessoa. Seria como um cego segurando um boi pelo rabo.[125] O resultado seria que não alcançaria a conhecer o Ser como diferente do não eu. Nesse caso, desviar-se-ia da Libertação Espiritual e entrar-se-ia em contenda. Por isso, fica claro manter que, assim como as escrituras informam sobre os verdadeiros meios, como o ritual Agnihotra, para aquele que aspira a Libertação Espiritual, assim diz o texto: "Isto é o Ser" e "Isto és tu"[126].

A partir desse ponto de vista, o ensinamento sobre a Libertação Espiritual para aquele que é perseverante, na verdade, justifica-se pela analogia de alguém que se faz livre ao segurar uma tocha ardente. Ao contrário, oferecem a instrução sobre algo que não é se não diretamente o Ser Real e isso significará unicamente uma forma de meditação chamada *Sampad*[127] contida na frase: "Se deve meditar sobre 'Eu sou a foça vital'" (Ai. Â, II, 1, 2-6). O resultado será impermante, mas falar sobre Ele, como uma instrução nesse sentido sobre a Libertação Espiritual, é inconsistente. Por outro lado, a palavra "Ser" não é empregada no sentido secundário em relação à Realidade Inacessível. O emprego da palavra "Ser", no sentido secundário, no caso de um servidor, na frase: "Bhadrasena é o meu servidor", é justificável, uma vez que a diferença entre patrão e servidor é bastante clara. Pelo fato de que algo se refira a em sentido figurado a algum local, não fica claro dar um sentido figurado a outra coisa, quando a única fonte para se adquirir conhecimento sobre ele é a comunicação verbal, porque isso acarretaria a perda da fé.

---

125 Uma referência à uma história tradicional da Índia. Um cego se perde em uma floresta. Um habitante de uma vila da floresta diz ao cego que segure no rabo de um touro para poder sair da floresta. Ele não o faz e segue dando golpes (nota de Consuelo Martín, na sua tradução do Brahma Sutra, p. 71).

126 TINOCO, 2021, verso VI, 7, 8.

127 *Sampad* significa virtude ou fortuna. Dá-se também esse nome a um tipo de meditação onde se toma algo inferior pelo superior, a causa da analogia. Nota de Martín (2001, p. 71)

É falso afirmar a analogia entre a palavra "fogo" para o do ritual e o comum, o mesmo ocorre entre a palavra "Ser" para coisas sensíveis e insensíveis. Isso porque é errôneo admitir diferentes significados para a mesma palavra Ser — como identidade —, que implica a identidade consciente no sentido primário e se usa seu sentido figurativo em frases como: "os elementos mesmos", "os órgãos mesmos", premiando-os com consciência. Dessa forma, a palavra "Ser" é comum a diferentes coisas, não se pode usar para os dois, o inanimado e o animado, a menos que houvesse um fator determinante, o contexto ou uma palavra prévia, nem sequer esse fator seria definitivo a favor da Natureza. De fato, é esse assunto onde consideramos que é a Existência que pensa. Por outro lado, Svetaketo, um ser consciente, está próximo de nós. Dizemos que não é possível que o inanimado seja o Ser — sua identidade — do consciente Svetaketo. A partir daqui, podemos concluir que a palavra "Ser" se refere ao consciente aqui. Inclusive, no uso comum, a palavra "fogo" é aquilo que ilumina e o que ilumina se aplica, por semelhança, ao sacrifício da boa lógica . Portanto, o exemplo que colocou o filósofo samkhya não é lógico, a não ser que o aforismo seja entendendo de outro modo.

A explicação seria que nos aforismos anteriores o conceito de *Pradhâna* (Naturaza), no védico, não está incluída na palavra "Ser", nem em seu sentido secundário genérico. Portanto, o presente sutra, "porque se promete a Libertação Espiritual a quem se mantém em 'Isto'", oferece-se um motivo distinto para negar a Natureza como a causa do Universo. Desse modo, fica comprovada que a inanimada *Pradhâna* não tem o mesmo sentido que se dá à palavra "Existência".

Que outra razão pode existir para que o conceito de Natureza não tenha o mesmo significado que o de "Existência"?

Sutra 8: não se tem falado de Pradhâna sequer indiretamente, porque não se menciona seu rechaço seguinte e porque isto se opõem à asserção ao princípio[128].

Sutra 8: e a Natureza (*Pradhâna*) não é a Existência (*Sat*), porque não há mencionado (nas escrituras) o rechaço de este (*Sat*)[129].

Suponhamos aqui que com a palavra "Existência" estejamos nos referindo à *Pradhâna,* apesar de que não é o Ser e posto que os textos dizem

---

[128] GAMBHIRANANDA, 1983, p. 57.

[129] MARTÍN, 2001, p. 73.

que "Isto é o Ser"[130] e "Tu és isto"[131]. A Chandogya Upanishad, ao tratar de apontar o ser primário, deveria ter adicionado que se deveria descartar a Natureza, para que o aspirante não iluminado não fosse tomado como o Ser. Isso pode ser evidenciado assim: um homem desejoso de apontar a pequena estrela Arundhatî indica, primeiramente, outra maior em lugar da primeira e, depois, descarta essa e aponta novamente para Arundhatî. O texto deveria dizer: "Isto é o Ser", mas não foi dito assim, e, sim, que se vê no capítulo sexto da referida Upanishad e termina mantendo-se o conhecimento da Existência. A palavra "Y" é usada para apontar outra razão: a de assumir que a Natureza é oposta à afirmação com a qual nós começamos.

Admitindo que há uma negação posterior, aparece a contingência de contradizer a premissa inicial. A citada premissa é aquela que todos chegam a conhecer, ao ver a causa, no início da conversação que temos escutado, que diz: "Te pergunto, Svetaketo, sobre aquele ensinamento pelo qual o inaudito pode ser ouvido, o impensável pode ser pensado, o imeditável chega a ser meditável?", disse Gautama, e Svetaketo fez esta pergunta: "Amigo, do mesmo modo que uma porção de argila se conhece tudo o que é argila, e as suas modificações são apenas representações baseadas na palavra, pois o real é a argila [...] assim Amigo, esta Realidade se conhece pelo ensinamento"[132].

Se a Natureza chamada Existência e que é a causa dos objetos da experiência se pode observar como algo aceitável ou negável, isso significa que se conhece a partir do experimentador. Nesse caso, permaneceria desconhecida, uma vez que os sujeitos que experimentam não são representações da Natureza. Portanto, não se refere à Natureza *(Pradhâna)* a palavra "Existência".

Que outra razão existe para mostrar que a referida Natureza não é a Existência?

Sutra 9: a causa da fusão do indivíduo em ser Ser[133].

Sutra 9: e pela fusão da individualidade em seu Ser[134].

Com relação à primeira causa chamada "Existência", pode-se ler o seguinte texto védico: "Meu filho, quando em estado de sonho, o indivíduo

[130] TINOCO, 2021, verso VI, 7, 8.

[131] TINOCO, 2021, Khanda 12, verso 3.

[132] TINOCO, 2021, verso VI, 1, 2-6.

[133] GAMBHIRANANDA, 1983, p. 58.

[134] MARTÍN, 2001, p. 73.

é chamado de *svapiti* (dorme) porque se identificou consigo mesmo, com o seu próprio Ser"[135]. Essa frase nos dá um sentido oriundo da palavra *svapiti*, que é muito conhecida. O ser pode ser traduzido aqui com a palavra *sva*, que significa o "Ser". O significado é que se percebe que se chegou, ou seja, absorveu-se nisso que aqui se considera sob o nome de "Existência" (*Sat*). A raiz *i* (que significa ir), se antecedida pelo prefixo *api*, é conhecida como o sentido de fusão. O ser individual permanece desperto, enquanto está sob a influência dos objetos físicos apreendidos como resultado dos fatores condicionantes, que formam a mente.

As pessoas consideram que estar na mente, quando se observam os sonhos sob a influência das suas impressões percebidas em estado de vigília e quando os referidos fatores estão inativos, o estado de sonho profundo (*Prajña*) se funde com o seu Ser, por não ter apegos que a limitem. Por essa razão, diz-se que se fundiu em seu próprio Ser. É como uma derivação da palavra coração (*hridaya*) referido nas Upanishads, que apontam: "Este Ser que existe no mesmo coração"[136]. Da mesma maneira, pela derivação, o texto aponta o significado da palavra *svapiti*, que o ser individual se funde com o ser próprio ser, conhecido por "Existência". Além disso, o ser consciente não pode atingir a Natureza inanimada (*Pradhâna*) como sendo a sua própria realidade. Por sua vez, pode-se argumentar que se refere à natureza a palavra *sva*, ou seja, o ser próprio ser, porque pertence ao ser individual, e seria, sem dúvida, contraditório dizer que o consciente se perde no inconsciente.

Há outro texto das Upanishads que revela a fusão do ser individual com uma entidade consciente, quando se está em estado de sonho profundo. "Assim como um homem abraçado pela sua querida esposa não percebe nada, nem externo nem interno a si mesmo, assim também aquele infinito Ser, abraçado pelo Ser Absoluto, não percebe nada nem externo nem nada interno".[137] De acordo com o verso citado, aquele no qual todas as criaturas conscientes se fundem é uma entidade inteligente, a Existência, a causa do Universo, mas a Natureza (*Pradhâna*) não o é.

Por que a Natureza não é a causa do Universo?

---

135 TINOCO, 2021, verso VI, 7,1.

136 Sobre Atman se localizar no coração vale citar um verso da Katha Upanishad "O Atman, menor que a menor coisa, maior que qualquer coisa, está oculto no coração de todas as criaturas" (TINOCO, 1996, verso I, 2, 20).

137 MARTÍN, 2002, verso IV, 3, 21.

Sutra 10: o Absoluto é a primeira causa, porque assim se revela nas Escrituras[138].

Tanto nas Upanishads quanto na escola filosófica dos lógicos, se o Absoluto Brahmâm fosse a causa de algo e esse algo fosse a Natureza inanimada e outras coisas e, ainda, quando os Vêdas se referem a "escutar", isso implicaria na teoria segundo a qual *Pradhâna* é a causa. Em todas as Upanishads, a consciência é entendida como a causa, como diz a frase: "Como do fogo ardente emana a chama, dispersando-se em várias direções, do mesmo modo, desde o Ser surgem todos os sentidos e os órgãos em seus respectivos locais. Dos sentidos surgem as deidades que os dirige e essas dedaides aparecem da manifestação" (Kau. Up., IV, 19). Ainda, "Daquele Atman (Brahmâm) nasceu o akasha (espaço)"[139], "Deste Ser se origina tudo isto"[140] e "Do Atman nasce o Prana (Força Vital)"[141]. Daí, todas as Upanishads apontam o Ser como a causa de tudo. Ainda diremos que a palavra Ser (*Atman*) significa uma entidade consciente.[142] Isso evidencia a validade das Upanishads, quando fala dos olhos etc., referindo-se ao mesmo conhecimento que quando fala do Ser como sendo a causa do Universo. Dessa uniformidade de enfoques, pode-se falar e deduzir que o onisciente Absoluto Brahmâm é a causa do Universo.

Que outro motivo há para se evidenciar ou provar que o Absoluto Brahmâm é a causa do manifestado Universo?

Sutra 11: porque (*a Brahmâm*) revela-se a ele (*como tal*) nas Upanishads[143].

Sutra 11: o Absoluto é a primeira causa, porque assim se revela nas Escrituras[144].

Na Shvetasvara Upanishad, o Absoluto Brahmân é apresentado como a causa do Universo. Nesse texto a ser apresentado a Divindade onisciente, é retratado que "Ele não possui mente neste mundo, não possui quem o governe nem existem sinais claros da Sua existência. Ele é a causa, o

---

138 MARTÍN, 2001, p. 75.

139 TINOCO, 1996, p. 228, verso II,1.

140 TINOCO, 2021, verso VII, 26, 1.

141 TINOCO, 1996, p. 184, verso III,3.

142 Nota deste tradutor. O Atman não pensa, uma vez que isso é um atributo da mente (*Chitta*). O Atman é o Observador Silencio, sendo idêntico ao Absoluto Brahmân. As técnicas do Yoga tem como um dos seus mais importantes objetivos, reduzir ou eliminar os pensamentos, para que a "Luz" possa parecer. Sobre Isto, diz Patañjali, nos seus Yoga Sutra: "O Yoga é a cessação das atividades da mente" (Yoga Chitta Vrits Nirodhâ)

143 GAMBHIRANANDA, 1983, p. 61.

144 MARTÍN, 2001, p. 75.

Senhor do senhor que preside o funcionamento dos órgãos. Ele não possui progenitor nem é controlado por ninguém"[145]. É possível provar, com essa frase, que a Divindade Onisciente é a causa do Universo e não a Natureza (*Pradhâna*), nem nenhuma outra causa.

TEMA 6: O DITOSO

O SER DE PLENITUDE

Diz o oponente: ficou estabelecido, com o auxílio da lógica que as Upanishads, aos quais se referem os Sutras que começam com "Aquele por quem tudo isto chegou a ser"(I, 1,2) e terminam com: "porque se revela nas escrituras", que provam que a Divindade onisciente é a causa da origem, continuidade e dissolução do Universo. Assegura-se que esse mesmo conhecimento pode ser encontrado em todas as Upanishads e se explica que falam de uma entidade consciente como causa. Que propósito tem, então, continuar com o que fica do livro?

Responde o filósofo Vedântico: pode-se conhecer o Absoluto Brahmâm por dois aspectos: 1. Como possuidor das limitações que integram a diversidade do Universo, que é uma modificação mediante nome e forma; 2. E o outro, vazio de todo condicionamento, que é o oposto do primeiro. Há muitos textos como o que se segue que, fazendo uma separação entre a ignorância e o conhecimento, mostram de mil modos esses dois aspectos do Absoluto Brahmâm: "Porque quando parece que há dualidade então, se vê algo, se ouve algo, se saboreia algo. Mas, quando para ele, que conhece o Absoluto Brahmâm, todas as são o Ser, então o que haveria que ver e com que, o que haveria que ouvir e com que, o que haveria de saborear e com que?"[146] , "Aquele de onde não vemos nada, não ouvimos nada, não sabemos nada, Aquele é o Infinito. Mas de onde vemos algo, ouvimos algo, sabemos algo"[147], "Com isto não é possível, as misérias humanas terão um fim quando o homem cultivar o Conhecimento do Senhor, que é sem partes, sem ações, tranquilo, inocente, intocado. Ele é a ponte para a imortalidade, e como um fogo que consumiu todo o seu combustível"[148], "Não é grosso nem fino,

[145] TINOCO, 1996, p. 312, verso IV, 9.

[146] MARTÍN, 2002, p. 414, verso IV, 5, 15.

[147] TINOCO, 2021, verso VII, 29, 1.

[148] TINOCO, 1996, verso IV, 20.

nem curto nem longo, nem vermelho nem fluido nem uma sombra, nem escuro, nem ar, nem espaço nem está apegado a nada...."[149] E "Tudo o que é diferente do Absoluto Brahmâm é finito. Aquele distinto do qualificado é o Absoluto Brahmâm".

Portanto, somente em estado de ignorância, pode o Absoluto Brahmâm se relacionar com aquilo que é empírico, incluindo o objeto da meditação e aquele que medita. Dessas meditações, umas levam aos elevados estados modificados de consciência e outras, à eficácia da ação. Essas diferenças estão relacionadas com as características e com os fatores condicionantes que o acompanham. Porém, pode-se meditar na Divindade única, o Ser Supremo (Absoluto Brahmân) como sendo o possuidor dessas qualidades e os resultados diferem de acordo com as características daquele que medita que Ele é. "Ao deixar este mundo, um ser humano chega a ser o que pretendeu ser"[150]. Isso está de acordo com a tradição, com a frase: "Filho de Kunti (Arjuna), se nos últimos momentos alguém abandona o corpo enquanto pensa em qualquer outra entidade, por haver-la tido sempre em seu pensamento, à ela se encaminha"[151]. Apesar de que o mesmo Ser que permanece oculto em todos os seres, móveis e imóveis, porém no texto: "Aquele que medita no Ser manifestado de maneira mais pronunciada, o atinge" (Ai. Â., II, 3.1), mesmo se o Ser é sem modificações e sempre o mesmo, diz-se que há uma diferença de graus da manifestação da Sua Glória e do Seu Poder, causadas pelos graus da mente que o condicionam. Na literatura Smriti (Bhagad Gitâ), há uma frase que diz:

> Percebe tu que, qualquer que seja
> A (boa qualidade de uma existência)
> -poderosa, próspera ou importante-
> Isso é apenas a manifestação
> De uma parte da minha força[152]

Onde quer que haja um excesso de grandeza, deve-se adorar como se fosse Deus. De modo análogo, declara-se aqui que a entidade brilhante, onipenetrante e que reside na luz solar deve ser o Absoluto Brahmâm, já que a simples menção à transcendência de todos os pecados por Ele é

---

149 MARTÍN, 2002, p. 285, verso III, 7, 8.

150 TINOCO, 2021, verso III, 14, 1.

151 MARTIN, Consuelo. **Bhagavad Gitâ- com los comentários advaita de S'ankara**. Madrid: Editorial Trotta, 2009. verso VIII, 6, p. 164.

152 BARBOSA, Carlos Eduardo G. **Bhagavad Gîtâ**. São Paulo: Editora Mantra, 2018. verso X, 42, p. 171.

uma indicação a respeito do sutra (B.S., I,1, 20). Essa é também a linha de interpretação que pode ser lida na frase: "Aquele que tem Plenitude (*ânanda*) é o Absoluto Brahmâm, uma vez que Nele há uma representação dessa Plenitude".

Como é sabido, o Conhecimento do Ser gera Libertação Espiritual instantânea e a instrução é transmitida com o auxílio de alguma relação com fatores condicionantes. De acordo com isso, mesmo se a relação com um fator condicionante não é uma ideia que se mostra, como uma referência ao Absoluto Brahmâm, superior e inferior, poderia surgir a dúvida se o conhecimento se refere a um ou a outro. E isso tem que se dizer levando-se em consideração o sentido da frase: "Aquele que tem a Plenitute da Bem Aventurança (*ânanda*) é o Absoluto Brahmâm, porque Nele está uma representação dessa Plenitude". A porção restante do livro segue para indicar que, não obstante o Absoluto Brahmâm seja uno nas Upanishads, menciona-se como algo sobre o qual meditar ou conhecer, com ou sem a ajuda da Sua relação com as envolturas limitantes. Por outro lado, a refutação de qualquer outra coisa inconsciente é a causa do Universo, apresentada pela frase: "Porque o conhecimento contido em várias Upanishads é o mesmo" (B.S., I, 1, 10) é elaborado no texto restante que, enquanto explica outras frases que falam do Absoluto Brahmâm, refuta qualquer outra causa oposta a Ele.

Surge a seguinte dúvida: depois de haver apresentado em sucessão os seres feitos de alimento (Tai. Up., II, 1,2), de força vital (Tai. Up., II, 2,2), de mente (Tai. Up., II, 3,2), de inteligência (Tai. Up., II,3, 2), estabelece-se isto: "Verdadeiramente, diferente deste corpo que é constituído da essência do intelecto, há no seu interior, outro corpo que consiste de Bem Aventurança (Ananda)"[153]. Aparece outra dúvida: é ao Supremo Absoluto que pertence em: "Brahmân, o Absoluto, é Verdade, Conhecimento, Plenitude" (Tai. Up. II,2), ao que se refere a palavra *ânandamya,* "o ser de plenitude", ou se refere a alguma entidade como os seres constituídos de alimento etc., que são distintos do Absoluto Brahmân? A qual conclusão chegamos?

Assim disse o opositor Vrittikâna: o Ser de Plenitude deve ser um ser secundário, distinto, do Absoluto Brahmâm. Por quê? Porque está incluído na série de seres secundários, como o físico.

Há a seguinte objeção: caso seja assim, o Ser de Plenitude deve ser o Primeiro Ser. Ele é o mais profundo de todos.

[153] TINOCO, 1996, p. 231, verso II, 5, 2.

Diz o opositor: não deve ser assim, já que possui membros, como a alegria,[154] e porque a Upanishad se refere à sua identificação corporal. Caso o Ser de Plenitude fosse o Ser primário, não teria diferentes membros, como a felicidade etc. Mas, no contexto da Upanishad, é dito: "Nele, a alegria é, realmente, a cabeça" (Tai. Up.,II, 5). A identificação corporal é citada também na frase: "O Ser de Plenitude é o ser que envolve o Ser inteligente que o precede".[155] O significado disso é: este Ser é o que envolve o precedente, o ser inteligente, e está cheio de felicidade e não é possível negar que nos alcance a alegria ou a tristeza enquanto se tem um corpo físico. Por essa razão, a expressão "Ser de Plenitude" se refere ao ser individual que reencarna.

O adepto do Vedanta diz: sendo esse o ponto de vista, pode-se dizer:

Sutra 12: o um Ditoso é o Ser Supremo, devido à repetição[156].

Sutra 12: o Ser de plenitude indica o Ser Supremo por repetição da palavra "plenitude" (ânanda) referente ao Supremo Ser.[157]

Apenas o Ser Supremo pode ser "o Uno cheio de Benção". Por quê? A causa da repetição é que a palavra "benção" se repete muitas vezes em relação ao Ser Supremo. Depois de haver introduzido o Uno Ditoso e depois de que o texto fala Dele como Benção, na frase "[...] aquele que obtém a essência torna-se bem aventurado"[158], estabelece-se em outra frase, que é a seguinte: "Se chega a ser feliz ao se entrar em contato com a plenitude (*ânada*). Quem poderia inalar ou exalar, se esta plenitude do Ser não estivesse no espaço supremo? Por Ele, as pessoas vivenciam a felicidade" (Tai. Up., II, 8, 5). "O iluminado não tem nada quando realizou a Plenitude do Absoluto" (Tai. Up., III, 6). Em outra Upanishad, emprega-se a palavra Plenitude (*ânanda*) como o Absoluto Brahmân (Br.Up.III, 9, 28-7). Ao repetir a palavra "Plenitude" (*ânandamayâ*), também se refere ao Absoluto Brahmân.

Referente à crítica sobre o Uno Cheio de Bençãos, é também considerado um ser secundário como a causa da sua presença na cadeia de seres secundários, a partir daquele formado pelo alimento (Annamaya Kosha), e

---

[154] É estranho que se considere um membro a alegria. A explicação pode ser encontrada na Taittiriya Upanishad. Aí se considera cada ser ou envoltura (Koshas) com a forma humana, e as qualidades são os membros. A alegria é a sua cabeça, a satisfação humana, seu braço direito, a satisfação divina, seu braço esquerdo, a benção, o tronco etc. (Tai. Up., II. Nota de rodapé de Consuelo Martín, na sua tradução do Brahma Sutra, p. 78).

[155] Na Taittiriya Upanishad se comenta sobre diferentes envolturas na tradição do Vedanta, as quais se denomina Kosha, Anandamaya, é a última. É feita de Bem Aventurança ou plenitude. Nota deste tradutor

[156] GAMBHIRANANDA, 1983, p. 65.

[157] MARTÍN, 2001, p. 78.

[158] TINOCO, 1996, p. 232, verso, II, 7, 1.

isso não cria nenhum problema, porque é o mais interno dentre os outros cinco[159] . Desejando instruir sobre ele, a Taittiriya Upanishad prossegue em uma linha para que as pessoas comuns possam compreendê-lo. Por essa razão, toma o Ser como se fosse o corpo constituído de comida, uma vez que as pessoas completamente ignorantes se entendem entre si.

As escrituras permitem sucessivas identificações que não são, de fato, o Ser unir-se sucessivamente às anteriores, aprofundando cada vez mais por semelhança com as primeiras. É a mesma coisa quando são formadas imagens, ao se jogar o cobre fundido nos seus moldes. Seguindo-se esse raciocínio para um melhor entendimento, a escritura ensina o que é o Ser de plenitude é o Ser em sentido real. Essa é a melhor interpretação. Do mesmo modo quando se apontou a estrela a Arundhati (Br. Up. I,1,8 [160]), a verdadeira estrela é a última que aparece depois de haver mostrado muitas que se assemelham à primeira. Da mesma maneira, o Ser de plenitude seria o Ser primeiro, pois é o mais profundo.

Aparece uma objeção: para o Ser primeiro é ilógico imaginar a felicidade e a alegria como a cabeça. É uma imagem, não pela natureza desse Ser, se não pela presença da identidade limitada anterior. Por isso, a objeção não faz sentido. A identificação com o corpo do Ser de plenitude é mencionada também nas sucessivas identificações com os diferentes corpos (Koshas). A diferença do ser individual é que o Ser de plenitude não tem identificação com o corpo. De acordo com o que foi dito, o Ser de plenitude é o Absoluto Brahmâm.

Sutra 13:Se se argumenta que o (Uno de Bençãos) não é Brahmân, pelo uso de uma palavra (sufixo) que denota modificações, dizemos que não, já que a palavra se usa no sentido de abundancia[161].

Sutra 13: argumenta-se que não é o Absoluto (o Ser de plenitude), porque a palavra denota uma modificação, dizemos que não, já que a palavra são usadas no sentido de abundância[162].

Aqui, o *Adversário diz:* o Uno Ditoso não pode ser o Supremo.

Por quê?

---

159 Os cinco corpos ou Koshas citados na Taittiriya Upanishad são os seguintes: 1. Annandamaya Kosha (corpo feito de alimento); 2. Pranamaya Kosha (corpo feito de Prâna); 3. Manomaya Kosha (Corpo feito de mente); 4. Vijñana maya Kosha (corpo feito de intelecto); 5. Anandamaya Kosha (corpo feito de bem aventurança). Nota deste tradutor.

160 Referência não encontrada.

161 GAMBHIRANANDA, 1983, p. 66.

162 MARTÍN, 2001, p. 80.

A palavra *ânandamâyâ* (Plenitude) não pode ser o Absoluto Brahmâm. Isso porque a palavra *mayat* como sufixo denota mudança. A frase "o Uno Ditoso (*Anandamaya*) formado por combinação de *ananda,* Beatitude e *mâyâ,* oriundo da combinação de (*ananda*)" deve ser entendida por uma mudança e distinguida do original, ou seja, a Plenitude em si mesma. Por sua vez, a palavra *mayat* assinala a ideia de modificação aqui. Portanto, a palavra *ânandamâyâ,* significando "feito de plenitude" ou "feito de bem aventurança", é idêntica a *annamâyâ,* que significa "feito de comida" e tem o significado de modificação.

Diz o adepto do Vedanta: não é assim, porque na gramática de *Panini* (V, 4, 21)[163] está citado que o sufixo *mâyâ* também tem o sentido de abundância. No aforismo, é usada também referindo-se à abundância. Como na ilustração, o Absoluto Brahmâm tem abundância de felicidade, de plenitude, quando é denominado por *ânandamâyâ.* Por sua vez, a plenitude de felicidade do Absoluto Bramhâm é consequência do fato de que, em princípio, é realizada no plano humano e logo se apresenta a felicidade em sua realidade correspondente, que é cem vezes maior que o precedente (Taittiriya Upanishad). A Plenitude do Absoluto Brahmânm é insuperável (ver Taittiriya Upanishad, II, 8)[164]. Aqui, *mayat* tem o sentido de abundância.

[163] Pāṇini, nascido em Gandara, foi um gramático indiano que compôs uma gramática sânscrita com o nome Aṣṭādhyāyī, constituída por 8.000 sutras ou aforismos, cuja consistência e encadeamento lógico apresentam notável rigor.

[164] TINOCO, 1996, p. 234, verso II, 8. "A bem aventurança de Prajapati multiplicada por cem vezes é uma medida da bem aventurança de Brahmân" (nota deste tradutor).

Figura 7 – O gramático Panini

Fonte: (.org/wiki/Panini_(grammairien)

Sutra 14: pela razão ulterior que a Brahmâm o indica como fonte de Alegrias[165].

Sutra 14: o Absoluto é a felicidade pela qual o Ser de plenitude não pode ser uma parte da dessa felicidade[166].

O sufixo *mayat* é aqui usado no sentido de abundância, pela razão ulterior de que a seguinte frase das Upanishads declarar que o Absoluto Brahmâm é uma fonte de Felicidade: "[...] pois, verdadeiramente, aquele que obtêm a essência torna-se bem aventurado".[167] A palavra *ânandayâti* (encontrada nesse verso) tem o mesmo significado que *ânandayati*. Aquele que deleita aos outros fica conhecido como "o possuidor de uma abundância de Felicidade". Da mesma forma que, no mundo, um homem que faz ricos os demais se conhece como abundantemente rico. Por isso, dado que *mayat* pode ser usada também no sentido de plenitude, o Uno Cheio de Felicidade deve ser o Ser Supremo.

Sutra 15: o Brahmâm mesmo, do qual se fala no mantra, é declarado no brâhmana (a porção que explica o mantra)[168].

---

165 GAMBHIRANANDA, 1983, p. 67.

166 MARTÍN, 2001, p. 80.

167 TINOCO, 1996, p. 232, verso II, 7, 1 Verso que aparece no Brahma Sutra é diferente daquela citado na minha versão da Upanishads, na Taittiriya Upanishad, de Swami Nikilananda, onde se pode ler: "That which is Self-made is flavour (rasa or essence); for truly, on obtaining the flavour one becomes blissfull" (nota deste tradutor).

168 GAMBHIRANANDA, 1983, p. 68.

Sutra 15: o mesmo Absoluto de quem se fala no mantra se revela no brâhmana[169].

O Ser de plenitude deve ser o Ser Supremo, por essa razão adicional inicia com a frase: "Aquele que conhece Brahmân alcança o Supremo".[170] O mesmo Absoluto Brahmâm introduzia a frase: "Brahmâm é verdade, conhecimento, a infinitude (idem) se mencionam em uma parte do brâhmana"[171] e esta outra "Verdadeiramente, diferente deste corpo que é constituído da essência do intelecto, há no seu interior, outro corpo que consiste de Bem Aventurança (Ananda)"[172]. Tanto o mantra como o brâhmana citados admitem a mesma coisa, pois nunca entram em contradição. De outro modo, afastar-nos-íamos do tema em questão. Não é dito que um ser mora dentro do Ser de plenitude, o que acontece com o corpo feito de alimento (Annamâyâ Kosha). O verso seguinte lança luz sobre esse tema: "Esta é a sabedoria ensinada por Varuna e apredida por Bhrigu"[173], referente unicamente a isso. Portanto, o Ser de plenitude tem que ser o Ser Supremo[174].

Sutra 16: o outro não é o Ser Supremo, porque isso é ilógico[175].

Sutra 16: s Ser de plenitude é o supremo Ser e não outro (o ser individual), porque isso seria ilógico[176].

Por essa razão, o Uno Ditoso, e não outro, deve ser o Ser Supremo. O "outro" é o ser que reencarna, distinto do Divino, ou seja, a alma individual (*Jiva*). A expressão Uno Ditoso (Feliz) não significa a alma individual.

Por quê?

Porque é ilógico. Em relação ao Uno Feliz citado nas Upanishads, lemos: "Que Eu possa ser muitos. Que eu nasça".[137] Realizou uma reflexão e tendo pensado, criou tudo quanto existe. A reflexão, antes da criação do corpo, a indiferenciação das coisas criadas pelo Criador e a criação de todas as mudanças nesse texto não podem fazê-las outro, se não o Ser Supremo.

Sutra 17: a causa da declaração da diferença (entre a alma individual e o Ser supremo)[177].

169 MARTÍN, 2001, p. 81.

170 TINOCO, 1996, p. 228, verso II, 1,1.

171 Os brâhmanas são os textos da literatura sagrada da Índia antiga destinado a orientar os sacerdotes, na elaboração ou orientação dos rituais. Aqui, ele explica o mantra ao qual se referiu o sutra. Nota deste tradutor.

172 TINOCO, 1996, p. 231, verso II, 5, 2.

173 TINOCO, 1996, p. 237, verso III, 6.

174 TINOCO, 1996, p. 237, verso II, 6, 1.

175 GAMBHIRANANDA, 1983, p. 69.

176 MARTÍN, 2001, p. 81.

177 GAMBHIRANANDA, 1983, p. 69.

Sutra 17: e porque destaca a diferença (entre as duas classes de seres)[178].

Por essa razão, o Uno Feliz não é uma alma individual que transmigra. No contexto que trata do Uno Feliz, a alma individual e o Uno Feliz são mencionados separadamente, na frase: "Aquele que se autoconstruiu é a essência última; pois, verdadeiramente, aquele que obtém a essência torna-se bem aventurado"[179]. Não quer dizer que ele que obtém a felicidade seja a coisa adquirida.

Diz o opositor: nesse caso, como podem existir esses textos védicos e escriturais, como "O ser é para ser buscado" ou "Não há nada mais elevado que a realização do Ser", se foi dito que não há nada que realize o Ser?

Assim disse o adeptodo Vedanta: é assim. Sem dúvida, no caso de pessoas comuns, constata-se que, não obstante que o Ser sempre conserve a sua verdadeira natureza, há uma falsa identificação que não é o Ser. Como o Ser chegou a converter-se no corpo etc., são possíveis afirmações como "O Ser permanece oculto e deve ser buscado", " Não se há realizado e tem que realizar-se" e "Ele é o que vê, mas não é visto, é ele que ouve, mas não é ouvido, é o que que pensa, mas não é pensado. É o conhecedor, mas não é conhecido". Sem dúvida, a partir de qualquer outro ponto de vista, nega-se que exista outro que não o Divino, nem como testemunha, nem como aquele que escuta. Não há outro testemunho mais que Ele. O Divino é diferente daquele que imagina por ignorância que é o corpo, o ator, o experimentador ao qual se chama de Ser, por condicionamento do intelecto. A diferença é igual ao exemplo do mago que, estando de pé, imagina-se sustentando a espada e o escudo nas mãos, enquanto sobe por uma corda ao alto, quando, na realidade, o primeiro mago é a essência do segundo, como também o espaço limitado, sem nenhum fator condicionante, é diferente do espaço delimitado por outros fatores.

Afirmando essa diferença entre o Ser Supremo e o Ser identificado com o intelecto, tem-se dito: "O outro não é o Ser Supremo, porque seria ilógico" e "E porque ressalta a diferença".

Sutra 18: não se pode confiar na suposição (para chegar a Pradhâna) recorrendo à menção do desejo[180].

---

178 MARTÍN, 2001, p. 81.

179 TINOCO, 1996, p. 232, verso II, 7, 1. O verso que se encontra no Brahma Sutra é diferente daquele citado na Taittiriya Upanishad, "That whish is Self-made is flavor (rasa, or essence); for trully, on obtain the flavor one becomes blissful" (NIKHILANANDA Swami. **The Upanishads**. New York: Ramakrishna- Vivekananda Center, 1979. vol. four, p. 55). Nota de Carlos Alberto Tinoco.

180 GAMBHIRANANDA, 1983, p. 70.

Sutra 18: não pode haver fiabilidade nas deduções (a respeito de Pradhâna, a Natureza), ao mencionar a palavra "desejo"[181].

No contexto do ser de Plenitude, menciona-se o ato de desejar: "Ele, a Suprema Alma, desejou e disse: Que eu possa ser muitos, que Eu nasça"[182], pelo que a inconsciente Natureza (*Pradhâna*), que tem sido imaginada pelos adeptos do Samkhya por dedução, não é possível nem como representante do Ser de Plenitude, nem como causa do Universo. Tem sido refutada a Natureza, na frase: "Se vê que a interpretação da Natureza como causa do Universo, não se baseia nas escrituras" (Sutra I,1, 16). Para que se saiba como os textos são coincidentes em relação ao mesmo conhecimento, tem-se refutado uma vez mais a Natureza em conexão com o ato de desejar (Tai. Up. II, 1, 16)

Sutra 19: além do mais, a escritura ensina a identidade absoluta desse uno com esse Uno[183].

Sutra 19: as escrituras ensinam a absoluta identidade desse (o Ser individual) com Esse (o Ser de plenitude)[184].

A expressão "Ser de Plenitude" não é usada para se referir à Natureza ou ao ser individual. Isso porque aquilo que as escrituras dizem é a identidade de "este" — ser individual iluminado — com "Este", o Ser de Plenitude, de felicidade, o Ser ao qual se considera em absoluta união. Chegar a ser uno com Aquilo é o que se chama Libertação Espiritual. Essa união é ensinada nas escrituras, na frase: "Se um homem percebe a mais leve diferenciação Nele, para esse homem existe o medo. Assim, Brahmâm torna-se a causa de temores para o buscador que Nele percebe diferenças".[185]

A ideia expressa na frase anterior é que não há como se libertar do ciclo das reencarnações sucessivas, enquanto se veja diferenças entre o Ser de Plenitude e o Ser (*Atman*). Mas se libera do temor sobre a reencarnação, tão cedo quanto se estabeleça na absoluta identidade com o Ser de Plenitude. Isso só é possível se o Ser Supremo for o mesmo que o Ser de Plenitude, mas não o será se, ao contrário, o Ser significar a Natureza. Se prova, assim, que o Ser de Plenitude é o Ser Supremo.

181 MARTÍN, 2001, p. 82.

182 TINOCO, 1996, p. 23-232, verso II, 6, 1.

183 GAMBHIRANANDA, 1983, p. 71.

184 MARTÍN, 2001, p. 83.

185 TINOCO, 1996, p. 232.

Correção de Shankaracharya: nessa conjectura, devemos dizer o seguinte: nessas passagens existe uma série de usos do sufixo *mayat*, no sentido de mudança, nas seguintes frases "Verdadeiramente, diferente deste, (há outro), que é constituído em essência por alimento (*annamâyâ*)"[186], 'há um outro corpo que é constituído de alento vital (*prânamâya*)"[187] e "Verdadeiramente, diferente deste corpo formado pela essência da mente, há um outro corpo, que é de intelecto (*Vijñanamâyâ*)"[188]. Sendo assim, como se pode chegar à conclusão de que *mayat* se encontra em *anandamâyâ* só implique em abundância ou que esse Ser é o Absoluto Brahmâm? De acordo com isso, poderíamos imaginar uma mulher idosa que foi metade jovem.

Assim disse o opositor: porque o tema do Absoluto Brahmâm, tal como nos é apresentado no mantra: "Brahmân é verdade, conhecimento, infinitude".

Responde Shankaracharya: não é assim, porque, nesse caso, ao ser alimento, poderia também chegar a ser o Absoluto.

Assim disse o oponente Vrittikâna: é justo que os seres feitos de alimento e os demais não sejam o Absoluto Brahmâm, já que se mencionam outros seres que são sucessivamente mais internos. Mas, no caso do Ser de Plenitude, não se menciona nenhum ser mais interno. Portanto, esse Ser de Plenitude será o Absoluto Brahmâm. A hipótese contrária cairia no erro de deixar essa consideração e aceitar outra, que não está em discussão.

Assim disse Shankaracharya: antes disso, dizemos: mesmo se é diferente no caso do corpo de alimento e os demais, a (Taittiriya) Upanishad não se refere a nenhum corpo mais interno para o Ser de Plenitude, não obstante esse Ser não pode ser o Absoluto Brahmâm, já que esse texto só se refere a ele, assim: "A alegria (Priyam) é como se fosse a sua cabeça; o deleite (Moda) é a sua asa direita; o grande deleite (Pramoda) é a sua asa esquerda; a bem aventurança é o seu corpo; Brahmâm é o seu suporte"[189]. Sendo assim, fala-se do Absoluto Brahmâm com as palavras do mantra: "O Absoluto é a coluna que sustenta", para dar a conhecer que os cinco níveis que começam pelo ser de alimento e que terminam no Ser de Plenitude são imaginários. Por isso, como pode manter-se o erro de abandonar algo importante e adicionar algo mais?

---

186 TINOCO, 1996, verso II, 1,1.

187 TINOCO, 1996, verso II, 3, 1.

188 TINOCO, 1996, p. 230, verso II, 4.

189 TINOCO, 1996, p. 231, verso II, 5,2.

Disse o opositor: não é um fato que na frase "Brahmâm é o seu suporte (ou O Absoluto é a coluna que sustenta"[190] se fala do Absoluto como um membro do Ser de Plenitude, o mesmo que se diz no caso do ser de alimento. E o restante? Sendo assim, como se pode entender que o Absoluto apareça aqui como uma entidade independente por si mesma?

Assim disse Shankaracharya: dissemos que isso pode ser compreendido, uma vez que o Absoluto Brahmâm é o tema do debate aqui.

Disse o opositor: não existe nenhum problema, se o Absoluto não for o tema, inclusive se o concebemos como um membro do Ser de Plenitude, porque Ele é o Absoluto Brahmâm.

Assim disse Shankaracharya: sobre isso, tenho a dizer: isso é ilógico, uma vez que o mesmo Absoluto seria o Ser Total, o Ser de Plenitude e, além disso, seria uma parte, a coluna que sustenta. Se algum dos dois tem que ser aceito, então, é razoável manter o ponto de vista sobre o Absoluto Brahmâm, ao qual se refere a frase já referida: "O Absoluto Brahmâm é a coluna que sustenta". Isso porque a palavra "Absoluto" (Brahmâm) está aqui presente, mas, depois da afirmação anterior, diz-se: "A propósito disto, há um verso: 'Se uma pessoa conhece Brahmâm como não existente, Ele próprio se torna-se existente. Se essa pessoa conhece Brahmâm como existente, então O conhecerá como existente'[191]. A partir dessa frase, o mérito ou demérito de acreditar na existência ou na não existência do Absoluto Brahmâm se menciona sem que conduza ao Ser de Plenitude. Pode-se entender que aparece o Absoluto em seu próprio sentido de tato: "O Absoluto é a coluna que suporta". E não é lógico ter nenhuma dúvida sobre da existência ou da não existência do Ser de Plenitude, já que, pelas manifestações de alegria e prazer, são conhecidas por todos.

Disse o opositor: uma entidade independente, como é o Absoluto Brahmâm, por que se apresentaria como membro do texto que foi estudado?

Disse Shakaracharya: isso não é um demérito (defeito). O objetivo não é assinalar que seja um membro, senão mostrar que a Plenitude, que é o Absoluto Brahmâm, é como se fosse uma coluna vertebral, servindo de suporte estabilizador. O que aqui se ensina é que a Plenitude, a felicidade que é o Absoluto, é o topo e o único receptáculo das alegrias humanas, como está indicado em outra Upanishad: "Em uma só partícula desta Plenitude os demais seres vivem". Além disso, se o Ser de Plenitude fosse o Absoluto

[190] TINOCO, 1996, p. 231, verso II, 5,2.

[191] TINOCO, 1996, p. 231, verso II, 6.

Brahmâm, então, teríamos que admitir a existência de um Brahmâm com qualidades, condicionado por membros como a felicidade. Mas, ao final do texto, fala-se do Absoluto Brahmâm, quando se diz que Ele está além da palavra e da mente: "O Ser humano iluminado não tem nada quando realizou a plenitude do Absoluto. Se não a realiza, as palavras retornam à mente" (Tai. Up.,II, 9). Quando se afirma a abundância de felicidade, isso implica também na existência da dor, já que a abundância depende sempre do oposto. Se admitimos isso, contradiria a negação de tudo, exceto de Ele mesmo no Infinito Absoluto. Como diz a frase: "Aquele é o infinito, onde nada se vê, nada se ouve e nada se sabe"[192].

Existem graus de felicidade em cada corpo e se sabe que o Ser de Plenitude é também diferente. Mas o Absoluto Brahmâm não é distinto dos diferentes corpos, porque a Taittiriya Upanishad fala sobre a Sua infinitude, na frase: "Aquele que conhece Brahmâm, que é a Realidade, a Sabedoria e o infinito, oculto na cavidade do coração e no mais alto akasha — aquele que foi uno com o onisciente Brahmâm, desfruta simultaneamente de todos os desejos".[193] Outra Upanishad também diz: "O Senhor Supremo, resplandecente e não dual, está oculto no coração de todos os seres. Todo penetrante, Ele é o Ser interno de todas as criaturas, aquele que impele às ações, habitando em todas as coisas; Ele é a Testemunha, o Animador, o Absoluto livre de formas"[194]. Nas Upanishads não há referências ao Ser de Plenitude, senão com vários sinônimos como: "É verdadeiramente a fonte de alegria ("rasa"), porque se é feliz quando se entra em contato com essa fonte. Por que quem poderia respirar se esta plenitude não estivesse no Espaço Supremo? Esta é a que dá vida a todos"[195], "O iluminado não teme nada depois de haver realizado essa Plenitude do Absoluto"[196] e "Se deu conta de que a Plenitude era o Absoluto".[197]

Se a expressão "Ser de Plenitude" se referir ao Absoluto Brahmâm, seria possível também usar simplesmente a palavra Plenitude (*ânanda*). Mas o Ser Plenitude do qual falamos não é o Absoluto, porque tem alegria, o mesmo que tem cabeça etc. Do mesmo modo, quando lemos outra Upanishad, usa-se a palavra "felicidade" (*ânanda*) como sinônimo do Absoluto

---

192 TINOCO, 2021, verso VII, 24, 1.

193 TINOCO, 1996, p. 232, verso II, 1, 1.

194 TINOCO, 1996, p. 312, verso VI, 11.

195 TINOCO, 1996, p. 234, verso II, 8.

196 TINOCO, 1996, p. 234, verso II, 9.

197 TINOCO, 1996, p. 237, verso III, 6.

Brahmâm na frase: "conhecimento, felicidade e Absoluto"[198] e em textos como "Se esta felicidade (*ânanda*) não estivesse no espaço Supremo"[199]. Vê-se que essa palavra se refere ao Absoluto Brahmâm aqui, mas devemos entender que a palavra não é sinônimo do Ser de Plenitude. Tem-se argumentado que essa palavra é repetida juntamente com o sufixo *mayat*, na frase: "Ele alcança o Ser de Plenitude"[200], mas esse referido Ser feito de Plenitude não pode ser o Absoluto Brahmâm, porque aparece em uma sucessão de seres que estão constituídos de algo, como o alimento.

Diz Shankaracharya: isso não é um equívoco, porque, ao realizar o Ser de Plenitude, na frase "Deste Ser nasceu o espaço"[201] (Tai. Up., II,1,2), nomeia-se a Brahmâm com a palavra Ser (*Atman*), que é do gênero masculino. Ao contrário, na sessão da Taitiriya Upanishad ,"O conhecimento recebido por Bhigu e também por Varuna" (III, 6), afirma-se que se deu conta que a Plenitude era o Absoluto (III, 6). O sufixo *mayat* não se usa ali e a alegria não é mencionada como a cabeça. Sem dúvida, é certo que a Plenitude seja o Absoluto Brahmâm, como a cabeça sem assumir condicionamentos, já que não é uma substância de algo. Segundo isso, *mâyâ* em *ânandamaya* se usa como uma modificação, o mesmo que em *ânandamaya*, mas não se usa significando abundância ou Plenitude. Por isso, teremos que explicar o seguinte sutra: "O Ser de Plenitude indica o Supremo Ser".[202] A intensão do texto apresenta o Absoluto Brahmâm como objeto principal, e não como uma parte subordinada.

Assim disse o opositor: o uso da palavra "coluna" nos leva a concluir que é um membro.

Assim disse Shankaracharya: no texto anterior sobre o Ser de Plenitude, considera-se o Absoluto Brahmâm como uma entidade independente: "Brahmâm é a coluna que estabiliza", A repetição se deve ao fato do seguinte texto: "Ele chega a ser não existente"[203] e só o Absoluto Brahmâm se repete e não denota nenhuma modificação, senão abundância. Deve refutar-se o que a palavra "modificações" se usa aqui no sentido de membro e por ele o Absoluto Brahmâm não seja o motivo principal.

---

198 MARTÍN, 2002, p. 305, verso III, 9, 28.

199 TINOCO, 1996, verso, II, 7.

200 TINOCO, 1996, p. 228, verso II, 1,2.

201 TINOCO, 1996, p. 238, verso II,1,2.

202 TINOCO, 1996, p. 230, verso II, 1,5.

203 TINOCO, 1996, p. 231, verso II, 6,1.

É fácil já que uma palavra que significa "membro" pode estar incluída nessa passagem como "abundância" (*prâcuryat*). Numerou-se depois dos diferentes membros, terminados pela coluna dos seres que são formados por alimento (*annamayâkosha*) etc., e se enumerou a cabeça e outros membros do Ser de Plenitude, adicionando "O Absoluto Brahmâm é a coluna suporte". Com isso, tentou-se simplesmente introduzir alguns termos a mais para determinar os membros. Não queremos levar à interpretação do Absoluto Brahmâm como "membro", já que o Sutra precedente provou que o Absoluto Brahmâm era o tema principal, "E porque se afirmou que é a causa". Isso quer dizer que é a causa de todos os agregados dos efeitos, incluindo o Ser de Plenitude.

Na seguinte frase, "Ele criou tudo isto"[204], não se pode dizer que o Absoluto Brahmâm é a causa no sentido literal da palavra "membro" do Ser de Plenitude, o qual não é, se não, uma das qualidades do Absoluto. Os outros sutras que se referem ao Ser de Plenitude nos conduzem ao conhecimento do Absoluto como foi referido na passagem sobre a coluna.

TEMA 7: O SER INTERNO

O SER INTERNO

Sutra 20: o Ser interno é Deus e as suas qualidades que foram ensinadas[205].

Sutra 20: o Ser interno (que é a divindade) se mostra segundo as suas qualidades[206].

Sobre Purusha[207], as Upanishads falam do seguinte modo: "Aquele Espírito brilha como ouro, que se vê dentro do sol, sua barba é dourada e seus pelos são dourados; todo ele até a junta das unhas são douradas. Seus olhos são como um lótus rosado. Seu nome é Pususha".[208] Essa é a meditação no plano divino. "O Espírito que se vê no olho, etc."[209] Aqui, surge a seguinte

[204] TINOCO, 1996, p. 232, verso II, 6.

[205] GAMBHIRANANDA, 1983, p. 70.

[206] MARTÍN, 2001, p. 87.

[207] Purusha á a entidade omnipenetrante, vista como uma Pessoa pelos seus adoradores. Nesse contexto "dourado" significa feito de luz: autobrilhante (nota de rodapé de Swami Gambhirananda, na página 79).

[208] TINOCO, 2021, verso I, 6, 7.

[209] TINOCO, 2021, verso I, 7,5,8.

dúvida: essas passagens (versos) assinalam como objeto de devoção o Sol e o olho de alguma pessoa que, mediante um grande conhecimento e práticas piedosa se elevou ao nível superior, refere-se à perfeita e eterna divindade?

O oponente considera que é um ser individual, já que as escrituras descrevem de uma maneira definida. O que tem as características de uma pessoa, que possui barba dourada, olhos etc., tal como se expressam no verso: "A forma desta pessoa é a mesma daquela"[210]. Não se pode premiar a divindade de nenhuma forma, como se diz: "a Atman que deve ser realizado é sem som, inatingível, sem forma, puro, sem sabor, eterno e sem odor"[211]. Essa conclusão pode ser observada no verso: "Aquele que está no olho"[212]. A divindade não possui nenhum apoio, pois se apoia em sua própria glória. Há versos que afirmam: "Onde descansa? Na sua própria glória"[213] ou em "Como o espaço é onipresente e eterno". Há uma razão a mais e que existe um limite para a sua glória, de acordo com a frase "O Espírito do Sol governa os mundos mais além dos desejos dos demais"[214], indica sobre a limitação do poder do Espírito do Sol. Já a frase: "Ele é quem governa os mundos além dos olhos, e inclusive, mais além das coisas desejadas pelos humanos"[215] indica a limitação do poder do Espírito do olho.

Por outro lado, não se pode aceitar que a Divindade tenha limites, como na frase: "É o criador de tudo, o que governa e protege todos os seres. É como um dique que limita e mantém separado diferentes mundos"[216]. Por esses motivos, quem mora no olho e no sol não é, senão, a Divindade.

Diante desse posicionamento, o Sutra diz: "Aquele Ser interno se apresenta de acordo com as suas qualidades". O Espírito (*Puruha*), ao qual se refere a passagem do Sol e do olho, não é um ser que reencarna, senão a Divindade.

Por quê? Porque as suas características foram apontadas. As qualidades da divindade são indicadas nas seguintes frases. Primeiro, foi revelado o nome Espírito que está no sol: "Seu nome é Ut" e a explicação do seu nome foi dada, ao se dizer que aparece livre de todo o mal. O mesmo nome se explicou para o Espírito do olho, do qual se diz: "O nome de um é o nome do

210 TINOCO, 2021, verso I, 7, 5.

211 TINOCO, 1996, Kat. Up. verso I, 3,15.

212 TINOCO, 2021, verso I, 7.

213 TINOCO, 2021, verso VII, 24,1.

214 TINOCO, 2021, verso I,6,8.

215 TINOCO, 2021, verso I, 7, 6.

216 MARTÍN, 2002, p. 398, verso IV, 4, 22.

outro"[217]. Agora, estar liberto de todo o mal é algo que se atribui às Escrituras unicamente, ao Ser Supremo: "Ele está no *Rik-mantra,* no *Sama-mantra,* o *Ikta,* no *Yajur mantra,* e nos três Vêdas"[218]. As Upanishads falam que o espírito do olho é o sol e isso só é possível se a divindade, que é a causa de tudo, declarar-se o Ser de Tudo. Por outro lado, o texto anterior põe em relação *Rik* e *Sama* como terra e fogo, em relação à realidade divina e à fala da força vital (*Prana*), referindo-se à realidade física. As ligações em um são as ligações no outro. Esse aspecto é também para aquele que é o Ser de tudo, de acordo com a frase: "Por isto, toca *vînâ*[219], toca para Ele e consegue a saúde". Isso indica como Ele está presente como música, inclusive nos sons humanos, o que só é possível como divindade pessoal. "Tudo o que existe é glorioso, bom ou poderoso, tem a certeza de que não é senão uma insignificante parte do meu poder que é a sua origem"[220].

Sobre a citação da barba dourada etc. própria de um corpo físico e não adequada à divindade, diz-se que a personalidade divina pode assumir, caso assim deseje, uma forma corporal feita de ilusão (*mâyâ*), com objetivo de relacionar-se com os seus devotos. A tradição o diz, inclusive, que "Narada, esta é a forma criada por mim, olha-me nesta, como possuidor das qualidades de todos os seres". Depois, observa-se exposições como esta: "O Atman que deve ser realizado é sem som, intangível, sem forma, puro, sem sabor, e eterno e sem odor"[221] . Mesmo se a Divindade seja a causa de tudo, muitas vezes se fala sobre Ela como sendo possuidora de algumas qualidades como motivo de adoração. Assim, diz o verso: "Aquele possui todo o melhor, ações, desejos, odores, e paladares"[222]. Isso que representa a Divindade como objeto de devoção e fala Dele, que é a causa de tudo e como possuidor de algumas qualidades ou dos seus efeitos. De modo análogo,

[217] TINOCO, 2021, verso I, 7, 5.

[218] TINOCO, 2021, verso I, 7, 5.

[219] Vina é um instrumento de cordas indiano que utiliza duas caixas de ressonância, normalmente feitas de cabaça ou madeira, separadas por sete cordas e 24 trastes ajustáveis. É comumente associado a Sarasvati deusa hindu do aprendizado e das artes, e foi suplantado na região norte da Índia.

[220] MARTÍN, 2009, p. 191, verso X, 41.

[221] TINOCO, 1996, p. 166, verso I, 3, 15.

[222] TINOCO, 2021, verso III, 14, 2.

pode-se falar Dele como se tivesse barba dourada como o sol, conforme diz o texto já visto anteriormente.

Sobre a objeção de que a Divindade não pode ter morada, pode-se dizer a quem está estabilizado em sua própria Glória que é possível assinalar um lugar como motivo de adoração. A esse Ser que é onipotente pode-se dar um espaço como ser interno de todos os Seres. A referência da limitação da sua majestade, pela corporeidade imprópria do Divino, deve ser entendida unicamente pela devoção. Daí, pode-se deduzir que o Espírito que as escrituras localizam no olho e no sol é o Ser.

Sutra 21: e Deus é diferente (do ser individual), devido a se mencionar a diferença[223].

Sutra 21: o Ser Supremo, a divindade, é distinto, de acordo com distinção (feita em anteriores textos entre a Pessoa divina no Sol e o ser individual)[224].

O Ser Supremo, o Regente Interno, existe como uma entidade diferente das almas individuais que se identificam com os corpos do sol etc., já que sua não semelhança se declara em outra Upanishad, assim: "Aquele que mora no sol, mas dentro dele, a quem o sol não conhece, cujo corpo é o sol, e quem controla o sol desde dentro, é o diretor interno, o teu próprio e Imortal Ser"[225]. Ao dizer "dentro do sol" e "sim que o sol o seja", mostra-se claramente que o Regente Interno é diferente do sol, sendo o conhecedor e uma alma individual que se identifica com o intelecto[226]. Em virtude da semelhança das Upanishads, é razoável pensar que essa entidade mesma de "Que está dentro do sol e o sol não o conhece" indica que deveria ser a pessoa que se menciona aqui (Ch. Up., VI, 6-7) como estando dentro do sol. Portanto, fica provado que aqui se fala mesmo do Supremo.

---

223 GAMBHIRANANDA, 1983, p. 81.

224 MARTÍN, 2001, p. 89.

225 MARTÍN, 2002, p. 280, verso III, 4, 9.

226 O instrumento do conhecimento, graças a cuja identificação a alma pensa "eu sei". Nota de rodapé de Swami Gambhirananda, p. 82.

TEMA 8: O ESPAÇO

O ESPAÇO

Sutra 22: o espaço (*akasha*) é Brahmâm, já que o sinal indicador de Brahmâm[227] tem sido posto em relevo[228].

Sutra 22: o espaço (akasha) é o Absoluto (Brahmâm) pelos seus sinais característicos[229].

Nesse caso, a palavra "espaço" deve ser compreendida como o Absoluto Brahmâm. "Qual é a origem deste mundo?". "O espaço", responde, "Porque todos os seres se originam do espaço e a ele retornam", "E como o espaço é maior que todas as coisas, e por isto é o seu próprio princípio e o seu objetivo"[230]

Assim disse o adversário: a palavra "espaço" significa o Absoluto Brahmâm ou o espaço material? Por que aparece essa dúvida? A resposta é: porque a palavra é usada nos dois sentidos. Em linguagem comum, conhece-se com o sentido de espaço natural e é usada nos Vêdas com o sentido do Absoluto Brahmâm, como na frase seguinte: "Se a Plenitude não estivesse no espaço"[231] e em "Aquilo a quem chamamos o espaço, é o que revela o nome e a forma. Aquele em que os nomes e formas existem, é o Absoluto"[232]. Aqui, aparece uma dúvida, que é a seguinte: qual é a conclusão razoável para esse caso?

Diz o opositor: a resposta é: deve ser o espaço material (espaço físico). Isso porque esse sentido aparece na mente de modo instantâneo, em virtude do uso habitual. A palavra "espaço" não pode ser compreendida como significando duas coisas de uma vez só. Por essa razão, essa palavra deve ter um sentido secundário, quando se aplica ao Absoluto Brahmâm. Isto parece com o espaço por ter qualidades semelhantes. A regra é que, quando se admite no sentido primário, não seja aceita em nenhum sentido secundário. Aqui, é possível tomar o espaço no sentido primário.

---

227 Trata de conhecer isso do qual todos esses seres nascem, isso que os sustenta depois de haver nascido, isso sobre o qual se dirigem e no qual se fundem; isto é Brahmân. Nota de rodapé de Swami Gambhirananda (1983, p. 83).

228 GAMBHIRANANDA, 1983, p. 83.

229 MARTÍN, 2001, p. 90.

230 TINOCO, 2021, verso I,9,1.

231 TINOCO, 1996, p. 232, verso II, 7.

232 TINOCO, 2021, verso VIII, 15.

Aqui, surge uma objeção: se optasse pelo espaço material, a parte complementar do texto não seria lógica. Sobre isso, há a frase: "Todas as coisas têm origem no espaço".[233]

Assim disse o opositor: não é assim, uma vez que o espaço material pode ser a causa de tudo e, ao evoluir, converte-se em ar e assim sucessivamente. Sabe-se pela Taittiriya Upanishad que: "Daquele Atman (Brahmâm), nasceu o akasha (espaço), do espaço o ar, do ar, nasceu o fogo, do fogo [...]"[234]. Isso, ao ser o mais elevado e último objetivo, é possível, inclusive, para o espaço material, em relação com os demais elementos. Portanto, refere-se ao espaço material.

Pela palavra "espaço" que se encontra no início da frase deve ser entendida como significando o Absoluto Brahmâm. Isso porque é evidente que se fala Dele, de acordo com a frase: "Com toda certeza todas as coisas têm suas origens no espaço"[235]. Por isso, conclui-se que a palavra Espaço quer dizer o Absoluto Brahmâm.

TEMA 9: O PRANA

O PRANA - A VIDA

Sutra 23: sobre essa mesma base, Prana (é Brahmâm)[236].

Sutra 23: pela mesma razão, a Vida (Prana) é o Absoluto (Brahmâm)[237].

Durante a discussão sobre a meditação *udgitha,* foi verificado que na Upanishad se observa que depois de iniciar com o cantor "de Prastâva" — quer dizer, uma parte introdutória do cântico Sama — "se deveria cantá-lo em minha presença, sem conhecer a deidade, e a sua cabeça cairá"[238]. Surge aqui a pergunta de Cakrayana: "Quem é esta deidade?" E Ushasti responde: "É a energia vital — o Prana — da qual se origina todas as coisas e vão nela submergir. É esta deidade, intimamente associada com *Prastava*"[239]. A dúvida que disso surge deve entender-se de acordo com o que foi dito no sutra

[233] TINOCO, 2021, verso I, 9, 1.

[234] TINOCO, 1996, p. 228, verso II, 1, 3.

[235] TINOCO, 2021, verso I, 9, 1.

[236] GAMBHIRANANDA, 1983, p. 86.

[237] MARTÍN, 2001, p. 92.

[238] TINOCO, 2021, verso I, 10, 9.

[239] TINOCO, 2021, verso I, 9, 4-5, 2021.

anterior. A palavra Prana é usada para designar o Absoluto Brahmâm, nas frases: "Amigo, a meta está unida à Vida", "No sono profundo, o ser que estava limitado pela mente se torna unificado com a Vida"[240] e "Os que o conhecem como Vida da vida, a vista da vista, a mente da mente, aqueles que descobriram o eterno e original Absoluto".[241] A palavra nos Vêdas no sentido habitual denota força vital, que é uma forma de ar. Portanto, pode-se perguntar aqui: em que sentido isso deveria ser aceitado?

O opositor mantém a opinião de que é natural aceitar-se que a modificação do ar, chamada força vital, tem uma função quíntupla. Nesse sentido, conhece-se normalmente a palavra Prana. Aqui, também se pode objetar que se trata do Absoluto Brahmâm, uma vez que as suas características se tornam evidentes como antes. Observa-se que o aparecimento dos elementos na parte complementar denota a atividade Divina, pois, inclusive no caso da força vital principal, o surgir dos elementos se observa na frase: "Quando um humano está em sono profundo, a palavra entra no Prana, a mente entra no Prana. E quando volta a despertar, aparece do mesmo princípio vital" (B.S. X,3, 36). É um fato já conhecido que as funções dos órgãos sensoriais se perdem no princípio vital. Não se perdem nos sonhos e, ao despertar, surgem daí. Mas os sentidos e os órgãos são a quinta essência dos elementos, não é contraditório que a parte do texto complementar diga que surjam dentro e fora da energia vital. Inclusive, o Sol e o alimento, deidades do *udgitha* e *pratihara* (partes do hino), respectivamente, são mencionados como tendo origem na Vida. Não têm a natureza do Absoluto Brahmâm e ser tão parecido, a Vida tampouco a tem.

Diz Shankaracharya: por essa razão, o autor dos sutras disse: "Pela mesma razão, a Vida é o Absoluto Brahmâm". O raciocínio "Porque tem Prana, deve se referir ao Absoluto, na seguinte frase: "Se associa à Vida, alí se fundem e dali emergem"[242]. Menciona-se que a origem e a dissolução de todas as coisas é o princípio vital e se vê que é o Absoluto Brahmâm.

Assim disse o opositor: nós dissemos que, quando se inicia e surge, há reconciliação, inclusive quando se aceita o Prana, o princípio vital, já que essa é a experiência dos sentidos, na vigília e no sono?

Diante disso, os adeptos do Vedanta disseram: na vigília e no sono, só nos damos conta que começam e surgem os sentidos e os órgãos sensoriais, vão

240 TINOCO, 2021, verso VI, 8, 2.

241 MARTÍN, 2002, p. 396, verso IV, 4, 18.

242 TINOCO, 2021, verso I, 11, 5.

e vêm ao princípio vital, mas os elementos, não. Enquanto aqui se fala do surgir de todas as coisas precedidas pelos seres individuais, com os corpos e os seus sentidos. Como se diz na frase: "Certamente todas estas coisas"[243]. Nessa frase, "todas as coisas" são os elementos que temos visto e que estão de acordo com as características do Absoluto Brahmâm.

Sobre o que foi dito, indaga o opositor: por acaso, não é um feito que no seguinte texto nos encontramos com esse início e este surgir dos sentidos e objetos de percepção, que vão ao princípio vital e aparecem Dele? "Quando um ser que dorme não tem sonho nenhum e se faz uno com todos os nomes?" (Kau. Up., III, 2).

Assim respondeu o adepto do Vedanta: ainda em tal caso, a palavra Prana significa o Absoluto Brahmâm; já que foi destacada a característica de Brahmâm.[244]

É destituída de fundamento a argumentação segundo a qual Prana não é Brahmâm, em virtude do uso da palavra em associação — ou na proximidade — do Alimento e do sol. A simples proximidade não implica nada, quando se sabe o significado óbvio que o Prana é Brahmâm, graças à tendência do texto complementar. O significado mais geral de Prana é a Energia Vital, com as suas cinco funções. Deve-se tomá-la no mesmo sentido que a palavra "Espaço"[245]. Daí, deduz-se que a Vida, deidade de Prastâva, é o Absoluto Brahmâm.

Algumas pessoas pensam que esse sutra se refere às frases "Prana de Prana", "força Vital de força Vital"[246] e "Oh ! Amigo, a mente está unida ao Prana"[247], mas isso é injustificável, pois não há razão para a dúvida (nesses dois textos) pela diferença entre as palavras e a sua força nesse contexto. Da mesma maneira em que se usa "O Pai do Pai", é claro que "o Pai" no nominativo é distinto do que está no caso genitivo. O mesmo que em "A Vida da Vida", parece ser algo diferente de ele mesmo, que diz: "Ele é ele". Deve-se entender que se refere ao mesmo, quando se usa uma palavra diferente em outro contexto, assim, por exemplo, no assunto dos ritual do

243 Idem.

244 Porque foi mostrado que Prana não é diferente da alma individual e, ao mesmo tempo, Prana é o lugar no qual se somem todas as coisas. Além disso, Prana, considerado como uma transformação de elementos, não pode ter os elementos desaparecidos em si mesmo (nota de Rodapé de Swami Gambhiranada, na sua tradução do Brahma Sutra, p. 87).

245 Já que se enfatiza Prana dizendo: "Só Prana" e posto que se declarou ser ele a fonte material de todas as coisas, portanto, é Brahmân. Nota de rodapé de Swami Gambhirananda, na sua tradução do Brahma Sutra, p. 87.

246 MARTÍN, 2002, p. 396, verso IV, 4,18.

247 TINOCO, 2021, verso IV, 8, 2.

Ayotistoma. No texto em que aparece, diz-se: "Amigo, a morte está unida à vida". Como pode ser a Vida uma simples modificação do ar? As duas frases não apresentam nenhuma discussão. Foi mostrado que no parágrafo sobre a Vida como deidade de Prastâva, na qual surge a dúvida, há uma solução.

TEMA 10: A LUZ

A LUZ

Sutra 24: a Luz é Brahmâm, porque se há mencionado os pés[248].

Sutra 24: a luz é o Absoluto, pela menção dos pés (segundo o texto que se relaciona com a luz)[249].

Dúvida: na Upanishads se pode ler: "Então, esta Luz que brilha nos mundos excelsos e insuperáveis, a que transcende os céus e todos os seres e os mundos, é a mesma luz que está no interior do ser humano"[250]. Agora, surge uma dúvida: isso se refere à luz do sol ou significa o Ser Supremo? Foi dito que, mesmo se for distinta a conotação de uma palavra, pode se referir ao Absoluto Brahmâm, se as suas características forem evidentes. Essa reflexão trata de que se são essas as características que existem aqui ou não. Qual seria a conclusão?

Para o opositor, a conclusão é que a palavra "luz" deve ser usada para descrever a luz do sol, porque esse é o uso habitual. Sabe-se que as duas palavras, luz e escuridão, referem-se a coisas opostas. As trevas noturnas que não permitem ao olho funcionar são conhecidas como obscuridade, os raios solares que ajudam à visão se chamam luz. Da mesma maneira, a palavra "brilha", no texto, está relacionada ao sol. O Absoluto Brahmâm, isento de cores, não pode atribuir-se à palavra "brilha" no sentido primário. Outro argumento é que, no texto, fala-se do céu como limite. Mas o Absoluto Brahmâm é fonte de tudo o que se move ou não se move e o Ser de tudo, que não pode ter limites. E o brâhmana, parte das Upanishads, diz: "A Luz que transcende todos os céus".

Há uma objeção: o céu, como uma limitação, é irreconciliável com a luz criada, já que se experimenta em todas as partes. Por esse motivo, consideremos que isso significa o fogo primogênito.

---

248 GAMBHIRANANDA, 1983, p. 88.

249 MARTÍN, 2001, p. 94.

250 TINOCO, 2021, verso III, 13, 7.

Para o oponente, a luz pura não tem objetivo. Mas se argumenta, porém, o simples fato de converter-se em objeto de meditação ser já um objetivo.

Diz o oponente: considero que o sol se toma como objeto de meditação só quando serve para outro objetivo. Além disso, a Upanishad assim o expressa sem reservas, na frase: "Permite-me mesclar-me com cada um dos três"[251]. Isso não é um fato corrente que até o fogo impuro tem o céu como limite?

Surge uma objeção: não assinalamos que a luz do fogo etc. se encontra sob o mesmo céu?

O opositor diz: isso não cria dificuldades, pois, mesmo se a luz se estendesse por todas as partes, não é contraditório aceitar para meditar uma parte do que se há estendido mais além do céu. Mas não é certo imaginar um local específico, para o Invisível Absoluto. Por outro lado, a referência de muitos lugares de residência, na frase "Aquele que brilha nos mundos excelsos e supremos que transcende todos os mundos"[252], está em concordância com a luz criada e mais além: "Esta é a mesma luz que a do interior do Ser humano"[253]. Pode-se observar na Luz Suprema se há superposto ao fogo e no estômago e isso somente ocorre quando há semelhança, como na frase: "Deste Ser, esta é a evidência percebida".[254] Além disso, no texto da Upanishad, "Esta entidade sobre a qual se deveria meditar como se ela tivesse visto e ouvido"[255], esse não é o Absoluto Brahmâm, porque o resultado que se afirma em "Aquele que medita se converte em um homem famoso e admirado"[256] é insignificante, enquanto que a meditação no Absoluto Brahmâm se faz para obter outro resultado mais elevado.

Não é como o caso da vida ou o espaço, no contexto da luz, não há nada que possa ser característico do Absoluto Brahmâm. Nem se fala do Absoluto como texto anterior, assim: "Com toda segurança Gaiatry (mantra) é todos os seres".[257] O mantra Gaiatry se menciona com esse nome. Mesmo

---

[251] TINOCO, 2021, verso VI, 3,3.

[252] TINOCO, 2021, verso III, 13, 7.

[253] TINOCO, 2021, verso VI, 3,3.

[254] TINOCO, 2021, verso III, 13, 7.

[255] TINOCO, 2021, verso III, 13, 7.

[256] TINOCO, 2021, verso III, 13, 7.

[257] O Gaiatry Mantra, que é: "Om, bhur, bhuvar, svat; Tat Savitur Varenyan; Bhargo Devasya Dhimahe; Dhio Yo Nah Prachodaya" (Contemplemos Aquele Esplendor Celestial do deus Savita, Para que Ele inspire as nossas Visões), essa Rig Vêda, verso III, 62, 10. Nota de Carlos Alberto Tinoco.

se, de algum modo, concede-se que se fale do Absoluto Brahmâm, no texto primeiro, não se poderia reconhecer a identidade, já que o céu se apresenta na frase anterior como se fosse uma habitação: "Seus três pés estão no céu"[258]. Enquanto aparece como uma imitação, na frase: "A Luz que brilha mais além do céu"[259]; pelo que se deve aceitar aqui como a luz material.

Não é como no caso da vida no espaço, no contexto da luz, não há nada que possa ser característico do Absoluto Brahmâm, na frase anterior: "Com toda segurança Gaiatry é todos os seres".[260] Mantra Gaiatry é esse nome. Mesmo se de algum modo se concede que se fale do Absoluto Brahmân, no texto primeiro, não se poderia reconhecer a identidade, já que o céu se apresenta na frase anterior como se fosse uma habitação. "Seus três pés estão no céu"[261], enquanto aparece como uma limitação, na frase: "A luz que brilha mais além do céu".[262] Por isso, deve-se aceitar aqui como a luz material.

O Vedantín, ante a contingência que tem surgido aqui, afirma que se deve entender o Absoluto Brahmâm pela palavra luz. Por quê? "Pela menção aos pés" (*carana*), pois, no texto anterior, mostra-se ao Absoluto Brahmâm como possuidor de quatro pés, na frase: "Aquela abundância é a sua glória, mas o Espírito é maior do que isto. Todas as coisas são apenas um dos seus pés", "Seus três pés imortais estão no céu"[263]. Esses quatro pés, dos quais três são imortais e se mostram na frase como aspecto do Absoluto Brahmâm, associados com o céu, podem reconhecer-se aqui como o céu. Poderia qualquer pessoa deixar isso e ir à luz natural, mas, então, aparece a possibilidade de recusar algo do que discutimos e incorrer em algo estranho.[264] Não só continua o tema do Absoluto Brahmâm, na frase da luz, senão seguirá no tema da meditação chamada "*sândilya-vidyâ*"[265]. Portanto, deve entender-se a luz como o Absoluto Brahmâm.

Quanto à controvérsia sobre as palavras "luz" e "brilho" e se empregam-se mais para a luz criada, isso não prejudica nada, pois, quando chegamos ao Absoluto Brahmâm com a ajuda do contexto, as duas referidas

[258] TINOCO, 2021, verso III, 12, 6.

[259] TINOCO, 2021, verso III, 13, 7.

[260] TINOCO, 2021, verso III, 12, 1.

[261] TINOCO, 2021, verso III, 12, 6.

[262] TINOCO, 2021, verso III, 13, 7.

[263] TINOCO, 2021, verso III, 12, 6.

[264] Texto obscuro, confuso! Nota de Carlos Alberto Tinoco.

[265] TINOCO, 2021, verso III, 14.

palavras não excluem, especificamente, o Absoluto, mas podem referir-se a este figurativamente pela luz criada e que brilha. Por outro lado, há a frase: "Iluminado pelo seu fulgor, o sol brilha" (Tai. Br., III, 12, 9, 7) e pode decidir-se que a palavra "luz" não é usada para designar a luz que ajuda a ver com os olhos, porque se usa em outros sentidos, como nas frases "É pela luz da palavra pela qual ela Ele se ascente" (Br.IV, 3, 5) e "A mente se converte na luz para os que bebem *ghee*"[266] (Tai. Br. I,6,3,3). De acordo com isso, tudo o que revela outras coisas se nomeia com a palavra "luz". Como o Absoluto Brahmâm é consciência por natureza, pode-se designá-lo com essa palavra enquanto revela todo o Universo. Issoconfirma a frase das Upanishads: "Seu resplendor faz resplandecer tudo com o fulgor e tudo isto brilha de diversas maneiras: Um verso Rik declara: 'os conhecimentos de Brahmâm são percebidos por aqueles que estudam as escrituras, possuem fé, são devotos dos deuses e fazem oblações ao Fogo Ekashi, obeservando o Shirovrata"[267]. "Nos deuses meditam no imortal, na luz de todas as luzes ante a qual gira o ano com os seus dias"[268]. Existia ainda a objeção de que não é apropriado ao Absoluto Brahmâm ter como limitação o céu. Sobre isso, contestamos que, inclusive no caso do Onipotente Absoluto, não é incongruente assumir certa localização para O venerar.

O opositor pergunta: por acaso não foi dito que é impossível imaginar algum lugar para o Absoluto Brahmâm, o qual não tem partes?

O adepto do Vedanta diz: essa limitação não surge, já que é razoável supor um lugar para o Absoluto Brahmâm, em virtude das associações com as envolturas limitantes. De igual modo, nas Upanishads, encontramos algumas meditações sobre Brahmâm, em associação com certos lugares, como: "no sol"[269] , "no olho" (CH, 1,7, 5), "no coração"[270]. Daí, explica-se a pluralidade de moradas Mais Além de todos os seres.

É argumentado o seguinte: a luz sobre os céus deve ser, também, essa luz natural, porque se sobrepõe ao fogo natural e se pode deduzir que existe no estômago em virtude da percepção do seu calor e som. Também isso é razoável, já que para Brahmâm Supremo o fogo no estômago pode ser um símbolo tão bom como o nome. Com relação ao fato de que se vê e se ouve — ou seja, é famoso —, mencionado em: "Deve meditar-se

---

[266] Manteiga clarificada. Nota de rodapé de Consuelo Martín, na sua tradução do Brama Sutra, p. 96.

[267] TINOCO, 1996, p. 205, verso III, 2, 10.

[268] MARTÍN, 2002, p. 395, verso IV, 4, 16.

[269] TINOCO, 2021, verso III, verso I, 6, 5.

[270] TINOCO, 2021, verso III, 13, 7.

como o visto e o ouvido", isso se refere à adoração simbólica[271]. Por outro lado, tem-se levantado o argumento que a Luz não é Brahmâm, porque o resultado da meditação (como foi dito anteriormente) é escasso. Também isso é infundado, já que não existe razão alguma para uma regra tão clara e arguta, segundo a qual, deve-se recorrer a Brahmâm para certos resultados definidos e não para outros.[272] Deve-se entender apenas uma classe de resultados — a Libertação Espiritual —, quando se pensa em Brahmâm supremo desprovido de contato com todo o tipo de distinção, como o Ser. Sem dúvida, onde se ensina que Brahmâm tem certas qualidades e certos símbolos, menciona-se muitos resultados, altos e baixos, que estão incluídos neste mundo, como mostra o seguinte texto: "É o grande Ser sem origem, o que se alimenta do alimento, o que distribui os bens. O que conhece e assim, recebe esses bens"[273]. Mesmo se "a luz" na frase que foi considerada não é uma característica do Absoluto, ainda assim, deve-se escrever no Sutra: "A Luz é o Absoluto pela menção dos pés".

Diz o adversário: como é possível que, novamente, seja adequada que a passagem da luz retire do seu contexto e se aplique erroneamente, apenas porque está próximo do Absoluto Brahmâm, citado em outra frase?[274]

Sobre isso, diz o adepto do Vedanta: esse engano não aparece, porque a palavra "isso" tem a força de evocar na mente das pessoas algo anterior. Por isso, a palavra "essa", no princípio mesmo, na frase "Essa (Luz) brilha mais além do céu"[275], permanece conectada com o Absoluto Brahmâm na frase anterior (Ch. Up.III, 6- 12), pela referência ao céu comum aos dois. Quando chega a conhecer-se o Absoluto Brahmâm, a palavra "luz" se refere, certamente, a Ele, por implicação. Dessa maneira, deve-se entender a luz como sendo o Absoluto Brahmâm.

Sutra 25: se (isto) é objetado que não se está falando de Brahmâm, porque se menciona um mantra, dizemos que não, porque a dedicação da mente é ensinada por esse mantra; pois, em outros lugares, encontram-se exemplos análogos[276].

---

[271] Portanto: os atributos não pertencem a Brahmân. Nota de rodapé de Swami Gabhiranànda, na sua tradução do Brahma Sutra, p. 92.

[272] As Upanishads declaram que as pessoas obtém qualquer resultado que queiram da adoração de Brahmân. Nota te rodapé de Swami Gambhiranananda, na sua tradução do Brahma sutra, p. 92.

[273] MARTÍN, 2002, p. 403, verso IV, 4, 24.

[274] Frase obscura. Nota de Carlos Alberto Tinoco.

[275] TINOCO, 2021, verso III, 13, 7.

[276] GAMBHIRANANDA, 1983, p. 93.

Sutra 25: se alega-se que não se está falando (do Absoluto), porque se nomeia um mantra, dizemos que não, porque a mente está acostumada a atuar nesse sentido, e se tem encontrado ocasiões semelhantes[277].

Referimo-nos agora à objeção feita na frase anterior: que não menciona o Absoluto Brahmâm, porque o "Gaiatry Mantra é todas as coisas que existem"[278], menciona-se o Gaiatry. Como dissemos: pode manter-se isso ao se nomear o mantra, se não se fala do Absoluto Brahmâm aqui? O Absoluto nas suas quatro quartas partes se apresenta na frase "Tão grande é a Sua Glória"[279].

Sobre isso, diz o opositor: não é assim. O Gaiatry Mantra inicia com a frase: "O Gaiatry é todas as coisas". O mesmo mantra se explica de vários modos, como terra (Bhur), corpo, ouvido, fala, energia vital. E se diz sobre ele que "Esse Gaiatry tem quatro pés e é sêxtuplo". Isso se revelou no mantra: 'Tão grande é a Sua Glória".

Então, perguntamos: ao haver citado esse mesmo Gaiatry, como pode esse mantra falar repentinamente sobre o Absoluto Brahmân com quatro pés, quando é evidente que se refere ao Gaiatry, como foi abordado antes? O Gaiatry Mantra é o tema principal do próximo capítulo e deve se referir ao mesmo mantra. É análogo à passagem anterior: "Aquele que conhece este secreto ensinamento sobre o Absoluto"[280] (nos Vêdas). Isso se refere ao Mantra? Não se trata aqui do Absoluto?

Responde o adepto do Vedanta: isso não é válido, porque "a dedicação da mente é ensinada dessa maneira", "A dedicação da mente", "a concentração da mente em Brahmâm". Dessa maneira, com a ajuda do mantra Gaiatry, no qual Brahmâm é inerente ao que se ensina nesse texto da porção brâhmana: "Verdadeiramente o Gaiatry é tudo isto"[281]. Para a concentração da mente no Absoluto, pode ajudar o Gaiatry Mantra, que está conectado com a mente. Não se pode dizer desse mantra que seja o Ser, pois não é mais que uma combinação especial de sílabas. Porém, temos que entender que a passagem afirma que o Absoluto como causado do mundo também está relacionado ao Gaiatry, de acordo com outra frase que diz: "Tudo isto é o Absoluto".[282] O efeito não difere, de fato, da causa. Mais adiante, prová-lo-emos no sutra

277 MARTÍN, 2001, p. 97.

278 TINOCO, 2021, verso III, 12, 1.

279 TINOCO, 2021, verso III, 12, 6.

280 TINOCO, 2021, verso III, 11, 3.

281 TINOCO, 2021, verso III, 12, 1.

282 TINOCO, 2021, verso III, 14, 1.

II, 1, 14. A meditação devocional sobre o Absoluto Brahmâm sob a forma de certos efeitos Dele se pode encontrar em Ai. A. III, 2,3, 12. Usam-no os seguidores do Sama Vêda, o hino do ritual do fogo chamado "Mahâbharata". Mesmo se nessa passagem se fale do mantra, trata-se de praticar outra forma de devoção, o mesmo que quando o chamam luz.

Outras pessoas dizem que a palavra Gaiatry não se refere ao Absoluto Brahmâm em sua forma e, sim, quanto à igualdade do número. Isso porque o Gaiatry contém pés de seis sílabas cada um e o Absoluto Brahmâm também. Pode-se verificar que, em outras passagens, os nomes dos mantras são usados para nomear coisas que aparecem a eles, de acordo com certas relações numéricas, como em Ch. Up. IV, 3,8, em que se diz no princípio "Estes cinco e os outros cinco fazem dez e é chamado Krita" e, depois, diz-se: "Estes são o mesmo que Virat (o mantra), o que come o alimento"[283]. De acordo com isso, nada mais se pode falar do Absoluto Brahmâm, no que se refere ao mantra, diretamente. De qualquer maneira, o tema do qual se trata o capítulo anterior é o Absoluto Brahmâm.

Sutra 26: e isso deve ser assim, porque torna possível a representação de todas as coisas etc., como um pé[284].

Sutra 26: e isso é assim para que seja possível representar a todos os seres como os pés[285].

Isso se deve admitir como tal por esta razão ulterior: Brahmâm como tema do texto prévio, uma vez que todas as coisas são mencionadas como os pés do Gaiatry Mantra, uma vez que o texto fala sobre o princípio dos seres da terra, o corpo, o coração etc. e continua depois, dizendo que o Gaiatry Mantra tem quatro pés e se manifesta em seis partes. Assim, somente pelo mantra que não faz referência ao Absoluto Brahmâm seria impossível dizer que os seres são os seus pés. Por outro lado, se não se refere a Ele o verso "Tão grande é a sua glória", não teria lógica, pois claramente descreve o Absoluto Brahmâm em Sua própria natureza. De outro modo, não se poderia representar o Gaiatry Mantra como o Ser, como é dito: "Um dos Seus pés são todos os seres, os outros três são o que é imortal no céu".

No hino do Rig Vêda, denominado *Purusha Sûkta*, encontra-se o Rik mantra, referindo-se ao Absoluto Brahmâm.

283 TINOCO, 2021, verso IV, 3,8.

284 GAMBHIRANANDA, 1983, p. 96.

285 MARTÍN, 2001, p. 99.

NOTA DE CARLOS ALBERTO TINOCO

O *Purusha Sûkta é o hino citado a* seguir:

O Purusha Sukta (Hino do Homem)

Rig Vêda X. 90

Mil cabeças tem *Purusha*, mil olhos, mil pés.
Por toda parte impregnando a terra ele enche um
espaço com
dez dedos de largura.

Esse *Purusha* é tudo que até agora já foi e tudo que será,
o senhor da imortalidade que se torna maior ainda
pelo alimento.
Tão poderosa é sua grandeza! Sim, maior do que isto
é *Purusha*.
Todas as criaturas são urra quarta parte dele, três quartas
partes são a vida eterna no céu.

Com três quartos *Purusha* subiu; um quarto
dele novamente
estava aqui.
Daí saiu para todos os lados por sobre o que come e o que
não come.

Dele nasceu *Viraj* (a); e novamente de *Viraj* nas-
ceu *Purusha*.
Assim que nasceu, espalhou-se para oriente e oci-
dente sobre
a terra.

Quando os deuses prepararam o Sacrifício com
Purusha como
sua oferenda,
Seu óleo foi a primavera; a dádiva santa foi o
outono; o verão
foi a madeira.

Eles embalsamaram como vitima sobre a grama o *Purusha*
nascido no tempo mais antigo.
Com ele as deidades e todos os *Sadhyas* e *Rishis* (b) fizeram
sacrifício.

Desse grande Sacrifício geral a gordura que gotejava
foi colhida.
Ele formou as criaturas do ar, os animais selvagens e
domesticados.

Daquele grande Sacrifício geral *Rics* (c) e hinos-*Sama*
(d) nasceram;
Daí foram produzidos encantamentos e sortilégios;
os *Yajus* (e)
surgiram disso.

Dele nasceram os cavalos e todo o gado com duas
fileiras de
dentes;
Dele se reuniu o gado vacum, dele nasceram cabras
e ovelhas.

Quando dividiram *Purusha,* quantos pedaços fizeram?
A que chamam sua boca, seus braços? A que chamam suas
coxas e pés?

O *brâhmane* (f) foi sua boca, de ambos os seus braços
foi feito o
Rajanya (*kshátyia*).
Suas coxas tornaram-se o *váichya,* de seus pés o *shudra* foi
produzido.

A Lua foi engendrada de sua mente, e de seu olho o
Sol nasceu;
Indra e *Agni* nasceram de sua boca, e *Vayu* de seu alento.
De seu umbigo veio a atmosfera; o céu foi mode-
lado de sua
cabeça;
A terra de seus pés, e de suas orelhas as regiões. Assim eles
formaram os mundos.

Sete bastões de luta tinha ele, três vezes sete camadas de
combustível foram preparadas,
Quando os deuses, oferecendo o sacrifício, manietaram
sua vítima, *Purusha.*

Os deuses, sacrificando, sacrificaram a vítima;
estes foram os

primeiros sacramentos.
Os poderosos chegaram às alturas do céu, lá onde os *Sadhjas*,
deuses antigos, estão morando.

NOTAS:

a. Contrapartida feminina do princípio masculino, *Purusha*;

b. Santos e profetas de tempos antigos;

c. Estrofes do Rig Vêda;

d. Estrofe do *Sâma Vêda*;

e. Fórmulas rituais do *Yajur Vêda*;

f. As quatro classes sociais.

As escrituras também O apresentam como a natureza, na seguinte frase: "Mas que necessidade há de que conheças esta magnitude, Arjuna? O que hás de saber é que com uma pequena parte do meu Ser estou mantendo a criação inteira"[286]. A nossa interpretação nos permite tomar o sentido primário das palavras: "Verdadeiramente, é o Absoluto".[287] Isso permite compreender que a palavra "Absoluto" não se refere mais que a Ele. Ou seja, ainda mais, na frase: "Estes são os cinco seres humanos de Brahmâm"[288]. Isso é apropriado, se consideramos o Gaiatry Mantra como o Absoluto Brahmâm, na frase anterior, referido ao mantra, pois, de outro modo, *não teria relação com o tema anterior. Daí que se considere o Absoluto Brahmâ*m como o tema principal do primeiro texto e a conclusão é que o Absoluto e a mente, por sua relação com o céu, referem-se ao Sutra a seguir sobre a luz.

Sutra 27: se argument*ássemos* que aqui não se faz referência a Brahmâm (do texto prévio), a causa da diferença na instrução, dizemos: *não, porque não existe contradição em ambos os casos*[289].

---

[286] MARTÍN, 2009, p. 191, verso X, 42.

[287] TINOCO, 2021, verso III, 12, 7.

[288] TINOCO, 2021, verso III, 13, 6.

[289] GAMBHIRANANDA, 1983, p. 97.

Sutra 27: se diz que o Absoluto da passagem do Gaiatry não se reconhece como a "luz", pela diferença específica, dizemos que não, porque não há contradição nele[290].

Deve-se submeter à crítica a frase prévia: "Três dos seus pés são o Imortal, estão no céu"[291], que designa o *céu como morada*, enquanto na última frase, "Aquela luz que brilha por cima deste céu", o céu é limitado. Ao se determinar isso de maneira diferente, não se pode reconhecer que o tema do primeiro seja o do último. *Nós observamos que, em qualquer* das determinações, nada se opõe ao reconhecimento, pois na linguagem normal, se um falcão está na copa de uma árvore, diz-se que está na árvore e em cima da árvore. Também se pode dizer que o Absoluto Brahmâm está no céu e o transcende. Foi dito que, exatamente igual, em linguagem normal, um falcão que não esteja em contato com a copa de uma árvore, não apenas se diz que estava mais além da copa da árvore, mas também se pode dizer que o Absoluto Brahmâm, que, em realidade, transcende ao céu, também está nele. Portanto, pode-se reconhecer na última frase sobre o Absoluto do qual se fala no primeiro. Para concluir, podemos dizer que a palavra "luz" designa o Brahmân Supremo.

TEMA 11: PRATARDANA

Sutra 28: Prana é Brahmâm, porque assim se o compreende[292].

Sutra 28: a Vida (Prana) é o Absoluto, deduz-se dos textos que se referem a Ele[293].

Dúvida: na Kaushitaki Brâhmana Upanishad, fala-se da história de Indra e Pratardana, que começa assim: "O muito conhecido Pratardana, filho de Divodasa, foi ao palácio amado de Indra através da guerra e da valentia" (Kau. Up. III, 1). Nessa frase, pode-se ler: "Eu (o deus Indra) sou a Vida, o Ser inteligente (*pragnâtman*), medita em mim como a Vida e a imortalidade" (Kau. Up. III, 2). Mais adiante: "Só a Vida, o ser inteligente, depois de adquirir um corpo, se levantou" (Kau. Up. III, 3), "Não permitas ao Ser humano descobrir o que a linguagem é, permita que conheça ao

[290] MARTÍN, 2001, p. 99.

[291] TINOCO, 2021, verso III, 12, 6.

[292] GAMBHIRANANDA, 1983, p. 98.

[293] MARTÍN, 2001, p. 100.

que fala" (Kau. Up.III, 8) e finalmente: "Essa Vida é, verdadeiramente, o ser inteligente, feliz, imperecível, imortal".

Aqui, apresenta-se uma dúvida: se a palavra Vida (*Prana*) significa apenas o alento vital, o ar transformado e o ser de alguma divindade e o ser individual ou se significa o Absoluto. Mas o primeiro o sutra (I, 1, 23) indicou já que a palavra *Prana* se refere ao Absoluto Brahmâm e tem as suas características como: "bem-aventurado", "imperecível", "imortal", por que aparece a mesma dívida?

A nossa resposta é a seguinte: porque se tem observado vários tipos de sinais no contexto anterior e *não apenas* os que aparecem no Absoluto Brahmâm, mas também que apontam para outros seres. Então, as palavras de Indra, "Somente conhece-me a mim" (Kau. Up. III, 1), indicam o Ser de uma divindade e as palavras "depois de deitar o corpo faz com que ele se levante" assinalam o alento vital (Kau. Up., III, 3). Já as palavras "Permite que descubra o que fala" apontam para a alma individual. Há, portanto, motivo para a dúvida.

Caso o oponente mantenha que o termo "Vida" (*Prana*) se refira aqui *às* modificações do ar, como a respiração, nós podemos afirmar, porém, que se deve tomar a palavra Vida pelo Absoluto Brahmâm. Por qu*ê*? Por ser o significado deduzido dos textos, porque, se examinamos toda a relação da parte que trata da Vida, podemos observar que todos os textos podem ser interpretados unitariamente se entende-se que se referem ao Absoluto. No início da lenda sobre Pratardana, quando Indra permite escolher um desejo, cita o bem supremo do ser humano, que elege como desejo, com as seguintes palavras: "Elege, por mim, o desejo que te pareça mais benéfico para os humanos". Se é dito que a Vida é o melhor para o Ser humano, que outra coisa poderia ser, a não ser o Ser Supremo? Pois, *à* parte de conhecer o Ser, o ser humano não pode obter o que é o melhor para ele, como se trata em passagens das escrituras que o dizem. Por exemplo, comparem a frase: "Alguém que O conhece ultrapassa a morte; não há outro caminho para a Suprema Meta"[294] e "Aquele que me conhece não terá danos em sua vida por seus atos, nem por roubo, nem por assassinato dos seus pais, nem por aborto" (Kau. Up., III, 1). Isso apenas faz sentido se o Absoluto Brahmâm for objeto de conhecimento, porque, quando se conhece o Absoluto Brahmâm, todas as ações e os seus efeitos cessam completamente, como sabemos pelas escrituras, como a frase: "Os grilhões do coração são quebrados,

---

[294] TINOCO, 1996, p. 201, verso III, 8.

todas as dúvidas são removidas, e todo esforço cessa de produzir frutos, quando Ele é contemplado, Ele que é elevado e baixo".[295] Além disso, só podem identificar a Vida com o Ser inteligente, caso se trate do Absoluto Brahmâm. O ar não é inteligente, pelo que se vê claramente que *não é esse* Ser. As características citadas no texto anterior, como feliz, imperecível, imortal, se tomadas no seu sentido total, não podem harmonizar mais que com o Absoluto Brahmâm. Também existem as frases: "A boa ação não eleva, nem a má ação diminui, pois Ele faz que uns façam boas ações dirigindo-as por cima desses mundos (bons) e da mesma maneira fazem descer para fazer as más a os pertencem a esses mundos (maus)" e "Ele é quem os dirige a todos, o protetor dos mundos, o Senhor deles" (Kau. Up., III, 18).

Somente podemos entender isso corretamente se é o Absoluto Brahmâm a quem se está se referindo. Por ele, a palavra Prana*,* a Vida, refere-se ao Absoluto.

Sutra 29: se arguíssemos que o Prana não é Brahmâm, já que a instrução concerne ao ser do falante (então diremos que não), pois aqui há uma profusão de referências ao Ser mais interno[296].

Sutra 29: se há dito que não se refere ao Absoluto a alusão à Vida, porque se está referindo ao que fala, dizemos que não, porque se está fazendo multitudes de referências ao Ser interno[297].

Assim disse o adversário: a afirmação, segundo a qual o Prana (Vida) é o Absoluto Brahmâm, não é aceitável porque a fala se refere a si mesmo. Assim, aquele que fala é um ser poderoso que se chama Indra, que disse no princípio para Pratardana: "Conhece-me somente a mim" e, depois, "Eu sou a vida, o Ser inteligente". Como pode ser ele a Vida, se conhecemos a escritura em que o Absoluto Brahmâm *não pode considerar* o que fala? Comparemos, por exemplo, a frase: "[...] sem órgão da palavra nem mente [...]"[298]. Mais adiante, o que fala Indra, glorifica a si mesmo, enumerando um número de atributos que depende da existência pessoal e, de nenhum modo, pode pertencer ao Absoluto Brahmâm. "Eu matei o filho de Tvastâ de três cabeças e enviei aos ascetas, aos lobos" (Kau. Up., III, 1). A Indra se pode chamar de "a Vida" pela força que tem. Diz a escritura que a energia da Vida e Indra se conhece por deus da energia. Diante de qualquer ato de

[295] TINOCO, 1996, p. 201, verso II, 2,8.

[296] GAMBHIRANANDA, 1983, p. 100.

[297] MARTÍN, 2001, p. 101.

[298] MARTÍN, 2002, p. 285, verso III, 8,8.

força, as pessoas dizem: "*É obra de Indra*". *Ao ser* pessoal de uma divindade, pode-se o chamar, porém um ser inteligente, pois as pessoas dizem que os deuses possuem o conhecimento sem limites. Foi estabelecido que algumas passagens informam sobre do ser pessoal de alguma deidade e outros também fazem referências ao melhor para o ser humano. Por isso, a Vida não diz respeito ao Absoluto Brahmâm.

Há uma objeção do adepto do Vedanta: n*ós devemos rechaçar* essa objeção, uma vez que neste capítulo se pode encontrar uma multiplicidade de referências ao Ser interno. A frase: "Todo o tempo em que a Vida habita neste corpo é o tempo em que este corpo terá vida" afirma que somente a Vida *é o Ser interno inteligente, e não qualquer divindade externa,* tem o poder de dar e permitir a vida. A passagem dos textos que falam dos alentos vitais como assentados na existência da Vida demonstra que se referem ao Ser como a Vida (*Prana*) e como a morada dos órgãos sensoriais.

NOTA DE CARLOS ALBERTO TINOCO

Existem dez tipos de pranas, sendo cinco principais e cinco secundários, que são os seguintes:

1. Principais:

a. Prana propriamente dito: cor vermelho sangue ou rubi, estando localizado no coração. Conduz a energia vital para dentro do corpo, principalmente pela inspiração;

b. Apana: cor amarela (como a cólera de Indra) e está localizado no umbigo, região genital e o abdômen. Conduz a energia vital para fora do corpo, principalmente pela expiração;

c. Samana: responde pela assimilação dos nutrientes orgânicos e está localizado no aparelho digestivo;

d. Udana: localizado principalmente na garganta. É responsável pelos atos de falar e arrotar;

e. Vyana: por meio do trabalho dos pulmões e do coração, faz circular a força vital. Está localizado em todo o corpo

2. Secundários:

a. Naga: responsável pelo vômito e pelo ato de arrotar;

b. Kurma: responsável pelo abrir e fechar das pálpebras;

c. Krikara: responde pelo ato de sentir fome;

d. Devadata: responde pelo ato de bocejar e pelo desejo de dormir;

e. Dhananjaya: responde pelos processos de desintegração e decomposição dos organismos mortos.

O texto tem o mesmo sentido. A Vida é o ser inteligente, o único que, tendo assumido um corpo, elevou-se, e a frase: "Não permitamos que o ser humano tente descobrir o que seja a linguagem". Como no caso do carro, a circunferência da roda está fixada aos raios e, por sua vez, os raios no eixo. Assim, esses objetos estão todos devidamente ajustados aos sentidos e os sentidos à Vida (Prana). Há a frase: "E este ser da vida é Consciência (Prana), que é feliz, indestrutível e imortal" (Kau. Up., III, 8).

Os presentes textos apresentam a esse Ser interno como se fosse o ponto de contato entre os sentidos e os objetos externos. E conclui que deveria conhecer-lhe: "Ele é o meu Ser". Essa frase se justifica somente se refere-se ao Ser interno e não a qualquer existência exterior. Em outra frase das escrituras, é afirmado o seguinte: "O Ser, o que é consciente de todas as coisas, é o Absoluto". Assim, chaga-se *à* seguinte conclusão: levando em conta essa quantidade de referências ao Ser interno, o capítulo diz respeito ao Absoluto Brahmâm e não ao ser de qualquer divindade. Nesse caso, como se pode explicar que aquele que fala — Indra — refere-se a si mesmo?

Sutra 30: mas a instrução procede da visão de um iluminado que concorda com as escrituras como no caso de Vamadeva[299].

Sutra 30: a instrução (de Indra que ele é uno com o Absoluto) está confirmada pela visão das escrituras, como no caso de Vâmadeva[300].

Indra, um ser divino, o qual, através da visão de um vidente (natural), que concordava com as escrituras, havia tomado consciência do seu Ser como o Ser Supremo e disse: "Sou, seguramente, o Brahmâm Supremo". Então, transmitiu a instrução: "Conhece-me unicamente a Mim" (Kau. Up., III, 1).

[299] GAMBHIRANANDA, 1983, p. 102.

[300] MARTÍN, 2001, p. 102.

Com uma visão assim, o sábio Vamadeva alcançou o conhecimento que se expressa pelas palavras: "Eu era Manu[301] e o sol. (*Surya*)"[302]. De acordo com as Upanishads: "Qualquer um entre os deuses que o conhecera também se convertia Naquele".[303] Na afirmação feita antes, Indra, após dizer "Conhece unicamente a Mim", glorifica-se rememorando a morte do filho de Tvastâ e atos semelhantes de força.

Assim respondeu o adepto do Vedanta: portanto, baseando-se no fato de que Indra, o falante, fala de si mesmo, nega-se, primeiramente, que o Prana pode ser o Absoluto Brahmâm. Então, a refutação disso pode ser notada na frase: "pois aqui há uma profusão de referências ao Ser mais interno". A frase "Todo o tempo que a Vida habite neste corpo é o tempo que terá vida este corpo" afirma que somente a Vida é o ser interno inteligente, e não qualquer divindade externa, tem o poder de dar e permitir a vida. Na passagem do texto que trata dos alentos vitais como assentados na existência da Vida, *é* indicado que se referem ao Ser como sendo a Vida (Prana) e como a morada dos órgãos sensoriais.

O texto tem o mesmo sentido. A Vida é o ser inteligente, ou seja, o único que tomando um corpo, elevou-se, na frase: "Não permitamos que o ser humano pretenda descobrir o que seja a linguagem". Como no caso do carro, a circunferência da roda está fixa nos raios e estes, nos eixos, do mesmo modo esses objetos estão ajustados aos sentidos e estes, à Vida (Prana). "E este ser da vida é a Consciência (Prana), que é feliz, indestrutível, imortal" (Kau. Up., III, 8). Os textos citados apresentam a esse Ser interno, como se fosse o ponto de contato entre os sentidos e os objetos. Conclui-se que deveria conhec*ê*-lo, "Ele é o meu Ser". Isso se justifica apenas no que se refere ao Ser interno e não a qualquer existência exterior. Em outra frase, pode-se ler que "Este Ser é o Absoluto todo poderoso" (Br. Up., II, 5, 19). Chegou-se a essa conclusão, levando-se em conta essa quantidade de referências ao Ser Interno, o cap*í*tulo se refere ao Absoluto Brahmâm e não ao ser de qualquer divindade. Então, como é possível explicar que a fala (Indra) se refere a ele mesmo?

Sutra 30: mas a instrução procede da visão de um iluminado que concorda com as escrituras, como no caso de Vamadeva[304].

301

302 MARTÍN, 2002, p. 99, verso I, 4, 10.

303 MARTÍN, 2002, p. 99, verso I, 4, 10.

304 GAMBHIRANANDA, 1983, p. 102.

Sutra 30: a instrução (de Indra sobre que ele é uno com o Absoluto) está confirmada pela visão das escrituras, como no caso de Vamadeva[305].

Indra, um ser divino, o qual, através da visão de um vidente (natural), que concordava com as escrituras, havia tomado consciência do seu Ser como o Ser supremo, disse: "Conhece unicamente a Mim". Com uma visão assim, o sábio Vamadeva, vendo esse Ser como aquele Absoluto, alcançou o conhecimento que pode ser expresso com as palavras: "Eu sou Manu[306] e o Sol (*Surya*)".[307] De acordo com a declaração das Upanishads: "Qualquer ser divino que despertasse para essa verdade se converteria Naquele". Essa afirmação foi feita antes e Indra, depois de afirmar: "Conhece unicamente a Mim", glorifica-se rememorando a morte do filha de Tvastâ e atos semelhantes de força.

Nós o explicamos assim: refere-se a essa morte, mas não pretende glorificar a Indra como objeto de conhecimento, pois foi assim o sentido dessa frase: "Ao ser eu o que faz tais atos, adora a Mim". De quem se fala aqui, se não do conhecimento do Ser Supremo? Por isso, após referir-se a essa morte, no parágrafo seguinte, exalta-se o conhecimento. Tvastâ se inclui primeiro e depois se relacionam, louvando o conhecimento, na forma: "Mesmo se envolvendo em tais ações, nem um cabelo foi perdido; já que o que me conhece no é danificado por nenhuma ação na sua vida" (Kau. Up., III, 1). Como é elogiado no texto citado o conhecimento? A resposta seria: porque significa que não está danificado nenhum só cabelo meu, mesmo se praticar atos cruéis, porque sou uno com o Absoluto Brahmâm e o mesmo acontece com a pessoa que me conhece. O objeto de conhecimento não é outro, senão o Absoluto, o que se explica na frase: "Eu sou a Vida, o ser inteligente". Portanto, todo o capítulo se refere ao Absoluto Brahmân.

Sutra 31: se argumentássemos que aqui não se fala de Brahmâm, por haver indicado a alma individual e a força vital principal, isso não pode ser posto que conduziria a uma meditação tripla (ademais, a Prana), se o aceita (em outro lugar) como significando a Brahmâm (a causa da presença das características de Brahmâm), as quais se tem posto em relevo[308].

---

305 MARTÍN, 2001, p. 102.

306 *Manu*, significa "o humano" e se personifica na tradição como o símbolo do homem ante Deus. Sua virtude principal é a capacidade de pensar (*manas*). Fala-se nas escrituras tradicionais hindus de Manu como o grande legislador, o que deu as primeiras leis aos seres humanos. Nota de rodapé de Consuelo Martín, na sua tradução do Brahma Sutra, p. 103.

MARTÍN, 2002, p. 99, verso I, 4, 10.

307 MARTÍN, 2002, p. 99, verso I, 4, 10

308 GAMBHIRANANDA, 1983, p. 103.

Sutra 31: tem-se dito que não é o Absoluto (ao qual se refere o texto) pelas características do ser individual (e da energia vital). Nós dizemos que não, porque essa interpretação conduz a uma meditação tripla. Há de se aceitar que, quando se fala da vida (Prâna), isso significa o Absoluto (Brahmâm), porque existem as características Dele. Aqui, isso é evidente[309].

Assim disse o spositor: mesmo que, no capítulo sobre a Vida, haja muitas referências ao Ser interno, pelo que foi dito, *não ensina sobre uma divindade exterior, porém negamos que se refira ao Absoluto Brahmâm*. Por quê? Porque, por um lado, menciona características de um ser individual e, por outro, a energia vital, de acordo com a frase "Não permitas que nenhum homem descubra a linguagem, permita-o que conheça sobre o que fala", menciona-se uma característica do ser individual que usa e regula os diferentes órgãos de ação, como a linguagem. Entretanto, há a frase: "Mas, apenas a Vida (Prana) o Ser inteligente toma posse do corpo e o faz levantar-se" (Kau. Up., II, 3). Aqui, se refere à energia vital, *já que seu atributo* principal *é fazer com que o corpo se levante*. Também se pode ler em Pr.Up.II,3, em relação *à* linguagem e a outras energias vitais: "O Prana, a energia primordial que comanda todos eles, interferiu dizendo: 'Não vos enganeis. Apenas eu, ao me dividir cinco vezes, mantenho o corpo unido e o sustento'".[310] Pode-se ler nessa frase "este" (usado no masculino, ao invés do neutro).

A explicação é: tendo se apossado de um corpo, o ser individual, a Vida e os agregados fazem levantar-se esse corpo. Também se deve considerar o ser individual e a energia vital como ao Ser consciente, pois a natureza do primeiro é inteligente e a segunda, mesmo sendo inteligente em si, é a morada de energias, como os órgãos sensoriais que são instrumentos da inteligência. Por outro lado, considera-se que o ser individual e a Vida podem ser nomeados ao serem de duas maneiras iguais pelo que coincidem ou diferentes, segundo as características individuais. Mencionam-as nas seguintes frases: "O que é a Vida (Prana) é inteligencia e o que é inteligencia, é Vida" (Kau. Up., III, 3) e "Do mesmo modo em que vivem juntos no corpo, também o abandonam ao mesmo tempo". Se a Vida pode ser considerada como o Absoluto, o que poderia ser diferente? Por esses motivos, a Vida não pode ser o Absoluto, senão o ser individual, a energia vital ou ambas.

Assim respondeu o adepto do Vedanta: nós consideramos todos esses argumentos, errôneos, "tendo em conta as três partes da meditação devo-

[309] MARTÍN, 2001, p. 103.

[310] TINOCO, 1996, p. 182, verso II, 3.

cional (bhakti)". Implicaria isso que se considera a meditação individual de três tipos diferentes, sobre o ser individual, sobre a energia vital e sobre o Absoluto Brahmâm.

Entretanto, não é correto aceitar que uma só frase prescreve essas três classes de meditações devocionais e que todos as passagens sobre a Vida constituem, de fato, uma só unidade, aparecendo desde o início, o que logo se conclui. Em princípio, temos a frase "Conhece unicamente a Mim", em seguida, "Eu sou a Vida, o ser inteligente, medita em mim como a Vida, a imortalidade" e, finalmente, temos "Desde logo essa Vida é o Ser consciente, feliz, imperecível, imortal". O início e o final parecem semelhantes e, portanto, deve-se deduzir que se referem ao mesmo tema. Nem deveria se dizer que o sinal característico do Absoluto Brahmâm pode julgar alguém mais, pois os dez objetos e os dez poderes subjetivos[311] não podem permanecer nada mais que no Absoluto Brahmâm. Por sua vez, a Vida tem que referir-se a Ele, porque assim se tem aceitado em outros textos, nos quais os sinais característicos do Absoluto Brahmâm se mencionam com a palavra "Vida" tomada nesse sentido.

Outro motivo pelo qual aceitamos que o texto que tratamos se refere ao Absoluto Brahmâm é que, nele, vê-se a conexão com as características próprias do Absoluto com relação ao que é melhor para o ser humano. A afirmação de que a frase "Havendo tomado um corpo, o faz levantar-se" tem como característica a energia vital é falsa. Levando-se em conta que a função da energia vital descansa, em última instância, no Absoluto Brahmâm, também se pode incluir nele. Por ele, as escrituras dizem: "Nenhum mortal vive pela inspiração e a expiração do sopro vital. Vivemos por Aquele em que os dois repousam" (Ka. Up., III, 5, 5)[312]. Nem na frase: "Não permitamos que nenhuma pessoa descubra a linguagem, deixemos que conheça o que falam" (Kau. Up., III, 8), ao evidenciar que a Vida está nomeando o Absoluto Brahmâm, mesmo que se apresente um sinal do ser individual. Isso porque o que se conhece como ser individual não é diferente do Absoluto Brahmâm, como indicam as frases "Isto és Tu"[313] e "[...] Eu sou o Absoluto".[314] De fato,

[311] Refere-se aos cinco elementos como objetos gerais de sensação com suas cinco características e os cinco sentidos, movidos por cinco órgãos sensoriais. Nota de rodapé de Consuelo Martín, na sua tradução do Brahma Sutra, p. 105.

[312] Referência errada. Não existe o verso II, 5, 5 na Katha Upanishad.

[313] TINOCO, 2021, verso VI, 8, 16.

[314] MARTÍN, 2002, p. 99, verso I, 4, 10.

o ser individual é o Absoluto Brahmâm e é o ator ou o experimentador, a causa das distinções que criaram as limitações adicionadas pela mente.

Não há contradição, portanto, ao se dizer: "Não permitamos que as pessoas descubram o que é a linguagem, deixemos que descubram sobre o que falam". Deixando de um lado os fatores condicionantes que o limitam, tem como meta dirigir a mente em direção ao Ser interno para comprovar que o ser individual é como o Absoluto Brahmâm, pois é a sua verdadeira natureza. Dizer o contrário *não faz sentido. Em outro texto upanishádico, pode*-se ler: "Aquilo que não pode ser expresso com palavras mas pelo qual a lingua fala – sabei que é Brahmâm. O ser que é adorado neste mundo pelas pessoas, não é Brahmâm".[315,316]

Outra objeção era que a diferença entre a Vida (Prana) e a inteligência (Prajña) se encontra na frase: "Eles habitam juntos neste corpo e o abandonam ao mesmo tempo" e não está de acordo com a interpretação de que a Vida é o Absoluto Brahmâm. Ela *não é válida*, porque a mente e a energia vital, que são as bases da consciência e da ação, por sua vez, constituem os condicionamentos limitativos do Ser, pelo que se pode nomear como diferentes dele. Por sua vez, o Ser que está limitado por tais suposições, intrinsecamente, *é diferenciado. Portanto, podem ser identificados ambos os conceitos*, como se faz na frase: "A Vida (Prana) é a consciência (Prajña)".

A segunda parte do sutra também se explica do seguinte modo: no capítulo cujo tema é o Absoluto Brahmâm, não se descartam os sinais característicos do ser individual, nem os da energia vital. Por que isso *é* assim? Pelas três partes da meditação devocional. Trata-se de três tipos de meditação sobre o Absoluto Brahmâm. Uma visão outra sobre a consciência e uma terceira em Ele mesmo. As frases: "Medita em Mim como a Vida, como a imortalidade, a vida é Vida" (Kau. Up., III, 3), "Mantendo este corpo, o levanta" e "Deixa que se venere a Ele *só como Uktha*"[317] se referem ao aspecto da Vida.

O texto que serve de introdução, "Expliquemos agora, como todas se unificam pela Consciência (Prajña)", e os que que seguem, "O *órgão* vocal se leva uma parte, a palavra é o seu objeto exterior" (Kau. Up., III, 5), "Havendo tomado posse do órgão vocal, a mente consegue nomear tudo"

---

315 O texto ao qual se refere Shankara é Kena Upanishad, I, 5.

316 TINOCO, 1996, p. 144, verso I, 5.

317 *Uktha* é o que dá vida ao corpo, segundo o hino de adoração do *Rig Vêda.* Na Kau. Up. Se identifica com o Absoluto pela sua relação com *Prâna,* a Vida. Nota de rodapé de Consuelo Martín, na sua tradução do Brahma Sutra, p. 106.

(Kau. Up., III, 5), referem-se ao intelecto. O Absoluto Brahmâm se nomeia pela seguinte frase:

> Estes dez objetos e as suas qualidades experimentáveis dependem dos dez sentidos e das suas percepções. Se não houvesse sujeitos, não haver*á objetos*. Isto porque são interdependentes. Sem eles, não há formas (rûpa), aparências possíveis. Do mesmo modo que em um carro a circunferência da roda está fixa aos raios e os raios ao carro, assim, os objetos estão unidos aos sujeitos e estes, *à* Vida. Sem dúvida, esta última é Inteligência. (Kau. Up., III, 8).

Por essa razão, a meditação no Absoluto Brahmâm se apresenta de três modos, segundo se observa nas suas condições limitativas em Ele mesmo. Em outros, encontramos também que a meditação devocional sobre o Absoluto Brahmâm depende das qualidades limitativas, por exemplo: "Aquele que está constituído pela mente, cujo corpo é a Vida"[318]. Existe uma unidade de propósito desde o princípio até o final do texto, apesar de que se encontrem as características da Vida, da consciência e do Absoluto Brahmâm. A conclusão é que o tema do qual trata o capítulo é o Absoluto Brahmâm.

[318] TINOCO, 2021, verso III, 14, 2.

CAPÍTULO IV

SEGUNDO *PÂDA*

Introdução

No primeiro *pada*, foi mostrado que o Absoluto Brahmâm é a causa original, a existência e a reabsorção do mundo inteiro, incluindo-se o espaço e os demais elementos. Foi afirmado certas qualidades como imanência, eternidade, onisciência, onipotência que correspondem por ser o Ser de tudo. Tem-se dado razões para ver que, mesmo que se algumas palavras se usam geralmente em diferentes sentidos, também se referem ao Absoluto Brahmâm. Outros que contém obscuras indicações do Absoluto Brahmâ estabelecem a questão de si e referem-se ao Ser Supremo ou a outro. Por isso, iniciamos o segundo e terceiro *pada* concretizando esses pontos duvidosos.

A ESSÊNCIA DA MENTE É O ABSOLUTO

TEMA 1: A IDENTIDADE CONHECIDA POR TODAS AS PARTES

Sutra 1: Brahmân é o objeto no qual meditar, pois o que se conhece muito bem por todas as partes é ensinado aqui em Ch. Upanishad (III, 14, 1-2)[319].

Sutra 1: aquele do que está feita a mente é o Absoluto, porque é conhecido em todo lugar (como causa do Universo)[320].

Na Upanishad, declara-se que "Tudo isso é apenas Brahmâm, porque se origina dali e se submerge, por fim, ali. Sabendo disso, uma pessoa deve meditar para atingir a serenidade da mente". Um ser humano é o resultado das suas decisões, de acordo com as suas determinações neste mundo, assim também quando deixa esta vida. Portanto, dever-se-ia tomar esta decisão: "Para ele que está identificado com a mente, o seu corpo sutil é a

319 GAMBHIRANANDA, 1983, p. 108.

320 MARTÍN, 2001, p. 107.

Vida (Prana) e a sua natureza, é a inteligência, a luz"[321]. Diante disso, aparece uma dúvida: "A alma encarnada que possui tais características, como a identificação com a mente, é isso do qual se fala aqui, para a meditação ou é o Absoluto Brahmân? Qual é a conclusão?".

O adversário diz: deve ser o ser encarnado. Por quê? Porque o ser encarnado, o que controla os órgãos da ação, como se sabe, está em conexão com a mente, enquanto o Ser Supremo não está, como está dito em várias frases das escrituras, como "Ele é o autoluminoso Purusha, sem forma, incriado. Ele é vazio de Prana, vazio de mente, puro, tão imperecível quanto o Imperecível Brahmâm"[322]. Pode-se objetar com a frase: "Na verdade, tudo isso é o Absoluto". Aqui, é apresentado como a sua manifestação (*nama* e *rupa* – nome e forma). Como se pode pensar que o objeto de meditação, seja a forma ou nome, do ser encarnado?

Essa objeção não é correta, nem adequada, porque aqui não se está meditando no Ser Absoluto, e, sim, tratando de aquietar a mente, segundo o que é citado anteriormente, na frase: "Se deve meditar para alcançar a serenidade da mente"[323]. Tudo o que existe não é, senão, o Absoluto, todos os efeitos oriundos Dele existem Nele e submergem Nele. Como não é possível o apego, já que todas as coisas são o mesmo, devemos meditar para alcançar à serenidade. Essa frase está encaminhada à experiência da serenidade da mente e não pode induzir ao mesmo tempo a que se medite no Absoluto Brahmâm.

É aconselhável a meditação na seguinte frase: "deveria tomar esta resolução". Aqui, a palavra *kratu* significa resolução, mas é o mesmo que decidir meditação. E outra frase assinalada antes, "Aquele que está identificado com a sua mente, tem como corpo sutil, a energia vital", está apontando que o objeto de meditação é o ser individual. Portanto, sustentamos que, na meditação à qual nos referimos, trata-se do ser individual. Os demais atributos que são adicionados ao texto, "a quem pertencem todos os atos e todos os desejos", certamente se referem ao ser individual. Os atributos de "O que está no coração e é exato", mencionado na frase, "É o meu ser, dentro do coração, menor que um grão de arroz ou cevada"[324], pode referir-se ao

[321] TINOCO, 2021, verso II, 24, 1,2.

[322] TINOCO, 1996, p. 198, verso II, 1, 2.

[323] TINOCO, 2021, verso III, 14, 1-2.

[324] TINOCO, 2021, verso III, 4,3, 2021.

ser individual, que é dual e tem a dimensão da ponta de uma agulha, mas não ao Absoluto.

NOTA DE CARLOS ALBERTO TINOCO

É muito frequente nas Upanishads principais a ideia de que o Atman se encontra no coração das criaturas, como: "o ser interno, menor que o menor, maior que o maior, está oculto no coração das criaturas"[325].

Aqui, apresenta-se a objeção de que na frase "Maior que a terra" não pode se referir a algo limitado, nós diremos que o menor e o maior, que estão em oposição, não se referem a mesma coisa e que, sem um atributo, referem-se apenas ao objeto na frase da pequenês é preferível, porque se menciona antes, e a grandeza que aparece mais adiante poderia atribuir-se ao ser enquanto for uno com o Absoluto Brahmâm.

Se, por acaso, é determinado que toda a frase se refere ao ser individual também se pode dizer que a afirmação do Absoluto Brahmâm, na frase: "Este é o Absoluto"[326], refere-se ao ser também, pois está diretamente relacionado *à* temática geral. Por essa razão, aqui se está tratando do ser individual como objeto de meditação e se aponta pelas qualidades da mente.

Sobre isso, assim diz o adepto do Vedanta: diante de tudo isso, diremos: deve-se meditar no Absoluto Brahmâm, o qual possui atributos como a mente. Por quê? Porque é razoável pensar que a causa do universo, ou seja, o Absoluto Brahmâm, conhecido pelas Upanishads e declarado pela frase: "Tudo isto não é mais que o Absoluto", desde o início, mostre-se na referida frase, mesmo que se distinga com qualidades, como a mente e outras. Na interpretação anterior, comete-se o engano de discutir a temática, introduzindo outro assunto estranho a Ele.

Assim disse o opositor: então, diremos que o Absoluto Brahmâm se apresenta desde o princípio para vivenciar a serenidade e não por si mesmo?

Assim disse o adepto do Vedanta: em relação a isso, diremos que, apesar de que o Absoluto Brahmâm se apresenta junto *à* demanda de serenidade, ao pensar nessas qualidade da mente, o mais próximo a elas é o Absoluto Brahmâm, enquanto o ser individual não está próximo, nem está indicado por um sinônimo. Aqui, reside a diferença.

[325] TINOCO, 1996, cap. 3, verso 20.

[326] TINOCO, 2021, verso III, 14, 1.

Sutra 2: isso se deduz do fato de que as qualidades propostas são justificáveis (no caso de Brahmân)[327].

Sutra 2: e porque as qualidades que se querem expressar são possíveis unicamente no Absoluto. Por isso, a passagem se refere a Ele[328].

Mesmo nos Vêdas, que não têm autores, ao haver quem fale, não pode haver intensão. Inclusive, as frases que implicam uma intencionalidade podem ser usadas no sentido figurado, tendo em conta o resultado, ou seja, o entendimento e a compreensão. Já que, em linguagem normal, falamos de algo que está sempre associado a uma palavra e aquele que o escuta o recebe nesse sentido intencional. Ainda nos Vêdas, tudo aquilo que denota um sentido de intensão se apresenta para que seja aceito, o que tem esse desejo resulta inaceitável. O que se deve compreender como o significado em uma frase dos Vêdas e o que não é se deduz da intensão geral na frase.

Aquelas qualidades que aqui se desejariam foram expressas, as que se experimentam durante a meditação, como tendo objetivos verdadeiros e firmes, podem proceder do Absoluto Brahmâm, pois são atributos do Ser Supremo que tem poder ilimitado sobre a sua criação, a existência e reabsorção deste mundo. A frase "ter propósitos verdadeiros e desejos verdadeiros" está relacionada ao Ser Supremo, por meio de frases como estas: "O Ser que está livre do erro"[329] e "Aquele cujo ser é o espaço",[330] já que se pode dizer que o Absoluto Brahmâm é como se fosse o espaço, pela sua onipresença. Também pode ser expresso pelas frases: "Maior que a terra"[331] e "Aquele cujo Ser é o espaço". É possível, por isso, aceitar-se o Absoluto Brahmâm como a causa de tudo, porque é o ser de tudo, inclusive do espaço. Portanto, pode-se chamá-lo de "Aquele a quem pertence todas as ações". As qualidades individuais para se poder meditar são as mesmas do Absoluto Brahmâm.

Tem-se argumentado que, "identificado com a mente e tendo as forças vitais como se fossem o corpo", são marcas indicativas de que se trata de um ser individual e não podem ser aplicadas ao Absoluto Ser de todos, a mente que pertence ao ser individual igualmente pertence ao Absoluto Brahmâm. Sobre esse tema, os textos védicos e aqueles da Tradição dizem

327 GAMBHIRANANDA, 1983, p. 111.

328 MARTÍN, 2001, p. 109.

329 TINOCO, 2021, verso VIII, 7,1.

330 TINOCO, 2021, verso III, 14, 2.

331 TINOCO, 2021, verso III 14, 3.

sobre o Absoluto Brahmâm: "Tú és mulher; Tú és homem; Tú és também juventude e virgindade. Tú és o ancião trôpego, apoiado no Teu cajado. Tudo isso, na medida em que nascem és Tú que recebes diferentes formas"[332], "Suas mãos e seus pés estão em todos os lugares; Seus ouvidos são todas as coisas. Ele existe abrangendo tudo"[333], "Aqueles cujas mão e pés estão em todas as partes, cujos olhos e bocas se encontram em todos os lugares, habita em todas as criaturas e a todas envolve" (Bh. Gi., XIII, 13)[334] e "Ele é o auto luminoso Purusha, sem forma, incriado. Ele vazio de Prana, vazio de mente, puro, tão imperecível quanto o Imperecível Brahmâm"[335], que fala do Absoluto Brahmâm incondicionado, enquanto ele, que se apresenta aqui: "identificado com a mente e a energia vital", refere-se às qualidades do Absoluto Brahmâm. Como tais qualidades podem ser do Absoluto Bramâm, concluímos que o que se apresenta como objeto de meditação é o Absoluto Brahmâm.

Sutra 3: e a alma individual encarnada não é, seguramente, a que quer dizer, já que as qualidades não encaixam com essa[336].

Sutra 3: por outra parte, não é o ser individual a quem se refere o texto, porque não são essas qualidades apropriadas a ele[337].

O aforismo anterior falou da idoneidade das qualidades atribuídas ao Absoluto Brahmâm. Este menciona que não se pode aplicar à alma encarnada. Somente o Absoluto Brahmâm possui, como já foi dito, qualidades que expressam como a mente e não o ser individual, porque as qualidades que expressam as frases "Aqueles cujos propósitos são verdadeiros, cujo ser é o espaço", "sem linguagem nem apegos" e "maior que a terra" não são próprias do ser individual. A expressão "encarnado" (*sârîrâ*) significa que existe em um corpo.

O opositor faz a seguinte objeção: não *existe também Deus no corpo?*

É verdade, responde o adepto do Vedanta, mas não só no corpo, já que as estruturas falam que é onipenetrante como o ar, "maior que a terra, maior que a atmosfera, onipresente como o ar". Porém, o ser individual está unicamente no corpo e fora dele, não existe.

---

332 TINOCO, 1996, p. 304, verso IV, 3.

333 TINOCO, 1996, p. 303, verso III, 16.

334 MARTÍN, 2009, p. 231, verso XII.

335 TINOCO, 1996, p. 198, verso II, 1, 2.

336 GAMBHIRANANDA, 1983, p. 113.

337 MARTÍN, 2001, p. 110.

Sutra 4: e porque se faz referência ao objeto e ao sujeito[338].

Sutra 4: e porque há uma referência ao objeto e ao sujeito (como o Absoluto e como o ser individual)[339].

Os atributos, por exemplo, estar identificado com a mente, podem pertencer ao ser individual, porque denotam um sujeito e um objeto, aquele que atua e o que sofre a ação. Na frase: "Partindo daqui, alcança este"[340], o pronome que se refere ao Ser no qual se deve meditar é o objeto, enquanto aquele que medita, ou seja, o ator, é aquele que diz: "lhe obterei". Não é sensato considerar como a mesma entidade o objeto e o sujeito. Os seres humanos que meditam e aqueles no quais meditam devem ser bastante diferentes. Os atributos que os identificam com a mente, não podem se referir ao ser individual.

Sutra 5: devido à diferença das desinências nas duas palavras[341].

Sutra 5: a causa da diferença das palavras (que estão nos distintos casos)[342].

Aquele que possui tais características, como a identidade com a mente, deve ser diferente do ser encarnado por essa razão ulterior que, em outra escritura *védica*, ocorre, em um contexto[343] similar, uma diferença nas desinências do caso das palavras: "Como um grão de mostarda é muito pequeno, assim o é o Purusha refulgente (ou seja: A Entidade consciente, onipenetrante) dentro da alma individual) (*antaratman).*" (S.Br., IV, 2,3). Nesse caso, a palavra Purusha usada no singular, no caso nominativo, quer dizer o Ser dotado de qualidades de estar identificado com a mente e assim sucessivamente. Essa palavra *é distinta do termo antaratman*[344] que se usa com a terminação do sétimo caso e se refere à alma encarnada. Portanto: sua diferença se faz óbvia (assim como o que está identificado com a mente *não é alma individual).*

Sutra 6: esse segue do Smriti também[345].

---

338 GAMBHIRANANDA, 1983, p. 113.

339 MARTÍN, 2001, p. 111.

340 TINOCO, 2021, verso III, 14, 4.

341 GAMBHIRANANDA, 1983, p. 114.

342 MARTÍN, 2001, p. 111.

343 Onde se dá a mesma meditação (nota de rodapé de Swami Gambhirananda, na sua tradução do Brahma Sutra, p. 114).

344 Cujo significado é: *antaratmani*, dentro da alma encarnada, eliminar a terminação do sétimo caso em uma licença védica (nota de rodapé de Swami Gambhirananda, na sua tradução do Brahma Sutra, p. 114).

345 GAMBHIRANANDA, 1983, p. 114.

Sutra 6: e pela tradição[346].

A alma encarnada e o Ser Supremo se mostram como distintas na tradição. Como na frase: "Deus habita no coração de todas as criaturas, Arjuna, e o seu poder de criar ilusão (mâyâ) as arrasta como se tivessem em uma roda mecânica"[347].

O opositor pergunta: quem é essa entidade chamada o ser encarnado, diferente do Ser Supremo, de acordo com os sutras anteriores? Há frases *védicas* que negam expressamente que exista um ser separado do Ser Supremo. Por exemplo: "Não existe nenhum outro testemunho senão Ele"[348] e "Descendente da dinastia Bhârata, se dê conta de que Sou 'o conhecedor do campo' em todos os campos. O conhecer o campo e o conhecedor do campo é para minha sabedoria".[349]

O adepto do Vedanta diz: na verdade, só existe o Ser. Mas quando Ele está limitado pelos agregados do corpo, os sentidos e a mente, o ignorante se considera um ser individual. É o mesmo caso que a aparência do espaço individual, quando o espaço limitado se encontra limitado por vasos ou outros recipientes. Antes de haver compreendido a unidade do Ser, que se expressa pela frase "Este és tu"[350], não é ilógico falar das diferenças que existem entre sujeito e objeto. Mas, uma vez que a unidade do ser se há aceitado, terminam todas as diferenças empíricas que implicam nos conceitos de amarras do mundo e da Libertação Espiritual.

Sutra 7: se objeta-se que aqui não se ensina o Ser Supremo, a causa da pequenez da morada e por fazer alusão a esse como algo sutil, constatamos que não é assim, pois isso se faz pelo bem da contemplação, segundo se vê no caso do espaço[351].

Sutra 7: se diz que a passagem não se refere ao Absoluto, tendo em conta a pequenez da morada (mencionada antes) e suas implicações (diremos) que não são assim, porque o Absoluto é a causa da contemplação e porque é um caso similar ao do espaço[352].

346 MARTÍN, 2001, p. 111.

347 MARTÍN, 2009, p. 312, verso XVIII, 61.

348 MARTÍN, 2002, p. 282, verso III, 7, 23.

349 MARTÍN, 2002, p. 212, verso XIII, 2.

350 TINOCO, 2021, verso VI,8,7.

351 GAMBHIRANANDA, 1983, p. 115.

352 MARTÍN, 2001, p. 112.

Levando-se em consideração a limitação da sua morada que é mencionada, na frase "Ele é o meu ser que está no interior do coração"[353], e a afirmação da sua pequenez, na frase: "É menor que um grão de cevada [...]", na mesma frase, somente se falaria sobre o ser individual, que é do tamanho da ponta de um furador, e não do Ser Supremo (Sv. Up., V, 8). Essa crítica deve ser refutada e a ela contestaremos do seguinte modo: *não há erro aqui. Mesmo se for impossível,* de qualquer maneira, que se olhe e se diga que algo é onipenetrante, quando está especialmente limitado, mas que está em toda parte, pode-se dizer também que ocupa um espaço limitado, do mesmo modo que o príncipe que governa Ayodhyâ pode ser o mesmo que governa toda a terra.

Assim pergunta o opositor: mas em que podemos nos basear para afirmar que Deus onipresente ocupa um lugar limitado e é pequeno?

Diz o adepto do Vedanta: poderíamos dizer que isso é assim, porque se deve contemplar assim. Na passagem da qual tratamos, ensina-se como deve contemplar-se a Deus, que habita no Chakra do coração (Anâhata), o qual se caracteriza como pequeno. Essa característica é possível pela modificação que adiciona à mente, igual ao que se contempla ao Senhor (Hari) na pedra sagrada (sâlagrâm). Apesar de estar presente em tudo, um certo estado do intelecto é adequado (segundo a instrução das Upanishads) para se adorar a Deus como Aquele que mora no coração. Isso pode ser compreendido como uma alegoria com o espaço. Dele, diz-se que é limitado e pequeno, apesar de tudo o penetrar, se nos referimos ao espaço que existe no furo de uma agulha. O mesmo ocorre com o Absoluto Brahmâm. Por essa razão, esse assunto deve ser compreendido, levando-se em conta que se trata de formas especiais de meditação, e não do Absoluto Brahmâm em si mesmo.

A última dúvida que aparece é a seguinte: se o Absoluto Brahmâm tem a sua morada no coração e esta é diferente em cada corpo, poder-se-ia deduzir que estaria afetado pelas limitações que afetam aos seres com diferentes moradas. Assim como os diferentes papagaios que estão em diferentes gaiolas sofrem os defeitos de serem numerosos, limitados de corpo e portanto, impermanentes, o Absoluto Brahmâm estaria afetado, também, por tais defeitos.

[353] TINOCO, 2021, verso III, 14, 3.

Sutra 8: se objetara-se que Deus está sujeito à experiência (de felicidade e dor como resultado da unidade), dizemos que não é assim, pois existe uma diferença[354].

Sutra 8: se diz que o Absoluto experimenta o prazer e a dor ao ser uno com o ser individual, respondemos que não é assim, já que a natureza (de cada um) é diferente[355].

Assim diz o adversário: posto que o Absoluto Brahmâm está conectado aos corações de todos os seres, em virtude da sua onipresença, como espaço, e visto que não é diferente da alma encarnada, devido à sua natureza de Consciência, poder-se-ia chegar à conclusão de que Brahm*âm* experimenta a felicidade e a dor, como os demais. E deve ser assim a causa da unidade, pois, além do mais, do Ser Supremo não existe alma alguma que reencarne, de acordo a frase: "Não existe nenhuma outra testemunha senão Ele"[356] e, em outras frases similares, o Ser Supremo estaria sujeito à experiência relativa das várias existências.

O adepto do Vedanta diz: é que *há uma diferença nas naturezas. Mesmo se o Absoluto Brahmâ*m estivesse unido aos corações de todos os seres, não se deve deduzir daí que esteja sujeito *à experiência do ser encarnado, porque entre um e outro existe a seguinte diferença: o ser encarnado atua, experimenta, adquire mérito e culpa* que lhe afeta o prazer e a dor, enquanto o Absoluto Brahmâm possui uma natureza oposta, está livre do mal e dos demais sentimentos. A causa dessa diferença entre os dois é que um tem experiências e outro não. Ter em conta isso só pela proximidade dos dois, sem levar em conta seus diferentes poderes, entre os quais existe uma conexão sem efeitos, seria o mesmo que supor que o espaço está no fogo e queima por estar em contato com o fogo. A mesma objeção pode ser aplicada àqueles que ensinam a existência de mais de um ser onipresente.

Com relação à afirmação: n*ão pode haver outros seres além do Absoluto Brahmâ*m, porque não é dual e deve estar sujeito à experiência, já que o ser individual não está, respondemos: como um sábio, como o opositor, pode estar seguro de que não há outro ser? E ele contesta: Pelos textos das escrituras, como "Tu *és isto", "Eu sou o Absoluto", "Não há outro conhecedor, senão Ele".*

354 GAMBHIRANANDA, 1983, p. 116-117.

355 MARTÍN, 2001, p. 113.

356 MARTÍN, 2002, p. 282, verso III, 7, 23.

Sobre isso, diz o adepto do Vedanta: a verdade sobre os temas aqui tratados nas escrituras nos leva a apelar a elas às vezes e outras vezes a não tomá-las em conta. As frases, como "Tu és isto", mostram que o Absoluto Brahmâm está livre de todo o mal, que é o Ser do ser encarnado e, assim, desvanece-se a opinião de que está sujeito à experiência. Como poderia o Absoluto Brahmâm envolver-se nas experiências do ser encarnado? Ao contrário, no caso em que o estudante não tenha compreendido a unidade do ser encarnado e o Absoluto Brahmâm, a experiência de felicidade e sofrimento são o resultado da ignorância do Ser. E o Absoluto Brahmâm é a realidade Suprema, que não pode ser tocado por ela. O espaço que não se torna azul, porque os ignorantes creem que é assim. Por essa razão, o sutra diz que que tem diferentes naturezas. Apesar da unidade, a experimentação por parte do ser não implica que o Absoluto Brahmâm experimente também, porque existe uma diferença.

Há diferença entre o falso conhecimento e conhecimento verdadeiro, a experiência cria o falso conhecimento, enquanto a unidade se revela pelo conhecimento verdadeiro. Como a substância revelada pelo verdadeiro conhecimento não pode ser afetada pelo experimentar que pertence ao falso conhecimento, é impossível ver nem uma sombra de experiência, de felicidade ou sofrimento em Deus.

TEMA 2: O DEVORADOR

O QUE COME É O ABSOLUTO

Sutra 9: o devorador é Deus, devido ao fato que se apodera de tudo o que é móvel e imóvel[357].

Sutra 9: ele que come é o Absoluto, pois o que se move e o que é imóvel, o manifestado e o imanifestado são a sua comida[358].

Pode-se ler na Katha Upanishad a seguinte frase: "Quem, então, sabe onde Ele está – Ele, para quem os poderosos brâhmanes e kshátryas são simples comida e a própria morte é um condimento?"[359]. Essa frase sugere pelas palavras "alimento e condimento" que há alguém que come. Com

[357] GAMBHIRANANDA, 1983, p. 118.

[358] MARTÍN, 2001, p. 114.

[359] TINOCO, 1996, p. 164, verso I, 2, 25.

isso, surge a dúvida de se aquele que come é o fogo, o ser individual ou o Ser Supremo. Não se distinguem bem essas entidades nas perguntas que o menino Naciketas faz à morte (Yama). Qual seria, aqui, a conclusão?[360]

O opositor diz: aquele que come é o fogo. Por quê? Porque ao fogo se conhece no uso habitual da palavra e nas escrituras, na frase: "O fogo é o que devora o alimento"[361]. Mas não pode ser o Ser Supremo, porque, mais adiante, diz: "O outro observa comer". O que come não pode ser o Absoluto Brahmâm. Por quê?

Diz o adepto do Vedanta: aquele que come é o Ser Supremo. Isso porque se menciona o móvel e o imóvel. Todas as coisas se consideram a comida, tanto as que se movem como as que são imóveis. E a morte é o condimento. Ninguém, exceto o Ser Supremo, pode consumir as coisas em totalidade. Portanto, pode-se dizer Dele que tudo devora, todos os agregados se dissolvem Nele mesmo.

Aqui, surge uma objeção: as coisas móveis e imóveis aqui referidas são coisas concretas, não podem ser consideradas como totalidade.

Sobre isso, diz o adepto do Vedanta: isso não é problema, primeiramente porque foi observado que o conjunto de todos os seres viventes é afetado, já que a morte é o condimento. Segundo, porque os brâhmanes e os kshátryas, pela sua posição na sociedade, estão sugerindo aqui a todos os seres.[362]

Sobre esse argumento, pode-se dizer: o Ser Supremo não pode ser aquele que come, tendo em conta a frase assinalada: "o outro observa se comer". Pode-se dizer que essa frase nos conduz a negar o fruto da ação. Mas isso não significa que se negue a reabsorção de todas as coisas no Absoluto Brahmâm (simbolizado pelo comer), já que todos os textos do Vedanta confirmam que o Absoluto Brahmâm é a causa da criação, subsistência e reabsorção (do universo manifestado). Portanto, aquele que come só pode ser o Absoluto Brahâmam.

Sutra 10: e isso se deduz do contexto[363].

Sutra 10: e porque o Absoluto é o tema do que se trata[364].

---

360 A Katha Upanishad contém um diálogo entre o menino Naciketas e o deus da morte, Yama. É uma das Upanishads mais populares, tanto na Índia como em todo o mundo. Nota de Carlos Alberto Tinoco.

361 MARTÍN, 2002, verso III, 1,1 (verso não encontrado).

362 De acordo com "O Código de Manu" (DONINGER; SMITH, 1991, p. 6-7), o Supremo criou quatro castas: "a) [...] da Sua boca, criou os sacerdotes (brâhamanes);b) dos seus braços criou os reis, ministros, funcionários públicos, militares (kshátryas); c) das Suas coxas criou os comerciantes, industriais etc (vaishiyas), d) e dos Seus pés criou os serventes (Shudras). Na Índia, pessoas nascidas de relações incestuosas entre pessoas de castas diferentes, não pertencem à sociedade, são os Párias, Harijans, Intocáveis". Nota de Carlos Alberto Tinoco.

363 GAMBHIRANANDA, 1983, p. 120.

364 MARTÍN, 2001, p. 115.

TEMA 3: OS DOIS NA CAVIDADE DO CORAÇÃO

OS QUE ENTRARAM NA GRUTA DO CORAÇÃO

Sutra 11: os dois que entraram na cavidade (do coração) são o ser individual e o Ser Supremo, pois isso é o que se constata (em outros textos)[365].

Sutra 11: os dois que entraram na gruta do coração são o ser individual e o Ser supremo, porque assim se viu[366].

Na Katha Upanishad, há a frase: "Os conhecedores de Brahmâm descrevem ambos como luz. É algo semelhante às oblações do ritual dos Cinco Fogos, ou àqueles que realizam por três vezes, o Ritual Naciketas"[367]. Aqui, surge uma dúvida: é o intelecto superior (buddhi), o Ser individual ou o Ser Supremo o que foi mencionado aqui? Se é o intelecto e o ser, é diferente do corpo e dos órgãos, dentre os quais o intelecto domina. Espera-se uma resposta diante da questão que é levantada na frase: "Disse Naciketa: 'Quando uma pessoa morre, há uma dúvida. Alguns dizem que ele anda existe, outros dizem que nada mais resta do morto. Meu terceiro pedido é saber a verdade sobre esta questão'"[368]. Se essa frase se refere ao ser individual e ao Ser Supremo, então, esse é diferente do ser individual. Pelo que foi exposto até aqui, somos conduzidos à pergunta contida na Katha Upanishad, que é a seguinte: "Naciketas: 'Ó Yama, o que sabeis existir além do certo e do errado, além da causa e do efeito, além do passado, do presente e do futuro?'"[369]

Em relação a isso, diz o adversário: nenhuma dessas duas alternativas é possível. Por quê? Pelo fato de que os que bebem e, de acordo com a frase anterior, experimentam o fruto das suas ações no mundo e isso nada mais se pode aplicar ao ser individual e não ao inanimado intelecto. Por se tratar de uma forma dual, não pode se aplicar aos dois, ou seja, ao ser e ao intelecto e muito menos ao ser e ao Ser Supremo, uma vez que esse não bebe, de acordo com a frase: "Como dois inseparáveis companheiros, dois pássaros de plumagem dourada estão empoleirados numa árvore. O primeiro representa o ser individual (ego) e o segundo, representa o Eu

365 GAMBHIRANANDA, 1983, p. 120.

366 MARTÍN, 2001, p. 115.

367 TINOCO, 1996, p. 164, verso I, 3, 1.

368 TINOCO, 1996, p. 158, verso I, 1, 20.

369 TINOCO, 1996, p. 162, verso I, 2, 14.

imortal (Atman). O primeiro, prova as frutas doces e amargas da árvore e o outro, apenas observa atentamente".[370]

Com relação a isso, o adversário diz: nenhuma dessas duas alternativas é possível. O mesmo que em frases, como: "Os homens com o guarda-chuva, caminham", ou seja, um indivíduo que tem guarda-chuva, como o rei que pertence ao grupo daqueles que levam os guarda-chuvas, da mesma maneira aqui se fala dos que bebem e um deles é aquele que faz, realmente. Pode-se explicar a frase dizendo que apenas o ser individual bebe e se diz que Deus bebe, porque faz ao ser. Também podemos assumir que os dois sejam o intelecto e o ser individual, falando do instrumento como agente. É uma figura de linguagem, como na frase: "O combustível faz a comida", mesmo se permite que outro o faça.

Nesse contexto, entende-se como "a gruta" ao corpo, seria o intelecto e o ser individual os que entrariam ali ou o ser e o Ser Supremo? Qual seria a resposta a essa pergunta?

Sobre isso, diz o adversário: deve ser o intelecto e a alma individual. Por quê? Porque existe a frase: "entrou pela cavidade". Apesar de que a palavra cavidade signifique o corpo ou o coração, em ambos os casos, é lógico que o intelecto e a alma individual tenham entrado na cavidade. Por outro lado, se é possível dar uma explicação alternativa, não é justo imaginar alguma localização particular para o Absoluto Brahmâm onipresente. Além disso, a frase "O resultado do próprio trabalho no corpo" indica a não transcendência dos limites dos resultados do trabalho. O Ser Supremo não está aprisionado dentro dos limites do mérito e do demérito, apontado pela frase "A eterna glória de quem conhece o Absoluto é que não cresce nem diminui com as suas obras".[371] Por outro lado, as palavras "sombra e luz" se referem àquele que é inteligente e ao que não é inteligente, que são opostos como a sobra e a luz. Por essa razão, pode-se concluir afirmando que se trata do intelecto e do ser individual.

Assim diz o adepto do Vedanta: nessa frase, o ser individual, identificado com o intelecto, e o Ser Supremo, ao ser inteligente, são da mesma natureza. Foi observado que, na vida corrente, sempre que se faz referência a um número, entende-se que diz respeito a seres da mesma classe. Quando alguém diz que vem o segundo (companheiro de um touro), todo mundo pensa que se trata de outro touro e não, de um cavalo ou um homem. Por

---

370 TINOCO, 1996, p. 201-202, verso III,1,1.

371 MARTÍN, 2002, p. 406, verso IV, 4, 23.

esta razão, aqui, quando se fala do fruto dos atos, devemos pensar que se refere ao Ser individual e, ao se falar do segundo, será do Ser Supremo, que é inteligente e, portanto, da mesma natureza que o ser individual.

Diz o opositor: por isso, não foi dito anteriormente que não pode interpretar-se que se trata do Ser Supremo, tendo-se em conta o texto da "gruta"?

Assim disse o adepto do Vedanta: tanto a revelação como a tradição comentam do Ser Supremo como estando localizado em uma gruta. Sobre isso, pode-se ler nas frases: "O sábio que conhece ao que está no espaço supremo escondido dentro da gruta do coração"[372], "O homem sábio, através da concentração da sua mente no Ser Interno, realiza essa antiga aspiração humana, a fulgente Unidade difícil de ser vista, imanifesta, oculta, residindo em buddhi e repousando no corpo; aqueles que atingem essa condição, permnecem indiferentes a dor e ao prazer"[373] e "Busca o Ser que entrou na gruta".

Não há contradição em se assinalar um local para o onipresente Absoluto Brahmâm, com o objetivo de tornar mais claro o entendimento, como foi mostrado antes. Quanto a atribuir a experiência das ações a um dos dois, ao ser individual, por exemplo, pode-se dizer que se refere aos dois, como é o caso dos homens com o guarda-chuva. Tampouco existe objeção de que o Ser de ambos se compare à luz e à sombra, porque o pertencer ou não pertencer a este mundo transmigratório é oposto, como a luz e a sombra. A causa de pertencer a este mundo é a ignorância. De fato, não se pertence a ele. Portanto, pode-se entender que os dois que entraram na gruta são o ser individual e o Ser Supremo. Assim, há outra razão para afirmar isso:

Sutra 12: porque existe uma especificação[374].

Sutra 12: e pelas características diferentes (já mencionadas)[375].

As características citadas no texto da Upanishad somente correspondem ao ser individual e ao Ser Supremo. Na frase posterior, pode-se ler: "Conhece ao teu ser como aquele que dirige o carro e ao corpo como o carro mesmo. Conhece ao intelecto como a auriga e a mente concreta como as rédeas" (Kau. Up., I,3,3). Aqui, está representado o ser individual como o que conduz por meio de muitas existências até a Libertação final.

---

372 TINOCO, 1996, p. 227.

373 TINOCO, 1996, p. 162, verso I, 2, 12.

374 GAMBHIRANANDA, 1983, p. 123.

375 MARTÍN, 2001, p. 117.

Enquanto na frase "O homem que tem discriminação por seu 'condutor da carruagem', segurando as rédeas da mente com mãos firmes, encontra o final da estrada. Esta é a Suprema posição do Vishnu"[376] representa o Ser Supremo como a meta do condutor. Também na frase anterior, diz-se que "A pessoa inteligente que medita em seu Ser, reconhece ao Ser Divino temporal que habita ali, na inteligência, em meio ao sofrimento, e que parece inacessível porque é difícil de ver".[377] Trata-se sempre do Ser Supremo. A frase "Os conhecedores de Brahmâm descreve ambos (o ser individual e o Atman), como luz"[378] indica uma classe de pessoas que só se justifica por falarem do Ser Supremo. Portanto, é evidente que a frase da qual tratamos se refere ao Ser individual e ao Ser Supremo. O mesmo raciocínio pode ser usado nas frases:

> Como dois inseparáveis companheiros, dois pássaros de plumagens douradas estão empoleirados numa árvore. O primeiro representa o eu individual (ego) e o segundo representa o Eu imortal (Atman). O primeiro prova as frutas doces e amargas da árvore e o outro, apenas observa atentamente[379]

> Dois pássaros sempre unidos e conhecidos pelo mesmo nome, juntos estão empoleirados na mesma árvore. Um deles come os frutos doces; o outro apenas observa sem nada nada comer[380]

Referem-se também ao Ser e, por isso, não se deve entender que se fala de dois pássaros normais. Levando-se em conta as características de ambos de comer — mencionadas em "Um dos dois toma os frutos de diferentes sabores"[381], que se refere ao ser individual, a característica de abster-se de comer e a outra característica da consciência que se percebe em: "O outro observa sem comer" —, pode-se concluir que se trata do Ser Supremo. Em outra frase posterior, os dois pássaros se distinguem como aquele que vê e aquele que é visto. Assim: "Empoleirado na mesma árvore, o Atman lamenta, confundido com o Eu individual, permanecendo impotente. Mas, quando o eu individual percebe o Atman, o Senhor adorado por todos em sua glória, então Ele torna-se livre da aflição".[382]

---

376 TINOCO, 1996, p. 165, verso I, 3, 9.

377 TINOCO, 1996, p. 162, verso I, 2, 12.

378 TINOCO, 1996, p. 164, verso I, 3, 1.

379 TINOCO, 1996, verso III, 1,1.

380 TINOCO, 1996, verso IV, 6.

381 TINOCO, 1996, verso IV, 6.

382 TINOCO, 1996, verso III, 2. 1.

Outras pessoas comentam isso de diferentes modos. A frase referente aos dois pássaros (Mu. Up., III, 1,1) não está de acordo com a conclusão a que se chegou nesse tema, porque é interpretado diferentemente do que está no livro intitulado *Paingi-ra- hasya-Brâhamana.* A expressão "Dos dois, um come o fruto de diferentes sabores" se refere a *sattva,* "e o outro observa sem comer" significa *jña* (o que conhece), que é a testemunha. Desse modo, *sattva* e o *ksetrajña* (o que conhece o campo do corpo) têm o significado de órgão interno e de ser individual e a palavra *ksetrajña,* o Ser Supremo, ou seja, o Absoluto Brahmâm. Essa interpretação estaria equivocada. *Sattva* é o que vê os sonhos e a testemunha encarnada é o *ksetrajña.*

Assim disse o adepto do Vedanta: sem dúvida, não se pode dizer que isso se oponha ao tema presente, pois o Ser encarnado, chamado *ksetrajña,* não é apresentado a esse (no *Paingi-Brahmâna*) como dotado de qualidades mundanas, como a de agente e daquele que desfruta (goza).

Então, como se apresenta?

Apresenta-se livre de todas as qualidades mundanas e idêntico no que se refere à natureza do Absoluto Brahmân, com a consciência pura, de acordo com a frase: "O outro observa sem comer", que quer dizer: "O conhecedor observa como testemunha sem participar". É o que pode ser demonstrado com as frases védicas, como as seguintes: "Este és Tu"[383] e "Descendente da dinastia Bhārata, se dê conta de que sou 'o conhecedor do campo' em todos os campos. O conhecer o campo e o conhecedor do campo é para mim, a sabedoria".[384] Com essa explicação, fica clara a conclusão da frase à qual se refere o texto: "Esses são *sattva* e *Ksetrajña.* A ignorância não possui efeito na pessoa que conhece isso". Apenas se justifica se se aceita que, ao falar do ser individual, na verdade, fala-se do Absoluto Brahmâm.

O opositor diz: desse ponto de vista, como se pode considerar que a mente inconsciente experimenta, ao dizer: "Um dos dois come o fruto de distintos sabores", ou seja, o *sattva* (o órgão interno, composto de mente e sentidos).

A resposta do adepto do Vedanta é que os textos védicos não começam dizendo que tratarão do experimentador, do inconsciente. E qual é a ideia? Falar do Ser individual consciente que não é o que experimenta, senão o Absoluto Brahmâm, pois é da sua mesma natureza. Com tal fim, atribui-se à mente metaforicamente a experimentação, já que ela é o sujeito das

383 TINOCO, 2021, verso VI, 8, 7.

384 MARTÍN, 2009, p. 212, verso XIII, 2.

sensações mundanas, como o prazer e a dor. Por não discernir entre as distintas naturezas do ser individual e a mente, considera-se a mente como agente e experimentador. Mas, na verdade, não é possível que seja assim, pois a mente não é inconsciente por si mesma e o ser não sofre nenhuma mudança. Por isso, há um texto védico que diz: "Porque quando parece que há dualidade, então se vê algo, se cheira algo, se saboreia algo"[385]. Aceitá-la como ator (a mente) é um sintoma de ignorância, que pode comparar-se com assumir a existência de uns elefantes vistos em sonhos. No texto "Mas, quando todas as coisas não são senão o Ser, que outro se poderia ver e através de que?"[386], refere-se à pessoa com discernimento para a qual toda experimentação se desvanece.

TEMA 4: A PESSOA E O OLHO

O QUE ESTÁ DENTRO DO OLHO É O ABSOLUTO

Sutra 13: o Uno interno é Deus, pois isso é lógico[387].

Sutra 13: o que está dentro do olho é o Absoluto, porque as características são as adequadas a Ele[388].

Pode-se ler na Chandogya Upanishads a seguinte frase: "O Espírito *(Purusha)* que pode ser visto no olho é o Absoluto Brahmâm. E assim, se verte no olho, a manteiga clarificada ou água que escorre pelas pestanas".[389] Agora, aparece aqui uma dúvida, ou seja, se essa frase se refere ao Ser que se reflete no olho ou ao ser individual que pode ser identificado com a visão, com a inteligência. Portanto, é válido indagar: não será algum ser divino quem dirige o olho? Ou será Deus? Qual deveria ser a conclusão?

Sobre isso, diz o adversário: é um ser nebuloso, uma reflexão de alguma pessoa (no olho); pois se sabe que isso é um objeto de percepção muito conhecido e porque se ensina como algo familiar, na frase: "O Ser que se vê no olho". Ou esse poderia ser, apropriadamente, uma instrução sobre a alma identificada com o intelecto, pois é esse ser o que se aproxima mais do olho, quando percebe a cor através dele e, nesse caso, a palavra Ser se

385 MARTÍN, 2002, p. 414, verso IV, 5, 15.

386 MARTÍN, 2002, p. 414, verso IV, 5, 15.

387 GAMBHIRANANDA, 1983, p. 126.

388 MARTÍN, 2001, p. 119.

389 TINOCO, 2021, verso IV, 15, 1.

converte no seu oposto. Aqui, deve-se reconhecer o ser no sol que ajuda ao olho, pois o texto da Upanishad afirma: "Aquele que é verdade é este sol, o espírito que está ali, na órbita solar e o espírito que está aqui no olho direito, os dois se encontram um no outro"[390]. As características de imortalidade são próprias do Ser Divino, mas esse ser não é Deus, pois está localizado em um local particular.

Assim disse o adepto do Vedanta: Deus mesmo é o Ser no olho. Por quê? Porque é aquele que harmoniza. Isso em virtude das qualidades mencionadas aqui, que são as palavras que correspondem logicamente a Deus. As características desse ser podem aplicar-se no sentido primário ao Absoluto Brahmâm, porque há uma Upanishad que diz: "Este é o Atman. Tú és Isto, Svetaketo"[391]. E a imortalidade e a carência de temor frequentemente designam-se ao Absoluto Brahmâm nas Upanishads. Da mesma maneira, o lugar do olho é apropriado para Deus.

Como Deus é intocado por qualquer imperfeição e estando livre do pecado, de acordo com as Upanishads, o olho se apresenta como um local incontaminado por qualquer mancha, de acordo com a frase: "Se nele cai a manteiga ou a água purificadas, descem até as pestanas"[392]. Especificam-se as características de "ele que distribui todas as bendições" e as frases: "Se diz que Ele, que é a meta dos resultados das ações, já que todos se originam Nele",[393] "É verdadeiramente ele que traz todo o bem"[394] e "Este é o que dirige com brilhantismo, porque é o que brilha em todos os mundos".[395] Portanto, o Uno interno que está dentro do olho é Deus.

Sutra 14: e isso segue da menção do lugar etc.[396]

Sutra 14: e porque o lugar (com nome e forma) se atribui a Ele (em outros textos)[397].

Como pode ser lógico que o Absoluto Brahmâm, sendo onipresente como o espaço, esteja localizado no olho?

Em relação a essa pergunta, pode-se dizer o seguinte: isso seria ilógico, ter-se-ia sido o único lugar indicado para o Absoluto Brahmâm. Na

390 MARTÍN, 2002, p. 437, verso V, 5, 2.

391 TINOCO, 2021, p. 374, Prapathaka 6 Khanda 12, verso 3.

392 TINOCO, 2021, verso IV, 15, 1.

393 TINOCO, 2021, verso IV, 15,2.

394 TINOCO, 2021, verso IV, 15, 3.

395 TINOCO, 2021, verso IV, 15, 4.

396 GAMBHIRANANDA, 1983, p. 127.

397 MARTÍN, 2001, p. 120.

verdade, existem outros lugares como a terra, que a seguinte frase indica para o Absoluto Brahmâm: "Aquele que mora na terra [...]"[398] e existem frases nas quais se menciona o olho, como: "Aquele que habita no olho".[399] O que a frase quer dizer, ao mencionar um lugar para o Absoluto Brahmâm, não é o único inadequado para Ele. Também o nome e a forma que se atribuem a ele, mesmo que esteja isento deles, assim: "Seu nome é ut"[400] e "Sua barba é dourada".[401] Nesses casos, se está falando sobre o Absoluto Brahmân, mesmo se por devoção, atribuem-se a ele qualidades das quais está livre. Demonstrou-se que dar um lugar definido ao Absoluto Brahmâm, apesar da Sua onipresença, ajuda na meditação e não é ilógico atribuir-lhe um lugar, como *Sâlagrâma* ("Pedra Simbólica") para Vishnu.

Sutra 15: isso é assim pela razão ulterior que o texto "O Uno que" se refere ao Uno ditoso[402].

Sutra 15: e tendo em conta a passagem que se refere ao que se caracteriza pela plenitude (o Absoluto)[403].

Por outro lado, não deveria ser argumento de debate se essa frase fala ou não sobre o Absoluto Brahmâm, na passagem da qual tratamos, porque ficou estabelecido na frase que faz referência àquele que se caracteriza pela Plenitude[404] que se fala sobre o Absoluto Brahmâm, porque Ele é o que possui essa qualidade. Na frase: "A energia vital é o Absoluto, a Plenitide é o Absoluto, o espaço é o Absoluto"[405] se aborda o mesmo sobre aquele do qual se trata aqui. Não há, portanto, discussão possível sobre isso. Deve-se chegar a essa conclusão porque é o tema que ensina a frase: "Mas o mestre te ensinará o caminho"[406].

O opositor pergunta: como se sabe que no início da frase que se fala sobre o Absoluto Brahmâm, como sendo o possuidor da felicidade?

O adepto do Vedanta diz: escutando as palavras que se dizem no ritual do fogo, assim: "A energia vital é o Absoluto, a plenitude, o espaço" e Upakosala diz: "Sei que esta energia vital é o Absoluto, mas não sei o que

398 MARTÍN, 2002, p. 279, verso III, 7, 3.

399 MARTÍN, 2002, p. 281, verso III, 7, 18.

400 TINOCO, 2021, verso I, 6, 7.

401 TINOCO, 2021, verso I, 6,6.

402 GAMBHIRANANDA, 1983, p. 128.

403 MARTÍN, 2001, p. 121.

404 TINOCO, 2021, verso IV, 15, 1-4.

405 TINOCO, 2021, verso IV, 10, 4.

406 TINOCO, 2021, verso IV, 14, 19.

seja esta plenitude ou o espaço"[407]. Esta é a resposta dos Fogos: "O que é Plenitude (*kam*) é o espaço (*kham*) e o que é espaço é plenitude"[408].

Aqui, a palavra "espaço" é usada no sentido habitual de espaço material. Por essa razão, essa palavra com o sentido de plenitude nos faz pensar que está empregando como um símbolo do Absoluto Brahmâm. A mesma coisa ocorre com a palavra "plenitude", porque *kam* somente se usa no sentido de prazer material. Caso não estivesse identificada com o espaço, significaria que a felicidade empírica é o Absoluto Brahmâm. Porém ambas as palavras determinam uma a outra, para que se entenda que o Absoluto Brahmâm é plenitude em si mesmo. Caso se use a palavra Absoluto: "A Plenitude e o espaço, são o Absoluto" (*kam, kham, Brahmâ*), usadas como adjetivos da plenitude, não seria um objeto sobre se deve qual meditar. Por essa razão, ambos adjetivos que qualificam o Absoluto Brahmâm lhes precedem na frase, para que a característica de plenitude seja o objeto de meditação e não a entidade qualifica.

No início do texto, fala-se do Absoluto Brahmâm como dotado de plenitude. Cada um dos Fogos (*Gârhapatya* e outros) relata primeiro Sua glória pessoal, concluindo com estas palavras: "Este é o nosso conhecimento, amigo, o Conhecimento do Ser"[409]. Refere-se aqui ao Absoluto Brahmâm (o Ser) do qual se falou.

Por outro lado, na sentença "O mestre te dirá o caminho", última da frase que tratamos, há a promessa de simplesmente explicar o caminho, evitando que seja iniciado outro tema. E diz, mais adiante: "O mesmo que a água que não gruda na flor de lótus, assim o ato equivocado não se gruda àquele que lhe conhece"[410]. Essas palavras estão entre o diálogo dos fogos e a informação que dá o mestre sobre o espírito que se encontra dentro do olho. Demonstra-se, assim, que se trata do Absoluto Brahmâm. Pode-se observar que a intenção do mestre é falar sobre o Absoluto Brshmâm, tema central dos ensinamentos sobre os fogos, que se representa em princípio, como situado no olho e que possui as características que são o impulso de toda a plenitude

Mostra-se que, iniciando com a luz e levando-se em conta esse tipo de entendimento do qual se falará em continuação, pode-se entender da

[407] TINOCO, 2021, verso IV, 10, 5.

[408] TINOCO, 2021, verso IV, 10, 5.

[409] TINOCO, 2021, verso IV, 14, 1.

[410] TINOCO, 2021, verso IV, 15, 3.

Upanishad, quando diz que "Aquele espírito que se vê no olho, aquele é o Ser".[411]

Sutra 16: e porque se há mencionado o curso que deve seguir quem ouviu falar do ensinamento secreto[412].

Sutra 16: inclusive pelo caminho que segue (depois da morte) aqueles que têm compreendido a verdade dos secretos ensinamentos (das quais se estão falando)[413].

Por essa razão ulterior, a Pessoa situada no olho é Deus, pois o curso que se conhece como a Senda dos Deuses segue aquele que ouviu a Upanishad, o conhecedor do Absoluto Brahmâm que recebeu o conhecimento secreto, muito conhecido no texto védico: "Aqueles que perseguem o Conhecimento, que estão em abstinência e fé, alcançam o portão do sol pelo solistício norte. Este é o supremo caminho para o qual não há retorno"[414]. Isso é conhecido pela frase: "Os que conhecem a Deus, ao Brahmâm vão e Ele, ao abandonar o corpo, seguindo a senda do fogo, da luz, do momento do dia, da quinzena da lua crescente e do solistício setentrional".[415] Esse é o caminho que foi indicado para aqueles que conhecem o espírito que está no olho, na frase: "Portanto, não importa se os presentes são oferecidos ou não nos ritos fúnebres, ele irá à luz"[416]. E, ainda, mais adiante: "Desde o sol à lua, desde a lua ao relâmpago". Alguém não humano os conduz ao Absoluto Brahmâm. Esse é o caminho dos deuses, esse é o caminho do Absoluto. Aqueles que seguem esse caminho não retornam mais à vida dos humanos.

Com essa descrição do caminho daquele que conhece o Absoluto Brahmâm, estamos seguros de que é Ele que tratamos, ao nomear ao espírito que está dentro do olho.

Sutra 17: ninguém mais pode ser a Pessoa no olho, a causa da impermanência e a impossibilidade[417].

Sutra 17: o espírito que está dentro do olho não pode ser outro que o Ser pela impermanência (do ser individual) e a impossibilidade (de aplicar suas características a outro)[418].

---

411 TINOCO, 2021, verso IV, 15, 1.

412 GAMBHIRANANDA, 1983, p. 130.

413 MARTÍN, 2001, p. 122.

414 TINOCO, 1996, p. 180, verso I, 10.

415 MARTÍN, 2009, p. 170, verso VIII, 24.

416 TINOCO, 2021, verso IV, 15, 5.

417 GAMBHIRANANDA, 1983, p. 131.

418 MARTÍN, 2001, p. 122.

Diz-se que esse espírito do olho pode ser uma sombra do Ser ou um ser divino. Mas nada disso é aceito aqui. Isso porque é transitório. Não poderia residir permanentemente no olho. Quando um ser humano está diante de um olho, vê nele a sua imagem, mas, quando se vai, já não se vê mais. E na frase está dito assim: "O Uno, o Espírito, que está no olho".[419] Indica o espírito do olho como estando próximo da mão. Isso não deve ser uma fantasia, pois aquele que medita, quando medita, põe uma pessoa próxima de si, para produzir sua imagem no olho e, então, medita sobre ela. Na frase: "Aquele será destruído com a morte do corpo"[420], mostra-se a impermanência das sombras dos seres (transitórios). Do ser individual, ao estar unido ao corpo e aos sentidos, não pode falar como se existisse somente no olho e não na totalidade.

Pela meditação, pode-se situar o Absoluto Brahmâm em diferentes locais, como o coração, de acordo com o que dizem as Upanishads. Mas segue sendo impossível que qualidades como a imortalidade sejam aplicadas a um ser identificado com a mente. De fato, o ser individual é o mesmo que o Ser Supremo, já que o ser mortal ou ter medo está superposto ao ser, por ignorância. Por essa razão, nem a imortalidade, nem o valor lhe pertencem. Nem se pode atribuir características dos melhores atributos, uma vez que são inapropriados para ele, por não ter a dignidade divina. Apesar de um ser divino estar situado no olho, de acordo com a frase: "O ser no sol jaz sobre o ser no olho direito através dos raios".[421]Porém, não se pode dizer que seja o Ser Supremo essa entidade, em virtude da sua exteriorização. Também não se pode considerar que seja imortal, uma vez que as escrituras falam da sua origem e da sua dissolução. A chamada imortalidade dos deuses significa apenas uma ampla existência. Seu nobre poder tem o seu fundamento no Absoluto Brahmâm e não Lhe pertence por natureza. "Devido o temor a Ele (Brahmâm), o vento sopra; pelo temor a Ele, o sol nasce; pelo temor a Ele, Agni, Indra e Yama (a Morte, a quinta deidade aqui referida), correm".[422]

Por tudo isso, deve-se entender que Deus é o espírito no olho. Quanto ao uso habitual da palavra "ver" (no olho), de acordo com a frase da Chandogya Upanishad, IV, 15,1, deve-se ter em conta o significado que é dado

[419] TINOCO, 2021, verso IV, 5, 1.

[420] TINOCO, 2021, verso VIII, 9,1.

[421] MARTÍN, 2002, p. 437, verso V, 5, 2. Verso extraído de Swami Gambhirananda, p. 132, verso diferente!

[422] TINOCO, 1996, p. 232-233, verso II, 3.

nas escrituras. Trata-se aqui da visão do ser humano iluminado. E todo ele se faz para induzir os seres humanos a meditar.

TEMA 5: O REGENTE INTERNO

O GUIA INTERNO É O ABSOLUTO

Sutra 18: o regente interno no contexto divino e em outros (é o Ser Supremo), pois se mencionam as características desse Ser Supremo[423].

Sutra 18: o que dirige desde dentro o âmbito divino e os demais âmbitos é o Absoluto, por suas características já mencionadas[424].

Aqui, surge uma dúvida, iniciando com a frase "Conheces Kâpya, o fio condutor e que por ele estão unidas esta vida, a próxima e todos os seres?"[425] e, ainda, esta frase "Aquele que mora na terra, mas dentro dela, a quem a terra não conhece, cujo corpo é a terra, ele que controla a terra desde dentro, é o diretor interno, teu próprio Ser Imortal"[426]. O resumo de todo o capítulo fala de um ser chamado *antaryâmin* (o guia interno), aquele que dirige os seres divinos aos mundos, os Vêdas, os rituais, as criaturas e os corpos. É duvidoso se refere-se ao Ser de alguma divindade que dirige os anjos (*devas*) ou a um yogue com poderes extraordinários, como o de se tornar sutil e, assim, sucessivamente. Ou também se é o Ser Supremo ou alguma outra entidade? Essa dúvida aparece da peculiar palavra *antaryâmin.* Ou qual é o seu verdadeiro significado aceitável, para nós?

O opositor diz, ao ser esse termo desconhecido, que deve-se supor que aquele ao qual se refere é também desconhecido, diferente daqueles que antes se mencionou. Por outro lado, também se pode dizer que não podemos supor que seja algo de caráter indefinido, porque o termo é oriundo da palavra *antaryâmin,* que não é totalmente desconhecido. Etimologicamente, refere-se a alguém que dirige desde dentro; refere-se a algum deus que dirige a terra, podemos ler na frase: "Aquele cuja morada é a terra, cujo olhar é o fogo, cuja mente é a luz". Um ser assim descrito pode ser o que dirige desde dentro a terra, habitando no interior de tudo, porque está dotado de órgãos de ação, e ao qual se pode atribuir apropriadamente a característica

[423] GAMBHIRANANDA, 1983, p. 133.

[424] MARTÍN, 2001, p. 123.

[425] MARTÍN, 2002, p. 276-277, verso III, 7, 1.

[426] MARTÍN, 2002, p. 279, verso III, 7, 3.

de dirigir. Também se pode atribuir essa característica a um yogue, que, por meio dos seus poderes extraordinários (*sidhis*), pode penetrar em todas as coisas. Não parece, é claro, referir-se ao Ser Supremo, uma vez que não possui órgãos de ação, necessários para governar.

Diz o adepto do Vedanta: o guia interno, ao qual se refere a escritura referindo-se aos deuses, deve ser o Ser Supremo, não pode ser outro. Por quê? Porque se nomeou as suas características. O Governante Universal dirige a todos os seres, incluindo-se os deuses. Esse é um atributo adequado ao Ser Supremo (o Absoluto Brahmâm), pela Sua onipotência, uma vez que é a causa de todas as coisas criadas.

O estado de Ser e a imortalidade mencionados na frase "[...] é o diretor interno, teu próprio Ser imortal"[427] são justificáveis no caso do Ser Supremo, entendido no sentido primário. Ao referir-se ao Regente interno que a deidade da terra desconhece, segundo a frase "aquele a quem a terra não conhece", mostra-se que o Regente Interno é diferente do Ser Divino, pois a deidade da terra pode conhecer a si mesma como: "sou a terra". De modo análogo, o uso das palavras "invisível" e "inaudito"[428] se adapta ao Ser Supremo, por estar desprovido de forma etc. A objeção segundo a qual o Ser Supremo pode governar por não ter o corpo e os órgão é inválida. Já que pode chegar a possuir os corpos e os órgãos, graças à presença desses últimos naquele que controla. A partir desse ponto de vista, não ingressaremos em uma regressão infinita, por dever assumir um regente separado, no caso desse regente daquele ser individual. Isso porque não há diferença entre ambos. A regressão infinita é possível apenas se subsiste uma diferença.[429]

Sutra 19: nem Pradhana, que se conhece do Smriti (Samkhya), é o Regente interno, pois (aqui) se fala de qualidades que não pertencem a Pradhana[430].

Sutra 19: o Guia Interno não é como supõe a tradição (Samkhya) a Natureza (Pradhana), já que se há assinalado características que não pertencem a essa natureza[431].

---

427 MARTÍN, 2002, p. 124, verso III, 7, 3.

428 MARTÍN, 2002, p. 282, verso, III, 7, 23 (verso não encontrado).

429 A questão do governo nasce desde o ponto de vista da diferença empírica. Na verdade: Brahmân não é diferente do indivíduo e portanto, a questão de governo não surge nem se dá lugar a uma regressão infinita. A Deus se lhe reconhece como o regente absoluto. Assumir outro regente por cima Dele, implica ignorar os Vêdas (nota de rodapé de Swami Gambhirananda, p. 134-135).

430 GAMBHIRANANDA, 1983, p. 135.

431 MARTÍN, 2001, p. 125.

Disse o opositor do Samkhya: talvez, as qualidades de um ser invisível podem adaptar-se a Pradhana (Natureza Primordial), segundo se concebe pelos textos Smriti da escola Samkhya, pois eles o postulam como algo informe. Assim, pode-se ler no Manarva Dharma Sastra (Código de Manu): "Não se lhe pode descobrir, nem conhecer, como se estivesse todo em sonho profundo" (I, 5). Também se atribui à Natureza o governar como a causa de todos os efeitos, pelo que se deve compreender que o guia interno seja ela. De fato, já foi descartado isso, mas, voltando a tomá-lo, encontramos atributos que lhe pertencem, como o de não ser visto, que foram mencionados na escritura.

Diante disso, respondeu o adepto do Vedanta: o "guia interno" não pode referir-se à natureza, porque se tem expressado características que não lhe pertencem. Apesar de se poder decidir que a natureza não se vê, não se pode dizer que vê, já que os filósofos da escola Samkhya admitem que não é consciente. Porém, a frase da escritura que diz: "Não se pode ver; é a testemunha; não se pode ouvi-Lo, é o que ouve. Não se lhe pode pensar, é o que pensa. Não se lhe pode conhecer, é o conhecedor"[432]. Tão pouco pode pertencer à natureza (*Pradhana*) sua condição de ser. E se não pode admitir que o conceito de "guia interno" se refere à natureza, porque essa não é um ser, nem vê, suponhamos que se refere a um ser individual, que é consciente e, portanto, vê, ouve, percebe e conhece. Por outro lado, é interna e, portanto, da mesma natureza do ser. Uma natureza imortal, porque pode experimentar os frutos das boas e das más ações. É um tema confirmado já o de que os atributos de não ser visto pertencem ao ser individual, porque o ator da ação de ver não pode, ao mesmo tempo, ser objeto da ação. Isso também é confirmado pela frase: "É o teu ser que está dentro de tudo [...]"[433]. Também o ser individual é capaz de dirigir internamente o complexo mundo dos órgãos de ação, ao ser ele quem experimenta. Portanto, o guia interno é o ser individual. A esse raciocínio responde o seguinte sutra:

Sutra 20: tampouco a alma que tem assumido um corpo (é o Regente Interno); pois os seguidores de ambos os textos a interpretam de maneira diferente[434].

Sutra 20: o Ser individual tampouco pode ser o "guia interno" (em Br. Up.), consideram-no diferente dele[435].

---

432 MARTÍN, 2002, p. 282, verso III, 7, 23.

433 MARTÍN, 2002, p. 262, verso III, 4, 2.

434 GAMBHIRANANDA, 1983, p. 136.

435 MARTÍN, 2001, p. 126.

A palavra "não" no Sutra tem que ser complementada com o Sutra anterior. Apesar dos atributos de ver pertencerem ao ser individual, como está limitado pelas suas superposições, o mesmo que o espaço está limitado por uma jarra, não pode viver completamente dentro da terra e nos outros seres citados, nem dirigir. Por outro lado, dizem os seguidores dos *sakhâs*, os *kanvas*: "Aquele que habita no conhecimento" e os *mâdhyandinas*: "Aquele que habita o Ser". Se tomarmos a última palavra "Ser" que se refere ao ser individual e se tomarmos a palavra "conhecimento" também, pois o ser individual é conhecimento, porém está estabelecido já que ao que é diferente do ser individual, Deus, é conhecido como o "Guia Interno".

Diz o adversário: como podem existir duas testemunhas no mesmo corpo: uma que é Deus, o Regente Interno, e a outra que é a alma que assumiu um corpo?

Diz o adepto do Vedanta: por que não é possível?

Diz o adversário: contradiz a frase da Upanishad que diz: "Não existe nenhuma outra testemunha senão Ele".[436] Nessa frase, nega-se que algum Ser, exceto o Regente Interno sob discussão aqui, pode ser a testemunha, o ouvinte, o pensador ou o conhecedor. Poderia se dizer que a frase não nega a existência de outro guia? A resposta é não, pois não é necessário que exista outro (portanto, não há necessidade de negar que existe), já que a frase não é mais especifica.

Diz o adepto do Vedanta: negamos essa objeção. A afirmação de que há diferença entre o ser encarnado e o guia interno se baseia nas suposições que são os órgãos de ação que a ignorância mostra. E não são verdadeiros. Como o Ser Interno é uno, não pode haver dois. Mas a superposição ao Uno pode ser considerada praticamente como se fossem dois, do mesmo modo que se distingue o espaço de uma jarra e o espaço universal.

Isso dá lugar àquelas frases das escrituras que apontam para a distinção entre o conhecedor e o objeto de conhecimento, com a percepção e outros meios de comprovação para o conhecimento intuitivo do manifestado, e dá lugar a essa parte das escrituras que contêm preceitos e proibições. Em relação a isso, há a seguinte frase: "Porque onde se percebe dualidade, parece que se ouve algo, se vê algo, se pensa algo, se conhece algo"[437], afirmando que todo o mundo experimentado somente existe na esfera da ignorância. Enquanto na frase: "Porque onde se percebe dualidade, parece que se cheira

[436] MARTÍN, 2002, p. 282, verso III, 7, 23.

[437] MARTÍN, 2002, p. 205, verso II, 4, 14.

algo, se vê algo [...]"[438] afirma-se que esse mundo experimental desaparece com o Verdadeiro Conhecimento. E a seguinte frase exclui toda a experiência dentro do campo da iluminação: "Quando, para o conhecedor de Brahmâm, tudo se converte no Ser, o que pode ouvir uma pessoa e mediante o que? O que pode ver, mediante o que?[439].

TEMA 6: O UNO INVISÍVEL, ETC.

Sutra 21: a entidade que possui as qualidades de ser invisível é Brahmâm, pois se fala das suas características[440].

Sutra 21: o que possui atributos como a invisibilidade (é o Absoluto), pelas características assinaladas[441].

Diz a escritura:

Há dois tipos de conhecimento que podem ser adquiridos. Eles são o Conhecimento Superior e o conhecimento inferior; O inferior é a leitura dos textos védicos (Rig, Sama;Yajur e Atharva Vêda), bem como o conhecimento da fonética, dos rituais, da gramática, da métrica, da astronomia e da etimologia. O Conhecimento Superior é aquele através do qual o Imperecível Brahmâm é atingido.[442]

Aqui, aparece uma dúvida, que é a seguinte: a origem de todos os seres dos quais se fala, caracterizados pela indivisibilidade, é a natureza, o ser individual ou Deus? Devemos compreender, diz o opositor, que a origem de todos os seres é a natureza inconsciente (*Pradhana*), porque na frase seguinte ao que se menciona apenas se fala de seres inconscientes como exemplos paralelos: "Como a aranha faz sair (a teia) e a volta a recolher, como nascem as plantas na terra, como nasce o cabelo e o pelo no homem vivo, assim tudo nasce do que existe aqui do imperecível".[443] Entretanto, pode-se objetar a isso que as pessoas e as aranhas referidas como exemplos paralelos são de natureza consciente.

---

[438] MARTÍN, 2002, p. 215, verso II, 4, 14 (verso diferente).

[439] Essa frase lembra o primeiro verso da Kena Upanishad, que diz: "Ó guru, quem comanda a mente para que ela se dirija aos seus objetivos? Quem faz o Prana pulsar com a vida? Quem faz o homem falar? Qual o poder que dirige os olhos e ou ouvidos?" (TINOCO, 1996, p. 144, verso I, 1, p. 144, 1996). Nota deste tradutor.

[440] GAMBHIRANANDA, 1983, p. 138.

[441] MARTÍN, 2001, p. 127.

[442] TINOCO, 1996, p. 195, versos I, 4-5 (verso diferente).

[443] RUBIO, Francisco. **La ciência del Brahman**. Barcelona: Editorial Trotta, 2000. verso I, 1, 7, pr. 220. (Mandukya Upanishad),

Sobre isso, diz o opositor: não é assim, pois o ser consciente como tal não é a origem, nem do que foi tecido pela aranha, nem do cabelo, senão que, como todos sabem, o corpo inconsciente da aranha, dirigido pela consciência, é a origem dos tecidos e, no caso dos seres humanos, é a mesma coisa. Na frase anterior, a hipótese da natureza não se poderia aceitar, porque, apesar de algumas características mencionadas, como a do invisível, concordam com ele, outras, como "a do ser que vê", não. Aqui, só se mencionam as características que são semelhantes à natureza e não são mencionadas as de características opostas. Deve-se levar em conta que as características que aparecem na frase complementar, que é "Aquele que o conhece tudo, que o sabe tudo [...]",[444] não concordam com a natureza inconsciente. Por essa razão, como se pode interpretar que a fonte de todas as coisas seja a natureza?

Sobre isso, disse o opositor: "Existe um conhecimento, o mais elevado, por ele que se é consciente do Imutável [...] aquele que não pode ser visto".[445] Essa frase assinala com o termo "imutável" a fonte de todos os seres que se caracteriza por ser invisível e por outros atributos. O referido termo pode ser observado em outra vez, na frase: "Ele é o autoluminoso Purusha, sem forma [...]".[446] Então, de quem se fala na frase anterior? É ele superior ao Imutável, pode conhecer, perceber tudo, enquanto a natureza, aquela que se chama imutável, é a origem de todos os seres. Se a expressão "origem" ou "fonte" (*yoni*), no sentido de causa operativa, pode ser compreendida como sendo a fonte de todos os seres e é também o ser individual, que por seus méritos e erros é a causa e a origem da complexidade das coisas.

Diz o adepto do Vedanta: aquele sobre quem se fala aqui, como a origem de todos os seres, o que se distingue por ser invisível, não é outro se não Deus. Em que base se fundamenta essa conclusão? Na exposição dos atributos. Isso porque na frase "Aquele que tudo conhece, que tudo percebe" expressa-se com clareza atributos que somente pertencem a Deus. Conhecer e perceber tudo não é algo que se possa atribuir à natureza, nem ao ser individual, cujo poder está limitado pelas seus condicionamentos.

Diz o opositor: o conhecer e o perceber são atribuídos Àquele Supremo, na frase que foi citada, e que é origem de todos os seres e, depois, é chamado de imutável. Não é a fonte mesma que é imutável. Contestamos que essa

---

444 RUBIO, 2002, p. 220, verso I, 1, 9.

445 RUBIO, 2000, p. 219-220, verso I, 1, 5-6.

446 TINOCO, 1996, p. 198, verso I, 1, 2.

explicação nos parece inadmissível, uma vez que a fonte de todos os seres está dita na frase: "Do Imutável surge tudo", que se mostra como a causa material de todos os seres da criação. Portanto, diz-se que todos o conhecem e ainda se o vê como a causa de tudo. Como está dito na frase: "Quem conhece tudo e compreende todas as coisas, percebe que Dele, o Imperecível Brahmâm, nascem Brahmâm, nome, forma e comida"[447]. Essa frase conduz ao que é superior, ao imutável. Deve-se compreender que não é senão o Imutável aquele do qual se trata aqui. Ele que é a fonte de todas as coisas, que se distingue por não ser visível. Esse foi o tema do capítulo anterior.

Será explicado na seguinte frase o motivo pelo qual se diz que essa fonte imutável é superior à Imutável. As Upanishads explicam que há dois tipos de conhecimentos: 1. O inferior; 2. O mais elevado. Desse conhecimento inferior, diz-se que procedem o Rig Vêda e outros textos. Diz-se na frase: "O Conhecimento superior é aquele pelo qual se é consciente do Imutável" . Afirma-se aqui que Ele é o tema do mais elevado conhecimento.

Se nós supomos o Imutável que se dirige por ser invisível e por outras características parecidas é distinto de Deus, o conhecimento que se refere a Ele não seria o mais elevado. Uma vez que se faz distinção entre o conhecimento inferior e o superior, segundo os seus resultados, o primeiro conduz a uma simples exaltação mundana e o último, à plenitude total. E ninguém poderia supor que se pode alcançar a plenitude total por meio do conhecimento da natureza. Por sua vez e segundo esse ponto de vista de debate, teríamos que supor que o Ser Superior estaria por cima da Imutável fonte de todos os seres. Então, teríamos que aceitar a existência de três tipos de conhecimento, enquanto o texto fala de apenas dois.

Mais adiante, será feita uma referência à qual o se conhecer uma coisa implica no conhecimento de tudo, de acordo com a frase: "O que é aquilo que após ser conhecido, todas as coisas tornam-se conhecidas?"[448]. Isso só tem sentido se for uma referência ao Absoluto Brahmâm, como o Ser de tudo, e não à natureza que apenas inclui o inconsciente, o qual se experimenta separado do que é experimentado. O texto aponta, por outro lado, o Conhecimento do Absoluto como tema principal, na frase: "O Conhecimento de Brahmâm, sobre o qual Brahmâm ensinou a Atharva, Atharva mais tarde ensinou a Angir [...]".[449] Mais adiante, é afirmado que, dos dois

[447] TINOCO, 1996, p. 195, verso I, 2, 9.

[448] TINOCO, 1996, p. 194, verso I, 1, 3.

[449] TINOCO, 1996, p. 194, verso I, 1, 1 (verso diferente).

tipos de conhecimento (o inferior e o superior), o superior é o que leva ao entendimento do Imutável, com o que se demonstra que o Conhecimento do Imutável é o Conhecimento do Absoluto Brahmâm.

Entretanto, esse último tipo de conhecimento não teria sentido se o Imutável, que deve ser conhecido por meio Dele, não fosse o Absoluto Brahmâm. O conhecimento inferior das obras, que compreende o Rig Vêda, menciona-se antes que o do Absoluto, com o objetivo de glorificar este último. Assim, aparece nos textos nos quais se fala dele — o conhecimento inferior — como novo Karma. Como se pode ver na frase: "Aqueles que ensinam estas cerimônias, o fazem pela fragilidade da maioria. Mas, os tolos que exaltam isto como o bem supremo, estão sujeitos às garras da velhice e da morte, uma e outra vez".[450] Após algumas observações de pouca importância, o texto diz que aquele que se distancia do conhecimento inferior está pronto para alcançar o superior.

> Um brâhmane, após examinar todos esses mundos que são adquiridos pelo trabalho, liberta-se do desejo: nada que é eterno pode ser produzido pelo que não é eterno. Sabendo que pode compreender o Eterno, segue de lanterna na mão; aproxima-se com devoção de um guru versado nos Vêdas e dedicado a Brahmâm.[451]

Não faz sentido recorrer a exemplos paralelos, a terra e outras coisas inconscientes, comparando-as com a fonte, a origem de todos os seres, e dizer que deve ser inconsciente também. Não é necessário que as coisas que se comparam entre si sejam da mesma natureza. Essas coisas que se comparam como a terra são coisas materiais, enquanto a origem de todos os seres ninguém dirá que é material. Por isso, é invisível essa origem e deve ser, sem dúvida, Deus.

Sutra 22: não se está falando dos outros dois (a alma individual e Pradhana), pois se mencionam as características distintivas (de Brahmâm) e que é diferente dos dois[452].

Sutra 22: os outros dois (o ser individual e a Natureza) não são o Absoluto, porque têm diferentes características[453].

---

450 TINOCO, 1996, p. 196-197, verso I, 2, 7 (verso diferente).

451 TINOCO, 1996, p. 197, verso I, 2, 12.

452 GAMBHIRANANDA, 1983, p. 142.

453 MARTÍN, 2001, p. 130.

Por essa razão ulterior, somente Parabrahâm (Deus) é a fonte de todas as coisas, nem Pradhana, nem a alma individual. Por quê? "Porque foram mencionadas as características distintas e se disse que são diferente", pois, baseando-se na força das características dissimilares, a fonte de todas as coisa, que são relevantes para o contexto, foi distinguida da alma que assumiu um corpo, de acordo com a frase: "Ele é o autoluminoso Purusha, sem forma, incriado. Ele é vazio de Prana, vazio de mente, puro, tão imperecível quanto o Imperecível Brahmâm".[454] Essas características não podem pertencer, de modo algum, ao ser individual, que por engano se considera limitado pelo nome e forma que caracterizam a ignorância. Esse texto se refere claramente ao Ser, que é o tema de todas as Upanishads. Em segundo lugar, a origem de todos os seres dos quais aqui tratamos se apresenta como diferente da natureza pela frase: "Mais elevado que o Superior Imutável". Aqui, a palavra "imutável" quer dizer aquele ser que representa potencialmente os nomes e as formas, que contém a parte mais sutil dos elementos materiais, esse ser que habita em Deus, do qual é uma imagem, é uma limitação superposta a Deus mesmo. É tão elevado que não possui atributos, porque Ele mesmo é um atributo. A frase "mais elevado que o superior" expressa a diferença entre esse ser superior e o Supremo Ser. De acordo com o que foi dito, não se pode supor que se trata de um ser independente, a natureza. Não dissemos que a origem de todos os seres está separada.

Pensa-se que é a natureza, segundo a opinião de alguns, ou se imagina que é de tal maneira que só se opõe ao que disse a escritura, quando o mostra como a causa sutil de todos os seres, conhecida por "o imanifestado" ou "o estado latente de todos os elementos". Essa maneira de vê-los é aceitável. Observando essa diferença, pode-se concluir que Deus é a origem de todas as coisas. No sutra seguinte, há uma outra razão para se pensar assim.

Sutra 23: e porque há uma apresentação da forma[455].

Sutra 23: e pela forma que apresenta[456].

Por outro lado, imediatamente depois da frase "Superior ao superior imutável", fala-se da criação das entidades, contando da força vital à terra, na frase: "Dele nascem o sopro vital (Prana), a mente [...]"[457] e a afirmação sobre a forma de todos os seres, com essa mesma origem, dito na frase:

[454] TINOCO, 1996, p. 198, verso II, 1, 2 (verso diferente).

[455] GAMBHIRANANDA, 1983, p. 144.

[456] MARTÍN, 2001, p. 130.

[457] TINOCO, 1996, p. 198, verso II, 1,3.

"Os céus são a Sua cabeça; o sol e a lua, Seus olhos; os pontos cardeais, Seus ouvido; a revelação dos Vêdas, Sua fala, o vento, Sua respiração; o universo, Seu coração. Dos Seus pés, é produzida a terra. Ele é o Ser Interior de todos os seres".[458] A representação dessa forma somente pode ser uma referência a Deus, não pode ser o ser encarnado, porque não pode ser a causa de todos esses efeitos, em virtude da sua falta de poder. Também não pode ser a natureza que não é o ser interno de todas as criaturas. Por isso, pode-se concluir que a origem de todos os seres é Deus, e não aqueles dois. Mas de onde se tira a conclusão de que a apresentação da forma se refere à origem de todos os seres?, diz o opositor.

Diz o adepto do Vedanta: pelo tema geral que consiste na fonte de todos os seres, na frase: "Dele surge a força vital"[459] ou "Ele é o Ser interno de todos os seres"[460].

Quando, na conversação normal, um mestre espiritual inicia o tema geral dos seus ensinamentos com a frase: "Estuda com Ele, pois conhece os Vêdas a fundo", de fato se refere ao mesmo mestre. Como se pode atribuir a uma forma corporal o Ser, que é a origem de todos os seres?, diz o opositor.

Diz o adepto do Vedanta: isso não cria dificuldade alguma, pois essa declaração tem uma perspectiva de revelação da onicompenetração (?) e não a forma física, como está dito na frase: "Eu sou o alimento, eu sou o comedor do alimento [...]"[461]. Por outro lado, outras pessoas são de opinião de que isso não se refere à fonte de todos os seres, mas para algo que foi criado. Por sua vez, a frase "Dele procede o calor, cujo combustível é o sol; da lua procede a chuva, da chuva procedem as ervas que crescem sobre a terra; das ervas procede o fluido seminal, colocado pelos homens dentro da mulher"[462] fala de um conjunto de seres, desde o ar à terra que foram criados. E há uma frase mais na frente que diz: "Dele procede o calor (fogo), Dele procedem todos os oceanos e montanhas; Dele fluem os rios e todas as coisas [...]"[463] e termina com: "[...] Dele se originam todas as plantas e sabores [...]"[464]

---

458 TINOCO, 1996, p. 198, verso II, 1, 4.

459 TINOCO, 1996, p. 198, verso II, 1, 3.

460 TINOCO, 1996, p. 198, verso II, 1,4.

461 TINOCO, 1996, p. 240, verso II, 1, 3.

462 TINOCO, 1996, p. 198, verso II, 1, 3.

463 TINOCO, 1996, p. 198, verso II, 1, 3.

464 TINOCO, 1996, p. 199, verso II, 1, 9.

Como pode expressar-se ao mesmo tempo uma afirmação sobre a forma e a origem de tudo, em meio a essas duas passagens? O que quer que seja o ser de tudo se tratará antes de terminar com a criação, de acordo com a frase: "O espírito nas ações (karma) e o conhecimento (Brahmâm)"[465], fala de um conjunto de seres, desde o ar à terra que foram criados. E uma frase que se encontra mais adiante diz: "Dele surge o fogo, e Ele é o seu combustível"[466], que termina com: "Dele se originam todas as plantas [...]"[467]

Em meio a tudo isso, como pode a forma da fonte de todas as coisas ser apresentada aqui só e repentinamente? Após haver terminado com a criação, ensina-se a onisciência na frase: "Tudo isto é Purusha, a ação (Karma), a ascese, o Brahmâm, a imortalidade suprema"[468]. Nos Vêdas e nos Smritis, observa-se declarações acerca do nascimento do Ser, cujo corpo está composto pelos três mundos. "Hiranyagarbha surgiu primeiro, e ao surgir foi o Deus de todos os seres. Ele sustenta a terra e o céu. A esta divindade fazemos as nossas oferendas" (R.V. X. 10, 121, 1). A palavra *samavartara* nessa frase significa "nasceu". Na mesma frase: "Ele é o primeiro Ser que assumiu um corpo, se chama Purusha, é o primeiro ordenador de todos os seres. Assim, Brahmâm nasceu no princípio". Inclusive, uma pessoa criada como Hiranyagarbha pode ser onipenetrante, uma vez que, como força vital, reside nos corpos de todos os seres.

Se aceitarmos esse ponto de vista, então, a explicação da frase será: todas essas apresentações da forma, em textos como: "O Purusha, sozinho, é o verdadeiro universo...."[469], referem-se a Deus.

TEMA 7: VAISHVANARA

Sutra 24: Vaishvanara (a Pessoa Cósmica) é o Senhor suprema, pois, embora as (duas) palavras (Ser e Vaishvanara) denotem muitas coisas, são usadas de maneira específica[470].

Sutra 24: Vais'vanara (é o Absoluto) pelas qualificações que se aplicam aos dois termos (Va'svanara e o Ser)[471].

---

465 Verso não encontrado.

466 Verso não encontrado.

467 TINOCO, 1996, p. 199, verso II, 1, 9.

468 RUBIO, 2000, p. 223, verso II, 1, 10.

469 TINOCO, 1996, p. 199, verso II, 1, 10.

470 GAMBHIRANANDA, 1983, p. 146.

471 MARTÍN, 2001, p. 132.

Aqui, surge uma dúvida: a Chandogya Upanishad se inicia assim: "Quem é o nosso Ser e quem é Brahmâm?"[472] e a frase continua, assim: "Agora te recordas deste Ser, Vaishvanara[473]. Falemos sobre Ele".[474] Logo, após a enunciação (de Ashvapati) referente à meditação separada no céu, o sol, o ar, o espaço, a água e a terra, como possuindo as qualidades de luz brilhante (multiforme, de identidade com caminhos diferentes, de amplitude, de riqueza, de apoio) e depois do ensinamento de Asvapati, segundo o qual esses seres constituem a cabeça (o olho, a vida, o torso, a bexiga e os pés) de Vaishvanara, o texto diz:

> Aquele que medita no Ser de Vaishvanara, conhecendo-o em um espaço limitado, identificando-se com Ele, aquele que se alimenta de todos os mundos e em todos os seres. O céu é a cabeça deste ser, o sol é o seu olho, o ar é o seu alento vital, o espaço é o seu corpo, a água é a sua bexiga, a terra é os seus pés, o altar do ritual é o seu peito, seus cabelos são as ervas do altar, o fogo *gârhapatya*[475] é o seu coração, o fogo *anvâhâryapacana* é a sua mente e o fogo *ahavanîya* é a sua boca.[476]

Aqui, surge uma dúvida em relação ao que significa a palavra Vaishvanara. É o calor no estômago? Ou o elemento fogo, a deidade que se identifica com este, ou a alma que assumiu um corpo, ou o Senhor Supremo?

Novamente, o que causa essa dúvida aqui?

Essa causa é o uso da palavra Vaishvanara, que é uma expressão comum para o calor do estômago, o elemento chamado fogo e a deidade do fogo, como também o uso da palavra Ser, que denota tanto o Ser que assumiu um corpo como o Senhor Supremo. Então, a dúvida nasce em relação a qual desses sentidos se deveria aceitar e qual negar. Assim, qual deveria ser a conclusão?

Diz o opositor: o fogo no estômago.

---

[472] TINOCO, 2021, verso V, 11,1.

[473] O homem cósmico ou Vaishvanara é uma representação simbólica do Absoluto Brahmân, o ilimitado o insondável feito natureza, universo e tudo o que ele contém. Trata-se de um trecho da Chandogya Upanishad que resgata esse antigo mito. O verso é o seguinte: Parte V, Capítulo XI, sobre Brahmân, o Ser Universal: "Veneráveis senhores, Uddalaka, filho de Aruna, conhece Vaishvanara. Vamos até ele" e foram até Ele. Nota de Carlos Alberto Tinoco.

[474] TINOCO, 2021, verso V, 2,6.

[475] Na Mundaka Upanishad, são citados sete tipos de chamas de fogo que se pode observar no ritual do fogo, que são as seguintes: Kali, Karali, Manojava, Sulohita, Sudhumvarna, Sphulingini e Vishvaruchi (ver: TINOCO, 1996, p. 196, verso I, 2, 4).

[476] TINOCO, 2021, verso V, 18, 1-2.

Por quê?

Porque às vezes se vê que a palavra é usada, especificamente, para designar esse fogo, como se pode verificar na frase: "O fogo que se encontra no interior de um ser humano e digere o alimento ingerido, é Vaishvanara"[477], que também se encontra em outros locais. Ou, talvez, signifique, simplesmente, o fogo ordinário, pois se vê usado de modo geral também, como na frase: "Para todo o mundo, os deuses o fizeram como um símbolo do dia" (R.V.X,88, 12). Ou poderia significar que a deidade tem este sentido: "Como Vaishvanara, o rei dos mundos, ordena a felicidade e posto que todas as glórias Lhe pertencem, que possamos permanecer sob suas graças" (R.V., I, 98, 1). Segundo essa frase e em outras da mesma classe, a palavra pode referir-se a alguma deidade que possua a glória. Porém, se considerarmos que a palavra Vaishvanara deve ser interpretada em consonância com a palavra Ser, dado que se usa o termo Ser sozinho no começo da frase: "Qual é o nosso Ser? O que é Brahmân?".[478] Todavia deve ser, simplesmente, a alma que assumiu um corpo, porque se acerca de Vaishvanara por ser aquele que experimenta e porque, no seu caso, o atributo de limitação espacial é possível, estando limitada por fatores condicionantes. Portanto, Vaishvanara não é Deus.

Diz o adepto do Vedanta: se essa é a posição, deve-se dizer: Vaishvanara deveria significar, propriamente, Deus.

Por quê?

Porque, ainda quando as duas palavras (Vaishvanara e o Ser) denotam muitas coisas, usam-se especificamente. *Sadharana-sabdavishesa* significa especificação sobre as duas palavras comuns. Apesar de que ambas as palavras — Ser e Vaishvanara — sejam comuns para muitas coisas, Vaishvanara implica em três coisas, e o Ser implica em duas. Porém, pode-se perceber uma especificação à causa da qual seu sentido se entende como sendo o Senhor Supremo, como se pode observar na frase: "Deste Ser Vaishvanar, a cabeça é o céu"[479]. Nesse caso, pode-se entender que o Ser Supremo mesmo, que assumiu uma forma especial com o céu, como a cabeça e assim sucessivamente, apresenta-se como o Ser Interno para o bem da meditação. E isso pode ser assim, porque Este é a causa. No fato de que todos os estados de um efeito pertencem a uma causa, deduz-se que o Senhor Supremo pode

[477] MARTÍN, 2002, p. 440, verso V, 9, 1.

[478] TINOCO, 2021, verso V, 11, 1.

[479] TINOCO, 2021, verso XVII, 2.

ter o céu como seu membro. O resultado é o subsistir em todos os mundos, segundo o que se percebe pela frase: "O conhecedor de Vaishvanara come o alimento em todos os mundos, entre todos os seres e através de todos",[480] é possível se queremos dizer a causa última. A indicação do Absoluto Brahmâm contida na frase: "Assim, verdadeiramente, seus pecados são queimados",[481] o qual fala de queimar todos os pecados do conhecedor de Vaishvanara e a indicação, em princípio, segundo está contida nas palavras Ser e Brahmâm, na frase: "Qual é o nosso Ser, o que é Brahmâm?".[482] Isso nos leva à compreensão somente do Senhor Supremo. Portanto, a palavra Vaishvanara significa somente o Senhor Supremo.

Sutra 25: a forma a qual se faz referência no Smriti indica que Vaishvanara significa o Senhor Supremo; portanto, Vaishvanara é Deus[483].

Sutra 25: o que descreve na Tradição (a forma do Ser supremo) é um sinal que indica o significado que se está estudando aqui[484].

O que significa a palavra Vaishvanara é o Ser Supremo. Por esse motivo, a tradição Lhe atribui somente uma forma, que consiste no mundo celestial. O umbigo é o espaço, seus pés são a terra, seus olhos são o sol, seus ouvidos são as regiões. A forma segundo a qual é descrito pela tradição nos permite supor uma frase da revelação *Smriti* e constitui uma suposição, um sinal indicativo da palavra Vaishvanara, que é Deus. Apesar da frase da tradição conter um elogio, na forma em que aparece, não nos é possível, a menos que se apoie em uma passagem védica.

Deve ser assinalado também outros textos que estão em relação como o seguinte: "Aquele cuja natureza é inescrutável, que é o Criador de todos os seres, do qual os sacerdotes dizem que o céu é a sua cabeça, sua pele é o espaço, o sol e a lua são os seus olhos, seus ouvidos são os pontos cardiais e a terra são seus pés".

Sutra 26: se fosse contestado que Vaishvanara não é o Ser Supremo, a causa da palavra usada e por outros fatores, dentre os quais a residência interna, diremos: não é assim, pois a instrução é a de conceber a Brahmâm

---

480 TINOCO, 2021, verso V, 18, 1.

481 TINOCO, 2021, verso V, 24.

482 TINOCO, 2021, verso V, 11, 1.

483 GAMBHIRANANDA, 1983, p. 148.

484 MARTÍN, 2001, p. 134.

como tal, visto que a especificação é inaplicável aos demais e porque menciona Ele ainda como uma pessoa (Purusha)[485].

Sutra 26: se for dito que Vais'vanara não é (o Absoluto), porque a palavra que se usa se refere ao fogo gástrico e por isso está dentro, diremos que não é certo, porque as instruções para conceber (o Absoluto) não podem aplicar-se a outro e porque é menciona como um espírito (Purusha)[486].

Diz o adversário: o Ser Supremo não pode ser Vaishvanara, porque essa palavra se usa para outros efeitos e porque reside dentro. O uso estabelecido atribui mais a essa palavra um sentido diferente, de acordo com o termo "fogo", na frase: "Este fogo é Vaishvanara" ('S.B, X, 6, 1, 12). Quando se fala de outros efeitos, refere-se o texto aos três fogos que estão contidos Nele. Por outro lado, a frase: "Portanto, o primeiro alimento que um ser humano pode ter, deve ser oferecido"[487] menciona aqui o fogo como um local para os rituais. Por essas razões, temos que compreender que Vaishvanara deve ser entendido como o fogo estomacal. Por outro lado, as escrituras dizem que o fogo habita no interior: "Ele sabe que este espírito (Purusha) habita no interior do Ser humano". Uma vez mais, pode-se aplicar esse texto ao fogo gástrico. A respeito da informação que se depreende da frase "Sua cabeça é o céu"[488], deve-se compreender que Vaishvanara é o Ser Supremo. E assim, perguntamos: como é que essas especificações, estando de acordo com as duas interpretações, referem-se ao Ser Supremo e ao fogo gástrico? Mais ainda, podemos acreditar que se trata do fogo elementar, que habita dentro e fora, pelo motivo de que o fogo também está relacionado com o mundo celestial. Isso pode ser entendido pela leitura da frase: "Aquele que, com a sua luz se expandiu pelo céu e pela terra, nas duas metades do mundo e na atmosfera" (R.V. Sam. X, 88, 3). E ainda, por ter por membros ao mundo celestial e tendo-se em conta seu poder, pode-se atribuir a essa divindade que tem o fogo elementar por corpo. Portanto, Vaishvanara não é o Ser Supremo.

Diz o adepto do Vedanta: vossas afirmações não têm fundamento. Pelos motivos já citados, como "o uso do termo", a tese do Ser Supremo não pode ser refutada. Por quê? Porque a percepção nos ensina dessa maneira. As frases assinaladas indicam que a percepção do Ser Supremo está no fogo

485 GAMBHIRANANDA, 1983, p. 146.

486 MARTÍN, 2001, p. 134.

487 TINOCO, 2021, verso V, 19, 1.

488 TINOCO, 2021, verso V, 18,2.

gástrico. E, assim, frases como: "Medita na mente como o Absoluto"[489] ensinam além disso, que o objeto de percepção é o Ser Supremo, porque tem o fogo gástrico chamado Vaishvanara, como um condicionamento limitativo. Isso pode ser percebido na seguinte frase: "Aquele que está identificado com a mente, que tem a força vital como o seu corpo, e cuja forma é luz".[490]

Se esse caso não se refere ao Ser Supremo e somente ao fogo no estômago, então seria impossível o que se encontra na frase: "Sua cabeça é o céu". Explicaremos, tendo em vista o aforismo seguinte, como essa especificação não pode ser justificada, ainda quando recorremos a uma deidade ou ao elemento fogo. Se o significado for o mero fogo no estômago, apenas esse pode residir no Purusha. Porém, aqueles que seguem o texto revisado Vajasaneya, leem que esse Vaishvanara é Purusha, como se pode observar na frase: "Aquele que é Purusha é este fogo, chamado Vaishvanara. Aquele que conhece este fogo chamado Vaishvanara como Purusha, porque se parece com Purusha e reside em Purusha" (S. B., X, 6, 1.11). Mas, dado que o Ser Supremo é o Ser de todos, pode ser Purusha e residir dentro Dele.

Para os que leem essa parte do aforismo assim, "*Purushavidhamapi ca enamadhiyate*, pois leem que Ele parece também com Purusha", o significado é o seguinte: se pressupomos que só se refere ao simples fogo no estômago, esse só pode residir em Purusha, porém não pode se parecer com ele. Mas os seguidores do texto revisado Vajasaneya leem que esse Uno se parece também com Purusha, de acordo com a frase: "Conhece Aquele que, parecendo-se com Purusha, reside em Purusha". Deve-se entender referindo-se a todos os membros, contando desde o firmamento: a cabeça; a terra: os pés, no seu aspecto divino; os membros humanos muito conhecidos, contando da cabeça ao queixo em Seu aspecto corpóreo.

Sutra 27: por essas razões, Vaishvanara não é a deidade, nem o elemento[491].

Sutra 27: por essas mesmas razões, Vaishvanara não é a deidade (do fogo), nem o elemento (fogo)[492].

Não aceitamos que a imaginária atribuição dos membros que a frase "Cabeça mesma é o fogo"[493] contém possa aplicar-se ao fogo elemental que

---

489 TINOCO, 2021, verso III, 18, 1.

490 TINOCO, 2021, verso III, 14, 2.

491 GAMBHIRANANDA, 1983, p. 152.

492 MARTÍN, 2001, p. 136.

493 TINOCO, 2021, verso V, 18, 1.

está em relação com o céu, de acordo com as frases anteriores, nem tampouco à divindade cujo corpo é o fogo, pelo seu poder. E explicamos porque: já foi dito que Vaishvanara não é nem a deidade, nem o elemento fogo, pois o fogo elementar que é apenas calor e luz a ele não se pode atribuir o céu como cabeça, porque um efeito não pode ser o ser de outro efeito. Mais uma vez, ao céu não pode atribuir a cabeça da deidade do fogo, apesar do poder deste último. Por um lado, seu poder depende do Ser Supremo. Além disso, mantém-se esta objeção: não se lhe pode aplicar o termo "ser".

Sutra 28: segundo Jaimini[494], não existe contradição, ainda no caso da meditação direta[495].

Sutra 28: segundo Jaimini, não há contradição até para a meditação direta (se por Vaishvanara se entende o Absoluto)[496].

No Sutra 26, foi dito que Vaishvanara é o Ser Supremo no qual se deve meditar, tendo o fogo gástrico por sua manifestação externa ou pelo seu condicionamento limitativo. Aceita-se essa interpretação com a diferença das circunstâncias de habitar no interior. O mestre Jaimini é de opinião que não é necessário recorrer a uma manifestação externa ou limitação e não há objeção para se atribuir a frase à adoração direta ao Ser Supremo.

Diz o opositor: se você rejeitar a interpretação que se baseia no fogo gástrico, você se opõe a que Vaishvanara habita no interior e as razões que se baseiam nisso.

Diz o adepto do Vedanta: de nenhuma maneira, opomo-nos a que Vaishvanara habita no interior. Isso porque na frase "Ele lhe conhece com a aparência do espírito que habita dentro dele" (S'. B., X, 6, 1, 11) não se refere a nenhum fogo gástrico, pois não é o tema geral, nem se mencionou expressamente antes. Então, a quem se refere? Certamente, refere-se ao tema da discussão seguinte: é como o espírito humano (o Ser Superior) e imaginariamente é encontrado com os membros do Ser humano, desde a parte superior da cabeça ao queixo. Portanto, o texto diz: Ele te conhece como ao espírito do ser humano e habita no seu interior, como dissemos que um ramo vive na árvore.

Também podemos optar por outra interpretação e, assim, dizer que o Ser Supremo pode ser representado depois, como sendo semelhante ao

494 Nota de Carlos Albeto Tinoco: Jaimini era um antigo estudioso indiano que fundou a escola Mimâṃsa de filosofia hindu. Ele é considerado um discípulo do sábio Veda Vyasa, filho de Parashara. Tradicionalmente atribuído como o autor dos Mimamsa Sutras e Jaimini Sutras, estima-se que ele tenha vivido por volta do século 4 a 2 a.C.

495 GAMBHIRANANDA, 1983, p. 152.

496 MARTÍN, 2001, p. 136.

ser humano quanto às suas limitações e à sua natureza humana. A frase anterior assinalou: "Ele sabe que habita no interior do espírito humano". Essa frase fala do mesmo Ser Superior como sendo uma "testemunha", ou seja, como Ser Puro destituído de condições limitativas.

Considerando o que foi dito, ficou demonstrado que ao Ser Superior se atribui, de uma ou de outra maneira, à expressão Vaishvanara na frase. Deve-se explicar essa palavra, assim como a frase: "Aquele que é tudo e é o ser individual", assim como "Aquele a quem os seres pertencem (enquanto Ele é o seu criador seu guia)". Para finalizar, como o fogo e como local de oferendas ao Ser Supremo, pode-se representar a respiração, pois é o ser de tudo.

Diz o opositor: se imaginamos que Vaishvanara é o Ser Supremo, como pode dizer a escritura que "se mede com um palmo"[497]?

Diz o adepto do Vedanta, para explicar essa dificuldade:

Sutra 29: segundo *Asmarathya*, faz-se referência a Deus como espacialmente limitado, desde o ponto de vista da manifestação[498].

Sutra 29: tendo em conta a manifestação, segundo a opinião de Âsmalhya, ao Ser se lhe outorga um espaço limitado[499].

Mesmo que o Senhor Supremo transcendesse toda limitação, todavia pode existir uma limitação espacial, devido à Sua manifestação, pois o Senhor Supremo se manifesta (em Sua Majestade) para o bem daqueles que o adoram ou porque se manifesta, especialmente, em locais particulares como o coração, que são os lugares (*pradesha*) para a Sua revelação. Portanto, a partir do ponto de vista da manifestação, o texto acerca da limitação espacial é justificável ainda no caso do Senhor Supremo. Esse é o pensamento do mestre Asmarathya.

Sutra 30: segundo Badari, fala-se de Deus como espacialmente limitado, por meditar Nele[500].

Sutra 30: tendo em conta que lhe possa evocar (na meditação), na opinião de Bâdari, fala-se do Ser como se estivesse em um espaço limitado[501].

Pode-se dizer que o Ser Supremo é determinado, desde o ponto de vista espacial, porque Nele medita a mente que habita no coração, o qual

---

[497] TINOCO, 2021.

[498] GAMBHIRANANDA, 1983, p. 154.

[499] MARTÍN, 2001, p. 137.

[500] GAMBHIRANANDA, 1983, p. 155.

[501] MARTÍN, 2001, p. 137.

está limitado do ponto de vista do espaço, assim como uma semente de cevada medida por um recipiente chamado *prastha* em quantidade. Não obstante seja um fato de que a mesma cevada tenha alguma quantidade intrínseca que se faz óbvia ao entrar em contato com *prastha*, enquanto o Senhor Supremo não possui medida alguma que revelar, mediante seu contato com o coração. Porém, afirma-se que o texto acerca da manifestação espacial pode ser explicado parcialmente na base da recordação de Deus. Para que o texto acerca da revelação do espaço seja frutífero, o significado é que se deve meditar no Ser Supremo, desprovido de toda manifestação espacial, como se fosse determinado espacialmente. Portanto, o mestre Badari pensa que o texto acerca da limitação espacial foi elaborado a partir do ponto de vista da meditação.

Sutra 31: segundo Jaimini, a limitação espacial é (justificável) a causa da meditação baseada na superposição, pois isso fica mostrado em outro texto[502].

Sutra 31: a causa da identificação ilusória se pode chamar ao Ser Supremo- Prâda-samâtra — ele que está no espaço do coração, segundo disse Jaimini. Por isso, afirma a escritura[503].

No texto sobre a limitação espacial, pode estar a causa da meditação, por meio da superposição (por exemplo, imaginar que uma coisa grande é pequena). Como pode ser isso?

Em um contexto análogo, no "Vajasaneya Brahmâna", os membros contados o céu e a terra, do Ser Vaishvanara, que dominou os três mundos como corpo, sobrepõem-se aos membros físicos, contando do topo da cabeça ao queixo. Então, o referido brâhmana mostra como o Ser Supremo se torna limitado desde o ponto de vista do espaço, em uma meditação baseada na superposição (S. B., X, 6, 1,11). O Rei Ashvapati disse aos sacerdotes brâmanes, Prachinasala e outros:

> Os deuses O conheceram plenamente, apesar de espacialmente limitado. O conheciam como o Ser Interno. Portanto, te falarei destes membros de tal forma. Os sobreponderei de acordo com as suas limitações espaciais. O rei, ao ensinar acerca da colheita da cabeça, disse: "Essa (colheita da minha cabeça) é Vaishvanara, como o céu que o transcende todo".

Ao ensinar sobre os olhos, disse: "Estes meus dois olhos, é Vaishvanara, como o sol que é Seu olho". Ao ensinar sobre as aberturas do nariz,

[502] GAMBHIRANANDA, 1983, p. 155.

[503] MARTÍN, 2001, p. 138.

disse: "Este é Vaishvanara, como o ar que é o Seu alento". Ao ensinar sobre o espaço no interior da boca, disse: "Este é Vaishvanara, como o vasto espaço que é o seu tronco". Ao ensinar sobre o saliva na boca, disse: "Este é Vaishvanara como água na sua bexiga". Ao ensinar sobre o queixo, disse: "Este é Vaishvanara como a terra que constitui os seus pés". Como o termo *chubuka* (queixo) se deve entender a mandíbula inferior da face. Apesar do "Vajasaneya brâhmana" falar do céu como aquilo que o transcende todo e do sol brilhante, a Chandogya Upanishad fala do céu como brilhante e do sol como poliforme, porém essa diferença é daninha, pois a declaração védica acercada limitação espacial é a mesma. E se mostrará que o mesmo tipo de meditação sobre Vaishvanara (e outros) está evidenciada em todos os ramos dos Vêdas. O mestre Jaimini pensa que o mais sensato é dizer que o texto acerca da limitação espacial ocorre para o bem da meditação, baseada na superposição.

Sutra 32: e eles (os seguidores da ramo Jabala) recordam (leem) acerca desse Uno nesse lugar (entre a cabeça e o queixo)[504].

Sutra 32: e os seguidores de Jabala o ensinam (ao Ser Supremo como objeto de meditação) nesse pequeno espaço (entre a parte superior da cabeça e o queixo)[505].

Os seguidores de Jabala afirmam nos seus textos que o Ser Supremo é o interstício entre a frente e o queixo. O Ser Infinito, insondável, habita no ser não iluminado. Onde habita esse Ser? No meio entre *Varana e Nasi*. "O que é esse *Varana?* O que é esse *Nasi?*" (Ja. Up., 2). A etimologia do primeiro termo é aquele que desvia todo o mal efetuado com os sentidos. E sobre a palavra *Nasi*, significa aquele que destrói todo o mal, feito com os sentidos. Continua mais adiante: onde está situado? Ali, onde se reúnem as sobrancelhas e o nariz. Esse é o ponto de união do céu (representado pela parte superior da cabeça) e o outro (o terminal, representado pela ponta do queixo) (Ja. Up., I). Parece que o atribuir ao Ser Supremo a medida de um palmo é apropriado. Chama-se o Ser Interno de tudo. Com isso, mede-se diretamente e é conhecido por todos os seres vivos. Também se pode explicar a palavra, assim: "Ele está próximo de tudo" (como o Ser Interno) e ao mesmo tempo é incomensurável (como Ser Infinito). Pudera querer dizer ainda que o Ser Superior, como causa do mundo, cria a diversidade do universo. Portanto, fica provado que Vaishvanara deve ser o Ser Supremo.

---

504 GAMBHIRANANDA, 1983, p. 157.

505 MARTÍN, 2001, p. 139.

CAPÍTULO V

TEMA I: A MORADA DO CÉU, DA TERRA ETC.[506]

TERCEIRO PADA: A MORADA DO CÉU E A TERRA SÃO O ABSOLUTO[507]

Sutra 1: o depositário do céu, da terra etc. é o Ser Supremo, a causa da palavra que O denotam[508].

Sutra 1: a morada do céu, a terra, é o Absoluto tendo em conta o termo "por si mesmo"[509].

Pode-se ler na Mundaka Upanishad o seguinte: "Nele estão os céus, a terra e o espaço que os separa, a mente com todos os órgãos dos sentidos. Saber que o Atman é não dual é algo acima da palavra. Ele é a ponte para a Imortalidade".[510] Nesse ponto, aparece uma dúvida de si a morada, internamente relacionada com a frase do céu, na qual aqueles estão tecidos, é o Absoluto Brahmâm ou outra coisa.

Sobre isso, diz o adversário: isso é algo diferente, uma vez que na frase "Ele é a ponte para a imortalidade" se sabe pela experiência que uma ponte pressupõe um lado diferente ao que ela conduz. Mas é impossível algo diferente que transcenda o Absoluto Brahmâm ao que chama escritura, na frase: "Sem fim, sem outra margem mais além"[511]. Se alguém pensa que a morada é algo diferente do Absoluto, teremos que supor que é *Pradhana* a quem se conhece pela escritura revelada. É a causa primordial e se poderia dizer que é a morada geral ou também poderia ser o ar, aquele que se conhece por meio da escritura, pela frase: "O ar, Gautama, é este fio condutor. Por este fio de ar, esta, a próxima vida e todos os seres estão unidos".[512] Aquele (fio) é o suporte de tudo. Também poderia ser o ser encarnado, porque é

506 GAMBHIRANANDA, 1983, p. 159.

507 MARTÍN, 2001, p. 141.

508 GAMBHIRANANDA, 1983, p. 159.

509 MARTÍN, 2001, p. 141.

510 TINOCO, 1996, p. 200, verso II, 2, 5.

511 MARTÍN, 2002, p. 212, verso II, 4, 12 (verso diferente).

512 MARTÍN, 2002, p. 278, verso III, 7, 2.

quem experimenta e pode considerar-se como a morada em relação com os objetos experimentados.

Sobre isso, diz o adepto do Vedanta: foi dito "O Mundo formado por céu e terra". Nessa frase, fala de algo que tem que ser a Morada do Absoluto.

Por quê?

Levando-se em conta a expressão "por si mesmo", que é o mesmo que pronunciar a palavra "ser", já que nos encontramos com essa palavra, esse termo só pode ser entendido adequadamente se for interpretado como o Ser Supremo e não como algo diferente.

Também em certas ocasiões se fala do Absoluto Brahmâm na tradição como sendo a morada geral por seus próprios termos, ou seja, pelos termos que designam corretamente ao Absoluto, como na frase: "Todas estas criaturas têm sua origem e a sua morada no Ser e descansam Nele"[513]. Nas frases que seguem ao que foi abordado, glorifica-se ao Absoluto Brahmâm com os seus próprios nomes, assim: "O Purusha sozinho, é verdadeiramente o universo, mantido pelo trabalho e pela austeridade. Ó meu bom amigo, aquele que conhece Brahmâm, o Supremo, e Imortal oculto na cavidade do coração, é capaz de cortar os laços da ignorância".[514] E ainda: "Este Imortal Brahmâm existe antes de qualquer coisa, este Brahmâm está além de tudo, este Brahmâm é o direito e o esquerdo; todas as coisas acima e abaixo são penetradas por Brahmâm; este universo é o próprio Brahmâm"[515].

Então, ao ouvir nesse contexto da relação que existe entre aquele que contém e a coisa contida e o uso da justaposição — afirmando a identidade de Brahmâm com o todo —, de acordo com a frase "Tudo é Brahmâm"[516], pode aparecer a seguinte dúvida: como a árvore é uma entidade composta, pelo fato de incluir os ramos, o tronco e as raízes, assim o Ser é marmorizado e possui diferentes gostos. Com o propósito de evitar a dúvida, o texto declara com ênfase o seguinte: "Nele estão os céus, a terra e o espaço que os separa, a mente com todos os órgãos dos sentidos. Saber que o Atman é não-dual é algo acima da palavra. Ele é a ponte para a Imortalidade".[517] A ideia que é expressa nessa frase é a seguinte: o Ser não deve ser conhecido como algo heterogêneo que compreende o universo criado e polifacetado.

---

513 TINOCO, 2021, verso VI, 8,4.

514 TINOCO, 1996, p. 199, verso II, 1, 10.

515 TINOCO, 1996, p. 201, verso II, 2, 11.

516 TINOCO, 2021, verso III, 14, 1.

517 TINOCO, 1996, p. 200, verso II, 2, 5.

Então, como Ele deve ser conhecido?

O significado é o seguinte: após haver eliminado, por meio do conhecimento, o universo fruto da ignorância, dever-se-ia conhecer esse Ser uno e homogêneo que aparece como depositário. É análogo a quando se diz a uma pessoa: "Traga-me isto, sobre o qual está sentado Devadata". Então, o Ser homogêneo que aparece como depositário aqui se ensina como sendo o objeto a ser conhecido. Por outro lado, ouve-se falar da condenação de quem se apega às coisas irreais que foram criadas: "A consciência pura é Brahmâm que deve ser realizado; quando isto ocorre com alguém, para ele não há multiplicidade; enquanto o homem percebe multiplicidade no mundo, segue caminhando de morte em morte. Aquele que percebe a unidade em tudo, verdadeiramente, é o Atman".[518] Na afirmação de coordenação que é feita na frase "Tudo é o Absoluto"[519], seu uso indica a eliminação do universo e não é a prova da heterogeneidade de Brahmâm, pois se menciona a homogeneidade em: "Um torrão de sal não tem exterior nem interior, tudo é puro sal em sabor, assim também o Ser sem interior nem exterior é somente pura consciência".[520] Portanto, o Brahmâm Supremo é o depositário do céu e da terra. Contra a objeção que faz referência ao texto da ponte e diz que essa necessita de um outro lado, deve-se compreender por morada do céu e da terra não é outra coisa a não ser o Absoluto Brahmâm. Assinalamos aqui que a palavra "ponte" tem um significado congruente com aquilo que se fala. Uma ponte sustenta. Não se deve pensar que tem outro lado. De nenhum modo, devemos assumir que a referida ponte é normal, construída com argila e madeira. Já que a palavra *setu* (ponte) é oriunda da raiz *siñ,* no sentido de impedir que a água transborde.

Alguém mais disse: o conhecimento do Ser que se encontra na frase "Conhece a este único Atman!"[521] e o descartar da fala, no texto: "Abandona todas as conversas" ficam declaradas aqui, no texto: "Esta é a ponte que conduz à Imortalidade", pois esses se constituem nos meios que conduzem à imortalidade. Mas se fala sobre o Absoluto Brahmâm como sendo o depositário do céu e da terra.

Diz o adepto do Vedanta: a objeção apresentada com base nessa suposição, segundo a qual o texto acerca da ponte revela algo diferente do Absoluto Brahmâm como depositário do céu e da terra, é ilógica.

---

518 TINOCO, 1996, p. 168, verso II, 1, 11.

519 TINOCO, 2021, verso III, 16, 1.

520 MARTÍN, 2002, p. 413, verso IV, 5, 13.

521 RUBIO, 2000, p. 224, verso II, 2, 5.

Sutra 2: porque existe a instrução acerca de (Seu) alcance por aquele que é livre[522].

Sutra 2: a causa da instrução que foi estabelecida (nas escrituras) para o liberto[523].

Deve-se entender que o Absoluto Brahmâm é a morada do céu e da terra, a meta que deve alcançar aquele que atingiu a Libertação Espiritual. A concepção do corpo e outras coisas que não são, em verdade, por identificação são tomadas pelo Ser como a causa da ignorância. Daí, nascem os desejos de bem-estar corporal e a negação de que pode danificar o corpo. Daí, aparece também o medo e a confusão, quando observamos que algo ameaça destrui-lo. Tudo isso provoca uma série sem fim, de males conhecidos por todos.

Por outro lado, aqueles que se libertaram da ignorância, do desejo e da aversão têm que ir à morada do céu e da terra, o que é o tema dos presentes raciocínios.

Como é que se pode declarar isso?

Foi afirmado o seguinte: "Os grilhões do coração são quebrados, todas as dúvidas são removidas e todo esforço cessa de produzir frutos, quando Ele é contemplado, Ele que é elevado e baixo"[524]. Ainda na Mundaka Upanishad, mais adiante, lemos o seguinte: "Como os rios que fluem nos seus leitos desaparecem no oceano, perdendo seus nomes e formas, assim o homem sábio, liberto do nome e da forma, alcança o Ser Supremo, o Purusha, o Infinito, o luminoso"[525].

Ao que recorrem aqueles que alcançaram a Libertação Espiritual, é o Absoluto Brahmâm e eles conhecem outras frases das escrituras, tais como "Quando se vão todos os desejos ocultos em seu coração, ele que foi mortal faz-se imortal e alcança o Absoluto neste mesmo corpo".[526] Mas não se sabe de nenhuma fonte que os Libertos recorram à natureza ou a outras entidades semelhantes. Além disso, pela frase que diz: "Conhece a este único Atman! Livra-o de outros ensinamentos, Ele é a ponte para a Liberdade"[527] parece que conhecer o céu e a terra está relacionado ao abandono da linguagem.

522 GAMBHIRANANDA, 1983, p. 162.

523 MARTÍN, 2001, p. 143.

524 TINOCO, 1996, p. 201, verso II, 2, 8.

525 TINOCO, 1996, p. 204-205, verso III, 2, 8.

526 MARTÍN, 2002, p. 387, verso IV, 4, 7.

527 RUBIO, 2002, p. 224, verso II, 2, 5.

Uma condição que, de acordo com outra frase da escritura, alcança-se o conhecimento do Absoluto Brahmâm: "O aspirante inteligente apenas por compreender o Absoluto deve chegar à sabedoria. Não necessita de muitas palavras que fadigam a mente".[528] Por isso, a morada do céu e da terra é o Absoluto Brahmâm.

Sutra 3: nenhuma entidade deduzida é o depositário) pois não existem palavras nesse sentido[529].

Sutra 3: não podemos supor que a morada do céu e a terra seja a natureza, porque nenhuma palavra a nomeia[530].

Foram apontadas razões em favor do Absoluto Brahmâm — como morada do céu —, mas não há razões para que não possa ser outro Ser. Por isso, o *sûtrakâra* diz que aquele que não havia suposto a natureza que sustenta a tradição Samkhya não pode ser aceita como morada. Por quê? Porque não a nomeia. O texto sagrado não contém nenhuma palavra que institui que a natureza, que não é consciente, trata-se da causa da ou morada de tudo. Enquanto frases como "Quem conhece tudo e compreende todas as coisas, percebe que Dele, o Imperecível Brahmâm, nascem Brahmâm, nome, forma e comida"[531] apontam para um ser consciente, oposto essencialmente à natureza. Por essa razão, não se deve aceitar que o ar seja a morada.

Sutra 4: uma criatura vivente tampouco é assim[532].

Sutra 4: tampouco o ser individual pode ser a morada do céu e da terra[533].

É verdade que um ser humano que se identifica com a inteligência pode ser o Ser e perceber, mas não pode haver onisciência para aquele cujo conhecimento está circunscrito pelas envolturas limitantes. Portanto, baseando-se na presença de palavras de significado contrário, não se pode aceitar um ser humano como sendo o depositário do céu e da terra. Por outro lado, é impossível para uma criatura vivente, circunscrita por fatores condicionantes, ser a depositária do céu, da terra etc., no sentido pleno. O presente aforismo é formulado separadamente do anterior, para que se possa relacioná-lo com os seguintes.

---

[528] MARTÍN, 2002, p. 398, verso IV, 4, 21.

[529] GAMBHIRANANDA, 1983, p. 163.

[530] MARTÍN, 2001, p. 144.

[531] TINOCO, 1996, p. 195, verso I, 1, 9.

[532] GAMBHIRANANDA, 1983, p. 164.

[533] MARTÍN, 2001, p. 144.

Por qual razão ulterior, não se deveria aceitar o ser vivente como o depositário do céu, da terra, etc.?

Sutra 5: (e) porque não se menciona a diferença[534].

Sutra 5: e porque se menciona uma diferença (entre o ser individual e a morada)[535].

Na frase "Conhece a este único Atman!"[536], o conhecedor é uma criatura vivente, pois deseja a liberdade. Por meio do método do resíduo, o Absoluto Brahmâm, citado pela palavra Ser, é o objeto a ser conhecido e é o depositário do céu, da terra etc., mas isso não se aplica a uma criatura vivente.

Qual motivo ulterior existe para não aceitar um ser vivente como a morada do céu, da terra etc.?

Sutra 6: a causa do contexto[537].

Sutra 6: em razão do tema tratado[538].

O Ser Supremo constitui o tema, o motivo de todo o capítulo, como se pode observar na frase: "[...] O que é aquilo que após ser conhecido, todas as coisas tornam-se conhecidas?"[539]. Nessa frase se afirma que o conhecimento de tudo depende do conhecimento de uma só coisa. Pois tudo isso — tudo o que se pode observar — torna-se conhecido, quando conhecemos o Absoluto Brahmâm, o Ser de tudo, mas não se conhece apenas o ser individual. O que se segue é outra razão para apoiar isso.

Sutra 7: e a causa dos feitos que permanece ali e come[540].

Sutra 7: por duas condições: a posição de simples presença e a experimentação ou o "comer". A primeira é característica do Ser Supremo, a segunda do ser individual[541].

Referindo-se a quem é morada, diz a frase: "Como dois inseparáveis companheiros, dois pássaros de plumagem dourada estão empoleirados em uma árvore. O primeiro representa o eu individual (ego) e o segundo representa o Eu imortal (Atman). O primeiro prova as frutas doces e amargas da

534 GAMBHIRANANDA, 1983, p. 164.

535 MARTÍN, 2001, p. 144.

536 RUBIO, 2002, p. 224, verso II, 2, 5.

537 GAMBHIRANANDA, 1983, p. 165.

538 MARTÍN, 2001, p. 145.

539 TINOCO, 1996, p. 194, verso I, 1, 3.

540 GAMBHIRANANDA, 1983, p. 165.

541 MARTÍN, 2001, p. 145.

árvore e o outro, apenas observa atentamente".[542] Essa frase descreve dois estados distintos, o da simples presença e o de participar comendo. Na frase: "O primeiro prova as frutas doces e amargas da árvore...", entendemos que é consequência do apego aos frutos das ações e, em "[...] e o outro, apenas observa atentamente", descreve a condição de pura presença inativa. Os dois estados descritos, o da presença e o da experimentação, indicam que se faz referência ao Ser Divino e a alma individual. É adequado afirmar que Deus está separado do ser individual. É adequado afirmar que Deus está separado da alma individual, se a frase sobre a morada se refere também a Deus, pois unicamente nesse caso haveria continuidade do tema. Qualquer outra suposição na segunda frase acerca de algo não relacionado ao tema geral não seria necessária aqui. Mas pode objetar-se que na segunda frase é feita uma exposição desnecessária que representa o ser individual separado de Deus.

Diz o adepto do Vedanta: não é assim. Em nenhuma parte a escritura, pretende fazer afirmações sobre o ser individual. Não devemos supor que o objetivo da escritura seja a experiência normal do ser que está unido aos órgãos internos nos diferentes corpos e outras suposições limitativas. Todos sabem que é aquele quem atua e experimenta. Porém, Deus, do qual a experiência corrente nada diz, é o que se deve considerar como tema preferencial em todas as frases das escrituras. Não podemos, portanto, assumir que alguma frase se refira a Ele por causalidade.

Na frase: "Dois pássaros [...]", fala-se de Deus e do ser humano (B.S. I,2,11). Levando-se em conta a interpretação dada no *Paingi Upanishad* (I,2,11)[543], pode-se perceber que a frase se refere ao órgão interno[544], ao intelecto e ao ser individual. Não a este e a Deus. Então, não haveria contradição entre essas hipóteses e ao ser individual, que não é morada. Por que é assim? A resposta é que, nessa frase e naquelas que a precedem imediatamente, nega-se que o ser, em virtude da sua imaginada conexão com o órgão interno e outras suposições limitadoras, tenha existência separada em corpos separados. Análogo à divisão do espaço universal em espaços limitados, como o de dentro de um recipiente de barro. Isso é a morada.

---

542 TINOCO, 1996, p. 201-202, verso III, 1,1.

543 A Paingi Upanishad não pertence à relação das 108 citadas na Muktika Upanishad ou se trata de um texto perdido. Nota deste tradutor.

544 O órgão interno (antarkarana) é a mente que se encontra integrada por manas ou a mente sensória, chitta, que é a consciência hereditária ou memória e finalmente, buddhi, que é a mente intuitiva e abstrata, a inteligência e pertence ao órgão interno a consciência do Eu (ahankara), que é o sentido da individualidade. Nota de rodapé de Consuelo Martín, na sua tradição do Brahma Sutra, p. 146.

Esse mesmo ser, que por sua vez existe em todos os corpos, se não se tiveram em conta as superposições limitativas, não é outra coisa que o Ser Supremo. Igual aos espaços que se encontram dentro de vasilhas, se forem deixados de lado os condicionamentos que o limitam, fundir-se-ia no espaço total. Por essa razão o ser individual é, sem dúvida, morada, pois na verdade não se pode separar ele do Ser Supremo. Não é morada apenas quando se imagina ao órgão interno. Daí, deduz-se que o Ser Supremo é a morada. Também se chegou a essa conclusão em B.S., I, 2, 21, pois a frase que se refere à origem de todos os seres, nessa frase já assinalada, encontramo-nos com esta outra: "Nele que o céu, terra e firmamento estão tecidos". Nessa frase, retorna-se outra vez a esse tema para que seja melhor elaborado.

TEMA 2: BHÛMAN (Infinito, Plenitude)

O INFINITO, O SER SUPREMO

Sutra 8: Bhuman é o Ser Supremo, pois se ensina que é superior a samprasada (Prana ou força vital)[545].

Sutra 8: Bhûman é o Absoluto, porque se falou dele como superior ao estado de sono profundo (mais além da energia [Prana] vital que se dá inclusive aí)[546].

Na Upanishad, está dito (sanatkumara disse): "O Infinito Brahmâm é descoberto pelo interior". Narada disse: "Senhor, estou ansioso para compreender o Infinito" e Sansatkumara contestou assim: "Este é o Infinito no qual não se pode ver nada, não se ouve nada, não se conhece nada mais. E se limita quando se vê algo"[547].

Aqui, aparece uma dúvida: a palavra Bhûman significa plenitude, infinito, mencionada na tradição Smrti (a gramática de Panini): "A palavra Bhûma é oriunda de bahu, que significa muito ou muitos, agregando-lhe o sufixo iman; e logo, se elimina o i do sufixo, substitituindo bhu por bahu" (VII, 4, 158). A tradição fala desse termo que é usado para dar um sentido de abstração. Como plenitude é mostrada na frase: "A energia vital é maior do que se pode esperar".[548] Por sua vez, no início do capítulo no

545 GAMBHIRANANDA, 1983, p. 167.

546 MARTÍN, 2001, p. 146.

547 TINOCO, Carlos Alberto. **Chandogya Upsanishad**. São Paulo: Editora Ibrasa, verso VII, 23- 24, 2021

548 TINOCO, 2021, verso VII, 15, 1.

qual se fala do tema geral, encontramo-nos com a seguinte frase: "Tenho ouvido de pessoas como tú que quem descobre o Ser transcende a dor. E estou sofrendo. Ajuda-me a superar esta dor"[549]. Aqui, Bhûman seria o Ser Supremo. Qual das duas alternativas devemos aceitar?

Diz o adversário: a conclusão é que o Prana é o Absoluto Brahmâm. Por quê?

Porque se observa que a série de perguntas e respostas versam sobre algo maior (bunyan). Enquanto construímos outras, como: há algo mais importante que o nome?[550] A resposta de Sanatkumara é a seguinte: "A linguagem". Uma cadeia de perguntas e respostas que vão desde o nome até Prana e a energia vital. E mais além da energia vital? Não se fala de algo que seja maior que ela. O texto afirma que a energia vital é mais que todos os seres que vão desde o nome até a esperança. De quem conhece a energia vital se diz, na frase: "Tu superastes todos eles em teu discurso?". Ele poderia dizer: "Sim, eu os superei", mas não o disse. Ele que realiza a energia vital tem o poder de superar todos os demais, como foi dito: "Esta pessoa, verdadeiramente, superou todos os discursos, supera a todos com a ajuda da verdade". Sem descartar a energia vital, que é o Prana, o Infinito Bhûman penetra na cadeia da verdade. Por isso, fica claro que o texto se refere à energia vital como se fosse o Infinito (Bhûman). Mas se pode interpretar assim: como se explica a frase: "Aquele no qual não se vê nada mais"[551] com o qual se caracteriza o Infinito?

Diz o adversário: a resposta é a seguinte: "aquele no qual não se vê nada mais" é aplicável também ao Prana, pois a experiência nos mostra que todas as atividades, tais como ver, cessam durante o sono profundo, ocasião em que todos os órgãos se fundem no Prana. Por essa razão, a Prasna Upanishad fala também do estado de sono como aquele de fusão de todas as atividades dos órgãos, na frase: "Quando um homem não ouve, não vê, não cheira, não escuta, não saboreia, não toca, não tem prazer ou não fala, então, ele dorme".[552] O estado de sono profundo é descrito como aquele no qual cessam as atividades de todos os órgãos. Nesse estado, a energia vital com as suas cinco modificações continua desperta ("os fogos dos Pranas estão despertos nessa cidade"). Isso indica que a energia vital ocupa a posição

549 TINOCO, 2021, verso VII, 1,3.

550 TINOCO, 2021, verso VII, 1, 5.

551 TINOCO, 2021, VII, 24, 2.

552 TINOCO, 1996, p. 185, verso IV, 2.

principal no estado de sono profundo. Também naquela frase que se refere à plenitude de *bhûma*, "O *bhûma* é plenitude"[553], pode harmonizar com a nossa explicação, porque a Prasna Upanishad diz que há plenitude ao se estar em sono profundo, como se pode verificar na frase: "Quando o Jiva (alma encarnada, limitada pelo upadhi) é subordinado pela ausência de luz, ele não sonha e neste instante, no corpo, ele alcança a felicidade"[554]. Ainda na frase "O infinito (*bhûma*) é imortalidade"[555], pode ser uma referência à energia vital, pois, em outra frase, pode-se ler o seguinte: "A energia vital (Prana) é imortalidade" (Kaushitaki Upanishad, III,2).

Aqui, há uma objeção: como pode estar de acordo o ponto de vista, que apresenta o Infinito como sendo a energia vital no princípio do capitulo, no qual o conhecimento do Ser transcende os sofrimentos?

O opositor responde que por "Ser" se pode entender aqui como sendo a energia vital. Na frase a seguir, pode-se ler o seguinte: "A energia vital é pai, mãe, irmão, irmã, é o mestre espiritual, a energia vital é o Absoluto Brahmân"[556], onde se representa como o Ser de tudo. Por outro lado, tem-se a frase: "Como os raios de uma roda descansam no eixo do carro, do mesmo modo, tudo isto descansa nos Pranas".[557] Portanto, a conclusão à qual somos levados a aceitar é que o Prana é *Bhûma.*

Diante do exposto, diz o adepto do Vedanta: o Infinito, *Bhûma,* somente pode ser o Ser Supremo. Por quê? Porque, levando-se em conta a plenitude, a palavra *sâmprasâda* ou plenitude se refere ao estado de sono profundo. Pela etimologia da palavra, pode-se chegar a essa conclusão. E na Brhadaranyaka Upanishad se fala dos estados de vigília e de sonho (IV, 3, 15-17). No estado de vigília, considera-se o Prana como um estado de grande serenidade, aceita-se com o significado *samprasâda.*

Então, a ideia implicada na frase é a seguinte: posto que se ensina que *Bhûman* é superior ao Prana, se o Prana fosse *Bhûman,* o ensinamento sobre a sua superioridade consigo mesmo seria algo incoerente. Assim, por exemplo: quando a instrução é dada para que algo seja superior ao nome, isso não implica que o nome mesmo é superior ao nome.

Então, o que é superior, de acordo com o ensinamento?

---

553 TINOCO, 2021, verso VII, 23.

554 TINOCO, 1996, p. 186, verso IV, 6.

555 TINOCO, 2021, verso VII, 24.

556 TINOCO, 2021, verso VII, 15, 1.

557 TINOCO, 2021, verso VII, 15, 1.

Na frase "O órgão vocal é, seguramante, superior ao nome"[558], ensina-se algo diferente do nome, chamando-o órgão vocal. De maneira análoga, em todas as sucessivas etapas, ensinam-se que algumas coisas, diferentes das anteriores, contando desde o órgão vocal até o Prana, são superiores. Do mesmo modo, *Bhûman* que, de acordo com o ensinamento, é superior ao Prana, deve ser algo mais que o Prana.

Mas se interpretamos assim: "Aquele no qual não se vê nada mais"[559] com aquele que se caracteriza ao infinito?

Assim responde o opositor: nesse caso, pode-se formular a seguinte pergunta: "Ó, senhor venerável! Existe algo mais elevado que o Prana?". Nem sequer encontramos uma resposta como: "Tal coisa é, seguramente, maior que o Prana". Então, como se pode dizer que se ensina que *Bhûman* é mais elevado que o Prana? Por outro lado, na frase seguinte, encontra-se uma referência à transcendência na fala, baseando-se no Prana: "Mas, aquele que transcende, atendendo à verdade, é certo que transcende a todos os demais em sua linguagem"[560]. Portanto, não se ensina nada mais elevado que o Prana.

Diz o sdepto do Vedanta: com relação a isso, diremos: não se pode afirmar que a referência nos remete à transcendência pela linguagem, atendendo somente ao Prana, pois existe uma referência específica à verdade, na frase: "Aquele que transcende na linguagem, atendendo à verdade".

Diz o adversário: essa referência específica também se refere ao Prana? Como? Como se lê na frase: "O verdadeiro executor do ritual Agnihotra é aquele que fala a verdade", um homem não se converte em um executor do Agnihotra pela sua verdade.

Mediante o que, então?

Por meio da execução mesma, do Agnihotra. Porém, menciona-se a veracidade como uma qualificação especial de quem executa o Agnihotra. O mesmo que na frase: "Aquele que transcende atento à verdade, transcende realmente, na linguagem", pois transcendencia na linguagem não resulta na veracidade.

De quem, então?

Do conhecimento do Prana que se está considerando. Mas a verdade se entende como uma qualificação especial para poder conhecer o Prana.

[558] TINOCO, 2021, verso VII, 2, 1.

[559] TINOCO, 2021, verso VII, 24, 2.

[560] TINOCO, 2021, verso VII, 16, 1.

Diz o adepto do Vedanta: discordamos então, pois isso nos distanciaria do significado da Upanishad. A partir do texto direto da Upanishad, fica claro que a transcendência na linguagem resulta da adesão à verdade, o qual diz: "Mas, aquele que transcende, aderindo à verdade, transcende, de fato, em linguagem". Aqui, não se declara sobre o conhecimento do Prana. Talvez, esse conhecimento do Prana possa ser introduzido somente com o auxílio do texto. Mas, caso o faça, o contexto[561] invalidará o texto direto. Não se pode justificar, de acordo com essa interpretação, o uso da palavra *tu* (mas), como é encontrada na frase: "Mas aquele que transcende realmente pela linguagem", a qual significa distinguir algo que se está por discutir, de algo que o antecedeu. E a frase "Mas, a verdade deve ser investigada"[562], a qual implica um esforço ulterior, sugere a intenção de introduzir (com a palavra "verdade") um novo tema (além do Prana). De modo análogo: como quando se discute sobre o domínio de um só Vêda e alguém diz: "Mas, aquele que lê os quatro Vêdas, é realmente um grande brâhmane", o elogio se refere ao conhecedor dos quatro Vêdas, o qual é diferente do conhecedor de um único Vêda. Assim, nós devemos entender dessa forma o tema debatido. Por outro lado, não existe regra segundo a qual a intenção de falar sobre uma nova coisa pudesse deduzir-se, meramente, de perguntas e respostas inéditas[563]. Pois a intenção de um novo tema pode ser entendida quando se faz possível manter-se no raio já alcançado. No contexto sob discussão (Chandogya Upanishad, VII, 15-16), Narada guarda silêncio após ter ouvido o ensinamento sobre o Prana. Portanto, Sanatkumara lhe expõe, voluntariamente, isto: a transcendência na linguagem, atendo-se ao conhecimento do Prana, que é mutável e irreal, não é uma verdadeira transcendência, "mas, aquele que transcende, realmente a todos os demais em sua linguagem". Nessa frase, a palavra verdade (*satya*) implica no Absoluto Brahmâm Supremo, sendo a realidade mais elevada e posto que outra Upanishad diz: "Aquele que conhece Brahmâm alcança o Supremo"[564] . Então, a Narada, que foi iluminado assim, reagiu dizendo: "Oh Senhor Venerável!, quero

---

561 O qual é inadmissível. O texto direto é "*satyena,* atento à verdade". Uma declaração direta tem mais autoridade que a suposição do contexto. Nota de rodapé de Swami Gambhirananda, na sua tradução do Brama Sutra, p. 205, da sua versão espalhola.

562 TINOCO, 2021, verso VII, 16, 1.

563 Pois, na Brhadaranyaka Upanishad, vê-se que Maitreyi enuncia várias perguntas a Yajnavalkya acerca do mesmo Ser. E a ilustração dos conhecedores dos Vêdas se altera ao tema ainda sem a ajuda de pergunta e resposta. Nota de rodapé de Swami Gambhirananda, na sua tradução do Brahma Sutra, versão em inglês, p. 205.

564 TINOCO, 1996, p. 228, verso II, 1, 1.

transcender a todas as coisas na minha linguagem, cuidando da Verdade"[565], Sanatkumara lhe ensina sobre *Bhuman* por meio de uma sucessão de práticas, como a meditação profunda. Se esse for o caso, pode-se entender que a verdade acerca da qual se promete falar como algo superior ao Prana (na Chandogya Upanishad, VII, 16), como *Bhuman* como superior ao Prana. Dessa maneira, justifica-se o início do tema com o objetivo de se alcançar o conhecimento do Ser. Por outro lado, é ilógico dizer que aqui se entende o Prana como sendo o Ser, pois o Prana não pode ser o Ser, no sentido primário. Além disso, o sofrimento só pode cessar conhecendo-se o Ser, pois outra Upanishad declara: "Somente conhecendo-O, pode o homem ultrapassar a morte"[566]. Por onde, ao se começar com "Transporta-me mais além da dor, tal como sou, Oh senhor venerável !"[567], chega-se à conclusão: "O venerável Sanakumara mostra outra margem da escuridão a quem dissipou todo o apego"[568]. Com a palavra escuridão (*tamas*), se quer dizer a ignorância, a fonte do sofrimento etc. E se a instrução terminar realmente, com Prana como o mais elevado, não se declara que esse Prana está sujeito a algo mais e o texto brâhmana diz: "Do Ser procede o Prana"[569].

Nem se pode objetar que a última parte do capítulo pode se referir ao Ser Supremo, enquanto também o infinito, citado no princípio, pode ser a energia vital, pois, na frase "Em que descansa o Infinito? Em sua própria grandeza [...]"[570], observa-se que o infinito é o tema constante, até o fim do capítulo.

A essência do Ser Infinito, que é plenitude, com o que concorda melhor, é com o Ser Supremo, que é a causa de tudo.

Sutra 9: e as características de *Bhuman* são apropriadas (para o Ser supremo)[571].

Sutra 9: e porque as características (que se mencionam no texto) são unicamente adequadas ao Absoluto[572].

Os atributos que o texto sagrado assinala ao infinito coincidem com os do Ser Supremo. A frase "Ali onde não se vê mais nada, isto é o Infinito"

565 TINOCO, 2021, verso VII, 16.

566 TINOCO, 1996, p. 313, verso IV, 15.

567 TINOCO, 2021, verso VII, 1, 3.

568 TINOCO, 2021, verso VII, 26, 2.

569 TINOCO, 2021, verso VII, 26, 1.

570 TINOCO, 2021, verso VII, 24, 1.

571 GAMBHIRANANDA, 1983, p. 173.

572 MARTÍN, 2001, p. 150.

nos faz compreender que as atividades normais de ver e as outras estão ausentes e isso é uma característica do Ser Supremo. E sabemos que pertence ao ser por outra frase das escrituras: "Mas, quando só o Ser é tudo, como poderia atuar outro?"[573]. O que foi dito sobre a ausência de atividades, como o ver em estado de sonho profundo (Prasna Upanishad, IV, 2), foi dito com a intenção de afirmar a não ligação (não apego) do Ser, não para descrever a energia vital. Já que é o Ser e não a energia vital, é o tema dessa frase. Também a plenitude que a escritura disse estar em relação com esse estado se menciona para mostrar que a plenitude é a natureza do Ser. Diz a escritura que "Esta é a mais elevada meta, sua maior glória, sua mais elevada existência, sua plenitude suprema"[574].

Também na frase que estamos tratando, "O Infinito é plenitude. Não existe plenitude no limitado, só o ilimitado é plenitude", negando a existência da plenitude naquilo que é perecível, mostra que somente o Absoluto Brahmâm é plenitude como o Infinito. Uma vez mais, a afirmação "O Infinito é Imortalidade" demonstra que se refere à causa mais elevada, pois a Imortalidade de todos os seres é relativa. E em outra frase, diz a escritura: "Explica-me o que é Brahmâm, o Absoluto, que é imediato e direto, o ser que está dentro de tudo"[575]. Ao ser verdade, descansa na Sua própria grandeza, ser onipresente e ser o Ser de tudo, que se menciona como pertencente ao Infinito, somente pode aplicar-se ao Ser Supremo e a nada mais. Tudo isso prova que o Infinito é o Ser Supremo.

TEMA 3: O IMUTÁVEL

O IMPERECÍVEL

Sutra 10: Akshara é Brahmân, porque sustenta a todas as coisas, incluindo o espaço[576].

Sutra 10: o imperecível (akshara) é o Absoluto, porque sustenta todas as coisas, inclusive o espaço (âkâsa)[577].

---

573 MARTÍN, 2002, p. 414, verso IV, 5 15.

574 MARTÍN, 2002, p. 365, verso IV, 3, 32.

575 MARTÍN, 2002, verso III, 4, 2.

576 GAMBHIRANANDA, 1983, p. 174.

577 MARTÍN, 2001, p. 151.

Lemos na Upanishad: "Por que está interpenetrado o espaço imanifestado?", disse Gargi e responde Yajnavalkya: "Gargi, os que conhecem ao Absoluto (Brahmâm) dizem que Aquele imutável *(akshara)* é isto. Não é grosso nem fino, nem curto nem nem longo, nem vermelho, nem fluido, nem é uma sombra [...]"[578].

Surge aqui uma dúvida: a palavra *akshara* significa "sílaba" ou o "Ser Supremo"? O opositor sustenta que significa simplesmente "sílaba", pois em termos tais como *akshara-sâmamnaya* o significado é "sílaba", porque estamos autorizados a eliminar o significado estabelecido em uma palavra e porque, em outra frase da Chandogya Upanishad, pode-se ler: "A sílaba *aum* (*Om*) é tudo isto"[579], fala-se de uma sílaba que, representada como objeto de meditação, é o Ser de tudo.

Diz o adepto do Vedanta: ao ser Supremo se indica somente com a palavra *akshara*. Por quê? Porque foi dito sobre Aquele que é o que sustenta todo o agregado de efeitos, desde a terra até o espaço. No princípio do texto sagrado, pode-se ler que todo agregado de efeitos, iniciando pela terra e diferenciado em três partes pelo tempo, está baseado no espaço. E não se pode atribuir mais que o Absoluto Brahmâm. O texto assinalado diz que verdadeiramente a sílaba *aum* (*om*) é tudo isso, mas deve entender-se a afirmação como um simples elogio às sílabas, considerando-as como um meio para se alcançar o Absoluto Brahmâm.

Portanto, o significado da palavra *akshara* se toma como o Imperecível ou "Aquele que tudo penetra". Nas duas explicações, deve-se considerar o Ser Supremo.

Diz o opositor: admitimos que o raciocínio anterior se mantém sempre que se aceite que o Imperecível é o suporte de tudo, até o espaço. Como uma prova de que todos os efeitos dependem de uma causa, assinalamos que aqueles que dizem que a natureza é a causa geral poderiam empregar este raciocínio: como pode, então, afirmar-se o argumento anterior, ou seja, que é o Absoluto Brahmâm, e não a natureza?

Diz o adepto do Vedanta: a resposta está no Sutra seguinte.

Sutra 11: somente Brahmâm é capaz de efetuar a ação de sustentar, porque se menciona sua poderosa guia[580].

---

[578] MARTÍN, 2002, p. 285, verso III, 8, 7-8.

[579] TINOCO, 2021, verso II, 23, 9.

[580] GAMBHIRANANDA, 1983, p. 176.

Sutra 11: pelo poder que se atribui ao Imperecível, já que isso (Ele sustenta tudo) só pode realizar o Ser Supremo[581].

O suporte de todas as coisas que incluem o espaço só pode ser obra de Deus. Por quê? Pelo Seu poder, pelo poder de dirigir a todos. O texto sagrado fala de um mandato: "Sob a poderosa lei do Imutável, Gârgi, o céu e a terra se mantêm em distintas posições"[582]. E um mandato só pode ser obra do Ser Supremo, não da natureza inconsciente, porque causas não inteligentes, como a argila e outras, não podem ordenar efeitos como as jarras.

Sutra 12: e porque se exclui que sejam outras entidades[583]

Sutra 12: e porque se há excluído outras características que não sejam as do Absoluto (na tradição)[584].

Pela razão apresentada nesse Sutra, somente o Absoluto Brahmâm deve ser considerado como imperecível e como o suporte de tudo, inclusive do ar. O Universo deve ser visto como sendo uma obra do Absoluto Brahmâm e nada mais.

O significado do Sutra é: tudo pode ser considerado o Imperecível. Na frase: "O Imutável, Gârgî, não se pode ver jamais, mas é a testemunha que vê. Não se pode ouvir mas é o que ouve. Não se pode pensar, mas é o que pensa. Não se pode conhecer, mas é o conhecedor"[585]. Ao se dizer "não se pode ver", está de acordo com a natureza, mas, ao dizer que vê, não o está, pois essa não é consciente. Nem a palavra *akshara* se refere ao ser encarnado com as suas limitações, pois a frase seguinte assinalada afirma que não há nada diferente do Ser. "Não existe nada que veja a não ser Ele, nada que escute senão Ele, nada que perceba senão Ele, nada que conheça senão Ele". E além do mais, nega-se expressamente os condicionamentos do infinito (*akshara*) na frase: "[...] Aquele não tem olhos, nem ouvidos, sem órgãos da fala, nem mente [...]"[586] e o ser encarnado sem os seus condicionamentos não existe. Portanto, é correto, sem dúvida, que o Imperecível não é outro, se não o Absoluto Brahmâm.

---

581 MARTÍN, 2001, p. 152.

582 MARTÍN, 2002, p. 286, verso III, 8, 9.

583 GAMBHIRANANDA, 1983, p. 131.

584 MARTÍN, 2001, p. 152.

585 MARTÍN, 2002, p. 289, verso III, 8, 11.

586 MARTÍN, 2002, p. 285, verso III, 8, 8.

TEMA 4: O OBJETO DA VISTA

O OBJETO DA VISÃO

Sutra 13: dado que se intenciona como o objeto da ação de ver (*ikshana*), deduz-se que se implica no Ser Supremo[587].

Sutra 13: porque se nomeou como objeto da visão, aquele no qual se medita é o Absoluto[588].

O tema discutido se inicia com as palavras: "O mestre Pippalada replicou: 'Ó Satya-kama, a sílaba Om é o Supremo Brahmâm (Nirguna) e também o outro Brahmâm (Saguna)'. Verdadeiramente, aquele que conhece isso, os dois aspectos de Brahmâm alcançará"[589]. A frase continua em seguida: "Entretanto, se ele medita no Elevado Purusha através das três letras (AUM), se unirá ao fulgente sol"[590]. Aqui, apresenta-se a dúvida de se o objeto de meditação ao qual se refere a última frase é o Ser Supremo (Brahmâm Superior) ou o Brahmâm inferior. A dúvida se baseia na primeira frase, de acordo com a qual ambos eram objeto de discussão.[591]

O *opositor* sustenta que o outro, o Absoluto manifestado ou Brahmâm inferior, porque o texto promete só uma recompensa limitada por certa posição, àquele que o conhece. E como o Ser Supremo é onipresente, não seria adequado pensar que quem O conhece obtém um fruto limitado a certa posição. A objeção que surge é que se o entendemos como Brahmâm inferior, não haveria lugar para qualificá-lo de Ser Superior. Essa objeção não é válida, porque a energia vital (Prana) pode ser chamada de superior, comparando-a com o corpo.

Sobre isto, diz o adepto do Vedanta: o que foi ensinado aqui, como objeto de meditação, é unicamente o Absoluto Brahmâm. Por quê? Porque se falou Dele como objeto de percepção. Em uma frase complementar, falou-se da pessoa em quem se tem meditar como objeto do ato de ver.

---

[587] GAMBHIRANANDA, 1983, p. 177.

[588] MARTÍN, 2001, p. 153.

[589] TINOCO, 1996, p. 187, verso V, 2.

[590] TINOCO, 1996, p. 188, V, 5.

[591] Nas Upanishads, pode-se observar que Brahmân é enfocado sob dois aspectos principais: Saguna Brahmân e Nirguna Brahmân. Saguna é o aspecto condicionado de Brahmân, devido à ilusão ou mâyâ. Quando abordado sob esse aspecto, Brahmân pode possuir nomes, formas, vinculações aos aspectos materiais do universo. É o Brahmân com atributos. Nirguna Brahmân está além do tempo, do espaço e da causalidade (nota de Carlos Alberto Tinoco, no seu livro As Upanishads, p. 120).

"Ele vê ao espírito que habita no castelo do corpo mais elevado que o mais elevado, que penetra todas as coisas"[592]. Pode ser objeto de um desejo. Mas somente objetos reais podem objeto do ato de ver, conforme sabemos por experiência. Por isso, concluímos que na última frase assinalada se fala do Ser Superior, único, real, que se dá em uma intuição total como objeto de visão. É a esse Ser Supremo o qual reconhecemos como objeto de meditação, na frase que estamos tratando. Mas se estabelece uma objeção: teremos ao ser mais elevado e como objeto de percepção ao espírito superior, ao que é mais elevado. Como saberemos que ambos são idênticos? O adepto do Vedanta responde que ambas as frases têm em comum os termos "superior" ou "mais elevado".

Não se deve supor de nenhum modo que a palavra *jîvaghana* se refere a essa suprema entidade que foi apresentada como tema geral, considerando-a como objeto de meditação. Caso venhamos a supor isso, a consequência seria que aquela entidade suprema, objeto de percepção, seria distinta daquela mais elevada, representada como objeto de meditação. Melhor, deveríamos explicar essa palavra como "Aquele cuja forma se caracteriza por *jiva* (o ser individual)". O que quer dizer que o Ser Supremo com as superposições se manifesta como *jiva,* como ser individualizado. O significado é análogo ao literal da expressão "conjunto de criaturas individuais". A essa condição de Ser se pode chamar assim, caso se olhe desde os sentidos e seus objetos.

Com relação a esse texto tratado anteriormente, outro comentário diz que a palavra *jivaghana* significa o mundo do Absoluto Brahmâm, do qual se falou anteriormente. ("Pelos versos Sama foi conduzido até o mundo do Absoluto"). E ainda na frase seguinte, diz-se que se pode chamar "mais elevado", porque o é mais que outros mundos, e se pode dizer que é o mundo do Absoluto Brahmâm, porque todos os seres indivuduais (*jiva*) com os seus órgãos de ação estão compreendidos dentro de *Hiranyagarbha* (a Vida) que habita no mundo do Absoluto Brahmâm e que pode identificar-se a si mesma com todos os órgãos vitais.

Compreendemos, assim, que ele que é o mais elevado, ou seja, o Ser Supremo, o objeto de visão, também é objeto de meditação. A qualificação de "ser mais elevado" somente corresponde a esse lugar, caso venhamos a entender que se refere ao Ser Supremo, pois esse título de "espírito mais elevado" somente se pode dar ao Ser Supremo, que é superior a qualquer outra coisa. Por isso, em outra frase das escrituras, é dito também: "Além

592 Prasna Upanishad, verso não encontrado.

do intelecto está o poderoso Atman; além do poderoso Atman está o Imanifesto, além do Imanifesto está o Purusha. Além do Purusha nada há. Este é o final, o Supremo Objetivo"[593].

Quando a Upanishad faz uma distinção, ao afirmar: "Verdadeiramente, aquele que conhece isto, os dois aspectos de Brahmâm, alcançará"[594] e, depois disso, afirma que se deve meditar no Purusha Supremo, mediante a ajuda do mantra Om, faz-nos entender que esse Purusha Supremo não é nada além que o Brahmâm Supremo. A declaração do resultado, ou seja, a liberação do pecado, de acordo com a frase: "Como uma serpente que se liberta da sua pele no momento oportuno, assim, ele se torna liberto do pecado"[595], indica que o Ser Supremo é o objeto de meditação aqui. Referente à objeção de que quem medita no Ser Supremo não pode ter um resultado parcial limitado, contestaremos assim: o resultado garantido para quem medita no Absoluto Brahmâm com a ajuda do Om, constituido por três letras, é o alcance do mundo de Brahmâm e o aparecimento subsequente da completa realização paulatina. Dessa maneira, isso se propõe a conduzir à emancipação gradual, assim não há nada de imperfeito.

TEMA 5 DAHARA (O ESPAÇO PEQUENO)

O PEQUENO ESPAÇO

Sutra 14: o espaço pequeno (dahara akasha) é Brahmâm pelas seguintes razões[596].

Sutra 14: o pequeno espaço é o Absoluto pelas seguintes razões[597].

Lemos na Chandogya Upnishad o seguinte: "Existe um pequeno espaço na cidade de Brahmâm, no pequeno palácio em forma de lotus. O que está dentro disso, é o que se deve buscar e, seguramente, investigar"[598]. Aqui, surge uma dúvida no que se refere ao espaço pequeno sobre o qual se ouve falar nessa frase e que existe dentro do pequeno lotus do coração, como se fosse o espaço material chamado éter sutil ou Ser individual, identificado

593 TINOCO, 1996, p. 165, verso I, 3, 11.

594 TINOCO, 1996, p. 187, verso V, 2.

595 TINOCO, 1996, p. 188, verso V, 5.

596 GAMBHIRANANDA, 1983, p. 180.

597 MARTÍN, 2001, p. 155.

598 TINOCO, 2021, verso VIII, I, 1.

com o intelecto ou o Ser Supremo. Essa dúvida surge com a palavra "espaço". Usa-se no sentido de espaço elementar o mesmo que em Absoluto, para explicar a expressão "Cidade do Absoluto". Pode-se dizer que aqui ao ser se o chama Brahmâm e ao corpo, cidade de Brahmâm ou também que significa o que se disse, literalmente. Aqui, surge a dúvida com relação ao pequeno espaço, porque não se sabe a qual das três opções se refere.

O opositor diz que devemos compreender por pequeno espaço o elementar, pois esse é o significado tradicional da palavra akasha. Designamo-a aqui por pequeno, por estar na morada (do coração). Na frase: "Tão grande como o espaço externo é o espaço do coração"[599], representa-se ao mesmo tempo como os dois termos da comparação, porque se pode distinguir entre o interno e o externo.

Disse-se que o céu e a terra estão contidos em seu interior, porque todo o espaço enquanto tal é uno. Também, continua o opositor, o pequeno se pode tomar pelo ser individual, em relação à expressão "a cidade de Brahmâm". Aqui, chama-se o corpo assim por ser a morada do ser e porque se adquiriu com as ações do ser. Interpretando-o assim, devemos aceitar que se fala do Absoluto Brahmâm metaforicamente. Não se pode referir-se aqui ao Ser Supremo, porque não está relacionado com o corpo enquanto ser. O dono da cidade, ou seja, o ser individual, representa-se vivendo em um lugar na cidade (o cora- ção), semelhante a um rei que reside em um lugar do seu país. Por outro lado, a mente (*manas*) constitui uma limitação superposta do ser individual e a mente, principalmente, localiza-se no coração. Por isso, pode-se dizer que reside ali o Ser. E somente se pode dizer que é pequena, porque é comparável em tamanho ao furo de uma agulha (Svetasvatara Upanishad, V, 8). Nessa frase sobre o espaço, deve-se compreender que é para insinuar a não diferença com o Absoluto Brahmâm, nem diz a frase da escritura que se deve perceber "o pequeno", pois é o que está no interior e se representa como um simples atributo de algo mais.

O adepto do Vedanta responde a isso: somente pode referir-se ao Ser Supremo o conceito de "pequeno espaço", e não ao ser individual, nem ao espaço elementar. Por quê? Pelas razões seguintes, que se dão na frase complementar. Referindo-se ao pequeno espaço, o texto afirma que se percebe como objeto de percepção. Em seguida, aparece uma objeção: o que é que merece ser percebido ou ser compreendido? E há uma exposição com a que termina. Logo, dirá: "É tão grande como o espaço, tão grande é

599 TINOCO, 2021, verso VIII, 3, 1.

esse espaço interior". "Céu e terra estão contidos Nele"[600]. Aqui, o mestre espiritual, valendo-se da comparação do espaço no coração com o espaço universal conhecido, não nos deixa que tomemos por "espaço pequeno" ao espaço elementar, porque o uso normal da palavra espaço na linguagem dá o sentido elementar, aqui não se pode pensar que seja o espaço esse, porque não é possível que se compare consigo mesmo.

Mas não foi afirmado antes que o espaço, apesar de só e uno, pode se comparar consigo mesmo, pela diferença entre o exterior e o interior? Essa explicação não é possível, responde o adepto do Vedanta, pois não podemos admitir que a comparação de uma coisa consigo mesma possa se fundamentar em uma diferença imaginária. E se admitíssemos que se pudesse comparar a extensão do interior, nunca se poderia referir ao interno. Também se poderia dizer que não se pode atribuir ao Ser Supremo a extensão do espaço exterior, pois outra frase da escritura afirma que é maior o espaço (S'. Br.VI, 3,2), invalidando essa objeção. Diz-se que a frase que compare o espaço exterior ao interior tem o objetivo de descartar a ideia de pequenez do espaço interior, que foi qualificado à simples vista pela pequenez do lotus do coração, no qual está contido, e não quer determinar uma certa extensão do espaço interno. Se a frase conduzisse a ambos, cortaria a frase e se permitisse assumir a diferença entre ambos os espaços, poder-se-ia apontar a porção de espaço do lotus do coração como aquela que contém no seu interior o céu e a terra.

Não poderíamos conciliar com a natureza do espaço elementar as características do Ser, ou seja, estar livre de culpas, que se assinala ao espaço pequeno, de acordo com a seguinte frase: "Está livre de culpas, livre da velhice e da morte, da dor, da fome e da sede e dos desejos objetivos verdadeiros"[601]. Apesar da palavra "ser", na frase assinalada, poder ser aplicada ao ser individual, também há outras razões que excluem a ideia que se refere ao ser individual, como o espaço pequeno, pois não se poderia separar do ser limitado por condicionamentos da pequenez, comparada ao furo de uma agulha. "Entretanto, é visto como outra entidade, inferior e pequena como o furo de uma agulha"[602], a qual é inerente a ele, por estar encarnado no lotus do coração.

Assumamos então, diz o oponente, que o Ser Onipresente se atribui ao ser individual, como o propósito de insinuar a não diferença com o Absoluto Brahmâm.

600 TINOCO, 2021, verso VIII, 1,3.

601 TINOCO, 2021, verso VIII, 1,5.

602 TINOCO, 1996, p. 309, verso V, 8.

Bem, responde o adepto do Vedanta, se conjecturarmos que se disse que é onipresente o pequeno espaço, porque é uno com o Absoluto Brahmâm, nossa própria suposição é essa, por ser a mais sensível, já que a onipresença é atribuída ao Absoluto.

Com relação à expressão "a cidade de Brahmâm", que somente pode-se entender assumindo que o ser habita em um lugar em particular da referida cidade, como se fosse um rei, pode-se perceber que é mais lógico que signifique o corpo. Sendo a cidade do Absoluto, essa interpretação nos permite usar a palavra "Absoluto" no seu sentido primário e está também em relação com o corpo, uma vez que esse é a morada onde pode ser percebido. Também expressa a mesma coisa, na seguinte frase: "Ele vê o Ser Superior que habita na cidade" e "Este espírito está em todas as cidades (corpos); é o que habita na cidade"[603].

Podemos entender que a frase citada ensina que o Absoluto Brahmâm está na cidade do ser individual, próximo ao devoto, do mesmo modo que Vishnu está próximo de nós na pedra *sâlâgrâma*[604]. Por outro lado, o texto da Chandogya Upanishad (VIII, 1,6) afirma no princípio que o resultado das ações é perecível, assim: "Como aqui na terra, tudo o que se adquire com esforço, perece, assim perece também tudo o que se adquire para o outro mundo com as boas ações". Depois, afirma-se ser imperecível, os resultados que surgem do pequeno espaço, que é o tema geral da discussão. "Para aqueles que partem daqui, depois de descobrir o ser e os seus verdadeiros desejos, há liberdade em todos os mundos".

Também aqui se destaca que o espaço pequeno é o Absoluto Brahmâm, ou seja, o Ser Supremo. Retornemos agora à afirmação feita pelo opositor. Ele disse que no texto sagrado não se encontra o espaço pequeno, ao ter que o perceber e o compreender como se fosse um atributo distintivo de algo mais. E continua: se não fosse o espaço pequeno, quem tem que compreender-se, a descrição da natureza desse espaço na frase "Tão grande quanto esse espaço, é o do coração"[605] não teria propósito.

Diz o oponente: essa descrição pretende estabelecer a natureza daquele que habita interiormente o espaço, tal como é mostrado no texto, poderíamos perguntar: "Com relação a esta cidade de Brahmâm, o palácio, em forma

603 MARTÍN, 2002, p. 227, verso II, 5, 18 (verso muito diferente).

604 Quer dizer que a pedra simboliza Vishnu, segunda pessoa da *trimûrti* ou trindade sagrada do hinduísmo. Nota de rodapé de Consuelo Martín, na sua tradução do Brahma Sutra, p. 157.

605 TINOCO, 2021, verso VIII, 3,1.

de um pequeno lótus, e o espaço pequeno dentro dele, que é o que existe no interior, é isto que deve ser visto e compreendido?"[606]. Para responder a essa pergunta, podemos declarar que o céu e a terra estão contidos dentro dele — do espaço —, declaração essa que, quando se compara com o espaço, constitui apenas uma introdução.

Diz o adepto do Vedanta: sua declaração é falsa. Se admitirmos isso, nos levaria a que os objetos que devem ser descobertos e investigados, seriam o céu e a terra, que estão contidos no espaço pequeno. Mas, nesse caso, a frase complementar seria desnecessária. O texto prossegue com o tema da discussão do espaço, que é a morada do céu e da terra, com as frases: "Naquele, todos os desejos estão contidos", "É o Ser, livre de culpa" e "Mas, aqueles que partem daqui, tendo descoberto o Ser e os desejos verdadeiros...."[607]. Afirma também que o ser é a morada dos desejos e, como esses habitam no Ser, são objetos de conhecimento.

Daí, conclui-se que também no início da frase o pequeno espaço que habita no lótus do coração, juntamente com tudo que ele contém, como a terra e os desejos verdadeiros, representa-se como objeto de conhecimento e, pelas razões já expostas, é o Ser Supremo.

Sutra 15: devido aos fatos de ir e ao uso da palavra (Brahma-Loka), deduz-se que o Espaço pequeno é Brahmâm. De maneira análoga, isso se constata em outras Upanishads e existe um sinal revelador[608].

Sutra 15: o pequeno espaço é o Absoluto pelo ato de ir ao Absoluto e pela palavra (Bramâloka, o mundo de Brahmâm), como se vê em outras Upanishads e porque há sinais que o indicam[609].

Foi dito que o espaço pequeno é o Senhor Supremo, em virtude das seguintes razões, que agora vamos expor. O espaço pequeno é o Senhor Supremo pela razão ulterior de que no texto, como um complemento da passagem que se refere ao espaço pequeno, encontramos a seguinte frase: "Estas criaturas, apesar de em cada dia, irem a este Brahma Loka (o mundo de Brahmâm), não O conhecem"[610]. Essa frase volta a se referir ao pequeno espaço, com a expressão "o mundo de Brahmâm". Fala que as criaturas vão até ali, o ser individual, por exemplo. Daí, concluímos que o pequeno

[606] TINOCO, 2021, verso VIII, 1,2.

[607] TINOCO, 2021, verso VIII, 1, 5-6.

[608] GAMBHIRANANDA, 1983, p. 185.

[609] MARTÍN, 2001, p. 158.

[610] TINOCO, 2021, verso VIII,3,2.

espaço é o Absoluto Brahmâm, onde os seres vão, dia após dia, durante o sono profundo. Em outra frase, pode-se ler: "Então, amigo, o ser individual chega a unir-se à Existência (O Absoluto Brahmâm)".[611]

Em linguagem comum, quando se fala de um homem que se encontra em estado de sono profundo, diz-se: "converteu-se em Brahmâm, alcançou o estado de Brahmâm". De modo análogo, a expressão Brahmâ Loka, que ali se usa referindo-se ao espaço pequeno em consideração, descarta as suposições sobre a alma individual e do espaço material, fazendo-nos compreender o termo "espaço pequeno", no sentido de Brahmâm.

Diz o adversário: o termo Brahmâ Loka não poderia significar o mundo de Brahmâ (Prajapati)?

Responde o adepto do Vedanta: poderia, se o termo composto Bramâ Loka fosse explicado como sendo formado com uma desinência implícita do sexto caso (significando o mundo de Brahmâm). Mas se fosse explicado no sentido de aposição[612], ou seja, "o mundo que é Brahmâm", então, conduzir-nos-á somente ao Brahmâm Supremo. O mero fato de dirigir-se ao Brahmâ Loka diariamente indica que essa palavra composta — Brahmâ Loka — deve explicar-se no sentido de aposição, pois não se pode imaginar que as criaturas vão, cada dia, ao mundo de Brahmâ, cujo outro nome é Satya – Loka.

Sutra 16: o espaço pequeno deve ser Deus, por manter os mundos em seus lugares; pois, em outros textos, nota-se que essa glória pertence a Ele[613].

Sutra 16: tendo em conta o suporte que se lhe atribui, o pequeno espaço deve ser o Absoluto, pela grandeza que se observa Nele[614].

O pequeno espaço não pode ser outro, senão o Absoluto Brahmâm, tendo em conta o "suporte". Como é isso? O texto introduz, no princípio, o tema geral da discussão, com a frase: "Nele está o pequeno espaço". Afirma-se que se deve comparar esse espaço com o espaço universal e que tudo está nele contido. Seguidamente, é aplicado o termo "Ser" e se afirma dele que está livre de culpa etc. Finalmente, diz-se: "Aquele ser é uma presa, um

---

611 TINOCO, 2021, verso VI, 8, 1.

612 Construção na qual um substantivo ou um grupo nominal segue imediatamente, com autonomia tonal, a outro elemento dessa mesma classe para explicar algo relativo a ele; Por exemplo: Madrid, capital da Espanha está no centro da península; ela, enfermeira ou professora, fez-lhe a primeira cura (Dicionário da Real Academia Espanhola). Nota de rodapé, da versão em espanhol, da tradução do Brama Sutra, traduzida por Swami Gambhirananda, p. 220).

613 GAMBHIRANANDA, 1983, p. 186.

614 MARTÍN, 2001, p. 159.

suporte limite (*bidhriti*) para que os mundos não se confundam". Suporte aqui é predicado do Ser. Teremos que encontrar um agente sustentador. Semelhante a uma barragem que sustenta as águas transbordantes, como as valas dos campos não se perdem, assim, o Ser atua como um limite para que os mundos, interior e exterior, as diferentes castas e outros, não se confundam.

Aqui, o texto põe em destaque essa grandeza que se percebe no ato de suportar os mundos e distingui-los, grandeza a que pertence o pequeno espaço, que é o nosso tema. Somente se pode encontrar a referida grandeza no Ser Supremo, como se pode perceber em outra frase, que é a seguinte: "sob a poderosa lei do Imutável, Gârgi, o céu e a terra se mantêm em distintas posições".[615] Isso é algo semelhante ao que se pode ler na seguinte frase: "Ele é o dono de tudo, o rei de todas as coisas e o seu protetor. Ele é o suporte e o dique que limita estes mundos para que não se misturem"[616]. Levando-se em conta o "suporte", o pequeno espaço não é outro, senão o Ser Supremo.

Sutra 18: se argumentamos que o outro (a alma individual) deveria ser o Espaço pequeno, porque se menciona no final, diremos que não é assim, pois seria impossível[617].

Sutra 18: se disse que ele o ser individual e não o Absoluto é o pequeno espaço, mas isso é impossível[618].

Diz o adversário: se, baseando-se na porção complementar, entende-se que o Espaço pequeno significa o Senhor Supremo, então, a alma individual também é mencionada na porção complementar, na frase: "Ele disse: Agora, bem, o Ser é este Uno Sereno (*samprasada)* que se ergue deste corpo e, percebendo que é a Luz Suprema, alcança sua natureza real. Este é o Ser".[619] Sabendo-se que a palavra *samprasada* ou serenidade completa se usa em outra frase das Upanishads, no sentido de sonho profundo, pode trazer a mente à alma nesse estado, no texto aqui, sob consideração, mas nada mais. De modo análogo, para a alma individual, é possível existir no corpo e elevar-se do mesmo, como o ar que existe no espaço pode surgir desse, e aqui o caso é semelhante. Por outro lado, apesar da palavra espaço não ser

615 MARTÍN, 2002, p. 286, verso III, 8, 9.

616 MARTÍN, 2002, p. 398, verso IV, 4, 22 (verso diferente).

617 GAMBHIRANANDA, 1983, p. 188.

618 MARTÍN, 2001, p. 160.

619 TINOCO, 2021, verso VIII, 3, 4.

usada comumente, no sentido do Senhor Supremo, porém em frases como: "Este que é chamado Espaço é, seguramente, aquele que põe de manifesto, o nome e a forma"[620] se aceita que a palavra representa o Senhor Supremo pela sua associação com as características de Deus. Similarmente, pode-se usar também para a alma individual. De modo análogo, o fato de que se faça alusão ao outro, a alma individual, no final da frase, deduz-se que se faz referência à alma individual, na seguinte frase: "O Espaço pequeno que existe dentro deste"[621].

Diz o adepto do Vedanta: isso não pode ser assim.

Por quê?

"Porque é impossível", pois a alma individual, identificando-se com tais envolturas limitantes, como o intelecto, não pode ser comparada com o espaço; nem tais qualidades como a liberdade do pecado e assim sucessivamente, podem ser possíveis no caso de algo que se identifica com as limitações dos fatores condicionantes. Isso foi elaborado no primeiro Sutra (I, 3, 14). Mas o tema é discutido para dissipar dúvidas ulteriores. Em seguida, será apresentado outro aforismo: "E a alusão implica um propósito diferente" (I, 3, 20).

Sutra 19: foi arguido que o Espaço Pequeno é a alma individual, pela referência a ela, sucessivamente (no mesmo capítulo), diremos: ali se fala disso na sua natureza revelada[622].

Sutra 19: foi dito que o "pequeno espaço" é o ser individual por referência (a este capítulo), afirmamos agora que se fala do ser individual quanto à sua verdadeira natureza (não se refere ao Absoluto)[623].

Assim diz o oponente: a dúvida a respeito do ser individual como sendo distinto do Absoluto Bramâm foi eliminada pela impossibilidade. Mas essa dúvida aparece outra vez, ad quirindo maior expressão, no seguinte capítulo (da Chandogya Upanishad) que trata de *Prajapati*[624]. No princípio, diz-se que o ser que está livre de culpa é o bem que se busca na investigação, o que devemos tratar de compreender (Chandogya Upanishad, VIII, 7,1).

[620] TINOCO, 2021, verso VIII, 14.

[621] TINOCO, 2021, verso VIII, 1,1.

[622] GAMBHIRANANDA, 1983, p. 189.

[623] MARTÍN, 2001, p. 161.

[624] O significado de Prajapati é "O Criador". Ver supra nota 29, na página 59. Nota rodapé de Consuelo Martín, na sua tradução do Brahma Sutra, p. 161.

Depois, assinala o texto que aquele que vê no olho, ou seja, o ser, é o Ser: "O espírito que se vê no olho, é o Ser".[625]

Uma vez ou outra, refere-se à mesma entidade, como na frase: "Mais adiante, te ensinarei quem é Ele" (VIII, 9,3 e VIII, 10, 4). Uma vez mais, explica a natureza do ser individual em seus diferentes estados de consciência: "Aquele que se move feliz em seus sonhos, é o Ser" (VIII, 10,1) e ainda "quando uma pessoa dorme de modo que todos os sentidos se retiram, ela permanece totalmente serena, e não vê nos sonhos, este é o Ser"[626]. A alma individual se apresenta com atributos, como a liberdade do pecado, na frase: "Esta é imortal, sem medo, este é Brahmâm". Novamente, depois que Indra percebe algum defeito no estado de sonho, de acordo com a frase "Ai, este homem que dorme, certamente não o sabe — durante o sonho — que 'eu sou isto', nem sequer conhece esses seres".

Depois que Prajapati descobriu uma imperfeição no sono profundo, a consequência foi o protesto de Indra: "Desta forma ele não se conhece a si mesmo como 'eu sou isto', nem conhece os demais seres" (VIII, 2,2). E depois, aparece outra explicação: "Mais adiante, te falarei Dele e de nenhuma outra coisa, além disto"[627]. Começa por culpar os seres da união com o corpo e conclui falando do ser que se desapegou do corpo, a converter-se no Ser Supremo. Esse ser sereno que, ao sair do corpo, fica consciente de si mesmo como Luz, disse ao encontrar a sua verdadeira natureza: "Este é o Ser" (VII, 3,4). Daí, deduz-se que existe a possibilidade de que as características do Ser Supremo pertençam também ao ser individual. Tendo em conta o que foi dito, pode-se concluir que o "pequeno espaço dentro dele" se refere ao ser individual.

Diz o adepto do Vedanta: diante dessa posição, pode-se argumentar o seguinte, na frase "Mas, enquanto a sua natureza se manifestou", a partícula "mas", no Sutra, é usada para negar o ponto de vista do oponente. Dessa forma, o sentido do Sutra é: nem sequer considerando o capítulo seguinte, é possível duvidar de se o pequeno espaço é o ser, porque se insinua aí que está unicamente enquanto se manifestou a sua verdadeira natureza. O Sutra usa a expressão: "Aquele cuja natureza se manifestou" e que qualifica o *jiva* — o ser invidual — quanto à sua condição prévia.[628]

---

[625] TINOCO, 2021, verso VIII, 7,3.

[626] TINOCO, 2021, verso VIII, 9, 1.

[627] TINOCO, 2021, verso VIII, 3,4.

[628] A condição prévia é a condição do *jiva,* do ser individual que se acredita estar separado pelos conhecimentos que recobrem o Ser, que é. Quando o *jiva* toma consciência de ser o Absoluto, já não se chama assim. Às vezes, nomeia-se com a palavra *jivanmukta,* que significa "liberto em vida". Nota de rodapé de Consuelo Martín, na sua tradução do Brama Sutra, p. 162.

O significado é o seguinte: Prajapati fala, no início do que vê, caracterizado pelo olho ("Aquele Espírito que está dentro do olho"). Mostra na frase que trata da reflexão no ser que o que vê, não tem seu ser verdadeiro no corpo. A ele se refere repetidas vezes como sendo o sujeito que deve explicar. Na frase "Mais tarde, te falarei sobre Ele", ao haver falado dele, como o sujeito dos estados de sono e sonho profundo, finalmente fala do ser individual na sua verdadeira natureza, ou seja, enquanto Ser Superior, não como ser individual. "Quando foi consciente da luz, disse, ao encontrar a sua verdadeira natureza". Essa luz citada na frase, a qual deve ser consciente, não é outra coisa senão o Ser Supremo, cujos atributos característicos são a liberação dos erros.

O Absoluto Brahmâm é o mesmo, como se pode saber em frases como: "Isto és Tú", a verdadeira natureza do ser individual. Enquanto a segunda natureza, ou seja, aquela que depende dos condicionamentos que limitam e são fictícios, não é a sua natureza real e dura enquanto a pessoa individual não se liberte da ignorância sob a forma de dualidade. Essa ignorância pode ser comparada ao erro que a penumbra confunde um poste com um ser humano. Não atinge o conhecimento do ser, cuja natureza é permanente, ou seja, é consciência eterna e se expressa com a frase: "Eu sou o Absoluto", enquanto se vive como ser individual. Mas, ao se eliminar o agregado do corpo, os órgãos sensoriais e a mente, chega-se por meio das escrituras, a saber que ele não é esse agregado, que não forma parte da existência que transmigra, senão que é a Verdade, o Real (*Sat*), o Ser e cuja natureza é pura consciência (*Sat-Chitt-Ananda*).

Sabendo que a sua natureza é permanente, é eterna consciência, que transcende o ilusório orgulho de ser uno com seu corpo, converte-se no Ser, de natureza permanente e eterna consciência. Como se afirma na frase: "Aquele que conhece o Supremo Brahmâm, verdadeiramente se torna Brahmâm"[629]. Essa é a verdadeira natureza do ser individual, que o faz transcender o corpo e apareça na sua verdadeira essência. Aqui, pode aparecer uma objeção, do seguinte modo: como podemos falar da verdadeira forma (*svârupa*) daquilo que é permanente e eterno e dizer que aparece na sua verdadeira natureza? Uma substância, por exemplo, o ouro, cuja natureza permanece oculta e as suas características especificas estão ocultas no seu contato com outras substâncias, pode-se dizer que se manifestam ao limpá-lo com ácido. O mesmo se poderia dizer das estrelas que, durante o

[629] TINOCO, 1996, verso III, 2,9.

dia, têm a sua luz em potência — a causa do sol —, sua verdadeira natureza se manifesta durante a noite, quando o sol foi ocultado. Mas é impossível falar de uma força análoga que ultrapasse a Eterna Luz da Consciência. Não há nenhum agente com o qual possa ser comparada. Ela é livre de todo contato, como o espaço. E aceitar esse ponto de vista seria uma contradição, pelo que se pode observar. As energias de ver, ouvir, dar-se conta (atentar) e conhecer constituem a natureza do ser individual e se pode observar que essa natureza existe na perfeição total, mesmo no caso de que esse ser não houvesse transcendido seu corpo.

Sobre isso, diz o adepto do Vedanta: antes que surja o discernimento, o ser individual, sendo pura Consciência, é como se não a tivesse, a causa das superposições limitativas como o corpo, os sentidos, a mente, os objetos sensoriais e sentimentos. Essa consciência aparece como as energias de ver, de ouvir. Do mesmo modo, para assinalar um caso análogo na experiência normal, a verdadeira natureza de um cristal puro pela sua transparência e brancura, antes de surgir o discernimento, aparece como se não fosse assim, pela adição de cores vermelha e azul. Mas, quando, pela compreensão da sua verdadeira natureza surge o discernimento, pode-se dizer que o ser humano realizou a sua verdadeira natureza, ou seja, a transparência e a brancura. Apesar de, na verdade, já a tinha antes.

O discernimento que a compreensão da revelação foi despertado no ser individual, que antes atuava sem ele, pelas superposições é desidentificar-se do corpo. De acordo com o texto que estamos abordando, é assim, e o fruto desse discernimento será realizar a sua verdadeira natureza, ou seja, compreender que a sua verdadeira natureza é o Ser Puro. Por isso, a corporeidade do ser se deve simplesmente ao discernimento, de acordo com a frase: "O homem sábio, percebendo o Atman morando dentro dos corpos impermanentes, sendo Ele mesmo sem corpo, vasto e a tudo permeando, liberta-se do sofrimento"[630]. E a afirmação da tradição sobre a diferenciação entre a corporeidade e a incorporeidade é dita na frase: "Apesar de residir no corpo, não atua nem é afetado por nenhuma ação"[631].

Comenta-se sobre o ser individual: "Aqueles cuja natureza não está manifestada", simplesmente pela carência de discernimento e se diz: "Aqueles cuja natureza se manifestou", pela presença desse discernimento. Não é possível a manifestação e a não manifestação das distintas naturezas, uma

[630] TINOCO, 1996, verso I, 2, 22.

[631] MARTÍN, 2009, p. 246, verso XIII, 31.

vez que a sua natureza não é outra, ou seja, é sempre a mesma. A diferença entre o ser individual e o Ser Superior é devida, unicamente, ao conhecimento errôneo, e não a uma realidade, pois o mesmo que o espaço, o Ser Supremo não está em contato real com absolutamente nada. E como se sabe disso? Porque Prajapati ensinou, após se referir ao *jiva* (aquele ser que pode ser visto no olho), que: "Este é imortal, o que está isento de medo, o Absoluto Brahmâm". Se aquele que vê dentro do olho, que é conhecido, fosse diferente do Absoluto, caracterizado pela Sua Imortalidade e ausência de medo, essas qualidades se veriam características do olho. Não é a reflexão no olho o que aqui se trata, o qual seria como dizer que Prajapati houvesse dito coisas enganosas.

A segunda parte da frase, "Aquele que se movimenta feliz nos sonhos", não se refere a um ser distinto daquele que se move no olho, do que se fala na primeira parte. Ele aparece na frase introdutória, assim: "Te falarei mais adiante Dele". E uma pessoa que está consciente de ter visto um elefante durante um sonho e já não mais o vê após despertar nega, no estado de vigília, aquele animal visto durante o sonho. Sem dúvida, após despertar, reconhece ser a mesma pessoa que viu algo em sonho. Prajapati também, na terceira parte, afirma a ausência de todo conhecimento particular, durante o estado de sono profundo, mas não duvida da identidade do ser que conhece. "Ele não se conhece a sí mesmo, como 'eu sou isto e isto', nem conhece aos demais se- res"[632]. E o significado da frase "Ele partiu até a aniquilação total" se refere apenas à aniquilação de todo o conhecimento particular e não à aniquilação do conhecedor. Não se destrói o conhecimento do conhecedor, como se pode perceber na frase: "A função de conhecer daquele que conhece nunca se perde, já que é indestrutível"[633].

Na quarta parte, uma vez mais, a frase introdutória de Prajapati é a seguinte: "Te falarei Dele mais adiante, e nada mais que Ele". Depois disso, nega a união do ser com o corpo e outros condicionamentos limitativos, na frase: "Este corpo é mortal"[634], e aponta o ser individual do qual fala como se fosse o Ser Supremo. Quando Ele alcança a natureza individual, não é distinta do Ser Superior, cujas características são imortalidade e a valentia. Alguns mestres espirituais opinam, porém, que, se refere-se ao Absoluto Brahmâm na quarta parte, não seria adequado compreender as palavras:

---

632 TINOCO, 2021, verso VIII, 11,2.

633 MARTÍN, 2002, p. 362, verso IV, 3, 30.

634 TINOCO, 2021, verso VIII, 12,1.

"Te falarei Dele, mais adiante", referindo-se ao ser individual e, portanto, supor que se refere não a esse ser que foi tema das três partes precedentes, senão ao Ser que é livre dos enganos, aquele que se assinala no início do capítulo (VII, 1).

Posicionando-se contra essa interpretação, podemos assinalar que, em primeiro lugar, passa por algo o enunciado do pronome "isto" ("Te falarei disto"). Refere-se a algo mencionado que está próximo. Em segundo lugar, opõe-se à expressão "mais adiante" que se encontra na frase e se livraria dessa interpretação, que o que foi discutido em capítulos anteriores — o tema do ser individual — não se trata já dos que se seguem.

Por outro lado, se Prajapati, após ter prometido na frase: "Este o explicarei", não teria explicado antes da quarta parte, apontando um tema para cada parte, teríamos que concluir que Ele atuava enganosamente. Assim, manteremos nossa opinião sobre o objetivo de todo o capítulo. Nele, pode-se conhecer como o aspecto irreal do ser individual, uma simples aparência gerada pela ignorância, obscurecida pelos desejos e aversões a ele aderidos, aos experimentadores e em contato com toda a sorte de malefícios, dissolve-se com a compreensão verdadeira. E pode-se assinalar como então o ser individual alcança mais além, o estado oposto, no qual se faz uno com o Absoluto Brahmâm. Esse estado se caracteriza por estar livre de culpas e de outras características análogas. Todo esse processo é similar àquele no qual uma serpente imaginária se transforma em uma corda, tão logo como a mente que a vê se liberta dessa imaginação enganosa.

Existem outros pensadores e filósofos, dentre os quais podemos destacar os adeptos do Vedanta, que afirmam que o ser, como criatura, é real. Com o objetivo de refutar essas especulações, que obscurecem o caminho da intuição da unidade do Ser, foi dado a conhecer este *sâmaka-sâstra*, texto cujo objetivo é apontar que nada mais existe além de Ser Supremo, sempre permanente, cuja substância é a consciência.[635] Por ignorância, esse Ser se manifesta de vários modos e aparece de diferentes formas pelo seu poder mágico. Fora desse Ser não existe outra consciência. Esse texto nega a dúvida de que, em certas frases, que na verdade se referem ao Ser, façam referência ao ser individual e o fazem pelo seguinte. Ao Ser Supremo, eternamente puro, inteligente, livre, permanente e único, sem contato, vazio de formas, atribuem-se, erroneamente, as características contrárias ao ser individual. O mesmo que os ignorantes que admitem ser azul o espaço sem cor.

[635] A Aitareya Upanishad, no final do verso III, 3, diz: "A base do universo é a Consciência. Consciência é Brahmân" (TINOCO, 1996, p. 264).

Para excluir essa opinião errônea, usa as frases védicas que tendem a provar a unidade do Ser ou a negar a doutrina da dualidade. Frases que o texto citado reforça com argumentos e insiste na diferença do Ser Supremo em relação ao ser individual. Mas não pretende com isso provar que o ser individual é diferente do Ser Supremo. Sempre que fala do ser, destaca a diferença em relação com o Ser, mas visto desde o pensamento que aparece pelo poder da ignorância. Por essa razão, vê as recomendações védicas sobre as ações, com vistas a todos os estados correntes da pessoa sem discernimento. A partir do ponto de vista do experimentador, as experiências são atos sem sentido.

Sem dúvida, o objetivo do ensinamento dos *sastras* é a unidade total do ser, como manifesta a frase da Chandogya Upanishad, em I, 1,30. A negação da inutilidade dos preceitos sobre as ações, como já foi explicado, quando se falou da diferença entre as pessoas que possuem a compreensão total e aquelas que a possuem.

Sutra 20: ainda mais: a referência (à alma individual na frase complementar) tem um significado diferente[636].

Sutra 20: e a diferença (do ser individual com o Ser Supremo) se faz com um propósito diferente[637].

Diz o adversário: anteriormente, foi indicado que se aludia à alma individual, na frase: "Agora bem, isto que é *samprasada* (aquele totalmente sereno)"[638], o qual aparece na frase complementar do tema do Espaço Pequeno. Essa referência se torna sem sentido e se explica que esse Espaço Pequeno é o Senhor Supremo, pois não haverá nenhuma meditação sobre a alma individual, nem essa será uma instrução sobre algum atributo distinto do Espaço Pequeno, sob discussão, que é diferente da alma individual.

Diz o adepto da Vedanta: o que determina isso, então?

Simplesmente, determina a natureza do Senhor Supremo.

Como?

O ser individual, ao qual se faz referência com a palavra *samprasada*, a pessoa em sono profundo, desempenha o papel de diretor superintendente formada pelo corpo e pelos sentidos, durante todas as operações de vigília. Então, quando traduzido nos nervos, experimenta os sonhos criados pelas

---

636 GAMBHIRANANDA, 1983, p. 196.

637 MARTÍN, 2001, p. 166.

638 TINOCO, 2021, verso VIII. 3,4.

impressões do estado de vigília. Então, ao se cansar e desejando ter algum refúgio, desapega-se e se eleva da sua identidade com ambos os corpos, o físico e o sutil, e nos sonhos se aproxima do estado de Luz Suprema, que é o Absoluto Brahmâm, referido com o termo Espaço e libertando-se do conhecimento particularizado, atinge a sua Verdadeira Natureza. A Luz Suprema, a qual deve aproximar-se e sua natureza na qual se estabelece, é o Ser depositário dos atributos de ser livre do pecado. E esse Ser é isso, no qual se deve meditar. Portanto, essa referência à alma individual para esse propósito se torna lógica ainda para os que consideram que o seu significado é o Senhor Supremo.

Sutra 21: se fosse argumentado que, como o texto da Upanishad, menciona o pequeno (o espaço pequeno deve ser a alma individual), então, isso foi negado anteriormente[639].

Sutra 21: foi dito que, segundo as declarações das escrituras, o limitado desse espaço não pode referir-se ao Absoluto. Dizemos, agora, que isso já se explicou (por motivo da meditação devocional)[640].

O opositor tem assinalado que as limitações do espaço que aponta a escritura ("Nele está o pequeno espaço") não concordam com o Ser Supremo, porém se pode dizer sobre o ser individual que, em outra frase, compara-se ao furo de uma agulha. Isso pede resposta e, por isso, diz-se que foi dado já, que foi demonstrado na Chandogya Upanishad I, 2,7. Pode-se atribuir ao Absoluto Brahmâm uma relativa limitação. Essa mesma objeção, como assinala o Sutra, deve aplicar-se aqui também. Por outro lado, essa "pequenez" contradiz essa frase da escritura que compara o espaço dentro do coração com o espaço universal. "Este espaço é tão imenso como o espaço que está do coração" (Chandogya Upanishad, VIII,1,3).

TEMA 6: ATUAR COM HARMONIA

O QUE ILUMINA

Sutra 22: por causa do fato de atuar (brilhar) em harmonia e devido ao uso da palavra "Seu" (de Ele), a Luz mencionada na Mundaka Upanishad deve ser Brahmâm[641].

639 GAMBHIRANANDA, 1983, p. 198.

640 MARTÍN, 2001, p. 166.

641 GAMBHIRANANDA, 1983, p. 198.

Sutra 22: tendo em conta a ação, a luminosidade refletida em todas as coisas e sabendo que brilham por Ele (pelo Absoluto)[642].

Pode-se ler: "O sol não brilha alí, nem a lua, nem as estrelas, nem as luzes comuns, nem o brilho do fogo. Quando Ele brilha, todas as coisas passam a brilhar em seguida; pela Sua Luz, todas as coisas são iluminadas"[643]. Essa frase é semelhante à seguinte: "Pelo Seu brilho, todas as coisas brilham; pela Sua Luz, todas as coisas irradiam luz"[644].

Sobre o que foi dito, aparece uma pergunta: aquele que, quando brilha, tudo brilha, é alguma substância luminosa ou é ele, o Ser Supremo?

Diz o opositor: e por que uma substância luminosa? Porque a frase nega que apenas brilhem corpos luminosos, como o sol e outros. Sabe-se por experiência diária que os corpos luminosos, como a lua e as estrelas, não brilham durante o dia, ocasião em que o sol, que é um corpo luminoso, está brilhando. Por essa razão, suporemos que aquele por quem tudo isso, incluindo a lua, as estrelas e ele mesmo não brilham, é algo luminoso. A luz reflexa só é possível se já existe um corpo luminoso, pois, por experiência, sabemos que a "ação reflexa" (imitação) de qualquer tipo acontece quando há mais um agente de natureza semelhante. Assim, por exemplo, um homem caminha atrás de outro, que também caminha. Portanto, consideramos que fica estabelecido que a frase faz referência a algum corpo luminoso.

Sobre isso, diz o adepto do Vedanta: a isso respondemos que somente pode se referir ao Ser Supremo. Por quê? Pela ação reflexa. A luminosidade refletida citada na frase, por trás Dele, "quando ilumina, tudo brilha". Somente é possível se for percebido o Ser Supremo. Dele, como *prajña*, outra frase da Chandogya Upanishad diz: "Sua forma é luz, seus pensamentos, a verdade"[645].

Por outro lado, não se sabe por nenhum método que o sol brilhe por outro corpo luminoso. Além do mais, tendo em consideração que a natureza de todos os corpos luminosos, como o sol, é a mesma, não há necessidade de outro corpo luminoso que por ele brilhariam, pois vemos que uma lâmpada, por exemplo, não brilha por causa de outra lâmpada. Tampouco existe uma regra absoluta, de acordo com o opositor, pela qual a ação seja refletida nada mais entre coisas da mesma natureza. Mas isso

642 MARTÍN, 2001, p. 167.

643 TINOCO, 1996, p. 201, verso II, 2.

644 TINOCO, 1996, p. 171, verso II, 2, 15.

645 TINOCO, 2021, verso III, 142.

se observa também entre coisas de natureza diferente. Um ferro em brasa age despois, embora não haja mais fogo, e o pó da terra se levanta após o vento ter soprado. Sobre isso, diz a frase: "Levando em conta a ação reflexa (posterior) que constitui parte do Sutra, observa-se que aponta para o brilho refletido no sloka que discutimos". A frase: "E Dele" aponta ao quarto *pâda* do mesmo *sloka.* Essa última frase se refere à causa atribuída à luz do sol. A frase "Por Sua luz, tudo se ilumina" insinua ao Ser *prajña.* Sobre Ele, diz a frase: "Os deuses meditam no Imortal, na luz de todas as luzes, ante a que gira o ano com seus dias"[646].

Em primeiro lugar, não sabemos que a luz do sol, da lua, brilhará por causa de outra luz física e, em segundo lugar, é absurdo que uma luz física seja combatida por outra. Além disso, a causa da luminosidade não se adequa apenas ao sol e a outros corpos citados aqui, mas que o significado é melhor do que se pode concluir da manifestação: "Tudo isto", ou seja, a manifestação de todo esse mundo de nomes, formas, atos, atores e frutos das ações, que têm por causa a existência da Luz do Absoluto. O mesmo para a existência da luz do sol, ser a causa da manifestação de outras formas de cores. E o texto aponta, com a palavra "ali" ("o sol não brilha ali"), que a frase está relacionada ao tema e esse tema é o Absoluto Brahmâm. Dessa forma, aparecem ali, assim: "Alí, o imaculado e indivisível Brahmâm brilha na bainha dourada do intelecto. Ele é a luz das luzes. Ele é Aquele que é conhecido por aqueles que percebem o Ser Interno"[647] . Essa frase faz surgir a pergunta: como é essa Luz de luzes?

Haverá momentos aqui que daremos resposta, de acordo com a frase: "O sol não brilha alí, nem a lua, nem as estrelas, nem as luzes comuns, nem o brilho do fogo"[648]. Refuta-se a afirmação de que o brilho dos corpos luminosos, como o sol e a lua, pode-se negar apenas no caso em que exista outro corpo luminoso. Dessa forma, a luz da lua e das estrelas não pode ser observada quando o sol brilha. Ficou demonstrado que somente o Ser pode esse "Ser Luminoso", ao qual nos referimos e nenhum outro. E não se pode negar que o sol e a lua brilham em relação ao Absoluto Brahmâm, pois tudo aquilo que se percebe se percebe somente por meio do Absoluto. Pode-se dizer então que o sol e a lua brilham Nele, enquanto o Absoluto Brahmâm por ser luminoso por Si mesmo, não é percebido por nenhuma

---

646 MARTÍN, 2002, p. 395, verso IV, 4, 16.

647 TINOCO, 1996, p. 116, verso II, 2, 9.

648 TINOCO, 1996, p. 201, verso II, 2,10.

outra luz. O Absoluto faz que se manifestem todos os demais, mas não é manifestado por alguma outra coisa. De acordo com a frase das escrituras: "Somente pelo Ser e por Sua luz, o ser humano se senta, sai fora, trabalha, e se volta"[649].

Sutra 23: além do mais esse aspecto, menciona-se no Smriti (Bhâgavad Gita)[650].

Sutra 23: além do mais a tradição fala desse estado (como consciência luminosa)[651].

Por outro lado, no Smriti se menciona esse aspecto como pertencente ao Ser Consciente, uma vez que encontramos na Bhâgavad Gita o seguinte: "Nem o sol, nem a lua, nem o fogo podem iluminar Aquele. É a minha suprema morada e quem chega a ela não regressa mais"[652] e "Reconhece que a luz do sol que ilumina o universo inteiro, a luz da lua e a do fogo é a minha própria luz"[653].

TEMA 7: O UNO MEDIDO

AQUELE QUE TEM MEDIDA

Sutra 24: do termo mesmo se deduz que o Uno medido é o Ser Supremo[654].

Sutra 24: em relação ao termo (Deus), o Ser medido (que mede um polegar) é o Absoluto[655].

Dúvida: na Upanishad se menciona o seguinte: "O Purusha, do tamanho de um polegar, reside no corpo. Ele é o Senhor do passado e do futuro"[656]. Portanto, surge a seguinte dúvida: Purusha, cujas dimensões são análogas a de um polegar, segundo se menciona na frase anterior, é a alma individual, identificada com o intelecto ou o Ser Supremo?

---

649 MARTÍN, 2002, p. 319, verso IV, 2,4 (verso diferente).

650 GAMBHIRANANDA, 1983, p. 201.

651 MARTÍN, 2001, p. 168.

652 MARTÍN, 2009, p. 259, verso XV, 6.

653 MARTÍN, 2009, p. 251, verso XV, 12.

654 GAMBHIRANANDA, 1983, p. 202.

655 MARTÍN, 2001, p. 169.

656 TINOCO, 1996, p. 168, verso II, 1, 13.

Diz o adversário: a conclusão de deduzir do ensinamento sobre as dimensões, sobre a que se está falando é da alma identificada com o intelecto, pois a Upanishad não pode apresentar o Ser Supremo, que é infinito em longitude e extensão, como tendo a dimensão de um polegar. De acordo com certo ponto de vista, a alma que é identificada com o intelecto pode ser do tamanho de um polegar, dado que tem suas vestiduras limitantes. Isso também apoia a seguinte frase: "Depois disto, a Morte extrai com força, do corpo de Satyavan, o Purusha do tamanho de um polegar, amarrado por um laço e completamente à mercê de Satyavan" (Mbh. III, 247, 17). É claro que a morte não pode arrastar, forçadamente, ao Senhor Supremo. Então, na citada frase está estabelecido que a alma que transmigra possui o tamanho de um polegar e aqui se está falando dela.

Diz o adepto do Vedanta: sendo essa a posição, diremos: aqui, somente o Ser Supremo pode ser o Purusha do tamanho de um polegar.

Como isso é possível?

Isso pode ser deduzido da mesma frase "Dirigente do passado e o futuro", posto que nenhum outro, exceto o Senhor Supremo, pode ser o regente do passado e do futuro. E a frase "Este é Aquele" (Ka. Up.II, 1,3) se refere ao tema no qual investigou Naciketas, o herói menino da Katha Upanishad. Significa: "O Absoluto Brahmâm acerca do qual se pergunta é isto, na verdade", pois Brahmâm é a entidade acerca da qual se investiga na frase: "Naciketas: 'Ó Yama, o que sabeis existir além do certo e do errado, além da causa e do efeito, além do passado, do presente e do futuro?'"[657]. Pelo mesmo termo usado na Upanishad, "diretor" (*îsâna*), é certo que se trata de Deus.

Então, como é possível ensinar que o Ser Supremo onipenetrante possua dimensões?

Sobre isso, diz-se:

Sutra 25: fala-se da dimensão desde o ponto de vista da existência dentro do coração, pois a escritura se ocupa dos seres humanos[658].

Sutra 25: o Absoluto se considera como uma pequena extensão, porque habita no interior do coração humano e isso (o estudo dos Vêdas) é algo que concerne aos seres humanos[659].

---

657 TINOCO, 1996, p. 162, verso I, 2, 14.

658 GAMBHIRANANDA, 1983, p. 203.

659 MARTÍN, 2001, p. 170.

Como se pode dizer que o espaço dentro de uma seção de bambu é de um côvado; assim, desde o ponto de vista da existência dentro do coração, é possível afirmar que, não obstante o Ser Supremo seja onipenetrante, tem o tamanho de um polegar. Pois o Ser Supremo, que certamente transcende a toda limitação, não pode realmente, ter o tamanho de um polegar. Por outro lado, indicou-se que, devido aos termos "regente", aqui só se pode aceitar ao Ser Supremo.

Diz o adversário: posto que os corações não possuem nenhum tamanho definido, por diferir de criatura para criatura, o fato de possuir um tamanho como o de um polegar é impossível desse ponto de vista.

Diz o adepto do Vedanta: por isso, responde-se assim: "A escritura se ocupa dos seres humanos". Apesar de que as escrituras falem de modo impessoal ainda se aplicam à competência dos seres humanos, somente porque eles são capazes de aterem-se aos respectivos preceitos dos sastras e desejam os resultados que as ações prescrevem, não são excluídos das proibições e porque existem textos que falam das iniciações com o fio sagrado. Isso foi elaborado no tema sobre as características de uma pessoa competente (Jai. Su., VI, 25-28). Além do mais, o corpo humano tem uma dimensão definidamente proporcionada e os corações humanos têm sempre os tamanhos dos respectivos polegares. Então, como a escritura se ocupa dos seres humanos, é lógico que o Ser Supremo deveria ter o tamanho de um polegar, desde o ponto de vista da Sua residência dentro do coração humano. Tem-se argumentado que, a partir do ensinamento do tamanho, baseada e baseando-se na autoridade dos Smritis, deve-se compreender que a entidade, cujo tamanho é igual ao de um polegar, é a alma que transmigra. Isso tem sido repudiado. Aqui, ensina-se que a alma que transmigra e que tem o tamanho de um polegar é o Absoluto Brahmâm+, assim como se verifica na frase: "Isto é o Ser. Tú és Aquilo"[660]. Pois os textos das Upanishads assumem duas formas: algumas vezes determinam a natureza do Ser Supremo e outras vezes ensinam a identidade da alma, condicionada pelo intelecto, com o Ser Supremo. Sendo esse o fato, aqui se ensina a identidade da alma, condicionada pelo intelecto, com o Ser Supremo. A Upanishad aclara o fato, em seguida, na frase:

> Purusha, o Ser Interno do tamanho aproximado de um polegar, sempre mora no coração do homem. Purusha pode ser separado do corpo humano, mediante a prática da per-

[660] TINOCO, 2021, verso VI, 8, 7.

> severança e da firmeza, do mesmo modo que alguém retira, pacientemente, o talo de uma folha de relva. Quem assim faz, conhece o Ser Interno, que é brilhante e Imortal, sim, que é brilhante e Imortal[661].

TEMA 8: DEUSES

SOBRE OS SERES CELESTIAIS

Sutra 26: segundo Badarayana[662], os seres mais elevados que esses homens estão, também, qualificados para o conhecimento, pois isso é possível[663].

Sutra 26: os seres acima desses (os seres divinos) estão qualificados para estudar os Vêdas, porque é possível, segundo Badarâyana[664].

Foi dito que o texto da Upanishad acerca do tamanho de um polegar fica justificado em relação ao coração, porque as escrituras se interessam pelos seres humanos. No que se refere a isso, diz-se: é verdade que as escrituras admitem a competência dos seres humanos (para as obras religiosas); mas, no que concerne ao conhecimento do Absoluto Brahmâm, não há regras claras e contundentes que limitem esse campo somente ao ser humano. O mestre espiritual Badarayana pensa que as escrituras reconhecem a competência, também, desses seres divinos e outros que existem mais acima dos homens.

Por quê?

Porque isso é possível e eles têm desejos que outorgam a competência. Dentre esses fatores, até os deuses podem ter anseios pela libertação espiritual, por haver refletido sobre a impermanência, a Glória Divina, incluída dentro da esfera do que foi criado. Por outro lado, podem ter habilidades, pois se deduz que têm corpos segundo os versículos védicos, as passagens corroborativos, as anedotas, a mitologia e a crença comum. Além disso, não se proíbe a entrada de nenhuma parte. Ou se pode dizer que as escrituras os excluem do ritual do cordão sagrado; pois tal investidura é feita para o estudo dos Vêdas, e no caso dos deuses, os Vêdas se lhes revelam espontaneamente, por haverem os estudados em vidas anteriores. Além disso, as

661 TINOCO, 1996, p. 174, verso II, 3, 17.

662 Autor do Brahma Sutra.

663 GAMBHIRANANDA, 1983, p. 204.

664 MARTÍN, 2001, p. 171.

escrituras falam de que seguem o voto de Bramacharya[665], para o domínio do conhecimento, segundo se pode ler na frase: "Indra viveu com Prajapati por 101 anos, sob o voto de Brahmacharya".[666] Bhrigu, o bem conhecido filho de Varuna, foi ver o seu pai, com a súplica: "Venerável Senhor, ensina- me a respeito de Brahmâm"[667] e assim sucessivamente. Apesar da competência para os rituais seja negada, na frase "Não existe competência para os deuses, pois não têm deuses a que sacrificar". "Os Rishis não têm competência alguma para a execução dos rituais, pois não há Rishis a quem invocar durante os rituais" (Vai. Sû. VI, 1, 6-7). Porém, essa falta de competência não se aplica ao conhecimento do Absoluto Brahmâm, pois, quando se admite que Indra e os demais (deuses) estão qualificados para o conhecimento, não devem fazer nada a outro grupo de Bhrigu e a outros mais que pertençam à mesma linhagem (sampradaya)[668]. Portanto, quem pode negar a competência para o conhecimento dos deuses e dos demais seres espirituais? Ainda no caso dos deuses, o texto Upanishádico sobre da Alma do tamanho de um polegar não é adequado quando se mantém presente os polegares dos deuses.

Sutra 27: faz-se objeção a que essa corporeidade dos deuses causa uma contradição (por eles estarem associados) nos rituais; então, contestamos que não é assim, pois nos Vêdas se nota a superposição de muitos corpos[669].

Sutra 27: foi dito que a corporeidade dos deuses tem em si uma contradição pelos ritos religiosos, e o negamos, tendo em conta que nas escrituras encontramos que os deuses assumem várias formas de uma vez[670].

Se o direito para se adquirir o conhecimento dos deuses e de outros seres superiores aos humanos fosse baseado na corporeidade, teríamos que admitir que Indra e outras divindades possuiriam corpos para os rituais, como o dos sacerdotes. Mas admitir isso seria uma contradição nesses atos, pois o que os deuses formam dos rituais com suas presenças não foi observado, na verdade, nem é possível. Não é possível que o mesmo Indra estivesse presente em uma pessoa em muitos rituais.

---

665 Viver com um mestre espiritual para estudar os Vêdas sob o voto de castidade (nota de rodapé de Swami Gambhirananda, na sua tradução do Brahma Sutra, p. 205).

666 TINOCO, 2021, verso VIII, 9, 3.

667 TINOCO, 1996, p. 235, verso III, 1.

668 Sampradaya é a linhagem de mestres espirituais, um ensinando ao outro, formando uma cadeia de gurus que se perdem no tempo (nota de Carlos Alberto Tinoco).

669 GAMBHIRANANDA, 1983, p. 206.

670 MARTÍN, 2001, p. 172.

Diz o adepto de Vedanta: sobre isso, não há contradição. Por quê? Porque se supõem várias formas. Um mesmo ser pode assumir várias formas de cada vez.

Permutamos: como se sabe disso? Observando. Porque há uma frase das escrituras que, de início, responde à pergunta sobre quantos deuses existem, ao dizer: "Três e trezentos, três e três mil". Diante dessa pergunta sobre quem são, responde: "Eles são somente os seus diversos poderes, na realidade só há trinta e três divindades"[671]. Aqui, estão indicados que o mesmo e único ser pode aparecer ao mesmo tempo, de muitas modos. Depois, afirma que essas 33 divindades, na verdade, estão contidas em seis ou cinco. E finalmente, diante da pergunta "quem é essa divindade?", a resposta é: "A energia vital (Hiranyagarbha)"[672].

Isso mostra que as divindades são todas as formas de Vida e a Vida pode, portanto, aparecer de muitos modos. A tradição também faz uma afirmação semelhante: "Um yogue, herói dos Bharatas, pode, através do seu poder, multiplicar o ser em mais de mil formas, e com elas, andar pela terra. Com algumas, pode experimentar os objetos, como outras, suportar terríveis penalidades e finalmente, retrai-las outra vez, como o sol retrai a multidão dos seus raios". Se frases das escrituras, como a anterior, afirmam que, inclusive os yogues, que adquiriram alguns poderes extraordinários, como o corpo sutil e outros, podem animar vários corpos ao mesmo tempo, quanto mais capazes dessas habilidades serão os deuses que, de modo natural, possuem todos os poderes sobrenaturais? Ao poder as divindades, de assumir várias formas, uma delas pode se dividir em muitas outras e estar em relação com muitos rituais ao mesmo tempo e, por sua vez, ser invisível aos outros, pois têm essa capacidade.

Também se pode explicar o Sutra de um modo diferente, ou seja, significando que seres que têm individualidade corporal, podem ver-se entrando em uma simples relação subordinada em mais de uma ação. Por isso, algumas vezes um indivíduo não entra em relações subordinadas por ações diferentes. Por exemplo, um brâhmane se entretém por várias pessoas que o cumprimentam, ao mesmo tempo. Mas, em outras coisas, um indivíduo está em relação subordinada por várias ações de uma só vez. Um brâhmane pode ser objeto de adoração por várias pessoas de cada vez. Também é possível que o ritual consista em uma oferenda, imaginando-se

671 MARTÍN, 2002, p. 172, verso III, 1,2 (verso diferente).

672 MARTÍN, 2002, p. 294, verso III, 9, 10.

uma divindade. Muitas pessoas podem se dirigir ao ritual, com as suas respectivas oferendas, tendo adiante a mesma divindade. A individualidade dos deuses não implica, portanto, nenhuma contradição nos atos dois rituais.

Sutra 28: se objetara-se que isso contradiz a validade das palavras védicas, diremos que não é assim; pois o universo surge disso (a palavra), fato provado pela revelação e a inferência[673].

Sutra 28: se diz-se que há contradição sobre a validade das palavras védicas (quanto à corporeidade das divindades), diremos que não é assim, o universo se originou de uma palavra, como foi provado pela visão direta e pelo raciocínio[674].

Diz o adversário: claro que ainda quando se supusera que os deuses têm corpos, isso não contradiz a questão que se associam com os rituais. Sem dúvida, surgirá uma contradição no que se refere à autoridade das palavras védicas.

Como?

Desde o começo, a validade dos Vêdas está baseada na relação inata entre as palavras e os seus significados, dizendo: "A causa da independência de outros meios de prova" (Jai. SuI, 1,5).

Porém, de acordo com esse ponto de vista, apesar de um deus que se supõe ter um corpo, poder desfrutar da oferenda durante muitos rituais, graças ao fato de possuir o poder místico; porém está sujeito ao nascimento e a morte como nós, humanos, por ter um corpo. A isso se opõe a validade das palavras védicas, as quais se baseiam na percepção de uma relação eterna entre palavras eternas presentes e os seus significados perenes.

Diz o adepto do Vedanta: essa contradição não existe.

Por quê?

"Pois surge isso", porque o universo, que consiste dos deuses e de outros seres, origina-se, verdadeiramente, das palavras védicas.

Diz o adversário: aparece uma objeção no sutra (I, 2, 1): "Aquele de onde se origina [...] este mundo". Foi demonstrado que o mundo se origina do Absoluto Brahmâm. Como se pode dizer agora que se origina da palavra? E ainda, no caso que em se admite que a origem do mundo foi a palavra, como evitar a contradição em relação com as palavras, considerando

673 GAMBHIRANANDA, 1983, p. 208.

674 MARTÍN, 2001, p. 173.

que os *vasus, rudras, adityas, vishvadevas e maruts*[675], não são eternos porque foram criados? E se não são eternos, o que faz eliminar a não eternidade das palavras vêdicas: *Vasus*, etc.? O que significa esses anjos (*devas*)? Porque é sabido que na vida diária só quando o filho de Devadatta nasceu, a ele se deu o nome de Yagñadatta ("feito para ele", lit) mantemo-nos na mesma opinião. Surge uma contradição, em relação à palavra.

Diz o adepto do Vedanta: essa objeção se fundamenta em que observamos uma conexão sem origem entre palavras, como vaca e as coisas que significam. Pois, apesar dos seres individuais da espécie que indica a palavra com essa construção "vaca", tem a sua origem, suas espécies não têm origem, pois somente o individual se origina das substâncias, das características e das ações, e não das espécies. Mas é com as espécies com o que as palavras estão conectadas e com os indivíduos. Os indivíduos, por serem infinitos em número, não são capazes de entrar nesta conexão.

Por isso, apesar dos seres individuais não serem os autores, não há contradição, no caso das palavras como "vaca", pois as espécies são eternas. Do mesmo modo, apesar das divindades individuais serem criadouras, não há contradição no caso das palavras como "vasus", pois as espécies que designam são eternas. E os deuses, para concluir com as descrições das suas diferentes aparências, como as dadas nos *mantras, atharvadas*, pertencem a diferentes espécies. Teremos como *Indra* põe em relação com um ser particular com algum local particular, o mesmo que termos como "chefe de exército". Pelo que, ao que ocupa esta posição particular, chama-o por esse nome. A origem do mundo pela palavra não se entende no sentido de constituir a causa material do mundo, como o é o Absoluto Brahmâm. Mas, enquanto existem palavras eternas cujas essências sejam que possam ter um significado em relação com um sentido eterno, se dirá que se originam da palavra.

Como se sabe, então, que o mundo se originou da palavra? Pela visão direta e por dedução racional. A visão direta se refere à revelação da escritura que não depende de nenhuma outra coisa para a sua validez. A dedução racional se refere à tradição que depende de algo (as escrituras) para a sua validade. As duas manifestam que a criação está precedida da palavra. Uma frase da escritura diz:

---

675 São seres celestiais (*devas*). Os *vasus* são oito anjos servos do deus Indra, os *rudras*, os são anjos destrutivos, os *adityas* são anjos solares, os *vishvadevas* são um grupo de dez anjos citados no *Rig-Vêda*, e os *maruts* são anjos amigos de Indra nos Vêdas (nota de rodapé de Consuelo Martín, na sua tradução do Brama Sutra, p. 174).

> Com a palavra o Criador (*Brahmâ*) criou os deuses. Ao emitir pronunciar palavras foram criados os seres humanos. Quando a palavra foi finalizada, criou os antepassados (*manas*), com a palavra *tirahpavitram* criou os planetas, com a palavra *âvah,* criou os hinos, com a palavra *vîsvani,* os *sastras* e com a palavra *abhisanbhaâh,* os demais seres (R.V. IX, 62).

Outra frase diz: "Aquele (Prajapati) tem sua mente unificada com a palavra"[676]. Há outras frases também, nas quais os Vêdas falam da criação precedida das palavras, e a tradição diz: "No princípio se projetou uma voz eterna em forma dos *Vêdas* sem princípio nem fim, divina, e dela surgiram todas as atividades". Deve-se compreender aqui que projeção dessa voz, é o início da tradição oral dos Vêdas, porque não se pode explicar aqui que essa voz, sem princípio, nem fim, tenha qualquer outro sentido. Uma vez mais, pode-se ler: "No princípio, Maheshvara classificou com as palavras védicas aos homens e formas de todos os seres e promoveu todas as atividades 'religiosas'" e "Produziu diversos nomes, ações e condições de tudo, no princípio com as palavras dos Vêdas"[677]. Além disso, todos sabemos, por observação, que alguém que comece algo que deseje realizar, primeiro, lembra-se da palavra da coisa, depois, põe-se a trabalhar nela.

Concluímos, portanto, que antes da criação as palavras védicas se manifestaram na mente de Prajapati, seu criador, e que, depois, Ele criou as coisas que correspondiam a essas palavras. A escritura também diz: "pronunciando *bhur* criou a terra" (Tai. Br. II, 2,4-2). Indica que os mundos, como a terra, manifestaram-se, ou seja, foram criados pela palavra *bhur,* que se manifestou na mente de Prajapati. De qual natureza é essa palavra, da qual, segundo se diz, o mundo foi criado? Os gramáticos dizem que é *sphota*[678]. Ao assumir que as letras são a palavras, a doutrina que diz que as divindades que se originaram das palavras dos Vêdas, não se pode provar de modo algum, pois as letras morrem enquanto são pronunciadas. Essas letras perecíveis se imaginam os mais diferentes, segundo a pronúncia de que se fala. Por isso, podemos determinar pelo som da voz de alguém a quem não vemos e escutamos ler, quem é aquele que ler, se é Devadatta ou Yagñadatta ou algum outro.

---

676 MARTÍN, 2002, p. 42, verso I, 2,8 (verso diferente).

677 DONINGER; SMITH, 1991, p. 5-6, verso I, 21.

678 *Sphota* significa o que se manifesta pela palavra. A impressão criada na mente ao ouvir o som de um conjunto de letras que formam a palavra. (Nota de rodapé de Consuelo Martín, na sua tradução do Brahma Sutra, p. 175.

Não se pode sustentar que, ao dar-se conta das diferenças com relação as letras, seja errôneo, pois, de outra maneira, não poderíamos entender nada. Não seria razoável sustentar que o entendimento do sentido de uma palavra seria dado pelas suas letras. Isso porque não se pode aceitar que cada letra viesse a sugerir um sentido, pois isso seria uma hipótese muito vaga. Também devemos pensar que há uma compreensão simultânea de todo o conjunto das letras, uma após outra. Não podemos admitir que se diga que a última letra da palavra unida às impressões que produzem a percepção das letras precedentes é o que nos faz entender o sentido. Isso porque a palavra faz entender o sentido, apenas se sabemos que se refira à compreensão mental da conexão constante, entre a palavra e o sentido, como a fumaça que nos faz supor a existência do fogo, somente após ser percebido.

Mas realmente não sucede que se compreenda a última letra em combinação com as impressões produzidas pelas letras precedentes, porque essas impressões não são objeto de percepção. Ou pode sustentar-se que, apesar daquelas impressões não serem objeto de percepção, pode-se supor pelos seus efeitos que não o são. Desse modo, a percepção real da última letra, combinada com as impressões desejadas pelas letras precedentes, impressões que são apreendidas pelos seus efeitos, é o que nos faz supor o sentido da palavra. O efeito das impressões, como a recordação de toda a palavra, é algo que consta de partes que se sucedem, uma após a outra, no tempo.

De tudo isso, deduz-se que *sphota* é a palavra. Depois, vem o agente que apreende, ou seja, o intelecto (*budhi*)[679]. Ao captar várias letras da palavra, recebeu-se impressões rudimentares e, quando essas amadurecem por captação da última letra, apresenta-se o *sphota* no intelecto, por sua vez como objeto e como ato mental de apreensão. Também não se pode afirmar que um ato de compreensão é um simples ato de memória, cujo objeto são as letras das palavras, já que as letras que são mais que uma não podem ser objeto de um ato de compreensão. Como a *sphota*, essa se reconhece como a mesma, tantas vezes quanto se pronuncia a palavra, podemos observar que é eterna, enquanto compreender a diferença, como foi anteriormente dito, tem por objeto simplesmente as letras. Dessa palavra eterna, que é da mesma natureza de *sphota* e possui um poder significativo, daí é de onde se

[679] *Buddhi* simboliza o intelecto, ou o primeiro produto da evolução da matéria. Na filosofia *Samkhia,* é um dos *tatvas* ou princípios derivados da *Prakriti* ou matéria. Também significa a faculdade de discernimento (nota de Carlos Alberto Tinoco).

produz o objeto, ou seja, este mundo formado pelas ações, os atores e os resultados das ações. Contra essa doutrina, o venerável Upavarsha sustenta que somente as letras são palavras. Mas aqui surge uma objeção. Antes, se disse que as letras, assim que são criadas, morrem.

Assim disse o adepto do Vedanta: essa afirmação não é verdadeira, posto que as reconhece como as mesmas letras, cada vez que voltam a produzir novas ou pode-se sustentar que se reconheçam somente pelas suas semelhanças, como no caso do cabelo. Porque o fato de reconhecê-lo no sentido estrito da palavra "reconhecer" não está em contradição com outras provas. Assim, não se pode dizer que o reconhecimento tenha por causa as espécies, pois, desse modo, não se reconheceria a mesma letra individualmente, mas somente uma letra pertencente as mesmas espécies, como outras ouvidas anteriormente, porque, de fato, reconhece-se as mesmas letras, individualmente.

Somente se poderia manter que o reconhecimento das letras se baseia nas espécies, se, quando essas fossem pronunciadas, compreender-se-iam distintas letras individuais, o mesmo que se observa em várias vacas como diferentes individualidades que pertencem à mesma espécie. Mas esse não é o caso, pois as mesmas letras se reconhecem quando são pronunciadas. Se pronunciamos a palavra "vaca" duas vezes, por exemplo, não pensamos que foram pronunciadas duas palavras diferentes, se não que foi repetida a mesma.

Assim diz o opositor: foi mostrado antes que captamos as letras como diferentes em virtude das diferentes pronúncias, como se verifica no seguinte fato: captamos uma diferença quando escutamos simplesmente o som ao se recitar o Devadatta ou o Yagñadatta.

Assim respondeu o adepto do Vedanta: entretanto, é algo já estabelecido que as letras se conhecem como as mesmas. Também há diferenças ao serem captadas. Mas, como se articulam por meio da união e da separação (da respiração como paladar, os dentes etc.), essas diferenças se atribuem ao caráter dos agentes e não à natureza intrínseca das letras. Por outro lado, aqueles que sustentam que as letras são diferentes, para reconhecêlas, têm que imaginar espécies de letras, a mais adiante, admitir que a captação da diferença está condicionada por fatores externos.

Não é muito mais fácil supor, como nós fazemos, que captar a diferença está condicionada a fatores externos, enquanto a sua identificação se deve à natureza intrínseca das letras? E esse mesmo fato de identificá-las é o processo mental que nos permite olhar a capacitação da diferença que tem as letras por seu objeto. Por isso, o opositor está enga- nado, ao negar a existência de tal processo. Porque, por exemplo, como poderia a sílaba *ga*, quando pronunciada de uma só vez, por várias pessoas, ser de natureza diferente, ao mesmo tempo, ou seja, acentuada com o tom alto, um tom médio, um tom baixo e nasal e não nasal? A verdadeira posição é que a diferença de capacitação não é causada pelas letras e sim pelo som.

Diz o opositor: em que consiste esse som?

E responde o adepto do Vedanta: é o som que penetra no ouvido de uma pessoa que escuta, a partir de uma distância e não pode distinguir as letras separadamente. Para uma pessoa que está próxima, as letras têm suas próprias distinções, de acordo com o seu grau, alto ou baixo. Disso depende o tom, maior ou menor e não, da natureza intrínseca das letras. Essas são reconhecidas como as mesmas, quando são pronunciadas.

Com essa teoria, temos a base para a captação diferenciada dos distintos tons, pois, na teoria proposta no início — que agora é negada —, deveríamos aceitar que as distinções dos tons se devem aos processos de união e desunião descritos anteriormente, já que as letras que sempre se reconhecem como as mesmas, na verdade, são diferentes. Mas, como esses processos de união e desunião, não os percebemos, não podemos determinar nas letras, diferenças baseadas nestes processos. Daí, que a capacitação dos tons não têm uma base. Não se deveria afirmar ou que pela diferença de tons surge uma diferença das letras reconhecidas, porque a diferença sobre um tema não implica diferença em outro, que pode estar livre dessa diferença. Assim, ninguém pensa que, porque as individualidades são diferentes entre si, as espécies também possuem uma diferença. Além disso, admitir que o *sphota* é voluntário, porque o sentido da palavra pode ser captado pelas letras.

Diz o opositor: eu não suponho a existência de *sphota*. Ao contrário, realmente, percebo-a, porque depois que está impressa no intelecto (*budhi*) a captação sucessiva das letras de uma palavra, apresenta-se a *sphota* de uma só vez como objeto.

Diz o adepto do Vedanta: respondemos que estais a supor um erro. O objeto do ato cognitivo é simplesmente as letras da palavra. Uma compreensão total que segue a captação das letras sucessivas de uma palavra tem por objeto todo o agregado de letras e não outra coisa.

Chegamos à conclusão, porque na compreensão completa, ao final, estão incluídas essas letras que constam de uma palavra dada, e não qualquer outra letra. Se esse ato cognitivo tem por objeto o *sphota*, ou seja, algo diferente das letras de uma dada palavra, então, essas letras estariam dela excluídas, tanto quanto as de qualquer outra palavra. Mas, como isso não é o caso, o ato final de conhecer totalmente não é apenas um ato de recordar qual é o objeto das letras da palavra.

Nosso opositor afirmou antes que as letras de uma palavra, sendo várias, não podem ser objeto de um ato mental. Mas isso é um engano, mais uma vez. As ideias que temos de uma linha, por exemplo, ou de um bosque ou de um exército, ou dos números dez, cem, mil etc., mostram que também essas coisas que contêm várias unidades podem se converter em objetos de um mesmo ato de conhecer. A ideia que tem por objeto a palavra como um todo deriva, enquanto depende da determinação do sentido de muitas letras. É igual à ideia de um bosque ou de um exército.

Diz o opositor: se a palavra não consistisse mais que um grupo de letras que, ao formar um mundo, convertesse-se em um ato mental, as palavras como *jâra* (amante), *râja* ("rei"), *kapi* (macaco), *pika* (cuco) não seriam conhecidas como palavras diferentes, pois as mesmas letras se apresentam em cada uma das palavras que formam um par.

Diz o adepto do Vedanta: desde já, em ambos os casos, há uma consciência extensiva da totalidade das letras. Mas, assim como "formigas", constitui a ideia de uma linha só que segue uma atrás da outra, assim, as letras também constituem a ideia de certa palavra somente se segue uma após outra, em uma certa ordem. Por isso, não é contrário à razão que algumas letras sejam conhecidas como palavras diferentes, dependendo das diferentes ordens em que estejam colocadas.

A hipótese daquele que mantém que as letras são a palavra pode finalmente ser formulada do seguinte modo: as letras que constam em uma palavra, em certa ordem e número, com o uso tradicional, estão relacionadas com um sentido definido. Quando se empregam, apresentam-se como tal ao intelecto, que depois de haver captado as diferentes letras em sucessão, por último, são captadas todas juntas. E então, infalivelmente, insinuam ao intelecto seu sentido preciso. Essa hipótese é mais simples que a complexa teoria dos gramáticos, que ensinam que a *sphota* é a palavra. De acordo com essa forma de pensar, tem que ignorar o que se percebe e aceitar algo que nunca foi percebido. As letras captadas em uma ordem definida mostram um sentido. Teríamos que admitir que as letras são diferentes, cada vez que são pronunciadas e, como nesse caso, devemos assumir necessariamente que existem espécies de letras que são diferentes cada vez que se pronunciam e devemos assumir necessariamente que existem espécies de letras como base do reconhecimento das letras individuais. E assim, teremos, então, que atribuir às espécies a função de transmitir o sentido que foi demonstrado no caso das letras individuais. Depreende-se disso tudo que na teoria em que os deuses se originam das palavras eternas não há contradição.

Sutra 29: desse mero feito segue a eternidade (dos Vêdas)[680].

Sutra 29: e por essa razão se deduz a eternidade (dos Vêdas)[681].

O fato de que os Vêdas não tenham princípio fica estabelecido (no Purva Mimansa), porque não se recorda ou não se conhece autor independente algum dos Vêdas. Ao se tomar isso como um fato verificável, a admissão da origem das deidades individuais procedentes das palavras védicas levantou a dúvida sobre a não eternidade das palavras mesmas. Isso se refutou pela frase do Purva Mimansa: "Pois, este universo surge disto" (I, 3, 28). Esse fato da eternidade dos Vêdas já estabelecido fica confirmado pelo sutra: "E deste mero fato, provém a eternidade". A expressão: "deste mero fato", ou seja, do fato segundo o qual o universo dos deuses e dos demais seres, tendo uma forma definida, emerge das palavras védicas, implica que também essas são eternas. Também o mantra "Os sacrifícios, estando idôneos para receber o Vêda, como o resultado da execução prévia das boas obras, o recebem como já havia existido entre os Rishis" (R.V., X, 71,3) mostra a aquisição do Vêda que já havia existido. Também Vêda Vyasa escreve, no seu Smirit: "Nos dias de antanho, os grandes Rishis, através de austeridades e com a permissão do Uno nascido de sí mesmo, receberam o Vêda e também os *itihasas*"[682] (as anedotas) que haviam sido escondidos desde a dissolução do mundo.

Sutra 30: e não existe contradição, dado que nomes e formas análogas se repetem, inclusive na revolução dos ciclos do mundo, segundo se conhece dos Vêdas e o dos Smritis[683].

Sutra 30: tendo em conta a igualdade de nomes e formas em cada novo ciclo, não existe contradição (sobre a eternidade da palavra dos Vêdas),

680 GAMBHIRANANDA, 1983, p. 216.

681 MARTÍN, 2001, p. 197.

682 *Itihasas* são os dois poemas épicos Mahabharatha e Ramayana, e os Puranas (nota de Carlos Alberto Tinoco).

683 GAMBHIRANANDA, 1983, p. 217.

inclusive na renovação dos ciclos do mundo, como se vê pela revelação da tradição[684].

Diz o adversário: agora, bem se pode admitir que, se os deuses individuais têm uma origem contínua, como os animais individuais e os demais, desaparecendo da mesma maneira, não teremos descontinuidade na continuação do comportamento baseado nas palavras, seus significados e pronúncia; portanto, graças a uma continuidade de relação, pode-se evitar o defeito de que as palavras védicas se convertam em não eternas. Portanto, como podemos evitar essa dificuldade quando nos Vêdas e nos Smritis, encontramos certas declarações, segundo as quais a criação inteira, que consiste dos três mundos, perde os seus nomes e formas, dissolvendo-se sem vestígios e surgindo outra vez, como uma nova entidade?

Diz o adepto do Vedanta: não existe contradição alguma com o fato de que os Vêdas não tiveram início) devido à similaridade de nomes e formas. Se acreditamos na dissolução final e na criação sucessiva, então, devemos admitir que a criação teve início. O mestre Vyasa estabeleceu na frase: "Além disso: isto é lógico e se reconhece" (II, 1, 36). Como no caso em que ouvimos dizer que nós desaparecemos durante os sonhos e ressurgimos ao despertar, sem nenhuma contradição nisso, porque o comportamento, no estado de vigília sucessivo, segue o padrão do anterior; o mesmo acontece no caso do estado mundano sem início, ao entender que a criação e a dissolução em um ciclo posterior não constituem dificuldade alguma. Nos textos das Upanishads, pode-se ler sobre o sumir o do ressurgir da consciência nos estados de sonho e de vigília, na frase:

> Quando um homem que dorme não vê sonho algum, se unifica com este Prana (o Ser). Então, o órgão da fala, em conjunto com todos os nomes desaparecem no Prana; o órgão da visão, com todas as formas, se unem ao Prana; o órgão do ouvido, com todos os sons, se unem ao Prana; a mente, com todos os pensamentos, desaparecem no Prana. Quando a alma desperta, tal como as chispas que se projetam de todas as partes de um fogo ardente, assim, todos os órgãos surgem dos deuses e deles, os objetos dos sentidos (Kau. Up, III, 3).

Diz o adversário: pode-se admitir que no sonho não existe contradição alguma, posto que o comportamento empírico de outros indivíduos continua interrompido e posto que o homem que desperta do sonho pode

[684] MARTÍN, 2001, p. 180.

lembrar da sua conduta passada. Mas qualquer comportamento é erradicado na dissolução final e posto o comportamento em um ciclo de criação prévio não pode ser recordado, igual ao comportamento de uma vida passada, a analogia é inadequada.

Diz o adepto do Vedanta: essa objeção é inválida, pois, apesar da dissolução final aniquilar todo o comportamento empírico, porém, pala Graça de Deus é razoavelmente possível, para os seres divinos, como Hiranyagarbha, recordar a conduta em um ciclo anterior. O fato de que as criaturas ordinárias não lembrarem das suas vidas passadas não implica que aconteça o mesmo com os seres divinos. Tem-se observado que, se bem que as criaturas viventes sejam todas as mesmas, a partir dos homens até um conjunto de ervas, porém, a obstrução da manifestação do conhecimento, da glória etc., aumenta sucessivamente por meio de todas as series, em cada estágio. De modo análogo, quando se menciona mais de uma vez nos Vêdas e nos Smiritis, que o conhecimento, a glória, manifestam-se paulatinamente mais, em cada estágio sucessivo, contado do ser humano até Hiranyagarbha, isso não se pode fazer, de um lado, como se fosse inexistir. Dele se deduz, logicamente, na analogia de um homem que se levanta do sonho, que a recordação do comportamento em um ciclo anterior é possível para os seres como Hiranyagarbha, que realizou a meditação e trabalhou de maneira excelente em um ciclo passado, surgindo no início do presente ciclo, com a Graça de Deus. O anterior endossa isso, de acordo com a frase: "Ansiando pela Libertação, tomo refúgio neste Ser Auto Luminoso que se revela ao meu intelecto transformado, a semelhança deste Ser mesmo, que criou Hiranyagarbha no princípio, transmitido-Lhe os Vêdas" (Sv.VI, 18). Saunaka e outros mencionam que os Rishis Madhucchandas e outros eram os videntes dos mantras do Rig Vêda. Além disso, Bodhayana e outros mencionam que os Rishis haviam visto também aos Kandas, as partes de outros Vêdas. E os Vêdas mostram que os rituais devem ser executados com os mantras, depois de conhecer aos seus videntes. Por exemplo, depois de começar com: "Quem quer que conduza um ritual ou ensine um mantra, desconhecendo o vidente, a métrica, a deidade e a aplicação, entra nas coisas imóveis ou caem no inferno". E se diz: "Portanto, uma pessoa deveria conhecer isto, de cada mantra". Além disso, as obras virtuosas são prescritas para a felicidade das criaturas, enquanto se proíbem as más, para evitar a dor. A simpatia e a antipatia surgem da felicidade e da dor que se conhecem diretamente das escrituras, mas não se dirigem a nada de natureza diferente. Portanto, quando as criações sucessivas são produzidas como o resultado da virtude e do vício, são levadas à existência, exatamente como a criação prévia O Vishnu Purana (I, 5, 56-61) e Mahabharata (231, 48-49) tratam disto:

> As criaturas que adotaram certos cursos de ação em uma criacão prévia, assumem estes cursos quando são criadas, uma e outra vez, por estarem sob a influência destas obras, sejam daninhas ou não; benéficas e cruéis, virtuosas ou viciosas, verdadeiras ou falsas. De maneira análoga, cada criatura tem afinidade para com o seu respectivo trabalho.

Quando esse universo se dissolve, mantém o seu poder latente intacto, do qual surge a próxima criação. De outra maneira, tudo seria fortuito. Agora, não podemos imaginar poderes distintos de diferentes classes. Mas, se esse for o caso, deve-se entender que, como a relação entre os sentidos e os objetos dos sentidos, é estabelecida, assim o é, neste universo sem começo, à disposição das sucessões de massas de criaturas como os deuses, os homens e os animais; também à disposição das castas, as etapas de vida (Sistema Varna Asrama-Dharma), a virtude, o vício e os seus resultados que originam depois que se intercalaram certas pausas. Pois é impossível os objetos do sexto órgão[685], assim como é impossível imaginar que em cada nova criação, o padrão de conduta que se manifesta seja diferente. Por exemplo, na relação entre os sentidos e os objetos dos sentidos. Portanto, do fato de que o padrão de conduta é o mesmo em cada ciclo da criação e que os seres divinos e poderosos podem se recordar das suas vidas em ciclos anteriores da criação, deduz-se que os particulares, em cada criação, surgem com as mesmas características de nomes e formas. Não persiste contradição com a validade dos Vêdas, se sustentamos que o universo tem os mesmos tipos de nomes e formas, em seus ciclos de dissolução final e nova criação. A similaridade dos nomes e das formas fica mostrada em textos védicos e nos Smritis do seguinte modo: "O Ordenador criou o sol, a lua e também os céus, que são a morada da felicidade, a terra, o espaço, assim como o foi anteriormente" (R.V., X, CXC,3), o qual significa que o Senhor Supremo criou o universo, o sol, a lua,etc., como eram no ciclo anterior. "O fogo teve o desejo de 'converter-se no dispensador do alimento para os deuses'. A honra aos deuses das estrelas na constelação de Krttika, ele o executou, no fogo, um ritual no qual foram ofertados os pastéis estufados sobre oito pratos" (Tai. ,Br., III, 1, 4,1). Essa frase mostra que quem cumpre o ritual, oferecendo a oblação ao fogo em homenagem às estrelas, e o foco no qual

[685] O sexto órgão dos sentidos é a mente (nota de Carlos Alberto Tinoco).

isso foi feito, teria o mesmo nome e forma. Aqui, devemos citar frases de significados semelhantes. Existem os Smritis:

> O Uno não nascido, confere aos videntes que nascem depois do término da dissolução, estes nomes e visões dos textos védicos, que possuíam anteriormente. Como se vê girar em ordem aos signos dos vários tipos das diferentes estações, assim, todas as coisas surgem no princípio de um Yuga ou ciclo, e qualquer forma peculiar que cada ser haja possuído no passado, esta se conforma, exatamente, às dos seres presentes, sendo os deuses similares, em forma e no nome, os seres passados (Mbh. 231, 58 e 210, 17).

Pode-se fazer referência a outros textos do gênero.

Sutra 31: Jaimini[686] afirma que os deuses e os demais não são competentes para o conhecimento de Brahmâm, por não serem competentes para Ele[687].

Sutra 31: Jaimini afirma que os anjos não estão capacitados para o conhecimento do Absoluto pela impossibilidade de efetuar a meditação no néctar Madhu-Vidyâ[688].

Aqui, põe-se em foco do juízo, a afirmação, segundo a qual, incluindo-se os deuses, podem obter o conhecimento do Absoluto Brahmâm. O mestre Jaimini afirma que os deuses não estão qualificados para Ele.

Por quê?

Porque não estão qualificados para *Madhu-Vidya* (meditação sobre o mel, ou seja, a quintessência sucessiva das coisas) etc. Se admitimos que podem adquirir o conhecimento de Brahmâ, poderiam, também, obter o de *Madhu-Vidya*, por serem eles formas de *vidya* (conhecimento). Mas isso é impossível.

Como?

E isso não se pode admitir, pois, de acordo com a frase: "Na verdade, o sol é o néctar dos anjos"[689], os seres humanos deveriam meditar no sol, superpondo-lhe a ideia do mel. Se aceitamos que os deuses e os demais seres espirituais são adoradores competentes, então, qual outro sol adorará

[686] O ritualista (nota de Carlos Alberto Tinoco).

[687] GAMBHIRANANDA, 1983.

[688] MARTÍN, 2001, p. 183.

[689] TINOCO, 2021, verso III, 1,1.

o deus Sol[690]? Novamente: após ter introduzido os cinco tipos de néctares, o vermelho e ou outros que existem no sol, diz-se que os cinco grupos de deuses, Vasus, Rudras, Maruts, Adityas e Sadhyas, subsistem graças a esses néctares, sucessivamente. Após essa instrução, diz uma frase: "Aquele que medita neste néctar assim, se faz uno com os Vasus e se sente satisfeito em ver este néctar encabeçado pelo Fogo"[691]. O anterior mostra que os que conhecem o mel, graças ao qual os Vasus e os outros subsistem, alcançam a glória que pertence aos Vasus e aos outros deuses. Porém, os Vasus e os outros, a quem mais possam conhecer como os que gozam do néctar? E qual outra glória pertencente aos Vasus e aos outros podem desejar obter? Encontramos o mesmo em outros lugares, por exemplo: "O Fogo é um quarto, o Ar é um quarto, o Sol é um quarto, as Direções são um quarto"[692]. O Ar é, na verdade, o lugar onde acontece a união"[693] e "O sol é o Absoluto Brahmâm, esta é a instrução"[694], onde se prescreve as meditações sobre as deidades e onde esses deuses não podem ser qualificados para empreender tais meditações. Encontramos o mesmo em frases como: "Estas duas orelhar são de Gotama e Bharadvaja: Este é Gotama e este é Bharadvaja"[695] , onde se prescrevem as meditações sobre os videntes e onde esses videntes não podem estar qualificados por estas mesmas meditações.

Por qual outra razão os deuses são qualificados?

Sutra 32: a causa das palavras que denotam as devas etc. e se usam no sentido de esfera de luz[696].

Sutra 32: os seres celestiais não estão capacitados para essa meditação, porque (os mundos sol e lua etc., com nomes de deuses) usam-se no sentido de simples esferas de luz[697].

As palavras como sol, que indicam os deuses, aplicam-se a essa esfera de luz, que existe no céu que ilumina o mundo, mudando de dia e de noite; porque o mundo está familiarizado com os deuses, no mero sentido de esfera, reconhecendo-lhes como tal na porção complementar do texto. Porém, como simples esfera de luz, não podemos entender que

[690] O deus sol dos hindus é Surya (nota de Carlos Alberto Tinoco).

[691] TINOCO, 2021, verso III, 6, 3.

[692] TINOCO, 2021, verso III, 18, 2.

[693] TINOCO, 2021, verso IV, 3,1.

[694] TINOCO, 2021, verso III, 19.

[695] MARTÍN, 2002, p. 205, verso II, 4 (verso diferente).

[696] GAMBHIRANANDA, 1983, p. 222.

[697] MARTÍN, 2001, p. 184.

tenha conexão alguma com a forma humana que consta do coração etc. ou como a percepção, o desejo etc., pois sabemos que não se percebe, assim como a terra. A mesma observação se aplica ao fogo e ao restante, que são igualmente isentos de sentidos.

Diz o adversário: nenhuma dessas limitações aparece, pois sabemos que os deuses têm formas etc., de acordo com o que aprendemos nos mantras, nas declarações, nos contos, nas mitologias e a experiência comum que o confirma.

Diz Jaimini: não é assim, porque as concepções da vida diária não são um meio de conhecimento independente. Qualquer objeto que se conheça por meio dos renomeados meios de conhecimento, como a percepção, podemos dizer que se conhece, graças à experiência comum, quando esses meios não se aplicam com atento escrutínio. No que se refere ao tema em exame, não se pode citar nenhum dos meios válidos de prova: a percepção e o restante. No que se refere às histórias e à mitologia, essas também aparecem dos seres humanos e, portanto, devem depender de alguns outros meios válidos para suas autenticidades. As declarações védicas que corroboram o anterior estão também contingenciadas a alguns preceitos e, portanto, não podem provar a personalidade dos deuses, baseando-se em qualquer significado independente. Os mantras que são usados nos rituais, de acordo com os seis passos do Sruti etc. (afirmação direta, sinal indicador, conexão sintática, contexto, posição, designação), denotam coisas intrinsecamente relacionadas com a aplicação do ritual e, de maneira análoga, diz-se que não são os meios válidos de conhecimento de qualquer objeto. Portanto, os deuses não estão qualificados para o conhecimento do Absoluto Brahmâm.

Sutra 33: porém, Badarayana[698] sustenta que os deuses podem conhecer a Brahma-Vidya[699]; pois neles existe o requisito para fazê-lo[700].

Sutra 33: por outro lado, Badarayana (sustenta) que têm capacidade (os seres celestiais) para o conhecimento do Absoluto, porque os requisitos para essa capacidade existem neles[701].

A expressão "por outro lado" serve para combater o opositor. O mestre Badarayana sustenta que os anjos estão capacitados. Não podemos admitir essa capacidade em relação com a meditação *Madhu-Vidya* e outros temas de

[698] Autor do Brahma Sutra

[699] O conhecimento de Brahmân

[700] GAMBHIRANANDA, 1983, p. 224.

[701] MARTÍN, 2001, p. 185.

conhecimento, nos quais os anjos estejam implicados. Porém, podem estar capacitados para o puro conhecimento do Absoluto Brahmâm, dependendo isso do desejo. Aquele que não está capacitado, em alguns casos, não interfere com a possibilidade de que o esteja em outro. Pode-se aplicar no caso dos anjos o mesmo raciocínio que foi usado no caso dos seres humanos, pois também, entre os humanos, nem todos estão capacitados para tudo. Por exemplo: os brahâmanes não o estão para o ritual Rajasûya[702].

Em relação ao conhecimento do Absoluto Brahmâm, a escritura contém mais insinuações expressas, ao declarar que os deuses estão capacitados. Vejamos, por exemplo, as seguintes frases: "Qualquer dentre os deuses que O conhecera, também se converteria Naquele, e o mesmo os sábios e os homens"[703] e "Disseram: 'Busquemos aquele Ser que quando se descobre, se obtém todos os mundos e todos os desejos'. Ao dizer isto, partiram Indra com os anjos (*davas*) e Virochana com os diabos (*asuras*) e chegaram até Prajapati"[704]. Afirmações como essas podem ser encontradas na tradição, como o diálogo entre Yajñavalkya e o Gandharva.[705]

Foi argumentado assim: "A causa da presença das palavras referentes à esfera de luz". Sobre isso, contestamos assim: apesar de que as palavras como sol podem se referir a uma esfera luminosa, mas, desde o seu uso no sentido dos deuses, representam esses respectivos deuses, dotados de inteligência e de poderes divinos, certamente têm a capacidade de permanecer em identidade com uma esfera de luz e assumir vários corpos à vontade. Por isso, na frase: "Vem Indra, tu que eras um macho em forma de Medhatithi", que se encontra na declaração corroborativa sobre Subramanya — o sacerdote que canta os hinos do Sama Vêda —, diz-se: "Pois Indra, em forma de macho foi levado a Madhatithi da descendência de Kanya" (Sadvimsa Brahmana, I.1). Também no Smriti se menciona: "O sol chegou a Kunti assumindo a forma humana". Por outro lado, no caso da terra, admitem-se as deidades inteligentes que presidem sobre elas, pois existem textos védicos, como "A terra disse, a Água disse" (S.B., I, 4, 3, 2-4). Admite-se que a luz e as demais substâncias não são inteligentes, já

[702] Trata-se de um ritual que somente pode ser realizado pelos Kshatryas, ou seja, aqueles que pertencem à casta dos guerreiros e dirigentes, pois implica atividade, paixão, audácia (*rajas*), características inerentes a eles (nota de rodapé de Consuelo Martín, na sua tradução do Brahma Sutra, p. 185).

[703] MARTÍN, 2002, p. 99, verso I, 4, 10.

[704] TINOCO, 2021, verso VIII, 7,2.

[705] Gandharva é a designação de seres celestiais das mitologias hindu e budista, que também é aplicada a cantores de música clássica indiana, especialmente talentosos (nota de Carlos Alberto Tinoco).

que são simples elementos materiais. Também podemos falar o caso do sol (*âditya*). Como já foi assinalado, quando se usam palavras nos mantras e arthavadas, pode-se observar seres inteligentes de natureza divina, que animam esses elementos materiais.

Retornemos, agora, à objeção que foi exposta sobre os mantras e artharvadas[706] como simples meios para outros objetivos. Não têm força para dar a conhecer a personalidade dos deuses e não indicam uma subordinação ou não subordinação a algum outro objetivo, e, sim, em vez da presença ou ausência de certa ideia, alimenta uma razão para que assumamos a existência de algo. Isso fica demonstrado no caso de uma pessoa (peregrino) que caminha com algum propósito e, entretanto, dá-se conta da existência de plantas e ervas e outros vegetais que observa no caminho.

Diz o opositor: aqui, o que foi assinalado não é exatamente isso. No caso do peregrino, a percepção, cujos objetos são as plantas e as ervas, é ativa e por meio dela forma o conceito que existem. Por outro lado, no caso do arthavada, ao formar uma unidade sintática com a passagem perceptiva correspondente, resulta acessório para exaltar ao último. Nesse caso, qualquer unidade sintática menor, incluída em qualquer unidade sintática mais complexa, que conduza a certo significado, não possui força para expressar um significado próprio separado.

Portanto, a combinação de três palavras que constituem a frase negativa, "não beba vinho", deduzimos somente um significado, a proibição de beber vinho ou não, deduz-se de algum outro adicional. Como seria a ordem de bebê-lo, se tomarmos apenas as duas últimas palavras.

Diz o adepto do Vedanta: a essa objeção respondemos que a última citação assinalada não é análoga ao tema aqui tratado. As palavras da frase que proíbem beber vinho somente formam uma totalidade e, tendo isso em conta, o sentido separado que possa ter a unidade sintática menor, incluída na frase maior, não se pode aceitar. No caso do preceito e do *arthavada,* as palavras desse *arthavada* formam um grupo separado e próprio que se refere a algo realizado e, só como consequência disso, observar que propósito serve para exaltar o preceito.

Examinemos, ilustrando-o com um exemplo a frase do preceito, que é a seguinte: "Aquele que deseje prosperidade deve oferecer a Vâyu[707]

[706] Arthavadas é uma proposição com um mandato para obedecer (nota de rodapé de Consuelo Martín, na sua tradução do Brahma Sutra, p. 186).

[707] Vâyu é o deus do vento, na mitologia hindu (nota de Carlos Alberto Tinoco).

um animal branco" (Tai. S.,II, 1,1). Todas as palavras contidas na frase citada estão relacionadas diretamente com o preceito, porém esse não é o caso das palavras que formam a frase: "Posto que Vâyu é a divindade mais rápida, Vâyu aparece com a sua própria forma e o conduz à prosperidade". As palavras soltas desse *arthavada* não estão relacionadas com as palavras soltas do preceito, mas formam uma unidade subordinada própria, que contém a oração de Vâyu que exalta o preceito e o faz somente quando nos permite compreender que a ação que se ordena está em relação com uma divindade famosa.

Se o tema ao qual conduz a frase subordinada pudesse se conhecer por outro meio, o preceito atuaria como se fosse um simples *anuvâda*, ou seja, como uma afirmação que se refere a algo já conhecido. Quando seu conteúdo está em contradição com outros meios de conhecimento, atua como um *gunavâda*, ou seja, explicando uma característica. Onde não se encontra nenhuma dessas duas condições, pode surgir a dúvida de que se tem que tomar o *arthavada* por um *gunavâda* por ausência de outros meios de conhecimento, como um "preceito" que se refere a algo conhecido (um *anuvâda*), porque não está em contradição com outras provas. Porém, a última alternativa é a que adotam as pessoas razoáveis. Também pode aplicar-se esse raciocínio aos mantras.

Há outra razão para se aceitar a personalidade das divindades. Os preceitos védicos, como ordenam sacrifícios oferecidos a Indra e outras divindades, pressupõem que essas têm certa forma, porque sem ela aquele que realiza a cerimônia não poderia representá-las em sua mente. E assim, não poderia fazer-lhe a oferenda. Também assim diz a escritura: "É necessário pensar na divindade a quem se vai fazer a oferenda" (Ai. Br.,III,8,1). Nem se pode considerar a forma essencial — o caráter — de uma coisa com uma só palavra, pois a palavra que designa e a coisa designada são diferentes. Porém, aquele que admite a autoridade da palavra da escritura não tem o direito de negar que a forma de Indra e de outras divindades é a que entendemos por meio dos mantras e dos *arthavadas*.

Além do mais, também as histórias (*idhâsas*) e mitologias (*puranas*), por estarem baseadas em mantras e o *arthavada* que possuem uma autoridade, como foi explicado, podem dar a conhecer a personalidade dos deuses ou anjos (*devas*). E se pode considerar que as histórias e mitologias se baseiam também na percepção, porque o que é acessível à nossa percepção foi podido sê-lo para pessoas da antiguidade. A tradição afirma também que

Vyâsa e outros conversavam com os deuses, frente a frente. A pessoa que afirma que pessoas da antiguidade não puderam falar com as divindades, o mesmo que acontece agora, estariam negando a inquestionabilidade da variedade do mundo.

Poder-se-ia dizer que, assim como atualmente não existe um príncipe que governe toda a terra, também não o existiu em outras épocas anteriores. De acordo com esta opinião, se poderia dizer que o preceito das escrituras sobre o ritual Râjasuya[708] seria inútil. Também se poderia afirmar que, em épocas anteriores, os deveres das diferentes castas e monastérios estavam sem regulamentos, como o estão agora. Com isso, afirmar-se-ia que as partes das escrituras que definem esses preceitos de nada valiam. Portanto, não se pode objetar que assumamos que pessoas de épocas anteriores, em virtude das suas religiosidades, conversavam face a face com os deuses. A tradição do Yoga também afirma que, ao se ler os Vêdas, produz-se uma relação com a divindade elegida[709]. E esse Yoga, como afirma também a escritura, conduz a adquirir poderes extraordinários, por exemplo, que o corpo físico se torne sutil. Desde então, não se deve abandonar um lado, negando-o arbitrariamente. Proclama a escritura a grandeza do Yoga assim: "Quando a terra, a água, o fogo, o ar e o éter aparecem, ou seja, quando os cinco atributos dos elementos referidos nos livros de Yoga, tornam-se manifestos (cheiro, sabor, formas, tato e som) então, o corpo do Yogue torna-se purificado pela chama do Yoga, ficando livre das doenças, da velhice e da morte"[710].

Não podemos medir as capacidades dos Rishis, que veem os mantras e as frases dos brâhmanas, partindo das nossas capacidades segundo os Ithasas e os Puranas para saber se esses se apoiam em uma base adequada. Não sabemos nem se é possível aceitar as concepções da vida normal neles. O resultado é que não podemos conceber que os deuses tenham uma existência pessoal, pelos mantras, arthavadas, idhasas e Puranas e pelas suas ideias que geralmente são aceitas. E como os deuses podem estar em condições de ter desejos, podemos considerá-los como capacitados a conhecer o Absoluto Brahmâm. Por outro lado, as afirmações que fazem as escrituras, referindo-se à gradual liberação, concordam somente com a última suposição.

---

708 Trata-se de um ritual realizado por um príncipe quando deseja tornar-se governante de toda a terra (nota de rodapé de Consuelo Martín, na sua tradução do Brahma Sutra, p. 188).

709 Ver: TAIMNE, I. K. **A Ciência do Yoga**. Brasília: Editora Teosófica, Sutra II, 44, 1996. (Nota do Tradutor).

710 TINOCO, 1996, p. 300, verso II, 12.

TEMA 9: PSEUDO- SHUDRA

O *SHÛDRA*

Sutra 34: o *Janasruti* se afligiu ao ouvir as palavras degradantes (do cisne), como é evidente do fato de que *Janasruti* se acerca de Raikva, posto que Raikva lhe sugere (usando a palavra shudra)[711].

Sutra 34: apareceu a dor quando escutou umas desrespeitosas palavras (do Rishi). Ao aproximar-se, Raikva permaneceu oprimido por tal dor r lhe chamou por ele, o shûdra[712,713].

Anteriormente, foi negado que os seres humanos são os únicos com o privilégio do conhecimento. Também foi afirmado que os deuses também possuem esse privilégio. Essa reflexão (que começamos) tem o objetivo de eliminar a dúvida sobre se podemos negar a exclusividade desse privilégio aos seres humano, os duas vezes nascidos. Os shudras também possuem esse privilégio. O opositor mantém o ponto de vista de que os shûdras também possuem o privilégio, porque podem desejar esse conhecimento e porque têm capacidade para ele. Por outro lado, não existe uma proibição nas escrituras que os exclua do sentido do texto seguinte: "Porém, o shûdra não é adequado para realizar rituais" (Tai. S.VII, 1,1,2). A razão pela qual não são adequados os shûdras para as oferendas, como a dos fogos sagrados, é que eles não possuem esses. Mas isso não quer dizer que não possam estar capacitados para o conhecimento, *já que o conhecimento pode apreender os que não possuem os fogos. Por outro lado, existe um suposto sinal que apoia o privilégio dos shûdras, no chamado "conhecimento de samvarga* (fusão de todas as coisas). *Janas´ruti,* neto de Putra e aspirante ao conhecimento, *é assinalado* por ele (Raikva), como na frase: "Fiquem contigo, shûdra, o colar de ouro e o carro com as vacas"[714].

Nos Smritis, menciona-se Vidura e a outros que nasceram de mães shûdras, como dois personagens com conhecimentos sobressalente. Daí, que o shûdra tem o privilégio também de conhecer o Absoluto Brahmâm.

---

[711] GAMBHIRANANDA, 1983, p. 229.

[712] É a última casta (varna) nas que se organizava a sociedade ária na Índia. Está composta pelos párias ou operários que não pertencem às três castas respeitadas que têm direito e deveres e são chamados de "duas vezes nascidos". Nota de Consuelo Martín (2001, p. 188-189).

[713] MARTÍN, 2001, p. 188.

[714] TINOCO, 2021, verso IV,2,3.

Diz o adepto do Vedanta: os shûdras não possuem esse privilégio, porque não estudaram os Vêdas. Uma pessoa que os tenha estudado e os compreendem está qualificada para os temas védicos. Mas um shûdra não os estuda, pois seu estudo requer um ritual prévio, a *upanziana*, e esse ritual somente o realiza as três castas superiores (os dvijas). A simples circunstancia de desejá-lo não é razão suficiente para sua qualificação, se não há capacidade. A capacidade temporal tampouco é suficiente motivo, já que se requer uma capacidade espiritual para adentrar-se nos assuntos espirituais, e a capacidade espiritual está excluída, no caso dos shûdras, porque eles estão excluídos, por sua vez, do estudo dos Vêdas.

Deve-se levar em conta a afirmação védica que diz que o shûdra não é adequado para o ritual e insinua que, também, não é adequada para o conhecimento, já que o ritual está baseado nele. Não é, pois, adequado em nenhum dos casos.

Diz o opositor: ao ser nomeada a palavra shûdra no conhecimento de *samvarga*[715], isso é uma razão em favor da qualificação do shûdra para o conhecimento. Por nós, diremos que essa razão não tem força pela ausência de argumento, porque se considera que uma dedução possui a força de insinuar apenas pelos argumentos apresentados. Tais argumento não se apresentaram na frase assinalada. Por outro lado, a palavre shûdra pode ter sido colocada ali para que esteja em harmonia com o contexto. Desse modo, quando Jânasruti, neto de Putra, ouviu falar desrespeitosamente do cisne, assim: "Quem é aquele de quem se fala tu como se trata-se de Raikva no carro?"[716], então a dor apareceu na sua mente e essa dor o Rishi Raikva assinalou com a palavra shûdra, para mostrar seu conhecimento do que estava distante dele.

Devemos aceitar que isso explica que alguém nascido shûdra não está capacitado para o conhecimento (*samvarga-vidya*). E se perguntarmos o porquê se chamou shûdra a causa da dor (*shuk*) que apareceu em sua mente, devemos responder que isso é porque esse surgiu rapidamente (*âdravana*). O sentido da palavra shûdra pode ser dividido em partes, como "se precipitou na dor", como "a dor o colheu" ou como "ele na sua dor se lançou a Raivka". Enquanto é impossível aceitar a palavra em seu sentido

---

715 Trata-se de uma meditação sobre a dissolução final (nota de rodapé de Consuelo Martín, na sua tradução do Brahma Sutra, p. 189).

716 TINOCO, 2021, verso IV, 1,3.

convencional. A circunstância de que o rei estivesse realmente ferido se menciona na lenda.

Sutra 35: e porque o estado de kshatrya (de Janasruti) se deduz sucessivamente, graças a um sinal indicativo que o menciona com um descendente de Chitraratha[717].

Sutra 35: e porque a condição de kshatrya[718] (de Janasruti) se conhece mais tarde como sinal indicativo de um descendente de Citraratha (que era Kshatrya)[719].

Essa é uma razão subsequente pela qual Janasruti não é um shûdra por nascimento, pois, ao considerar o tema, deduz-se que era um kshatrya, fato que se torna claro quando se menciona, sucessivamente, com Abhipratarin, o kshatrya da linhagem de Chitraratha. Em seguida, na porção complementar da sessão referente ao conhecimento sobre a fusão (*Samvargavidya*), menciona-se Abhipratarin, da linhagem de Chitraratha, na frase: "Agora, bem, um Brahmacharin pediu a Sanauka, o cozinheiro da linhagem de Kapi e a Abhipratarin, filho de Kaksasena, quando o cozinheiro lhe servia o alimento"[720]. O fato de que Abhipratarin pertencia à linhagem de Chitraratha se deduz da sua associação com o descendente da linhagem de Kapi, pois a associação do descendente de Chitraratha com a de Kapi se encontra na frase: "Os Kapeyas fizeram que Chitaratha executasse o ritual Dviratra" (Tandya Brahmana, XX, 12, 5). Isso porque geralmente as pessoas da mesma linhagem têm os sacerdotes de ascendência comum. Por outro lado, deduzimos que era um kshatrya, pela frase: "Dele descendeu aquele, cujo nome era Citrarathi, o rei kshatrya". De modo análogo, a referência de Janasruti com o kshatrya Abhipratari, no contexto da mesma classe de conhecimento, sugere que Janasruti é um kshatrya, pois geralmente, a quem são iguais, menciona-se unidos. Por outro lado, a Janasruti se o conhece como kshatrya, pelo fato de que envia um guardião da sua casa e suas riquezas para que se cumpra as suas tarefas. Portanto, uma pessoa que nasce shûdra não tem o direito ao conhecimento (não está capacitadas para conhecer o Absoluto Brahmâm).

717 GAMBHIRANANDA, 1983, p. 231.

718 Casta dos guerreiros, ministros, reis, governantes e altos funcionários do governo (nota de Carlos Alberto Tinoco).

719 MARTÍN, 2001, p. 190.

720 TINOCO, 2021, verso IV, 3, 5.

Sutra 36: porque se mencionam os ritos purificadores (para os demais) e a ausência desses é declarada (no caso dos shûdras)[721].

Sutra 36: pela referência às cerimônias de purificação (no caso das três primeiras castas) e a ausência (no caso dos shûdras)[722].

O fato de que os shûdras não estão qualificados se deduz da razão ulterior de que, onde se fala do conhecimento, tais ações para adquirir o direito a esse, declaram-se como investidura do fio sagrado etc.[723] Assim, por exemplo: "Ele o iniciou com o fio sagrado" (S. B.,XI,5,3,13) e "Ao pronunciar a fórmula sagrada, 'ensina-me venerável senhor" e assim se acercou do mestre.[724] E ainda: "Om! Sukesha, filho de Bharadvaja, Satyakama, filho de Shibi, Sauryayani, membro da família de Garga, Koushalya, filho de Ashvala, Vaidharbi, pertencente à família de Bhigu, Khabandi, filho de Katya, devotos e buscadores da verdade interior, humildemente aproximaram-se do sábio Pippalada para ouvi-lo sobre assuntos referentes a Brahmâm"[725]. E a frase seguinte, que é: "E ele, inclusive sem inicia-los, lhes disse [...]"[726], indica que a cerimônia de purificação era algo já estabelecido. Por outro lado, ao se referir aos shûdas, a ausência de cerimônias se menciona frequentemente. Assim, por exemplo: "O shûdra não tem culpa porque não é responsável e portanto, não tem que realizar nenhum ritual de purificação"[727].

Sutra 37: posto que em Gautama nasceu a inclinação (de iniciar e instruir Satyakama), quando se averiguou que não era um shûdra[728].

Sutra 37: e porque o procedimento de iniciação de Gautama se afirma, ao faltar isso (o fato de ser um shûdra)[729].

Os shûdras não estão qualificados por uma razão a mais: a pronunciação da Verdade (por Satyakâma Jâbala). Então, estabeleceu-se que não era shûdra e foi iniciado e instruído. Diz a Upanishad: "Quem não é Brahmâm

721 GAMBHIRANANDA, 1983, p. 232.

722 MARTÍN, 2001, p. 191.

723 O estudo, serviço do mestre e assim sucessivamente (nota de rodapé de Swami Gambhiranda, na sua tradução do Brahma Sutra, p. 232).

724 TINOCO, 2021, verso VII, 1,1.

725 TINOCO, 1996, p. 179, verso I, 1.

726 TINOCO, 2021, verso V, 11,7.

727 DONINGER; SMITH, 1991, p. 250, verso X, 126.

728 GAMBHIRANANDA, 1983, p. 233.

729 MARTÍN, 2001, p. 191.

não pode pronunciar uma verdade como esta. Oferece o fogo sacrificial, amigo, e te iniciará porque não te distanciastes da verdade"[730].

Sutra 38: e porque o Smiriti proíbe ao shûdra ouvir e adquirir o significado (dos Vêdas)[731].

Sutra 38: e porque a tradição proíbe ouvir e estudar (os Vêdas), conhecer seu significado e praticar seus ritos aos shûdras[732].

Essa é uma razão pela qual os shûdras não têm direito a ouvir, a estudar e a adquirir o significado dos Vêdas, sendo isso o que afirma o Smrit, ao mencionar que um shûdra não tem o direito de ouvir os Vêdas, nem a estudá-los e nem sequer admitir seu significado, nem executar os seus rituais. No que se refere à proibição de ouvir os Vêdas, há uma frase que diz que "No caso de que ouçam os Vêdas, a punição seria encher seus ouvidos de chumbo e laca"[733] e "o shûdra é como um cemitério, por isto a pessoa não deveria ler os Vêdas na sua presença"[734]. Daí, surge a proibição do estudo. Como pode uma pessoa estudar os Vêdas, se não os recita em sua presença? Logo, existe uma expressão de cortar-lhe a língua, se pronuncia os Vêdas, despedaçando seu corpo se os aprendesse de memória.[735] Disso se deduz que se exclui, também, a aquisição de significado dos Vêdas e a sua prática, de acordo com as frases: "O ensinamento dos Vêdas não deve ser dividido com um shûdra"[736] e "O estudo, o sacrifício e a distribuição de presentes são apenas para os nascidos duas vezes"[737]. Porém, naquele em quem o saber surge como resultado das suas boas tendências adquiridas em vidas passadas, por exemplo, a Vidura, a Dharmavyadha e outros, não se pode impedir que colha o resultado do saber, pois isso é inevitável. Tal posição se confirma pelo texto Smrith: "Uma pessoa deveria ler às quatro castas, mantendo os Brahmanas primeiro"[738], o qual declara as habilidades das quatro castas para adquirir as histórias e as mitologias. Porém, a conclusão é que um shûdra não tem direito ao conhecimento dos Vêdas.

---

[730] TINOCO, 2021, verso IV, 5.

[731] GAMBHIRANANDA, 1983, p. 233.

[732] MARTÍN, 2001, p. 191.

[733] Gau. Dh. Su., XII, 4 (nota de rodapé de Swami Gambhirananda, na sua tradução do Brahma Sutra, p. 233).

[734] Vashistha, 18 (nota de rodapé de Swami Gambhirananda, na sua tradução do Brahma Sutra, p. 233).

[735] Gau. Dh. Su., XII, 4 (nota de rodapé de Swami Gambhirananda, na sua tradução do Brahma Sutra, p. 234).

[736] Código de Manu, IV, 80 (nota de rodapé de Swami Gambhirananda, na sua tradução do Brahma Sutra, p. 234). Ver: Doninger e Smith (1991, p. 81).

[737] Gau. Dh. Su., IX, 1 (nota de rodapé de Swami Gambhirananda, na sua tradução do Brahma Sutra, p. 234).

[738] Mbh. Sa., 327, 49 (nota de rodapé de Swami Gambhirananda, na sua tradução do Brahma Sutra, p. 234).

TEMA 10: VIBRAÇÃO

A VIBRAÇÃO

Sutra 39: Prana é Brahmâm, porque se menciona a vibração[739].

Sutra 39: a energia vital (Prâna) é o Absoluto pela vibração[740].

Concluímos o assunto secundário da habilidade. Agora, regressamos à discussão do significado dos textos dos quais nos ocupamos. Esse aforismo, seguindo o significado raiz do verbo *ejr* "vibrar" (mover), refere-se ao texto: "Qualquer coisa localizada dentro do universo, possui vibração porque emerge de Brahmâm e cresce por causa Dele. Brahmâm, como um poderoso trovão, pode causar medo. Aquele que O conhece, torna-se imortal"[741]. Nessa frase, ouve-se dizer que toda a criação pulsa no Prana, sendo o que a sustenta, e se menciona alguma grande fonte de terror que é iminente, expressando-a com a palavra trovão. Além disso, fala-se do alcance da imortalidade mediante esse conhecimento.

Diz o adversário: nesse contexto, é óbvio que apareça uma consideração, pois não fica claro o que é esse Prana e esse terrível trovão. Em virtude dessa consideração, chega-se à conclusão de que a palavra trovão deve ser interpretada em sentido familiar, com as suas cinco funções, e a palavra trovão deve interpretar-se, no seu sentido familiar, como raio. É um louvor ao Prana.

Como?

Toda esa criação vibra, porque se sustenta mediante o ar chamado Prana, que tem cinco funções. Graças à energia do ar o raio se eleva, pois, segundo se diz, quando o ar se move em forma de nuvens, então teremos relâmpagos, as nuvens trovoam e chove. Essa imortalidade procede do conhecimento mesmo, do ar. Há outra Upanishad que confirma o que antes foi dito, assim: "Por isto o ar é um conjunto dos diversos indivíduos, é o agregado de todas as coisas. Aquele que sabe disto, conquista a mais distante morte"[742]. Aqui, deve-se entender o termo Prana como o ar.

739 GAMBHIRANANDA, 1983, p. 234.

740 MARTÍN, 2001, p. 192.

741 TINOCO, 1996, p. 171, verso II,3,2.

742 MARTÍN, 2002, p. 262, verso III, 3, 2.

Diz o adepto do Vedanta: sendo essa a posição, diremos: aqui se deve compreender Brahmâm mesmo.

Por quê?

Pela consideração do que precede e segue, pois constatamos que, em textos anteriores e seguintes, trata-se do Absoluto Brahmâm. Então, porque, somente nessa frase, se deveria entender o ar? Em uma frase anterior, há uma referência ao Absoluto Brahmâm, do seguinte modo: "Este é brilhante e puro. Este é Brahmâm; e Este se chama imortalidade. Sobre Isto se fixa todo o universo. Nada pode transcender a Isto"[743]. Também aqui se fala desse Brahmâm pela proximidade. Além disso, a palavra Prana se emprega para o Ser Supremo, uma vez que encontramos tal emprego na Katha Upanishad, como "Prana de Prana"[744]. A expressão "Prana de Prana", que encontramos na Brahadaranyaka Upanishad (IV,18), somente pode referir-se ao Ser Supremo e não ao ar simplesmente. Diz a Katha Upanidshad: "Nenhum mortal vive apenas pelo Prana que sobe, nem pelo Apana, que desce. O homem vive por uma causa diferente, de quem depende o Prana e o Apana"[745]. Também é afirmado que o Absoluto Brahmâm não é simplesmente o ar, na frase: "A partir do poderoso Brahmâm o fogo queima. Dele, o sol brilha. Dele, Indra, Vayu e Yama, os cinco, realizam suas funções"[746].

Devemos supor que se está falando do Absoluto Brahmâm e não do ar, pois se refere à causa do medo que todo universo sente, inclusive o ar. Por isso, deduzimos que essa frase trata do Absoluto Brahmâm. Primeiro, pelas vizinhanças e, depois, porque reconhecemos que uma característica do Absoluto — a causa do medo — é Ele. De acordo com a frase "Produz temor como um raio", a palavra "raio" é usada aqui como a causa do medo, em geral. O mesmo acontece na vida normal, quando uma pessoa realiza a ordem de um rei, porque o teme. "Um raio (ou seja, a ira do rei o ameaça do castigo) pode vir sobre a minha cabeça, e pode cair se não realizo sua ordem". Assim é todo o universo, incluindo o fogo, o ar, o sol, os quais não cessam nas suas múltiplas funções, por medo do Absoluto Brahmâm e, como é o Absoluto, inspira medo, ao ser comparado com um raio.

Em outra frase da escritura, cujo tema é o Absoluto Brahmâm, pode-se ler: "Devido ao temor a Ele (Brahmâm), o vento sopra; pelo temor a Ele, o

[743] TINOCO, 1996, verso II, 3,1.

[744] MARTÍN 2002, p. 396, verso IV, 4, 18.

[745] TINOCO, 1996, p. 169, verso II, 2,5

[746] TINOCO, 1996, p. 171-172, verso II, 3,3.

sol nasce; pelo temor a Ele, Agni, Indra e Yama (a Morte, a quinta deidade aqui referida), correm"[747]. É ao Absoluto Brahmâm que se faz referência aqui. Depois, segue a afirmação de que o ponto do seu conhecimento é a imortalidade. Isso se sabe pela frase: "No universo, o Cisne (o Supremo Ser) existe sozinho. Ele é como o fogo que habita os corpos. Somente conhecendo-O, pode o homem ultrapassar a morte. Não há outro caminho para se chegar ao Supremo"[748].

A imortalidade à qual se referiu o opositor é o fruto do conhecimento do ar (Prana) e é relativa, pois naquela Upanishad se fala de outro tema e, depois, do Ser Supremo. Afirma-se que tudo o que não é Ele é perecível. Sobre isso, há a frase: "Todo o restante, perece"[749]. Assim, estabelece-se o Ser Supremo do contexto que se está discutindo, pela pergunta seguinte: "Diz Naciketas: 'Ó Yama, o que sabeis existir além do certo e do errado, além da causa e do efeito, além do passado, do presente e do futuro".[750]

TEMA 11: A LUZ SEGUNDO SE DECLARA NA UPANISHAD

A LUZ É O ABSOLUTO

Sutra 40: a Luz é Brahmâm, porque assim se apresenta (nas Upanishsds)[751].

Sutra 40: a luz é o Absoluto, porque é (o Absoluto) o que foi visto (nos textos das escrituras)[752].

Dúvida: na Upanishad se escuta dizer: "Este Ser sereno (samprasada), ao elevar-se do corpo e tomando consciência da Luz Suprema, se estabelece em sua natureza"[753]. A dúvida aparece se a palavra luz se refere à luz visível para o olho, dissipando a obscuridade ou ao Supremo Brahmâm.

Qual deveria ser a conclusão?

Diz o adversário: seve ser a luz ordinária.

Por quê?

747 TINOCO, 1996, p. 232-233, verso II, 8, 1.

748 TINOCO, 1996, p. 312-313, verso IV, 15.

749 MARTÍN, 2002, p. 262, verso III, 4, 2 (verso não encontrado).

750 TINOCO, 1996, p. 162, verso I, 2, 14.

751 GAMBHIRANANDA, 1983, p. 237.

752 MARTÍN, 2001, p. 194.

753 TINOCO, 2021, verso VIII,12,3.

Apesar de admitir-se que em outro sutra, foi discutido sobre a palavra "luz" e, por tema geral do espírito, referia-se ao Absoluto Brahmâm. "A luz é o Absoluto pela menção" (B.S. I, 1,24). Além disso, foi afirmado, no capítulo que trata dos canais sutis (nadis) do corpo, que uma pessoa que consiga alcançar a Libertação Espiritual alcança o sol. "Quando se sai do corpo, se eleva por esses canais".[754] Conclui-se daí que a palavra "luz" significa luz normal.

Diz o adepto do Vedanta: sendo essa a posição, diremos: com o termo luz se indica ao Absoluto Brahmâm.

Por quê?

Porque se fala nesse sentido nas Upanishads. Nesse contexto, é claro que se refere ao Absoluto Brahmâm, repetidamente, como o tema em questão. Por essa razão, no início do tema, declara-se que o Ser é a entidade a ser buscada, a qual se deve aspirar para a realização e possuir as características da libertação do pecado, como se pode observar na frase: "O Ser está livre do pecado"[755]. Também há uma referência ao Ser, na frase: "Te explicarei isto, de novo"[756]. Essa é uma declaração do referido Ser, porque essa luz pode ser obtida, ao se libertar do corpo, como se pode ver na frase: "É certo que a felicidade e a dor não afetam a quem se libertou do corpo"[757]. A libertação do corpo não é possível fora de Brahmâm. Outra razão disso é o emprego de certos atributos, como: "Luz Suprema"[758] e "Ser transcendental"[759]. No que se refere à crítica segundo a qual se está falando de alcançar o sol pelo aspirante à Libertação Espiritual, essa não é a Libertação Absoluta, por depender de um curso a seguir, após a partida do corpo. Em seguida, mostraremos que a Libertação Absoluta não tem nada a ver com um curso a seguir ou com a saída do corpo.

[754] TINOCO, 2021, verso VIII, 6,5.

[755] TINOCO, 2021, verso VIII, 7, 1.

[756] TINOCO, 2021, verso III, 9,3.

[757] TINOCO, 2021, verso VIII, 12, 1.

[758] TINOCO, 2021, verso VIII, 3,4.

[759] TINOCO, 2021, verso VIII, 12, 3.

TEMA 12: O ESPAÇO É BRAHMÂN, SENDO DIFERENTE DO NOME E FORMA

O ESPAÇO NO QUAL SE REVELAM OS NOMES E FORMAS

Sutra 41: Akasha (Espaço) é Brahmâm, por haver sido declarado como algo diferente e assim sucessivamente[760].

Sutra 41: o espaço (Akâsha) é o Absoluto, pois se há assinalado como diferente (dos nomes e formas)[761].

Dúvida: na Upanishad, ouvimos dizer: "Isto que é chamado akasha é o revelador de todas as formas e nomes. Isto, no qual estão contidos é Brahmmn, que é imortal e é o Ser"[762]. Agora, está estabelecida a discussão, se é que o termo akasha denota o Absoluto Brahmâm Supremo ou o espaço material que conhecemos.

Diz o adversário: considerando esse dilema, é lógico aceitar o elemento chamado espaço (éter); pois, a partir do ponto de vista convencional, isso é o que akasha significa. Por outro lado, o fato de que revela nome e forma pode adaptar-se a isso no sentido que lhes proporciona o espaço, pois, aqui, não ouvimos falar de nada que indique claramente a Brahmâm, como sendo o Poder Criador.

Diz o adepto do Vedanta: enuncia-se esse aforismo para encarar essa posição, que o adversário acaba de expressar, pois, aqui, a palavra akasha (Espaço) pode se referir apenas ao Absoluto Brahmâm.

Por quê?

"A causa da declaração segundo a qual, é algo diferente e assim, sucessivamente", pois, ao se dizer "Isto no qual estão contidos, é o Absoluto Brahmâm"[763], declara-se que akasha é algo diferente do nome e da forma. Nada, exceto o Absoluto Brahmâ, pode ser distinto do nome e forma, ou seja, a palavra e o seu sentido. Desde um ponto de vista absoluto, nada pode manifestar o nome e a forma, exceto o Absoluto Brahmâm; pois a Upanishad menciona que Ele é o agente que os revela, na frase: "Que se

---

760 GAMBHIRANANDA, 1983, p. 238.

761 MARTÍN, 2001, p. 195.

762 TINOCO, 2021, verso VIII, 14,1.

763 TINOCO, 2021, verso VIII, 14, 1.

manifeste o nome e a forma por Mim mesmo, entrando neles, como a alma individual"[764].

Diz o adversário: por acaso não é uma questão de experiência direta o fato de que também o ser individual tem o poder de manifestar o nome e a forma?

Diz o adepto do Vedanta: claro, porém a intenção da frase: "[...] por Mim mesmo, emtrando como alma individual" é a de declarar a identidade do indivíduo e Brahmâm e não o estado de agente do indivíduo. Essa mesma declaração da manifestação do nome, da forma, do poder criador etc. implica nos sinais que apontam para o Absoluto Brahmâm; a frase "Este é Brahmâm, este é Imortal e este é o Ser"[765] indica também que se está falando de Brahmâm. Esta é uma declaração do aforismo: "O Espaço é Brahmâm, pois se ressalta a característica de Brahmâm." (B.S., I, 1, 24).

TEMA 13: O SONHO E A MORTE

O SONHO E A MORTE

Sutra 42: a causa da declaração que o Ser Supremo é diferente da alma individual no sonho e no momento da saída (o tema do ensinamento é o Ser Supremo)[766].

Sutra 42: porque o Ser Supremo se apresenta como diferente do ser individual no estado de sono profundo e na morte[767].

Na sexta parte da Brhadaranyaka Upanishad, em resposta à pergunta: "Quem é este Ser?", faz-se uma ampla exposição sobre a natureza do Ser, assim: "Este espírito Infinito que, como consciência da inteligência (*budhi*) entre os sentidos, sendo Ele mesmo quem adota uma aparência e se move entre os mundos"[768]. Depois, elabora-se amplamente o tema do Ser. Nasce a dúvida de se esse texto se ocupa simplesmente da explicação da verdadeira natureza da alma que transmigra ou o de estabelecer a natureza real do Ser Transcendental. Qual deveria ser a conclusão?

764 TINOCO, 2021, verso VI, 3, 2.

765 TINOCO, 2021, verso VIII, 14,1.

766 GAMBHIRANANDA, 1983, p. 239.

767 MARTÍN, 2001, p. 195.

768 MARTÍN, 2002, p. 327, verso IV, 3, 7.

Diz o adversário: somente trata da verdadeira natureza da alma que transmigra.

Como o sabes? Considerando o início e o final. No princípio, encontra-se um sinal indicador da alma que assumiu um corpo, na frase: "A entidade que se identifica com o intelecto e está no meio dos órgãos", e, afinal, encontramos que essa alma não é negada, na frase: "Isto que se identifica com o intelecto e está no meio dos órgãos, é o Grande Ser que não nasce"[769]. Também no meio, trata-se dessa alma de forma muito elaborada, mediante a apresentação do estado de vigília.

Diz o adepto do Vedanta: nessas circunstâncias, dizemos: esse texto se propõe a falar somente do Senhor Supremo, sem elaborar ulteriormente sobre a alma que assumiu um corpo.

Por quê?

Porque, no estado de sono profundo e quando desejamos o corpo, ao Senhor Supremo se menciona separadamente da alma encarnada. Assim, por exemplo, quando dormimos, menciona-se ao Ser Supremo separado da alma que assumiu um corpo, na frase: "Assim como um homem abraçado pela sua querida esposa, não percebe nada, nem externo nem interno a si mesmo, assim também aquele infinito ser (*prâjña- atmam*), abraçado pelo Ser Absoluto, não percebe nada externo nem nada interno"[770].

O Ser Inteligente é o Ser Supremo, porque está sempre unido à inteligência (*prâjña*), que é onisciente. E na frase que aborda a saída do corpo, ou seja, a morte, diz: "Assim como uma carreta, pesadamente carregada, avança chiando, assim também, o ser que está no corpo, dirigido pelo Ser Supremo, avança com ruido, quando a respiração está chegando ao fim".[771] Aqui, faz-se referência ao Ser Supremo como diferente do ser individual. Devemos compreender também que a alma encarnada é a dona do corpo, enquanto o Ser Inteligente é o Absoluto Brahmâm. Levando em conta que foi afirmado que Ele é diferente, nos estados de sono profundo e no momento da morte, quando a alma sai do corpo, o Ser Supremo é o tema dessa frase.

Quanto à afirmação do opositor de que o capítulo que tratamos se refere ao ser encarnado, afirmamos que há sinais indicadores no princípio, no meio e no final. Em primeiro lugar, a frase introdutória "Aquele ser feito de consciência que habita entre as energias" não nos mostra a característica

---

[769] MARTÍN, 2002, p. 398, verso IV, 4, 22.

[770] MARTÍN, 2002, p. 353, verso IV, 3,21.

[771] MARTÍN, 2002, p. 370, verso IV, 3, 36.

do ser que transmigra como algo conhecido. Ao contrário, leva-nos a afirmar a sua identidade com o Absoluto Brahmâm. E está claro que a frase que lhe segue, "como se pensara, como se movera", induz a negar os atributos do ser que transmigra. A frase final é análoga à do princípio, pelas palavras "e este grande ser nascido". Temos demonstrado que esse grande ser que não nasceu é o ser feito de consciência, ou seja, o Ser Supremo.

Aquele que imagina que as frases intermediárias mostram a natureza do ser encarnado no estado de vigília é como uma pessoa que caminhando em direção ao leste, de fato pretendia ir para o oeste. Porque, ao representar os estados de vigília, o texto nos conduz a descrever o ser como sujeito aos diferentes estados ou à transmigração, senão ao ser livre de todos os condicionamentos particulares e da transmigração. Isso se torna evidente, porque a pergunta de Janaka a Yajnavalkya é: "Ensina-me algo além da Li- bertação, por favor"[772], já a resposta foi "A Ele, não lhe afeta nada do que vê neste estado porque este infinito ser, não está apegado a nada"[773]. E depois, disse: "Não lhe afeta nem o bom nem o mal, está mais além das angustias do coração"[774]. Dito tudo isso, deduzimos que o capítulo se conduz exclusivamente a mostrar a natureza do ser que não transmigra.

Sutra 43: isso fica confirmado pelas palavras como o regente[775].

Sutra 43: tendo em conta palavras como "dono"[776].

Essa é uma razão a mais para concluir que o texto mostra a natureza de um ser que transmigra, porque aparece em termo como "dono", insinuando a natureza desse ser. Por exemplo: "Ele que é dono de tudo, o que a tudo controla e dirige"[777] e "Não é melhor pelas boas ações, nem é pior pelas más". De tudo isso, entendemos que é do Deus Supremo, que não está sujeito à transmigração, de quem se está falando aqui.

[772] MARTÍN, 2002, p. 345, verso IV, 3. 14.

[773] MARTÍN, 2002, p. 356, verso IV, 3. 15-16.

[774] MARTÍN, 2002, p. 356, verso IV, 3,22.

[775] GAMBHIRANANDA, 1983, p. 242.

[776] MARTÍN, 2001, p. 197.

[777] MARTÍN, 2002, p. 398, verso IV, 4, 22.

CAPÍTULO VI

TEMA 1: A ENTIDADE INFERIDA

QUARTO *PÂDA:* OS FILÓSOFOS SAMKHYA E A NATUREZA (PRADHÂNA)

Depois da introdução ao tema referente à deliberação sobre o Absoluto Brahmâm, foi apresentada a Sua definição, assim: "Sutra I,1,2: Aquele pelo qual tudo isto chegou a ser, isto é Brahmâm, o Absoluto"(B.S., I,1,2). Logo, apareceu uma dúvida de que essa definição se aplica, igualmente, à Pradhana — A natureza Primordial —, mas foi negada, dizendo: "Se vê claramente, que a interpretação da Natureza (Pradhana), como causa do Universo, não está baseada nas Escrituras" (B. S., I1, 5). A razão disso é que Pradhana não está mencionada nas Upanishads. Na primeira parte deste livro, foi apontado que a identidade do conhecimento ensinado pelas Upanishads favorece a crença de que o Absoluto Brahmâm é a causa (B.S.,I,1, 10), mas não apoia a teoria segundo a qual Pradhana é a causa. Agora, algumas dúvidas são levantadas, não consideradas até essa data.

Diz o adversário: a afirmação segundo a qual Pradhana não é citada nas Upanishads é infundada, pois, em algumas sessões, ouve-se palavras calculadas para sugerir Pradhana. Portanto, deduz-se que, quando os grandes videntes, como Kapila e outros, adotaram a causalidade de Pradhana, fizeram-no baseando-se na autoridade dos Vêdas. Então, enquanto não se demonstre que essas palavras transmitem algum outro significado, a teoria segundo a qual o Absoluto Brahmâm é a causa ficará questionada, apesar de se haver provado anteriormente.

Diz o adepto do Vedanta: por isso, o seguinte tema se inicia propondo-se mostrar que essas palavras significam algo distinto.

Sutra 1: se foi dito que, inclusive, a entidade inferida (Pradhana) é revelada aos seguidores de algum texto, nós diremos que não é assim, porque se sabe que a palavra se usa em uma analogia que ilustra o corpo e a Upanishad o mostra[778]

[778] GAMBHIRANANDA, 1983, p. 243.

Sutra 1: se foi dito que a entidade deduzida é a natureza que se mostra (segundo opiniões críticas aos textos védicos), diremos que não, porque o termo "imanifestado" (avyakta) se refere à causa do corpo, e não à natureza – Pradhana, as Upanishads o explicam também[779].

Diz o adversário: se acordo com aqueles que seguem certos textos, ali está mencionado os nomes da entidade inferida, até Pradhana, a qual é alcançada mediante inferência. Pois, na Katha Upanishad, há a seguinte frase: "Além do intelecto está o Poderoso Atman; além do Poderoso Atman está o Imanifesto; além do Imanifesto está o Purusha. Além do Purusha nada há. Este é o final, o Supremo Objetivo"[780]. Aqui, reconhecemos, nomeado com as mesmas palavras e enumerados na mesma ordem, os três seres conhecidos pela tradição Samkhya, o maior (*mahat*), o imanifestado (*avyakta*) e o espírito (*Purusha*). Pode-se deduzir que o imanifestado é a natureza, pelo uso comum da tradição e pela interpretação etimológica da palavra. Denomina-se a natureza, porque está vazia de som e das demais características. Não se pode afirmar, portanto, que não há determinação na escritura sobre a natureza e, como está baseada nas escrituras, afirmamos que é a causa do universo, baseando-se nas Upanishads (Ka.Up.,I, 3, 15) da tradição e da razão.

Diz o adepto do Vedanta: isso não é verdadeiro. Essa frase da Katha Upanishad não se propõe a provar a existência de *avyakta* e *mahat* da filosofia Samkhya, porque aqui não encontramos o mesmo Pradhana que é ensinado na literatura Samkhya, como uma causa independente, constituída pelos seus três atributos ou componentes. A única coisa idêntica que encontramos é a simples palavra *avyakta*, que pode ser aplicada igualmente a qualquer outra coisa sutil e inescrutável, devido ao seu sentido derivado disso que não está manifestado. Essa palavra não significa, convencionalmente, algo particular. Entre os que seguem a teoria de Pradhana, o uso convencional desse termo é técnico e, como tal, não se pode aduzir como uma razão para averiguar o significado de um texto védico. A identidade de uma coisa não pode estabelecer-se meramente da semelhança da ordem da qual se trata, a menos que se reconheça como idêntica, pois, a não ser que uma pessoa seja insensata, não se pode concluir que uma vaca seja um cavalo somente porque se encontram no mesmo estábulo. Por outro lado, de acordo com o contexto, o Pradhana que outros imaginam não é o significado, "pois a

[779] MARTÍN, 2001, p. 199.

[780] TINOCO, 1996, p. 165, verso I, 3, 11

palavra é usada como analogia para ilustrar um corpo". Como esse último aparece na similitude do carro, aqui se entende pela palavra *avyakta*.

Como?

Baseando-se no contexto e no método, segundo o qual, não há resíduos. Dessa forma, o texto que o antecede imediatamente mostra como o Ser, o corpo etc. são análogos ao condutor do carro, ao carro etc. Sobre isso, há a seguinte frase: "Os órgãos sensoriais, são comparados aos cavalos; os objetos do mundo, são a estrada. O sábio chama o Atman, unido ao corpo, aos sentidos e à mente, de o Desfrutador"[781]. Essa frase continua, dizendo que aqueles cujos sentidos não estão bem controlados, entra no *samsara*, enquanto aquele que os tenha dominado chega ao final da viagem, o lugar mais elevado de Vishnu.

Depois disso, quando surge o desejo de conhecer qual é o lugar mais elevado de Vishnu, então, o texto mostra que o Ser Supremo transcende os sentidos está no final do caminho e é o lugar mais elevado de Vishnu:

> Os objetos dos sentidos são superiores aos sentidos e a mente é superior aos objetos dos sentidos; mas, o intelecto é mais elevado que a mente e a grande alma (*mahat atman*) é mais elevada que o intelecto. *Avyakata* é superior a *mahat*, Purusha é superior a *avyakta*. Não existe nada mais elevado que Purusha. Ele é a culminância, a meta suprema. (Tradução de Swami Gambhirananda, p. 244).

Em outra versão de Carlos Alberto Tinoco, pode-se ler o seguinte: "Além dos sentidos estão os objetos, além dos objetos está a mente; além da mente está o intelecto" e "Além do intelecto está o Poderoso Atman; além do Poderoso Atman está o imanifesto; além do imanifesto está o Purusha. Além do Purusha nada há. Este é o final, o Supremo Objetivo"[782].

Deve-se entender que aqui também se fala dos sentidos, assemelhando-os com os cavalos, na alegoria do carro (carruagem), de maneira que não surja o erro de deixar o tema em questão, para considerar algo mais, que não vem ao caso. Então, as palavras sentidos, mente e intelecto estão tanto no texto anterior como no presente. Os objetos sensoriais, tais como o som e o restante, foram mencionados como o caminho para os sentidos concebidos como os cavalos. Eles — os objetos — são mais elevados que os sentidos, em harmonia com o fato bem conhecido nas Upanishads (Br. Ar.,

[781] TINOCO, 1996, p. 164, verso I, 3, 3-4.

[782] TINOCO, 1996, p. 165, verso I,3, 10-11.

III, 2, 1-6) de que os sentidos são os *grahas* e os objetos dos sentidos são os *atigrahas*[783]. A mente é superior aos objetos dos sentidos, pois a interação entre os órgãos dos sentidos e os objetos dos sentidos está baseada na mente. O intelecto é superior à mente, porque os objetos da experiência são próximos do que faz a experiência e é superior ao intelecto. Essa grande alma (*mahan atman*), que é maior que o intelecto (Ka. Up., I,3,2), apresenta-se pelas palavras: "Conhecer o Atman é como aquele que dirige a carruagem; o corpo é a carruagem; o budhi, o cocheiro; a mente, as rédeas"[784].

Nessa frase, encontram-se os sentidos que, na metáfora anterior, são comparados aos cavalos e isso nos evita cometer o erro de abandonar o tema que estamos tratando para colher outro novo. Em ambas as frases, com os mesmos nomes se está referindo aos sentidos, o intelecto e a mente. Os objetos dos sentidos são o que, na frase anterior, foi chamado de caminhos. Por essa frase, sabe-se que os objetos estão acima dos sentidos aos que representam por *grahas*, ou seja, "os captam" e os objetos por "*atigrahas*", que significa "superior aos *grahas*" (Br. Ar., III, 2, 1-6). A mente (*manas*) é superior aos objetos, porque a relação dos sentidos com os objetos de percepção se baseia na mente. O intelecto (*budhi*) é superior à mente, já que os objetos de experimentação conduzem ao ser por meio do intelecto. Superior ao intelecto é o Ser que se representa como o dono do carro (condutor), na frase: "Conhece ao Ser como o que dirige a carruagem'. Está claro que ambas as frases se referem ao mesmo ser, porque repetem a mesma palavra. O ser é superior à inteligência, porque o experimentador é superior à coisa experimentada. Ao ser se denomina apropriadamente grande, pois é o que dirige.

A palavra "grande ser" (*mahân atman*) também pode significar aqui a primeira manifestação consciente, a Vida (*Hiranyagarbha*) que é a base de todos os seres conscientes, de acordo com a seguinte frase da tradição: "É o que se tem chamado mente pelos que sabem, é penetrante, tem poder de determinar o futuro, é intelecto que tem o poder de deter- minar o presente, pode dirigir e intuir, é expressão, consciência, memória do passado" (Mbh XIII, 10,11). E a seguinte frase faz a mesma afirmação, assim: 'Ao procurar a Libertação, eu me refugiei no Senhor, Ele que é o revelador do

[783] *Graha* é isso que percebe, portanto e um órgão. *Ati-grahas* é isso que é maior que *Graha*. Os objetos dos sentidos determinam a natureza da percepção (nota de rodapé de Swami Gambhirananda, na sua tradução do Brahma Sutra, p. 246).

[784] TINOCO, 1996, p. 164, verso I, 3, 3.

Autoconhecimento. No início de tudo, Brahmâm foi criado, sendo a Ele, entregue os Vêdas"[785].

O intelecto ao qual foi feita referência na frase anterior, com o seu nome habitual de (*budhi*) foi mencionado em separado, já que os nossos intelectos humanos podem mostrar-se como superior. Na última explicação, o termo "grande ser" deve ser entendido como o ser pessoal, que, na metáfora, é o cocheiro da carruagem. Na última frase, está, sem dúvida, incluído o Ser, ao qual não há objeção, pois, na verdade, o ser pessoal e o Ser Supremo são idênticos. Nada mais resta do corpo que foi comparado a uma carruagem. Portanto, pode-se concluir que a frase, após haver mencionado os sentidos e tudo o que foi citado anteriormente, aponta o aspecto que resta com uma palavra *avyakta*, o único que resta de tudo o que foi mencionado anteriormente sobre o corpo. Toda a frase está encaminhada para indicar a unidade do Ser Interno com o Absoluto Brahmâm, descrevendo o passo do ser individual por *samsara* e a Libertação Espiritual com um símile. O ser individual, afetado ou possuído pela ignorância e, portanto, identificado com o corpo, os sentidos, a mente, o intelecto, os objetos materiais, é comparado à carruagem.

A frase que se segue afirma a dificuldade de conhecer o lugar supremo de Vishnu. "O Ser, oculto em todas as formas viventes, não brilha exteriormente; no entanto, pode ser visto por videntes sutis mediante a concentração das suas mentes e dos seus agudos intelectos"[786]. Depois, na seguinte frase, manifesta que o Yoga é um meio para se alcançar esse conhecimento, assim: "O homem sábio coloca sua fala na sua mente, a sua mente no seu intelecto (*budhi*). Ele mergulha seu intelecto na Mente Universal (Saguna Brahmâm) e está, no Tranquilo Ser (Nirguna Brahmâm)"[787]. Isso quer dizer que o sábio deveria conter a atividade dos sentidos, como a linguagem, e alojá-los dentro da mente. Logo, deveria conter a mente que está absorta nos objetos externos, dentro da inteligência, cuja característica é a faculdade de determinação. O intelecto, por fim, deveria estabelecer-se na Serenidade do Ser, ou seja, do Ser Supremo. Essa é a meta à qual todos o capítulo se referem.

Se voltarmos a ver o contexto dessa maneira, dar-nos-emos conta que não há lugar para a natureza inventada pelos filósofos da escola Samkhya.

---

785 TINOCO, 196, p. 313, verso VI, 18.

786 TINOCO, 1996, p. 165-166, verso I, 3, 12.

787 TINOCO, 1996, p. 166, verso I,3, 13.

Sutra 2: com o termo avyakta se indica, melhor, o estado causal, pois se merece tal epíteto[788].

Sutra 2: mas o sutil, causa do corpo, indica-se com o termo avyakta, porque designá-lo assim é o adequado[789].

Em virtude da força do contexto e do contexto em geral, diz-se que a palavra *avyakta* se refere ao corpo e não a Pradhana. Porém, surge a dúvida: como se pode chamar o corpo *avyakta* ou o imanifestado? Pois, devido à sua objetividade, o corpo merece o termo de manifestado, enquanto o termo imanifestado (*avyakta*) se refere a algo indistinto ou não desenvolvido.

Aqui, está a resposta: nesse caso, se refere ao corpo sutil ou seu estado causal, pois a causa sutil merece ser mencionada pelo termo imanifestado. Apesar de que esse corpo físico seja objetivo e, em si, não possa se definir como imanifestado, mas os elementos sutis dos quais é gerado possam ser chamados imanifestados. A palavra que denota a causa material se aplica, também, ao seu produto, como "O suco do soma[790] deve ser misturado ao leite de vaca" (R.V.,44, 4). Também há um texto da Upanishad que diz: "Tudo isto era, então, indiferenciado".[791] Isso mostra que este mundo, que se diversifica por meio de nomes e de formas, no princípio, encontrava-se em estado de latência, desprovido de diferenciação nos nomes e formas, daí o apropriado atributo de indiferenciado.

Sutra 3: Avyakta não é Pradhana, porque depende de Tat (Aquele), mas esse avyakta deve admitir-se, pois serve a algum propósito[792].

Sutra 3: pela dependência (do Ser Supremo), pode-se admitir essa concepção da natureza em nosso propósito[793].

Diz o adversário: se admitimos que, no princípio, o mundo se encontrava em seu estado causal e, permanecendo indiferenciado por meio dos nomes e formas, seria justo chamá-lo de imanifestado e se considerarmos que em um estado análogo também ao corpo se poderia definir como imanifestado, isso implica em admitir a teoria de Pradhana como sendo a causa, pois Pradhana é o nome dado ao estado primordial e não diferenciado deste universo.

---

788 GAMBHIRANANDA, 1983, p. 248.

789 MARTÍN, 2001, p. 202.

790 Soma era uma bebida ritual ingerida durante rituais Védicos. Era, talvez, um chá de plantas ou de cogumelos prensado com leite de vaca (nota de Carlos Alberto Tinoco).

791 MARTÍN, 2002, p. 81, verso I, 4, 7.

792 GAMBHIRANANDA, 1983, p. 248.

793 MARTÍN, 2001, p. 203.

Diz o adepto do Vedanta: a propósito disso se diz: se admitíssemos algum estado primordial como a causa independente do mundo, seria aberta a porta para a teoria de que Pradhana é a causa. Segundo o nosso ponto de vista, esse estado primitivo está sujeito ao Senhor Supremo, mas não como algo independente. Há que se admitir esse estado, porque cumpre com um propósito. Sem esse estado latente, a capacidade criadoura do Senhor Supremo não faz sentido algum, pois Ele não pode atuar sem o Seu poder de Mâyâ e, sem esse estado latente, não se pode explicar o porquê das almas libertas não voltarem a nascer.

Por quê?

Porque a Libertação Espiritual chega quando o conhecimento dissipa o poder potencial de Mâyâ. A palavra imanifestado menciona esse poder potencial constituído pela ignorância. Descansa em Deus e é comparável à magia. É análogo a um sono profundo, no qual as almas que transmigram dormem, sem consciência alguma da suas naturezas reais. Isso que é *avyakta,* às vezes é chamado espaço, segundo se pode ler na frase: "O imutável, Gârgi, não se pode ver jamais, mas é a testemunha que vê"[794] ("Pelo Imutável Gargi o espaço imanifestado permanece" (Verso de Consuelo Martín, na sua tradução do Brama Sutra, p. 204). Algumas vezes, o Imutável é designado pelo termo "espaço", como na frase: "Ele é o autoluminoso Purusha, sem forma, incriado. Ele é vazio de Prana, vazio de mente, puro, tão imperecível quanto o Imperecível Brahmâm"[795]. Outras vezes, Ele é chamado por "Ilusão" (*Mâyâ*), do seguinte modo: "Deve-se estar atento para perceber que a matéria (Prakriti) é *mâyâ* e que o Supremo Ser é o Senhor de *mâyâ*"[796], porque a ilusão é chamada adequadamente por "o imanifestado", pelo fato de se poder defini-Lo como real.

A afirmação "Além do intelecto está o poderoso Atman; além do poderoso Atman está o imanifesto. Além do imanifesto está o Purusha. Além do Purusha nada há. Este é o Supremo Objetivo"[797] se faz nesse sentido, porque, se a inteligência cósmica da vida (*Hi- ranyagarbha*) está expressa pelo termo *mahat,* então "o imanifestado" (*avyakta)* é mais elevado que ela. A existência dependente de "o imanifestado", que é o mesmo que dizer que depende da ignorância. A existência contínua da alma individual como tal se

794 MARTÍN, 2002, p. 298, verso III, 8, 11.

795 TINOCO, 1996, p. 198, verso II, 1,2.

796 TINOCO, 1996, p. 306, verso IV, 10.

797 TINOCO, 1996. P. 165, verso I, 3, 11.

deve à relação que mantém com a ignorância. Mesmo que o "imanifestado" esteja por cima da "vida" (*mahat*), isso se deve às modificações que ocorrem por identificação com o corpo. Embora os sentidos sejam também produtos do imanifestado como o corpo, o termo se refere aqui somente ao corpo, já que os sentidos se nomeiam pelos seus nomes individuais, restando por nomear o corpo.

Existem outros intérpretes dos últimos sutras que dão uma interpretação de certo modo diferente e distinta da que se está mantendo aqui. Eles dizem que existem duas classes de corpos, o denso e o sutil. O denso é aquele que percebe e a natureza do sutil será explicada depois (Br.Su.,III, 1,1). Ambos, na metáfora, foram comparados à carruagem, mas, aqui, na frase que analisamos, nós estamos nos referindo ao corpo sutil como o "imanifestado", já que somente a ele se pode chamar assim. E como o passo do apego e a Libertação dependem do corpo sutil, diz-se dele que está além do ser individual, da mesma maneira que se diz que os objetos estão além dos sentidos, porque a atividade deles depende dos objetos.

Diz o adepto do Vedanta: como é possível que a palavra "imanifestado" se refira ao corpo sutil, apenas quando ambos os corpos estão representados na metáfora como a carruagem, de acordo com a sua opinião, e formam parte do tema do capítulo igualmente e se mencionam nessa frase?

Diz o adepto do Vedanta: nós somente interpretamos o sentido das escrituras, mas não podemos questioná-las. E a palavra usada pelas escrituras é "imanifestado" (*avyakta*), que significa apenas o sutil e não o oposto, o denso, que seria "o manifestado".

Diz o adepto do Vedanta: isso não é assim, porque o significado vem determinado pela unidade de propósito do texto. Se as frases, primeira e última, não formam um todo, não têm sentido. Isso implicaria deixar o tema e escolher um outro novo. Para que exista unidade de propósito, os aspectos posteriores devem estar conectados com os anteriores, até completar a ideia. Se não se explica a conexão entre as duas frases identificando os dois corpos, perde-se a unidade de propósito, ao não se levar em conta a relação que há entre a primeira parte e a última da frase. Nesse caso, como se pode compreender o sentido das escrituras?

Não se deve pensar que a segunda frase somente se ocupa do corpo sutil, porque não se distingue facilmente a este do Ser, enquanto o corpo denso se distingue facilmente, porque se pode purificar. A purificação não é o tema que se expressa aqui, já que não há nenhum verbo que a ordene.

O tema tratado é: "Esta é a suprema posição de Vishnu"97. Qual é esse lugar? A intensão do texto é numerar todos os lugares em série de maneira que se veja que é o superior, até concluir que não há nada superior ao Ser, ao Espírito (Purusha). Porém, poderíamos aceitar essa interpretação sem deixar a nossa, pois, desde qualquer dos dois pontos de vista, destrói-se a dedução de que essa passagem da Katha Upanishad se refere à natureza.

Sutra 4: e porque (*avyakta*) não se há mencionado como uma entidade a conhecer[798].

Sutra 4: como não se menciona (na Upanishad) que o imanifestado deva ser conhecido (não pode ser a natureza)[799].

No Samkhya Smriti, a Pradhana se apresenta como algo a ser conhecido, pois, de acordo com eles, a liberdade ou o desapego da alma da Natureza se origina do conhecer a diferença entre os três gunas (que constituem Pradhana) e Purusha. Não se pode conhecer Purusha como algo diferente dos três gunas, a menos que se conheça a natureza dos gunas. Em alguns lugares, os textos Samkhyas mencionam a Pradhana como algo necessário para a aquisição de poderes paranormais. Mas, aqui, na Upanishad, esse *avyakta* não é mencionado como uma coisa a se conhecer, pois essa palavra se usa como um simples nome. Não existe outro texto que mostre que *avyakta* se deve conhecer e adorar. Por outro lado, não se pode sustentar que o conhecimento do termo *avyakta* pode conduzir a algum resultado prolífico humano, se nenhuma escritura o ensina como tal. Desde esse ponto de vista, a palavra *avyakta* não se refere a Pradhana. O nosso ponto de vista é irrefutável, pois, segundo nós mesmos, esse termo *avyakta* se usa para revelar o estado de Vishnu, mediante um processo de comparação do corpo, com a carruagem etc.

Sutra 5: se sustentamos que a Upanishad menciona a Pradhana (pela palavra avyakta) diremos: não, pois do contexto se entende que se fala do Ser consciente[800].

Sutra 5: se foi dito que a Upanishad se refere à natureza Pradhana, ao falar do imanifestado (avyakta), diremos que não é assim, porque ao que refere, pelo contexto, é ao Ser consciente[801].

---

798 GAMBHIRANANDA, 1983, p. 251.

799 MARTÍN, 2001, p. 205.

800 GAMBHIRANANDA, 1983, p. 252.

801 MARTÍN, 2001, p. 206.

Diz o adepto do Samkhya: fica sem provar o aforismo: "Por não se há mencionado a *avyakta* como uma entidade a conhecer?".

Como?

Pois, sucessivamente, mediante a palavra *avyakta*, ouvimos falar de Pradhana como algo a conhecer, na frase: "O Atman que deve ser realizado é sem som, inatingível, sem forma, puro, sem sabor, eterno e sem odor; a pessoa que realiza o Atman, que não tem começo nem fim, que está além do Grande e imutável, está livre das mandíbulas da morte"[802]

Aqui, o texto fala da natureza que transcende o maior, desincumbindo-a com as características que a tradição Samkhya lhe atribui e lhe designa como objeto de percepção. Daí, concluímos que se está denominando a natureza com o termo "o imanifestado".

Diz o adepto do Vedanta: sobre isso, diremos: aqui, não se apresenta a Pradhana como algo a ser conhecido, ao contrário, segundo entendemos, apresenta-se ao Ser Consciente, que é o Ser Supremo, para que se tome plena consciência Dele.

Como isso é possível?

Do contexto. O que se explica é o tema do Ser Consciente, porque fica declarado, o seguinte: 'O Atman que deve ser realizado é sem som, intangível, sem forma, puro, sem sabor, eterno e sem odor; a pessoa que realiza o Atman, que não tem começo nem fim, que está além do Grande e é imutável, está livre das mandíbulas da morte"[803] e assim sucessivamente. Por outro lado, ao mencionar a inescrutabilidade do Ser, a seguinte frase suscita a curiosidade de conhecer a esse mesmo Ser: "O homem sábio coloca a sua fala na sua mente [...]" e porque o resultado é a "Libertação das mandíbulas da morte" (Katha Upanishad, I,3,15). Pois, de acordo com os adeptos do Samkhya, uma pessoa não se Liberta somente para conhecer Pradhana, uma vez que, conforme sua teoria, chega-se a ser livre conhecendo a alma consciente. Além disso, em todas as Upanishads, os atributos, como sem som, somente se dirigem ao Ser consciente. Portanto, aqui, Pradhana não é essa coisa de conhecer, nem a palavra *avyakta* o denota.

Sutra 6: por isso se apresentam somente três coisas com as quais a questão se relaciona[804].

---

802 TINOCO, 1996, p. 166, verso I, 3, 15

803 TINOCO, 1996, p. 166, verso I,3,13.

804 GAMBHIRANANDA, 1983, p. 253.

Sutra 6: portanto, somente se apresentam três coisas às quais há que dedicar a investigação[805].

Uma razão a mais para afirmar a nossa conclusão é o fato de que a Katha Upanishad indica como objetos de discussão unicamente três coisas: a) o ritual do fogo; b) o ser individual; c) o Ser Supremo. Somente essas três coisas são capazes de explicar a morte, representada por Yama, outorgando os desejos que lhe foram pedidos, e somente a elas são dirigidas as perguntas do menino Naciketas. Não se menciona se lhe perguntam nada mais. A pergunta sobre o ritual do fogo pode ser lida na seguinte frase: "Naciketas continuou: Ensinai-me esse sacrifício (ritual), pois estou cheio de fé".[806] O tema sobre o ser individual se encontra na frase seguinte: "Disse Naciketas: Quando uma pessoa morre, há uma dúvida. Alguns dizem que ele ainda existe, outros dizem que nada mais resta do morto. Meu terceiro pedido é saber a verdade sobre essa questão"[807]. E a pergunta sobre o Ser Supremo pode ser lida na frase "Naciketas: Ó Yama, o que sabeis existir além do certo e do errado, além da causa e do efeito, além do passado, do presente e do futuro?"[808].

As respostas a essas perguntas são dadas na frase: "Concordando, Yama ensinou a Naciketas o sacrifício do fogo, o qual é o suporte dos mundos, com todas as cerimônias e detalhes que o acompanham. Naciketas repetiu tudo, e Yama convenceu-se que o seu a- prendiz compreendera todo o ritual"[809]. A frase que se encontra posteriormente é a seguinte: "Bem Gautama, eu falarei a vós sobre o profundo e eterno Brahmâm e falarei também sobre o que ocorre com o Atman após a morte"[810]. E continuando, pode-se ler: "Alguns Jivas entram em úteros para encarnarem como seres vivos, e outros, vão para o reino vegetal, de acordo com suas ações e de acordo com seus conhecimentos".[811] Há ainda a frase seguinte: "Yama: Aquele que conhece o Atman, sabe que Ele não teve nasci- mento; Ele nunca morre"[812]. Aqui, fala-se sobre o Ser, mas não há nada que se refira à natureza, porque não há nada o que indagar sobre ela.

---

805 MARTÍN, 2001, p. 207.

806 TINOCO, 1996, p. 157, verso I, 3, 13.

807 TINOCO, 1996, p. 158, verso I,1,20.

808 TINOCO, 1996, p. 162, verso I, 2, 14.

809 TINOCO, 1996, p. 157-158, verso I, 1, 15.

810 TINOCO, 1996, p. 170, verso II, 2, 6.

811 TINOCO, 1996, p. 170, verso II,2, 7.

812 TINOCO, 1996, p. 163, verso I, 2,18.

Diz o opositor e adepto do Samkhya: a indagação sobre o Ser encontrada na Katha Upanishad (I,1,20) continua na seguinte frase: "Nacikeras: Ó Yama, o que sabeis existir além do certo e do errado, além da causa e do efeito, além do passado, do presente e do futuro?"[813] ou se apresenta outra nova pergunta? Se as duas perguntas sobre o Ser se convertem em uma, então somente há duas perguntas, uma referente ao ritual do fogo e a outra é relativa ao Ser. Nesse caso, o sutra não deve falar de perguntas e esclarecimento referentes a três assuntos. Se não for assim, é um engano assumir uma pergunta a mais ao número de desejos admitidos e, portanto, não tem objeto que nós tratemos de dar uma explicação sobre a natureza que excede ao número de perguntas propostas.

Diz o adepto do Vedanta: em relação a isso, diremos: desde o sentido aqui especificado na Katha Upanishad (I, 2, 14), não imaginamos nenhuma pergunta fora dos dons oferecidos, pois a maneira segundo a qual o tema se inicia confirma a nossa opinião. Vale a pena destacar que o rumo de toda narrativa, na forma de diálogo entre o deus da morte Yama e o menino Naciketas, de acordo com a Katha Upanisha, tem como ponto de partida o ritual onde são oferecidas vacas e bens. Yama concede a Nacikeras três pedidos: a) a serenidade mental do seu pai; b) conhecer o ritual do fogo; c) o conhecimento do Ser, do seguinte modo: "Disse Naciketas: Quando uma pessoa morre, há uma dúvida. Alguns dizem que ele ainda existe, outros dizem que nada mais resta do morto. Meu terceiro pedido é saber a verdade sobre essa questão"[814].

Portanto, se soubéssemos que a frase "Yama: Aquele que conhece o Atman, sabe que ele não teve nascimento; Ele nunca morre. Ele não se origina de nada e nada tem nele, a sua origem. Sem nascimento, perpétuo e anterior a tudo, o Atman não morre quando o corpo morre"[815] faz aparecer uma nova pergunta e haveríamos que assumir a existência de uma pergunta a mais dos desejos admitidos, o que desfaria a coerência de toda a Upanishad.

Diz o adepto do Samkhya: talvez, deva-se admitir que a última frase aqui mostrada coloca uma nova questão, porque o assunto perguntado é novo, visto que a primeira pergunta se refere ao ser individual, como julgamos pôr a dúvida expressada nas seguintes palavras: "Quando uma pessoa morre,

813 TINOCO, 1996, p. 162, verso I,2,14.

814 TINOCO, 1996, p. 158, verso I,2, 20.

815 TINOCO, 1996, p. 163, verso I,2, 18.

surge uma dúvida". Esse ser individual, que possui atributos como a virtude, não pode ser objeto da pergunta aqui, nestes termos: "Aquele [...] diferente da virtude". Porém, pode perguntar-se dessa forma sobre o Ser Supremo, porque está acima dos atributos. Também não parece haver duas perguntas, pois a primeira se refere à existência e à inexistência, enquanto a última se refere a algo que está acima dos atributos. Daí, pode-se concluir que a última pergunta, na qual não se pode reconhecer a anterior, está separada e não continua com o tema tratado anteriormente.

Diz o adepto do Vedanta: esse modo de pensar não é válido, porque nele foi admitida a unidade da alma individual e do Ser Inteligente. Se a alma individual fosse diferente do Ser Inteligente, nesse caso a pergunta poderia ter sido distinta, a causa da diferença do tema. Porém, essa distinção não existe, de acordo com o que dizem outras Upanishads, do seguinte modo: "Tú és isto Svetaketo"[816]. E na Upanishad que foi discutida também a resposta que se dá em: "Yama: Aquele que conhece o Atman, sabe que Ele não teve nascimento; Ele nunca morre; Ele não se origina de nada e nada tem nele, a sua origem. Sem nascimento, perpétuo e anterior a tudo, o Atman não morre quando o corpo morre"[817].

Ao negar o nascimento e a morte, revela a identidade da alma encarnada e o Ser Supremo e esse é o fato que se trata de estabelecer. A negação é indicada quando se discute certa possibilidade, que é o nascimento e a morte que a alma encarnada pode experimentar ao se associar a um corpo, mas não com o Senhor Supremo. De modo análogo, a frase "É através do Atman, que o ser humano percebe todos os objetos, em vigília ou no sono. Ao realizar o Atman que a tudo permeia, o homem não é mais atormentado pelo sofrimento"[818] mostra que uma pessoa se Liberta da dor, ao contemplar a grandeza e a onipresença dessa alma individual, que é a testemunha dos estados de vigília e de sonho. Esse texto recusa mostrar que a alma individual é diferente do Ser Consciente, pois as Upanishads concluem que a dor termina depois de haver tomado consciência plena do Ser Consciente. De modo análogo, um pouco depois, encontramos o seguinte: "Aquele que está aqui neste mundo é o mesmo que está na outra vida; aquilo que está na outra vida é o memo que está aqui neste mundo. Quem está lá e aqui segue

[816] TINOCO, 2021, p. 374, verso VI, 8, 7.

[817] TINOCO, 1996, p. 163, verso I, 2,18.

[818] TINOCO, 1996, p. 167, verso II, 1,4.

de morte em morte. Para Ele, essencialmente, não há diferença"[819], o qual repudia a ideia de diferença entre a alma individual e o Ser Consciente.

Após a questão referente à existência ou não existência da alma individual, Yama tenta Naciketas, oferecendo-lhe várias coisas desejáveis, assim: "Escolhei outro pedido, Ó Naciketas, livrai-me desta obrigação".[820] Quando Naciketas permanece imperturbável, embora em tentação, Yama lhe mostra a divisão entre a prosperidade mundana e a Libertação e, ainda, a divisão entre a iluminação e a ignorância. Depois de exaltar Naciketas, dizendo: "Eu vos considero um firme aspirante ao caminho do Conhecimento. Os prazeres sensoriais não irão tentar-vos nesse caminho".[821] Logo, a morte, elogiando também sua pergunta diz: "Yama: O homem sábio, através da concentração da sua mente no Ser Interno, realiza esta antiga aspiração humana, a fulgente Unidade difícil de ser vista, imanifesta, oculta, residindo em budhi e repousando no corpo; aqueles que atingem esta condição, permanecem indiferentes à dor e ao prazer"[822]. Então, é óbvio que o tema que trata de expor é a não diferença entre a alma individual e o Ser Consciente. Se Naciketas houvesse passado por alto a pergunta pela qual a morte o elogiou, fazendo outra depois de tal elogio, então, todo esse elogio estaria fora de lugar.

De modo análogo "[...] diferente da virtude, etc. [...]" (Ka. Up.,I, 2,14), somente repete a pergunta formulada em: "Disse Naciketas: Quando uma pessoa morre, há uma dúvida"[823]. O que preocupa em relação à afirmação que as perguntas são diferentes, isso não é um problema, pois se perguntam os detalhes da interrogante anterior. Previamente, se havia investigado sobre a existência da alma separada do corpo e, sucessivamente, investiga-se sobre essa alma e o estado que transcende o nascimento e a morte. Enquanto a ignorância não desaparecer, não existe maneira de sair dos atributos, como a virtude e outros, nem cessa a individualidade da alma. Uma vez dissipada a ignorância, fica revelado que a alma individual é somente o Ser Consciente, de acordo com a frase: "Tú és aquele"[824]. A coisa em si não está afetada pela existência, a continuação ou a eliminação da ignorância. Por exemplo, em plena obscuridade, uma pessoa poderia confundir uma corda com uma

[819] TINOCO, 1996, p. 168, verso II,1,10.

[820] TINOCO, 1996, p. 158, verso I, 3, 21.

[821] TINOCO, 1996, p. 160, verso I, 2, 4.

[822] TINOCO, 1996, p. 162, verso I, 2,4.

[823] TINOCO, 1996, p. 158, verso I,1,20.

[824] TINOCO, 2021, verso VI. 8, 7.

serpente, assustando-se, enquanto alguém poderia lhe dizer: "Não tenha medo, não é uma serpente, e sim, uma simples corda".

Assim, ao ouvir isso, a pessoa se liberta do medo causado pela falsa serpente. Porém, a coisa em si não está afetada quando a ideia da serpente continua, nem quando ela desaparece. Assim, deve-se entender isso. Há a frase: "Yama: Aquele que conhece o Atman, sabe que Ele não teve nascimento; Ele nunca morre"[825] e as frases seguintes contestam a pergunta sobre a existência e a não existência da alma. Porém, o aforismo deve ser interpretado a partir do ponto de vista de uma diferença imaginária entre a alma individual e o Ser Inteligente, pois, no enquanto, a pergunta é a mesma, até se pode imaginar que a porção anterior do texto se refere à alma individual, já que a pergunta referente ao Ser durante o estado em que abandona o corpo levanta uma dúvida concernente à mera existência da alma distinta do corpo e porque ainda persiste na mente do postulante o aspecto mundano de que a alma é o agente da atividade. Daí, é muito justificável considerar o Fogo, a alma individual e o Ser Supremo, mas, se supusermos que se fala de Pradhana, constatamos que não se oferece um presente, nem há interrogante, nem resposta. Essa é a diferença.

Sutra 7: analogamente a mahat, avyakta não se refere à categoria Samkhya alguma[826].

Sutra 7: o termo "o imanifestado" (avyakta) não se refere a nenhuma categoria da filosofia Samkhya, o mesmo que "o grande" (mahat)[827].

O Samkhya emprega a palavra *mahat* para indicar o primeiro efeito desenvolvido de Pradhana, ou seja, o intelecto, onde predomina a qualidade de *satva* (luz, transparência, inteligência pura etc.). Mas esse significado não se evidencia na literatura védica, porque constatamos que a palavra *Atman* (Ser) é usada junto com *mahat* em frases como a seguinte: "O *mahan Atman* (grande alma) é superior ao intelecto"[828], "Yama: O homem sábio, percebendo o Atman morando dentro dos corpos impermanentes, sendo Ele mesmo sem corpo, vasto e a tudo permeando, liberta-se do sofrimento"[829] e "Eu conheço o grande Purusha, luminoso como o sol, situado além de todas as sombras. Alguém que o conhece ultrapassa a morte; não há outro

825 TINOCO, 1996, p. 163, verso I, 2, 18.

826 GAMBHIRANANDA, 1983, p. 258.

827 MARTÍN, 2001, p. 258.

828 TINOCO, 1996, p. 165, verso I,3,10 (verso diferente).

829 TINOCO, 1996, p. 163, verso I,2,22.

caminho para a Suprema Meta".[830] Daí, pode-se concluir que a palavra *avyakta* ou imanifestado, que aparece nos Vêdas, não se refe à natureza. Por essa razão, o fato de se deduzir que é a natureza (*pradhana*) não está baseado pela autoridade dos Vêdas.

TEMA 2: O RECIPIENTE

Sutra 8: a palavra aja (ayá) não se refere a Pradhana, porque não foram afirmadas as características particulares, como no caso do recipiente[831].

Sutra 8: a palavra Ajâ não pode referir-se à natureza (Pradhana), porque não foi estabelecido as características especiais como no caso do copo[832].

Diz o adversário: todo aquele que crer em Pradhana replica que esse último não é antivédico.

Por quê?

Em virtude da frase, "A matéria (Prakriti) não nascida possui três forças primordiais de cores vermelha, branca e preta, as quais produzem nascimentos de várias criaturas. Um ser individual não nascido (*ajâ*) torna-se unido a estas forças, sendo governado por elas; outro Ser individual não nascido desapega-se delas, depois de experimentar muitas encarnações"[833], as palavras vermelho, branco e preto se referem aos três elementos constituintes da natureza. A cor vermelha (*rajas*) significa atividade, a branca é *satva*, que tem a natureza da luminosidade, e a preta é *tamas*, que é a obscuridade.

O estado de equilíbrio (de Pradhana) se expressa por meio das qualidades dos seus constituintes, ou seja, vermelho, branco e preto. A palavra *ajâ* é oriunda do sentido daquele que não nasce, pois se declara na frase: "A natureza Primordial é imutável" (Sa.Ka., 3).

Objeção: mas a palavra *ajâ* não significa cabra?

Diz o adversário: é certo que a palavra *ajâ* possui outro significado além do convencional. Aqui, está em um contexto filosófico. A natureza produz muitas criaturas que participam dos seus três elementos constituintes já citados. Um ser não nascido a ama, enquanto nela se deleita e repousa ao seu lado e a aceita como idêntica consigo mesmo, por ignorância, e experimenta o prazer e a dor ao transmigrar em distintas existências, sem

830 TINOCO, 1996, p. 302, verso III,8.

831 GAMBHIRANANDA, 1983, p. 259.

832 MARTÍN, 2001, p. 210.

833 TINOCO, 1996, p. 305, verso IV, 5.

discernimento. Mas outro ser "não nascido", outro espírito (*Purusha*) com o poder do discernimento, ao despertar se desapega da natureza após haver experimentado com ela, abandona-a, quando ela tiver cumprido sua missão de preparar a experiência para a Libertação Espiritual. Isso quer dizer que Ele, o espírito, fica livre. Portanto, a postulação da natureza (*Pradhana*) pelos seguidores de Kapila tem, com toda certeza, uma base védica.

Diz o adepto do Vedanta: não é possível encontrar uma base védica para a Teoria Samkhya, em virtude dessa frase. Essa frase, tomada em si mesma, não é capaz de reforçar nenhuma doutrina. Isso porque, segundo pensamos, as palavras *ajâ* e outras podem estar de acordo com uma teoria ou com outra. Não há motivo para afirmar-se que se refiram especialmente à teoria Samkhya. O caso é semelhante ao do copo citado, na frase: "Há um copo com a abertura abaixo e o fundo acima"[834]. O mesmo é impossível dizer em virtude dessa frase isolada a qual o copo se refere e se pode conceder várias, em particular. Tampouco se dá uma característica especial na frase aqui referida, para saber se o termo *ajâ* indica a natureza ou outra coisa.

Diz o opositor: porém, quanto à frase do copo, há um texto complementar pelo qual sabemos a que copo se refere. O copo que tem o seu fundo para cima e a sua boca para baixo é a nossa cabeça, porque é como um copo aberto para baixo e fechado acima.

Mas se pode entender a partir disso o termo *ajâ* da Svetasvatara Upanishad. A pergunta diz o adepto do Vedanta, respondendo ao seguinte Sutra:

Sutra 9: é certo que o *ajâ* consiste dos elementos partindo do fogo, pois alguns os leem assim[835].

Sutra 9: o termo ajâ se refere aos elementos que surgem da luz, porque são vermelhos (brancos e pretos)[836].

A palavra *ajâ* se deve entender a fonte material de quatro classes de seres[837], a qual surgiu do Senhor Supremo e consiste dos elementos, contados desde o fogo, a água e o alimento (a terra). A palavra *tu* (literalmente: mas) se usa para dar ênfase, cujo significado é esse *ajâ* e deve entender-se como consistindo de três elementos e não como constituído dos três atributos: *satvas, rajas* e *tamas.*

---

834 MARTÍN, 2002, p. 192, verso II, 2,3.

835 GAMBHIRANANDA, 1983, p. 260.

836 MARTÍN, 2001, p. 212.

837 Nascidos dos ovos, da humidade, do útero e da terra (nota de rodapé de Swami Ganbhiranda, na sua tradução do Brahma Sutra, p. 260).

Por quê?

Porque os seguidores de uma certa versão védica pensam que a origem do fogo, da água e do alimento se originam no Senhor Supremo e, logo, supuseram sobre as suas cores, como o vermelho. Há uma frase sobre isso que é a seguinte: "A cor vermelha do fogo é a cor da luz elementar, a cor branca é a da água em sua pureza, e a cor preta é a do alimento puro"[838].

Esse mesmo fogo, água e alimento podem ser encontrados também aqui, em virtude das palavras comuns, como "vermelho" e porque as palavras "vermelho" etc. implicam, primariamente, em tipos particulares de cor e só figurativamente implicam nos constituintes de Pradhana. Eles consideram que uma frase ambígua deveria ser entendida com o auxílio de algo que está claro. Então, também aqui, na Svetasvatara Upanishad, pode-se ler o seguinte: "Rishis, conversando sobre Brahmâm, formularam a seguinte pergunta: Brahmâm é a causa?"[839]. Começa dessa maneira e continua falando do poder do Ser Supremo que dirige todo o universo: "Alguns pela prática da meditação são conscientes do poder do Divino oculto em seus próprios efeitos, a Divindade que rege todas as causas, incluindo o tempo e o ser individual" (I, 1-3). Mais adiante, refere-se a esse mesmo poder, nas seguintes frases complementares: "Deve-se estar atento para perceber que a matéria (Prakriti) é mâyâ e que o Supremo Ser é o Senhor de mâyâ"[840]. Ele, que é não dual e que deve ser realizado, reside em Prakriti sob seus aspectos primário e secundários"[841].

Não se pode afirmar que a frase que aborda o termo *ajâ* se refere a certo assunto causal e independente chamado natureza, mas devemos aceitar, em virtude do tema geral de que trata, que a frase descreve o mesmo Poder Divino ao qual se referem outras passagens, em que os nomes e formas se acham imanifestados. Isso seria a condição anterior do estado do mundo atual, onde os nomes e as formas se manifestaram. Esse poder divino pode ser representado por três cores, porque seus efeitos, ou seja, o fogo, o ar e a terra, possuem três cores.

Diz o opositor: como podemos sustentar que a matéria causal se nomeia por *ajâ* de três cores, baseando-se em que o fogo, a água e a terra têm três

838 TINOCO, 2021, verso IV, 4, 1.

839 TINOCO, 1996, p. 295, verso I,1.

840 TINOCO, 1996, p. 306, verso IV, 10.

841 TINOCO, 1996, p. 306, verso IV, 11 (A tradução de Carlos Alberto Tinoco é diferente da feita por Shankararacharya, no seu comentário ao Brahma Sutra, na página 212. Ver Consuelo Martín, 2001, p. 212).

cores? Se levarmos em consideração que a forma exterior do grupo *ajâ* não está no fogo, na água e nem na terra e levando-se em conta ainda que a escritura ensina que o fogo, a água e a terra têm sido criados, então, a palavra *ajâ* não pode ser tomada como "não nascida".

Diz o adepto do Vedanta: a resposta será dada na continuação.

Sutra 10: dado que esse é um ensinamento figurado, como acontece no caso do mel, não há nada de incongruente[842].

Sutra 10: e como há uma instrução que se faz com uma metáfora, não é incongruente (o que *ajâ* signifique a matéria causal) estritamente, como no caso do mel (referindo-se ao sol para meditar) e em outros casos[843].

A palavra *ajâ* não é usada para se referir à cabra, nem se utiliza no sentido derivativo (disso que não é nascido).

Então, de que maneira se emprega essa palavra?

"É uma instrução figurada"; a analogia da cabra é ensinada aqui para apontar a fonte material de todas as coisas, móveis e imóveis, as quais constam de fogo, água e alimento. Portanto, embora no mundo possa existir uma cabra (*ajâ*), vermelha, branca e negra, com prole numerosa semelhante a ela, embora ao seu lado possa estar um macho, enquanto algum outro possa abandoná-la depois do prazer, de modo análogo a essa fonte de todos os elementos (mâyâ) que consistem em fogo, água e alimento, contendo três cores, origina muitos produtos que lhe são semelhantes. O conhecedor não iluminado do corpo — a alma individual — desfruta dos prazeres de mâyâ, enquanto o iluminado o faz de um lado. Todavia, não se deve supor que, como uma alma jaz ao seu lado e outra o abandona, existe uma real diferença entre as almas, de acordo com o pensamento dos filósofos que aceitam a doutrina Samkhya, pois essa não é uma tentativa para estabelecer diferença alguma entre elas. Mas se trata de explicar o mecanismo da escravidão e da liberdade. Esse processo de escravidão e liberdade se explica valendo-se da diferença que se faz usualmente entre as almas. Sem dúvida, essa diferença é fruto das vestimentas limitantes e a ignorância é o seu artífice. Não é real como o demonstram os textos das Upanishads, na frase: "O Senhor Supremo, resplandecente e não dual, está oculto em todos os seres"[844]. As palavras "como o mel", no sutra, significam o mesmo que o sol e se representa o mel sem sê-lo (Chan. Upa., III, 1) e fala como

[842] GAMBHIRANANDA, 1983, p. 262.

[843] MARTÍN, 2001, p. 213.

[844] TINOCO, 1996, p. 312, verso VI, 11.

se fosse uma vaca (Br. Up., VI, 2,9), aqui se representa a matéria causal metaforicamente como uma cabra, embora não o seja. Portanto, a palavra *ajâ* se refere ao agregado do fogo, da água e da terra e não contradiz a razão.

TEMA 3: DECLARAÇÃO DO NÚMERO

O NÚMERO DE CATEGORIAS

Sutra 11: Pradhana não está confirmada pela escritura védica, nem sequer valendo-se da menção do número, pois as entidades são desiguais e há um excesso[845].

Sutra 11: não se pode afirmar que a teoria da natureza se baseia na autoridade das escrituras, nem sequer por referência ao número de categorias Samkhyas pela diversidade e o excesso das ditas categorias[846].

Apesar de que se tenha explicado o mantra que se refere à cabra, o Samkhya introduz outro. No seguinte mantra, ouve-se falar de *pancha panshajanah* — grupo de cinco —, isso é "Aquele onde se encontra os cinco grupos de cinco e o espaço, é o Ser que eu considero o Absoluto Imortal, e ao descobri-Lo, sou Imortal"[847]. Nessa frase, ouve-se mencionar um número cinco em relação com outro cinco, pois a palavra cinco se emprega duas vezes. Assim, tomamos esse grupo de cinco por cinco vezes, obtemos 25 e 25, corresponde, exatamente, ao número de categorias citadas pelos adeptos do Samkhya como: "A Natureza Primordial é a categoria indiferenciada; sete, contando a partir de *mahat,* são as fontes da Natureza; e 16 são os produtos desenvolvidos. Mas Purusha não é uma fonte nem uma modificação da Natureza Primordial"[848]. Como o número 25, que se conhece da Upanishad, representa as 25 categorias, portanto, Pradhana e o restante obtém de novo, autoridade védica.

Diz o adepto de Vedanta: por isso, diremos: não deveríamos pensar que as escrituras védicas confirmam Pradhana e o restante "a pensar de que se mencione o número".

Por quê?

845 GAMBHIRANANDA, 1983, p. 263.

846 MARTÍN, 2001, p. 204.

847 MARTÍN, 2002, p. 395, verso IV, 4, 17.

848 ROMERO, Rosalina. **Sâmkhyakârika de Îsvarakrsna**. Buenos Aires: Instituto de Yoga de Lonavla, 2003. verso 3, p. 19.

Porque as entidades são desiguais. Na verdade, essas 25 categorias do Samkhya são diferentes; não têm cinco qualidades comuns para formar cinco grupos, em cujo caso se poderia ter subdividido novamente o número 25 em cinco divisões de cinco cada uma. Pois esses números, como o dois e o restante, não se aplicam a coisas divergentes que não mostram algum fator comum unificador. Sem dúvida, tão pouco se justifica sustentar que não haja agrupamento neste sentido, sem ão que o simples número 25 se indica aqui com a ajuda dos seus números constituintes, como ocorre, por exemplo, na seguinte descrição de uma seca de 12 anos: "Indra não fez chover por cinco e sete anos". A debilidade de tal ponto de vista é que se deve recorrer a uma indicação indireta. Além disso, a segunda palavra, *pancha,* aqui se combina com *jana* para formar a palavra composta *panchajanah,* que, segundo se sabe, é uma palavra única, devido à sua pronuncia de acordo com as regras de *Bhasika* (sobre a pronúncia) com (ou sem) o acento somente na última vogal. Além disso, sabemos que é uma só palavra pronunciada no mesmo momento e com uma terminação, devido a este outro exemplo: "Oh oblação, te ofereço a honra do *panchajanas* (cinco deidades), (para que este corpo meu, que é como um instrumento para os deuses e que é a base do prazer, aqui e no além, permaneça intacto)" (Tai.Sa., I, 4, 12). Por outro lado, sendo uma forma de cinco, uma palavra composta (com *jana*) não pode haver tal repetição de cinco (como "cinco cincos") . De modo análogo, não podemos ter dois cincos (ou dez). Nem se pode unir um número cinco com outro, pois uma palavra atributiva não pode assumir outro adjetivo.

Diz o adversário: talvez a palavra *janah* (entidades), com o número cinco já contido nela, não está qualificada de novo pelo número cinco, assim como *janah* pode aparecer como o número 25, como acontece com *pancha panchapulyah,* onde se entendem 25 pedaços de grama.

Diz o adepto do Vedanta: nós não concordamos. A palavra *panchapuli,* sendo um exemplo de um termo composto, que significa um grupo (um monte de cinco pedaços de grama), suscita a curiosidade acerca de um número qualificativo: "Quantos montes?" Assim, teremos a frase: "cinco dos montes de cinco de gramas (cada um)". Mas, neste caso, o mero emprego de *pancajanah* (cinco entidades), (que não é um *samhara-dvigu*)[849], o número qualificativo (cinco) já está presente, então, não nasce a curiosidade acerca

[849] Em *pañchapuli* temos o *samaha- dvigu* (com um número na primeira parte); e assim, agrega i ao final (Pa. Su. II, 1, 52, IV, 1, 21). Mas, em *pañchajanah,* não há i ao final, feito esse que mostra claramente que não é um composto *dvigu* (nota de rodapé de Swami Gambhirananda, na sua tradução do Brahma Sutra, p. 265). Muito confuso para quem não conhece as transliterações do sânscrito.

de uma determinação numérica. Portanto, *pancha panchajanah* não pode ser uma determinação numérica. Se *pancha* fosse até um adjetivo numérico, (o primeiro) cinco qualificaria aos segundos cincos e não a *janah*[850] e foi indicado o defeito resultante (que um adjetivo não pode qualificar outro).

Por todas as razões, a expressão "cinco entidades" não pode se referir a 25 o categorias admitidas pelos filósofos da escola Samkhya. Isso não é possível "por excesso" (segundo o sutra), porque, de acordo com a interpretação Samkhya, haveria um excesso sobre o número 25, devido ao espaço e ao ser que foi mencionado separado. Foi falado do Ser como sendo a morada em quem as cinco entidades descansam. Na frase: "Eu vejo o Ser", "e ao descobri-Lo, sou imortal"[851], o Ser é a Consciência, é esse Espírito Consciente (onipenetrante). Esse Ser está incluído nas 25 categorias, mas não pode ser o que mora e a morada. Por outro lado, se pensarmos que o ser não estivesse compreendido entre as categorias, com isso o Samkhya abandonaria a sua própria teoria que consiste em 25 categorias, e se passaria o mesmo em relação ao espaço.

Por último, como é possível que a simples circunstância de preferir certo número no texto que justifique supor que se trata de 25 categorias Samkhyas das quais as escrituras não falam em nenhum outro lugar? Especialmente, se considerarmos que a palavra *jana* não tenha o significado de categorias estabelecidas e que o número pode explicar-se satisfatoriamente em outra interpretação da frase.

Diz o filósofo Samkhya: então, como interpretar a frase: "As cinco entidades"?

Diz o adepto do Vedanta: baseando-se na regra gramatical, que diz que certos compostos formados por números são simples nomes (Pa. Su., II, 1, 50), a palavra *pañca-janâh* não quer nos dar a entender o número cinco, a não ser simplesmente nomear certa classe de seres. E pode se apresentar a pergunta: quantas classes existem? A resposta será dada pelo agregado "cinco". Existem certas classes de seres chamados "cinco entidades" e essas classes são cinco. De modo análogo, podemos falar de "sete Rishis", onde, uma vez mais, o composto significará uma classe de seres simplesmente e não um número.

---

[850] Pois fica mostrado que *janah* tem o seu próprio adjetivo numérico (nota de rodapé de Swami Gambhirananda, na sua tradução do Brahma Sutra, p. 266).

[851] MARTÍN, 2002, p. 395, verso IV, 4, 17.

Quem são, então, essas cinco entidades? O Sutra a seguir responde a essa pergunta:

Sutra 12: a força vital e o restante são os *panchanah,* como se sabe, da frase complementar[852].

Sutra 12: as cinco entidades são a força vital e o sabemos pela frase complementar[853].

Na frase seguinte: "Aquele onde se encontra os cinco grupos de cinco e o espaço é o Ser que eu considero o Absoluto Imortal e, ao descobri-Lo, sou Imortal"[854], as cinco entidades são a força vital e o resto se enumera para averiguar a natureza do Absoluto Brahmâm, na frase: "Os que conhecem a Energia Vital da energia vital", o Olho do olho, o Ouvido do ouvido, o Alimento do alimento, a Mente da mente, compreenderam ao eterno e principal Absoluto"[855] (Revisão Madhyandina). Devido à proximidade, a expressão grupo de cinco se refere aos seres (entidades) mencionados nessa última frase.

Diz o adepto do Samkhya: como a palavra "entidade" pode aplicar-se à respiração, à visão, à audição etc.? Como, voltamos a perguntar, pode aplicar-se às nossas categorias? Em ambos os casos, o significado normal da palavra "entidade" deve ser eliminado, mas há um fato que serve de apoio à nossa explicação: a respiração é mencionada em outra frase. A palavra "entidade" pode se referir à energia vital, ao olho, ao ouvido etc., porque estão relacionados às pessoas. Além disso, encontramos a palavra "pessoa" que significa o mesmo aplicada às energias nas frases: "Estes são os cinco servidores do Absoluto Brahmâm"[856] e "A respiração é o pai, a respiração é a mãe".[857] Pela força da composição das palavras, não há inconveniente ao se tomar o composto em seu significado convencional.

Diz o opositor: como pode o significado convencional aplicar-se quando a palavra não é usada, precisamente, nesse sentido?

Responde o adepto do Vedanta: pode-se fazer o mesmo que no caso da palavra *udbhid* e outras. Quando se usa uma palavra com um significado não familiar, usa-se a próxima palavra com significado usual e sua significação

---

852 GAMBHIRANANDA, 1983, p. 267.

853 MARTÍN, 2001, p. 216.

854 MARTÍN, 2002, p. 395, verso IV, 4, 17.

855 MARTÍN, 2002, p. 398, verso IV, 4, 21.

856 TINOCO, 2021, verso III,13,6.

857 TINOCO, 2021, verso VII, 15, 1.

pode ser determinada pela mesma associação, assim, por exemplo, no caso das seguintes palavras: "Tem que fazer o ritual com o *udbhid*", "corta uma estaca", "prepara o altar". Da mesma maneira, o termo *pañcajanâh*, que se sabe pela formação do composto gramatical, é um nome e pode, portanto, referir-se a algo, significa a respiração, o olho etc. Essas palavras estão relacionadas com ele, porque se nomeou a frase complementar.

Alguns comentaristas dizem que a palavra *pañcajnâh* se refere aos deuses, os antepassados, os *gandharvas*[858] e demônios. Enquanto outros pensam que se refere às quatro castas, junto com os *nisâdas*[859] que formam cinco. Também outra frase das escritura (R-V. S.,VIII, 53,7) fala da tribo das cinco pessoas, referindo-se aos seres criados, em geral. Essa última explicação também pode ser aplicada à frase citada. O mestre espiritual Vyasa disse, por outro lado, o seguinte: "A energia vital e os demais, são o *pañcajnâh* como se vê pela frase que o complementa" e quer mostrar que não se refere as 25 categorias.

Diz o opositor: aceitemos que as 25 entidades mencionadas no texto da revisão mâdhyandina são a respiração etc., pois esse texto também menciona o alimento (e assim se completa o número cinco). Mas como se pode interpretar o texto kanva, que não menciona o alimento (e só põe quatro coisas)? Essa pergunta é respondida no próximo Sutra.

Sutra 13: para os que seguem certos textos, chega-se ao cinco mencionando a luz, onde não se fala do alimento (Swami Gambhirananda, p. 269).

Sutra 13: no texto de alguns (da revisão kânva), onde "o alimento" não se menciona o número cinco, completa-se com "a luz" (nomeada no verso anterior) (Consuelo Martín, p. 217).

Apesar dos que seguem o texto Kanva não incluam o alimento, seu grupo de cinco está composto pela luz do fogo; pois empregam a luz com o objetivo de determinar a natureza do Absoluto Brahmâm, na frase: "Os deuses meditam no Imortal, na luz de todas as luzes".[860] Se perguntarmos como se justifica que essa luz citada tenha validade para ambos os textos, diremos que em um se usa para a explicação das cinco entidades e em outro, não.

858 São seres angélicos dedicados à música e ao canto (nota de Consuelo Martín, na sua tradução do Brahma Sutra, p. 217).

859 Filhos de brâhmanes com esposa shudra.

860 MARTÍN, 2002, p. 395, verso IV, 4, 16.

Diz o adepto do Vedanta: a razão disso consiste na diferença de exigências de cada texto. Como os mâdhyandinas se encontram no mesmo e único verso com a energia vital e outras entidades, isso lhes dá uma base para interpretar o termo "cinco entidades". Não têm necessidade da luz que se menciona em outro verso. Por outro lado, os *kânvas* não podem fazê-lo sem a luz. Esse caso é análogo ao da xícara *sudasin* que, segundo diferentes textos, pode-se oferecer ou não no ritual Atirâtra. Aqui, ficou demonstrado que não há base na escritura para a doutrina da natureza. Mais adiante, mostrar-se-á que essa doutrina não se pode demonstrar, nem pela tradição, nem pela razão.

TEMA 4: CAUSALIDADE

O ABSOLUTO, CAUSA PRIMEIRA

Sutra 14: todas as Upanishads apresentam Brahmâm; pois em todas as Upanishads e em cada uma delas se fala de Brahmâm como a causa do espaço[861].

Sutra 14: embora existam divergências entre os textos do Vedanta a respeito das coisas criadas, como o espaço, não o há quanto ao Criador, Brahmâm como a primeira causa e se apresenta no texto upanishádico igual aos demais[862].

Diz o opositor: as características do Absoluto Brahmâm foram apresentadas no verso (B.S. I,1, 2), no qual se provou também a uniformidade do conhecimento do Absoluto em todas as Upanishads. Ficou provado ainda que a doutrina da natureza não está confirmada pelas escrituras, mas agora se apresenta uma nova objeção. Não é possível provar que o Absoluto Brahmâm seja a causa e a origem do mundo, nem que os textos do Vedanta se refiram a Ele, porque observamos que esses textos se contradizem entre si.

Todas as frases que tratam da criação enumera os seus passos sucessivos em diferentes ordens e, de fato, realmente se fala assim de diferentes criações. Em certo local, diz-se que começa no espaço (Ta. Up., II,1) e, em outro, que começa com o fogo (Ch. Up.,VI,2,3), em outro local, é dito que Deus criou a energia vital (*sraddha*) (Pr.Up., Vi, 4). Em outro, diz-se que

[861] GAMBHIRANANDA, 1983, p. 270.

[862] MARTÍN, 2001, p. 218.

o Ser Supremo criou esses mundos, o céu, o espaço, a terra e o mundo subterrâneo (Ai. Up., I,1,2). Não estabelece aí ordem de nenhuma classe. Em outra parte, é dito que a criação se originou do não existente, assim: "No princípio isto era não existente. Se fez existente. Se manifestou"[863]. Em outro lugar, é negada a doutrina da criação, a partir da existência. Outros dizem "que o universo era não existente antes da criação". Mas como pode ser assim? Como pode a existência surgir da não existência? "No princípio estava unicamente O que É, o Um sem Segundo"[864]. A manifestação do universo se apresentava em certos locais como espontânea. "Tudo isto era então indiferenciado. Se chamava tal e qual e tinha tal e qual forma. E até hoje se diferencia somente em nome e forma"[865].

Como observamos muitas contradições e como a coisa em si mesma não pode ser paradoxal, não é adequado admitir que as Upanishads têm uma doutrina definida quanto à causa do universo. Portanto, devemos aceitar algumas outras coisas como causa que se baseie na tradição e no raciocínio lógico.

Diz o adepto do Vedanta: embora as frases das Upanishads variem com o tema da criação, como o espaço e outras coisas, não há nenhuma variação neles, quanto ao Criador, porque em qualquer texto das Upanishads se descreve o Criador do mesmo modo, como onisciente, onipotente O Um sem segundo se apresenta como causa nos textos e tomemos como exemplo este: "Aquele que conhece Brahmâm alcança o Supremo".[866] Aqui, a palavra "conhecimento" e a afirmação posterior de que: "O desejo" (Tai. Up.,II, 6) insinua que a natureza do Absoluto Brahmâm é a Consciência, mais adiante, a frase afirma que a causa do universo é Deus, porque não depende de nada.

Depois, aplica-se à causa do universo o termo "Ser" e o apresenta contendo uma série de envolturas, começando pelo corpo físico (Annamaya Kosha). Com isso, afirma-se que o Ser interno está dentro de todos os seres (Tai. Up., II,2-5). Para apontar como o Ser chega a ser muitos: "Ele desejou: que sejam muitos, que nasçam" (Tait.Up.,II,2-5). Assim, afirma-se que as coisas criadas não são diferentes do Criador. O mesmo assunto se pode observar na frase: "Ele criou isto, e tudo o que existe", que apresenta

[863] TINOCO, 2021, verso III,19,11.

[864] TINOCO, 2021, verso VI, 2-1-2.

[865] MARTÍN, 2002, p. 81, verso I,4,.7.

[866] TINOCO, 1996, p. 228, verso II,1.

o Criador como causa do universo e anterior à criação, sem segundo. As mesmas características que se aplicam ao Absoluto Brahmâm nas frases anteriores, como a de ser a causa do universo, podem ser encontradas também em outras frases, como: "No princípio estava unicamente o que é, o Um sem Segundo"[867]. Então, Ele desejou ser muitos e nascer: "E criou a luz"[868]. A mesma coisa se pode observar na frase: "Antes da criação do mundo, só existia o Atman, apenas o Atman, não existia mais nada. Nada havia além dele."[869]. Então, o Atman pensou: "Criem-se os mundos".

As frases das Upanishads que tratam de explicar as causas do universo estão de acordo desde o princípio até o final. Por sua vez, podem ser encontradas afirmações que são diferentes, no que se refere à criação do mundo. Em alguns trechos, é dito que se inicia com o espaço, já em outros, com o fogo. Entretanto, não se pode dizer que a contradição entre as afirmações que tratam do mundo afetam àqueles que se ocupam da causa, ou seja, que tratam do Absoluto Brahmâm. Nesses, pode-se observar que todos os textos das Upanidhads estão de acordo. A generalização, nesse caso, não tem fundamento.

O mestre espiritual Vyasa é quem faz a conciliação entre as divergências, na medida em que concernem somente às criações. "O espaço não é o criador, não é isto o que se diz nas Upanidshads". Não importa que se verifiquem algumas contradições nas afirmações referentes ao universo, porque a criação do universo não é o tema do qual tratam de ensinar as escrituras. Não vemos que seja assim. Uma mesma escritura nunca diz que a felicidade do ser humano dependa de tais temas. Também não podemos acreditar assim, porque, das frases introdutórias e das últimas, podemos perceber, como conclusão, que as frases sobre a criação e outras estão subordinadas àquelas que tratam do Absoluto Brahmâm. Todas elas têm por objetivo apontar o Absoluto. A mesma escritura declara o seguinte: "Quanto ao alimento, como é um efeito, busca a raiz que é a água, busca sua raiz que é o fogo, e do fogo, busca sua raiz que é o Ser".[870]

Por sua vez, compreende-se que, com as comparações como a da argila (Ch.Up.,VI, 1,4), descreve-se a criação simplesmente com o objetivo de ensinar que o efeito não é diferente da causa. De igual modo, aqueles que

[867] TINOCO, 2021, verso VI, 2,1.

[868] TINOCO, 2021, verso VI, 2,3.

[869] TINOCO, 1996, p. 258, verso I,1,1.

[870] TINOCO, 2021, verso VII, 8, 4.

conhecem a tradição sagrada dizem: "Se a criação pode ser representada pela argila, o ferro, as chamas e outras coisas, este é só um meio para se fazer compreender que, na verdade, não há diferença" (Ma. Kâ., III, 15). Por outro lado, a frase menciona expressamente os resultados do conhecimento do Absoluto Brahmâm, assim: "Om. Aquele que conhece Brahmâm alcança o Supremo"[871], "Aquele conhece o Ser, transcende a dor"[872] e "Alguém que o conhece ultrapassa a morte"[873]. O resultado depende da experiência direta, porque, quando um ser humano, mediante o ensinamento, "Tu és isto", chegou a compreender que o Ser transmigra, o que transmigra é aquele que desvanece. Ficam por determinar, frases como esta: "No início, tudo isto (o universo manifesto) não existia"[874], que contém afirmações contraditórias a respeito da causa. Isso é feito no Sutra a seguir.

Sutra 15: não existência não significa vazio, por sua alusão a Brahmâm[875].

Sutra 15: não existência não significa não ser total, tendo em conta a relação entre os textos que tratam do Absoluto e os que tratam do não ser[876].

Na frase: "No princípio, tudo isto era Não Existente", a não existência é concebida como um vazio que se apresenta como causa, pois a teoria da não existência é refutada na frase: "Se uma pessoa conhece Brahmâm como não existente, Ele próprio torna-se não existente. Se essa pessoa conhece Brahmâm como existente, então O conhecerá como existente"[877]. Mais na frente, apresenta-se ao Absoluto Brahmâm como o ser interno de tudo, mediante a descrição das séries de envolturas (Koshas), desde a do alimento (Annanamâyâ Kosha). Ao mesmo Absoluto se refere a frase: "Ele desejou que fosse múltiplo", na qual se afirma que Ele foi o criador da manifestação, e na frase: "Portanto, os sábios o chamam de A Verdade" também se fala Dele. A partir daqui, o texto continua fazendo referências ao tema em discussão: "Sobre isto, há um verso" e esse verso é o seguinte: "No princípio, tudo isto era não existente". Se nesse caso a expressão "não existente" significasse o vazio do ser, todo o contexto seria destruído, porque, enquanto se está referindo a um tema de modo claro, tratar-se-ia de outro assunto totalmente diferente.

---

871 TINOCO, 1996, p. 228, verso II, 1, 3.

872 TINOCO, 2021, verso VII, 1,3.

873 TINOCO, 1996, p. 302, verso III, 8.

874 TINOCO, 1996, p. 232, verso II, 7,1.

875 GAMBHIRANANDA, 1983, p. 273.

876 MARTÍN, 2001, p. 220.

877 TINOCO, 1996, p. 231, verso II, 6, 1.

Teremos que concluir, portanto, que a palavra "ser" se refere geralmente ao diferenciado com nomes e formas, enquanto a expressão "não ser" significa a mesma substância anterior à sua diferenciação. É por isso que o Absoluto Brahmâm tem um sentido derivado de "não ser", ou seja, anterior à origem do universo. Deve ser usada a mesma interpretação à frase: "No princípio isto era não existente. Se fez existente. Se manifestou"[878]. Aqui, fica evidente que o "não ser" não significa a não existência absoluta na frase anterior e na frase "Em relação a isto, alguns dizem que o universo era não existente antes da criação"[879]. Ao referir-se à opinião de "alguns", não significa que a doutrina à qual se refere (segundo a qual o universo, originalmente, era inexistente) é apresentada em outro lugar das Upanishads. Essa opção seria possível quanto à ação, mas não quanto à substância. Por isso, essa frase deve ser vista como um rechaço à doutrina da inexistência absoluta, apresentada por alguns mestres espirituais pouco inteligentes. Esse rechaço se faz com o objetivo de reforçar a concepção segundo a qual esse universo surgiu a partir do Ser.

A frase "Tudo isto era então, indiferenciado"[880] não afirma, de modo algum, que a manifestação teve lugar sem um organizador. "Aquele Ser penetrou nestes corpos até a ponta das unhas [...]"[881], se supuséssemos que a manifestação aconteceu sem um organizador, a quem se poderia referir o pronome Ele nessa frase, que, evidentemente está relacionada com algo, antes? As escrituras afirmam que o Ser, depois de haver entrado no corpo, torna-se consciência, assim: "Quando Aquele vê, se chama olhos, quando Aquele ouve, se chama ouvidos, e quando Aquele pensa, mente"[882]. As Upanishads falam da consciência que entrou na manifestação. Devemos aceitar que o universo, no princípio da criação, manifestou-se o mesmo que, no momento presente, vemos que se manifesta, em nomes e formas, ou seja, sob a direção de um Criador Inteligente. Isso porque não devemos fazer conjecturas opostas ao que se observa realmente. Outra frase das escrituras também afirma que a manifestação do universo aconteceu sob a vigilância de um Criador, ao dizer: "Que Eu me manifeste com nome e forma, entrando com o meu próprio Ser, nestes seres"[883]. As expressões

878 TINOCO, 2021, verso III, 19,1.

879 TINOCO, 2021, verso VI, 2,1.

880 MARTÍN, 2002, p. 81, verso I,4,7.

881 MARTÍN, 2002, p. 81, verso I,4,7.

882 MARTÍN, 2002, p. 81, verso I,4,7.

883 TINOCO, 2021, verso VI, 3,2.

transitivas "Ele se manifestou" e "chegou a ser manifestação" devem nos indicar a facilidade com a qual o sujeito, ou seja, o Ser Supremo, efetuou essa manifestação. Por analogia, diz-se que o milharal é ceifado, ou seja, que se faz com maior facilidade, mesmo que sejam os ceifeiros necessários para fazer o trabalho. Além disso, temos que ver que se trata de um sujeito que está implicado na ação, como na frase: "O povo está próximo", na qual o sujeito pede um complemento.

TEMA 5: BALAKI

O CRIADOR DO SOL, A LUA,É O ABSOLUTO

Sutra 16: porque a palavra "trabalho" indica o universo, aquele do qual esse é o trabalho deve ser Brahmâm[884].

Sutra 16: ele que fez tudo isso é o Absoluto, porque sua obra se refere ao universo[885].

Dúvida: durante a conversação entre Balaki e Ajatasatru, na Kaushitaki Upanishad, pode-se ler o seguinte: "Na verdade deve-se conhecer . Oh Balaki, aquele que é o Criador ou mestre espiritual destes Purushas – seres – ou melhor, aquele que, seguramente, foi o artífi- ce desta obra" (Kau. Up., IV, 19). Em relação a isso, surge uma dúvida: trata-se de conhecer a alma espiritual, a força vital principal ou o Ser Supremo? Qual deve ser a conclusão a se tirar?

Diz o adversário: deve ser a força vital

Por quê?

Porque a frase da Upanishad diz: "aquele que, seguramente, foi o artífice desta obra", pois, a obra como consiste de movimento, depende da força vital; a força vital se considera, em parte, complementar ao tema. "Então, este se unifica em Prana mesmo" (Kau. Up.,IV, 20); e o termo Prana se usa familiarmente para a força vital principal. Além disso, a força vital é também a dona das pessoas (Purushas), às quais Balaki faz referência na porção anterior das frases: "O ser é o sol" (Kau.Up.,IV, 4) e assim sucessivamente. Pois as deidades do sol são meros aspectos diferentes da força vital, como se sabe muito bem da leitura de outra Upanishad: "Qual é o Deus uno?",

884 GAMBHIRANANDA, 1983, p. 276.

885 MARTÍN, 2001, p. 222.

"A força vital (Hiranyagarbha) é Brahmâm e se chama Tat (Aquele)"[886] ou pode ser o ser individual sobre o qual se ensina aqui, como a entidade a ser conhecida. Isso porque é apropriado citar também as suas atividades, constituindo a virtude e o vício, de acordo com a frases: "O artífice desta obra" (Kau. Up., IV, 19). Também ele, sendo o experimentador, pode ser, justificadamente, o dono de todos esses Purushas que lhe servem como as coisas das suas experiências. Também no texto complementar, encontramos um sinal indicativo do ser individual, pois, devido a esse fato, sucedeu-se que, quando Balaki se aproximou de Ajatasatru, para conhecer ao criador dos Purushas (no sol etc.), o qual se apresentou como a entidade a ser conhecida, Ajatasatru, desejando iluminar a Balaki, chamou um homem dormindo com vário nomes.[887] Ajatasatru, valendo-se do fato de que esse homem não presta atenção ao ser chamado, fez-se entender a Balaki que a força vital e o restante não são o experimentador. Finalmente, ao despertar, porque um pau o golpeou, o fez entender que a alma individual, que é diferente da força vital e do restante, é o experimentador. De modo análogo, do texto seguinte se pode deduzir um sinal que indica a alma individual:

> Para explicar este aspecto, diremos: como o líder de uma comunidade se sustenta por meio do que seu povo lhe entrega, ou como o seu povo ou séquito se sustentam por meio do líder. Assim, esta alma consciente (individual), se sustenta destas almas (do sol, etc), as quais, por sua vez, se sustentam da alma consciente[888].

A alma individual pode se chamar de força vital por sustentar a força vital. Portanto, aqui se deve aceitar a alma individual ou a força vital, mas não ao Senhor Supremo, pois não percebemos sinal algum que O indique

Diz o adepto do Vedanta: levando-se em conta o que foi dito anteriormente, dizemos: o Criador desses Purushas deve ser o mesmo o Senhor Supremo.

Como?

Balaki começa o diálogo com Ajatasatru, propondo-lhe o seguinte: "Queres que te fale do Absoluto Brahmâm?". A partir daqui, nomeia alguns que residem no sol, na lua, que participam na visão do Absoluto manifestado

---

[886] MARTÍN, 2002, p. 294, verso III, 9, 9.

[887] Ou seja: os sinônimos de força vital: Braht, pandarvasa, soma, rajam (nota de rodapé de Swami Gambhirananda, p. 277).

[888] O sol etc. lhe dão luz e lhe oferece oblação (nota de rodapé de Swami Gambhiranda, p. 277).

e, ao final, permanece em silêncio. Ajatasatru disse: "Em vão, você me apresentam um desafio, dizendo-me: queres que te fale do Absoluto?". Propõem ao criador de todos esses seres com um novo objeto de conhecimento. Se esse criador fosse também simplesmente um ser que participa do Absoluto (manifestado) Brahmâm, a introdução que fala do Absoluto seria inútil. Daí, deduz-se que se refere ao Ser Superior. Além disso, ninguém mais que o Ser Superior pode criar todos esses seres, já que é o único independente de todos. Por outro lado, a frase "A quem pertence a obra?" não se refere nem à ação de mover-se, nem aos atos meritórios ou não, pois nenhum dos dois são o tema da frase, nem tampouco foram nomeados previamente. Nem o termo "obra" se refere a esses seres, já que são mencionados separadamente, ao final da cláusula "Aquele que é o Criador destes seres". Por outro lado, o gênero neutro e o número singular da palavra "obra" contradizem aquela suposição. O termo "obra" não se refere à atividade das pessoas, nem ao resultado dessa atividade, já que os dois estão implicados ao mencionar o sujeito (na frase: "Ele que é o Criador"). Não resta outra alternativa, então, a não ser dar ao pronome "está" (em "a quem pertence a obra") o significado de mundo sensorial e compreender esse mesmo mundo como o criado, a obra.

Diz o opositor: de fato, nem o mundo é o tema prévio da discussão, porque, antes, não foi mencionado.

Diz o adepto do Vedanta: como não se mencionou nenhuma característica, concluiremos que o termo "obra" deve ser entendido em um sentido geral. Assim, significará o que primeiro vem à mente, ou seja, tudo o que existe em geral. Tendo em conta que os espíritos do sol, a lua etc. constituem uma parte do mundo, como se mencionou antes, podemos concluir que a frase em questão se ocupa do mundo em geral.

A disjunção (em "ou Ele de quem") tem a intenção de excluir a ideia de uma criação limitada e deve interpretar-se como segue: "Aquele que é o Criador desses seres que formam uma parte do mundo" ou, melhor, elimina-se esta limitação: "Aquele de quem o mundo inteiro sem exceção é a sua obra". A referência dos seres como criador tem por objetivo mostrar um duplo aspecto: apresenta o criador de uma parte especial do mundo e, mais adiante, como criador do restante. É um modo de falar semelhante a outros habituais, como: "Deve dar-se alimento aos peregrinos e depois, aos brâhmanes". Além disso, deve-se ter em conta que em todos os textos das Upanishads é afirmado que o Criador do mundo é o Ser Supremo.

Sutra 17: se dissera-se que não se fala do Ser Supremo pela presença de sinais que indicam a alma individual e o Prana principal, então, isso já foi explicado[889].

Sutra 17: se dissesse-se que pelas características do ser individual e da energia vital, o Ser Supremo não é o que menciona o texto, responderíamos que isso já foi explicado[890].

Diz o adversário: contudo, submeteu-se o argumento segundo o qual, devido aos sinais que indicam a alma individual e o Prana principal — força vital — que encontramos na porção complementar do texto, deve-se aceitar um dos dois, mas não o Senhor Supremo. Deve-se contestar isso.

Diz o adepto do Vedanta: assinalamos que a objeção já foi rechaçada no Sutra I,1,31. Ficou demonstrado no referido Sutra que uma interpretação parecida a que é aqui apresentada pelo Adversário daria origem uma meditação de três tipos: 1. Com o Absoluto Brahmâm como objeto de meditação; 2. Outra dirigida ao ser individual; 3. outra relacionada à energia vital. No nosso caso, chegar-se-ia ao mesmo resultado e isso seria inaceitável, como temos demonstrado, tanto pelas palavras introdutórias, como pelas que concluem que a frase que discutimos se refere ao Absoluto Brahmâm. Com relação à frase introdutória, já foi provado. Deduzimos que a frase que conclui também se refere ao Absoluto por ter manifestado em uma recompensa excepcionalmente elevada: "Aquele que conhece isto, se afasta de todo o mal e se distingue entre todos os seres, obtendo a soberania e a independência" (Kau.Up., IV,20).

Objeção: no que se refere a esse ponto de vista, o texto sobre o diálogo de Pratardana (B.S., I,1, 31) antecipa a averiguação do significado desta frase.

Diz o adepto do Vedanta: não é assim, pois não se havia averiguado que a frase: "Ou, melhor ainda, Ele que, seguramente foi o artífice desta obra" se refere ao Absoluto Brahmâm. De maneira análoga, refuta-se outra vez a dúvida sobre a alma individual e a força vital principal que surge de novo. Também se vê que a palavra Prana se emprega no sentido de Brahmâm; "Pois, Ó ser amável, a mente (alma) se assenta no Prana (Brahmânm)"[891]. No que se refere aos sinais que aqui indicam a alma individual, deve-se interpretar como si se empregassem desde o ponto de vista da identidade (da alma com Brahmâm), pois se sabe que Brahmâm é o tema da discussão, se considerarmos como o texto começa e termina.

---

889 GAMBHIRANANDA, 1983, p. 279.

890 MARTÍN, 2001, p. 224.

891 TINOCO, 2021, verso VI, 8,2.

Sutra 18: mas Jaimini pensa que a referência à alma individual significa um propósito diferente, segundo se sabe da pergunta e a resposta. Também, alguns mencionam isso claramente[892].

Sutra 18: mas Jaimini pensa que a referência ao ser individual no texto tem outro propósito pela pergunta e a resposta. Por isso, alguns[893] o mencionam[894].

Além disso, não há motivo para disputar se esse texto trata principalmente da alma individual ou do Absoluto Brahmâm, pois, segundo o mestre espiritual Jaimini, a alusão à alma individual nesse texto se faz para um objetivo diferente: o entendimento do Absoluto Brahmâm.

Como?

"Baseando-se na pergunta e na explicação". No que se refere à pergunta, constata-se que, ao despertar um homem dormindo, ficou demonstrado que a alma individual é diferente da força vital etc. e por onde se apresenta outra pergunta referente a algo que transcende a alma individual: "Ó Balaki, onde dormia a pessoa?" (Kau. Up., IV, 19). A resposta é: "Quan- do um homem dormindo já não sonha, então se une ao mesmo Prana" e "Deste Ser os órgão se movem para seus assentos, dos órgãos procedem as deidades que presidem; das deidades procedem os objetos dos sentidos". Agora, as Upanishads concluem, de modo definido, que a alma individual se une com o Ser Supremo durante o sono e que o universo, incluindo-se os órgãos, procede do Ser Supremo. Assim, há que se entender o seguinte: essa entidade a ser conhecida é o Ser Supremo, a entidade na qual esse ser individual não possui um conhecimento particularizado, na qual tem seu sono profundo livre de defeitos da perturbação, na qual tem a sua natureza real, da liberdade de conhecimento particularizado, causado pelas vestimentas limitantes, estado do qual essa emerge, provocando uma interrupção dese estado.

Por outro lado, nesse contexto da conversação entre Balaki e Ajatasatru, os que seguem um certo texto, ou seja, Vajasaneyins, mencionam claramente a alma individual com o termo *vijñanamâyâ* — Vijñana Mâya Kosha (identificada com o intelecto) — e logo leem do Ser Supremo, mais além desse, na pergunta: "Onde está este ser identificado com o intelecto? Onde vai? E de onde volta?" (Br. Up., I, 16). Na resposta, afirma-se: "E per-

[892] GAMBHIRANANDA, 1983, p. 280.

[893] Refere-se aos filósofos Vâjasaneyins (nota de rodapé de Consuelo Martín, na sua tradução do Brahma Sutra, p. 225).

[894] MARTÍN, 2001, p. 225.

manece no espaço (âkâsha) que reside no coração"[895]. A palavra "espaço" se refere ao Ser Supremo, como em: "O pequeno espaço que está dentro dele"[896]. Mais adiante, a Brhadaranyaka Upanishad menciona a emanação do ser condicionado, a partir de outra entidade, assim: "Assim, desde o Ser emanam todas as energias vitais, todos os mundos, todos os deuses e todos os seres"[897]. Esse Ser Supremo é a causa de tudo. Os ensinamentos acerca de uma entidade distinta da energia vital que se dá, a partir do despertar da pessoa que dorme, é uma razão a mais para negar que, na frase, trata-se da energia vital.

TEMA 6: CORRELAÇÃO DAS PASSAGENS

O SER DO QUAL SE DEVE SER CONSCIENTE É O ABSOLUTO

Sutra 19: o Ser a ser realizado, acerca do qual há que ouvir falar e no qual se deve refletir e meditar profundamente, é o Ser Supremo, pois esse é o significado deduzido da correlação das passagens[898].

Sutra 19: o Ser, do qual se deve tomar consciência, ouvir falar Dele, refletir sobre Ele e meditar nele, é o Absoluto pela relação do significado das passagens[899].

Na Brhadaranyaka Upanishad, pode-se ler o seguinte: "Não é por amor aos seres pelo que os seres são amados, senão por amor ao Ser. Não é por amor a tudo, pelo que tudo é amado, senão por amor ao Ser"[900]. "Por isto, Matreyi, se deve tomar consciência do Ser, ouvir, falar Dele, refletir sobre Ele. E tomando consciência Dele, ouvindo falar Dele, refletindo sobre Ele, tudo se conhece"[901]. Aparece aqui uma dúvida: o que se apresenta como objeto para tomar consciência, ouvir etc. é o ser consciente individual ou o Ser Supremo?

De onde aparece essa dúvida? Porque, por um lado, ao se mencionar as coisas que são amadas, como o esposo, aponta-se o ser como aquele que

[895] MARTÍN, 2002, p. 168, verso I,2,17.
[896] TINOCO, 2021, verso VIII, 1,1.
[897] MARTÍN, 2002, p. 174, verso II, 1, 17.
[898] GAMBHIRANANDA, 1983, p. 282.
[899] MARTÍN, 2001, p. 226.
[900] MARTÍN, 2002, p. 206, verso II, 4,5.
[901] MARTÍN, 2002, p. 206, verso II, 5,5.

experimenta, pelo que parece que o texto se refere ao ser individual, por outro lado, afirmando que pelo conhecimento do ser, tudo se conhece, aponta para o Ser Supremo.

Diz o opositor: a frase se refere ao ser individual pela força da afirmação inicial. O texto apresenta, no início, que todos os objetos que causam felicidade e encontrados neste mundo, como o marido, riquezas, recebem seus valores a partir do Ser. E isso nos faz entender que aquele que experimenta, ou seja, o ser individual, é o Ser. Se, em seguida, refere-se ao ser como o que se deve conhecer, ouvir etc., a qual outro ser se pode referir, se não ao ser individual? Ainda, na frase posterior: "Assim, este grande Ser Eterno, ilimitado, pura consciência, surge a partir desses elementos, e se dissolve neles" e "quando Ele se separa após a morte, já não há conhecimento" (Br. Ar.,IV, 12). Aqui, pode-se observar que se trata do ser cognitivo, ou seja, o ser individual. Na conclusão da frase, pode-se ler: "Como, querida, poderia conhecer-se ao conhecedor?" (Br. Ar., IV, 14). Isso mostra que, mediante o termo "conhecedor", refere-se ao sujeito, ao ser individual. Ao dizer que conhecendo o ser, tudo se conhece, não se deve interpretar em sentido literal, a não ser no sentido do conhecimento dos objetos da experiência, por meio do sujeito que experimenta.

Diz o adepto do Vedanta: esse é um ensinamento sobre o Ser Supremo. Por quê? A resposta é: pelo sentido que possui toda a sessão. Se levarmos em conta as diferentes frases conectadas, percebemos que todas se referem ao Ser Supremo, o Absoluto Brahmâm. Depois que Maitreiy escutou as palavras de Yajnavalkya de que não há possibilidade de imortalidade por meio da riqueza, ela expressa seu desejo de imortalidade pelas suas palavras: "Então, Maitreiy disse: 'O que farei com isto que não me faz imortal? Fala-me, senhor, Daquele que só tu conheces'"[902]. Então, Yajnavalkya lhe explicou sobre o conhecimento do Ser e as frases das Upanishads e a tradição declaram que não existe imortalidade em nada, a não ser no Ser. Quando se afirma que, por meio do conhecimento do Ser, tudo mais se torna conhecido, devemos entendê-lo literalmente, pois se trata de uma causa superior. Ao tomá-la em qualquer outro sentido, não se pode admitir pela explicação que é dada a essa frase, no seguinte: "O religioso brâhmane se distancia de quem o vê como diferente do Ser"[903]. Isso significa que aquele que percebe o universo, com a casta dos brâhmanes, kshatryas etc., como se existissem

[902] MARTÍN, 2002, verso II, 4,3.

[903] MARTÍN, 2002, p. 207, verso II, 4, 6.

independentemente do Ser Supremo, está fora dessa realidade da que tem uma visão errônea.

Depois de repudiar a visão dualista, as Upanishads apresentam a não diferenciação das coisas, a partir do Absoluto Brahmâm, ao dizerem: "Porque estes brâhmanes, estes kshatryas, estes mundos, estes deuses, estes Vêdas e todos, são o Ser"[904]. É explicada a não diferença com o exemplo do tambor e outros, em Br. Ar.,II, 4, 7-9 e Br. Ar., IV, 5, 8-10. Também é afirmado que o Ser do qual se fala é a causa do universo de nomes, formas e ações, assim: "[...] as oferendas e todos os seres são no total, a respiração da Realidade Infinita. São a respiração do Ser"[905]. A Upanishad aponta outra vez Aquele que é o Ser Supremo e nos conduz às mesmas conclusões que no parágrafo que trata das manifestações de todas as coisas, o Ser é a causa de tudo, os objetos sensoriais, os sentidos e a mente. Essa última é uma "massa" de pura consciência e Nele não existe exterior nem interior (Br. Ar., Up, 5, 13)[906].

Do que foi dito anteriormente, podemos deduzir que o texto aponta como objeto de conhecimento, o Ser Supremo. Quanto à objeção do opositor, interpretando que o objeto de conhecimento e amor, ensinado nessas frases, é o ser individual, nós refutamos com o Sutra a seguir.

Sutra 20: Asmarathya pensa que essa declaração da não diferença entre a alma individual e o Ser Supremo é um sinal que indica a realização daquilo que se declara[907].

Sutra 20: o fato de apresentar-se o ser individual como objeto de conhecimento é um sinal indicativo que prova a realização da declaração, segundo pensa Âsmarathya[908].

O texto que estamos considerando expressa uma declaração solene de que vamos conhecer tudo isso, quando conhecermos o Ser (Br. Up., IV, 5,6), como também em "[...] tudo isto, é o Ser" (Br. Up., IV, 5,7). A referência ao Ser, sugerida pela significativa palavra amor, como uma entidade a realizar e assim sucessivamente, é um sinal que aponta para realização da referida declaração. Se a alma individual fosse diferente do Ser Supremo, a

[904] MARTÍN, 2002, p. 412, verso IV,4, 7.

[905] MARTÍN, 2002, p. 412, verso IV, 5, 11.

[906] Ver também: Tinoco (1996, p. 211, verso 5). "Esse estado de consciência é o Prajña. Ele é uma massa indiferenciada de consciência [...]".

[907] GAMBHIRANANDA, 1983, p. 284.

[908] MARTÍN, 2001, p. 228.

alma individual permaneceria desconhecida, ainda que uma pessoa se desse conta do Ser Supremo, tornando-se falsa e, assim, a promessa segundo a qual se conhece tudo, ao conhecer um dos dois. Portanto, o mestre espiritual Asmarathya[909] pensa que, a fim de realizar essa declaração, a frase inicial introduz os aspectos não diferentes do Ser Supremo e do ser individual.[910]

Sutra 21: Audolomi diz que a declaração acerca da identidade da alma individual e do Ser Supremo está no princípio, pois a alma chega a esse estado de identidade quando deixa o corpo[911].

Sutra 21: a manifestação inicial identifica ao ser individual com o Absoluto, porque esse estado de identidade aparece no ser ao deixar o corpo, assim pensa Audolomi[912].

O ser individual, que é manchado, é a causa dos diferentes agregados do corpo, os sentidos, a mente e o intelecto e permanece sereno e puro, pela compreensão da verdade e da meditação e, desse modo, pode ser uno com o Ser, no instante em que abandonar o corpo. Por isso, há uma frase das Upanishads que diz: "Este ser sereno, ao abandonar o corpo, contempla a Suprema Luz e aparece em sua própria natureza"[913]. As escrituras falam em outro lugar, mediante uma semelhança com os rios, que o nome e forma estão no ser individual, do seguinte modo: "Como os rios que fluem nos seus leitos desaparecem no oceano, perdendo seus nomes e formas, assim o homem sábio, liberto do nome e da forma, alcança o Ser Supremo, o Purusha, o infinito, o Luminoso".[914] Levando-se em conta o paralelismo entre a ilustração e a coisa ilustrada, pode-se dizer que o significado da frase é a seguinte: assim como no mundo os rios caminham para o mar, quando, então, perdem seus nomes e formas, de igual maneira, o ser individual ao se integrar no Supremo Brahmâm,perde seu nome e a forma que teve.

Sutra 22: Kasakristna pensa que a declaração inicial da identidade é pertinente, devido à existência do Ser Supremo como alma individual[915].

---

909 O que segue é um comentário de Bhamati sobre o Sutra: como as chispas de fogo não são necessariamente diferentes do fogo, por participar da natureza do mesmo; mas, por outro lado, não são não diferentes do fogo porque, neste caso, não seriam distintas do fogo, nem umas das outras (nota de rodapé de Swami Gambhirananda, no seu comentário ao Brahma Sutra, p. 285).

910 Esse parágrafo foi extraído da tradução de Swami Gambhirananda, nas páginas 285 e 286, da sua tradução do Brama Sutra, bastante obscura (nota deste tradutor).

911 GAMBHIRANANDA, 1983, p. 285.

912 MARTÍN, 2001, p. 228.

913 TINOCO, 2021, verso VIII, 12,3.

914 TINOCO, 1996, p. 204-205, verso III, 2,8.

915 GAMBHIRANANDA, 1983, p. 286.

Sutra 22: foi dita a afirmação inicial, porque o Ser Supremo existe como ser individual, segundo a opinião de Kasakistna[916].

De acordo com o mestre espiritual Kasakistna, essa declaração inicial é pertinente, pois esse Ser Supremo existe como alma individual. O Ser aparece como ser individual, de acordo com a seguinte frase, dos brâhmanas: "Que Eu me manifeste com nome e forma, penetrando com o meu mesmo Ser , nestes seres"[917]. Em outras frases, existem versos que dizem a mesma coisa, como: "O ser onisciente, depois de haver criado todas as formas e se estabelecido nelas, lhes deu nomes" (Tai. Ar., III, 12,7). Quando falam da criação da luz, as Upanishads não falam em separado a criação do ser individual, que seria o único caso em que se poderia pensar que o ser é diferente do Ser Supremo. Por isso, não se deve considerá-lo como um produto do Ser Supremo, diferente Dele mesmo.

De acordo com o mestre espiritual Kasakritsa, o Senhor Supremo aparece como alma individual sem experimentar nenhuma mudança. Em relação a Asmarathya, apesar dele admitir a não diferença entre a alma individual e o Ser Supremo, fica claro que o seu propósito é a de postular algum tipo de relação, como aquela que se encontra entre uma causa e o seu efeito, quando afirma de modo condicional o seguinte: "Para a realização da declaração" etc. De acordo com Audulomi, tanto a diferença quanto a não diferença se tornam claramente discerníveis por depender dos diferentes estados (da alma, quando está sujeita à escravidão e quando está livre dela). Dentre essas opiniões, a de Kasakritsna é a que está de acordo com as Upanishads, por concordar com a instrução que trata de ensinar, segundo em textos, como: "Tu és Aquilo"[918] e, desde esse ponto de vista da não diferença, torna-se pertinente a declaração segundo a qual o alcance da imortalidade resulta do conhecimento do Ser. Mas se a alma individual fosse algo criado — de acordo com o pensamento de Asmarathya — torna-se ilógica a afirmação do alcance da imortalidade por meio do conhecimento, porque a modificação de uma substância se perde a si mesma, ao fundir-se com a sua causa material. A imortalidade pode resultar do conhecimento, apenas se a diferença for imaginária. Portanto, de maneira contrária ao que pensa Audulomi, o nome e a forma não podem ser um apêndice natural da alma individual. Também o nome e forma pertencem às vestimentas

916 MARTÍN, 2001, p. 229.

917 TINOCO, 2021, verso VI, 3,2.

918 TINOCO, 2021, verso VI, 8, 7.

limitantes e, no entanto, atribuem-se à alma individual somente em sentido figurado. Essa é a razão pela qual, quando as Upanishads às vezes falam da origem do ser individual, usando uma analogia das chispas que emanam do fogo, deve-se entender que estão falando somente sob o ponto de vista das vestimentas limitantes.

Além disso, foi argumentado que, ao mostrar que a "Grande Realidade" da qual se deve dar conta e da qual estamos falando, "surge destes elementos e se destrói com eles"[919], apresenta o ser individual como objeto que deve ser consciente da realidade. Isso porque afirma que o Ser do qual se deve ser consciente surge dos elementos. Asmarathya pensa que há indícios do cumprimento da promessa. A promessa se faz em duas frases: "Quando ao Ser se conhece, se conhece tudo" (Br. Up.,II, 4,5) e "Tudo isto é o Ser" (Br. Ur., IV, 5, 7). Com isso, demonstra-se que o Ser é tudo, ao afirmar que todo o mundo, nomes, formas e obras surgem de um ser e fundem-se em um ser. Ao se demonstrar isso com o auxílio de metáforas como a do tambor, demonstra-se que causa e efeito não são diferentes. O cumprimento da promessa é indicado, finalmente, no texto que afirma que aquele Ser surge sob a forma de ser individual, a partir desses elementos, assim pensa o mestre espiritual Asmarathya. Isso porque, se o ser é o Ser Supremo, não são diferentes, a promessa de conhecer tudo com o conhecimento de um pode cumprir-se. O mestre Audulomi pensa que o estado de identidade aparece quando o ser abandona o corpo. A identidade entre ele e o Ser Supremo é possível, porque o ser, depois que se purifica pela compreensão da verdade e da meditação, ao abandonar o corpo, pode chegar a ser uno com Ele. Kashakritsna opina que isso é assim "porque existe o Ser, sob a forma de ser individual". Como o Ser Supremo aparece como um ser individual, a afirmação da não diferença entre ambos tem uma base real e concreta.

Diz o opositor: a frase "Surge destes elementos e se dissolve com eles"[920] insinua o desaparecimento do ser individual, mas não a sua identidade com o Ser Supremo. Essa declaração se refere ao aniquilamento, então, como pode ser uma declaração de não diferença?

Diz o adepto do Vedanta: essa dificuldade não existe, pois essa declaração sobre a destruição indica a erradicação do conhecimento particularizado, mas não o aniquilamento da alma. Pois a Upanishad, depois de

[919] MARTÍN, 2002, p. 212, verso II, 4, 12. Surge como uma entidade separada por ilusão mental. E ao se desfazer dos elementos dos que, ilusoriamente, está composta, se desfaz (nota de rodapé de Consuelo Martín, na sua tradução do Brahma Sugtra, p. 212).

[920] MARTÍN, 2002, p. 212, verso II, 5, 12.

retornar ao tema, com a frase: "Aqui mesmo, Senhor, me confunde" (Br. Up., II, 3,13), o texto mostra um significado diferente, em: "Maitreyî disse: 'Agora me colocaste na maior confusão, senhor, ao dizer-me que depois de chegar à sua origem (morte) o ser já não tem mais consciência"[921]. A mesma Upanishad mostra que não é esse o sentido que não significa que o ser seja aniquilado, assim: "Na verdade eu não disse nada confuso. O Ser é imutável e indestrutível, querida"[922]. Istso quer dizer que o ser individual é realmente eterno, sem mudanças, uma massa homogênea de consciência. Por isso, não pode haver a possibilidade de aniquilação. Mas, mediante a compreensão do verdadeiro conhecimento, o ser se separa dos elementos e dos órgãos sensoriais que são produtos da ignorância. Quando a conexão se desfaz, o conhecimento específico que dela dependia já não tem lugar e, então, pode-se dizer: "Quando ele se vai, já não há consciência desse conhecimento particular, através dos sentidos".

Diz o opositor: o terceiro argumento é que a palavra "conhecedor" da frase que termina assim "Como conheceria ao conhecedor?" implica em um ator e, portanto, refere-se ao ser individual como objeto de meditação. Esse argumento também deve ser negado, de acordo com Kâshakritsna. Por outro lado, o texto ignora, nas frases "Porque quando parece que há dualidade, então se vê algo, se ouve algo, se saboreia algo"[923], "Se o Ser é tudo isto" e "Mas, se para que ele que conhece o Absoluto Brahmâm, todas as coisas são o Ser, quem pode ver-se e através de que?". Afirma-se aqui que, no verdadeiro conhecimento, todo o conhecimento particular, como ver, ouvir, está ausente. Para eliminar a dúvida de se na ausência de objetos o conhecedor poderia conhecer-se e continua assim: "Como, Maitreyî, conheceria ao conhecedor?". Evidentemente, a última frase evidencia a ausência de conhecimento particular; teremos que concluir que a palavra "conhecedor" (*vijñana*) se usa aqui para se referir a esse ser que é pura consciência, ou seja, o Ser. Esse ponto de vista é de Kâshakritsna e está de acordo com as escrituras, segundo o que foi apontado antes.

Portanto, todos os que seguem a filosofia das Upanishads devem admitir que a diferença entre o ser individual e o Ser Supremo está criada pelos conhecimentos adicionais, como o corpo produzido pelo nome e forma, tal como se apresentam pela ignorância. Esse ponto de vista é confirmado

---

[921] MARTÍN, 2002, p. 214, verso II, 4, 13.

[922] MARTÍN, 2002, p. 413, verso IV, 5, 14.

[923] MARTÍN, 2002, p. 414, verso IV, 5, 15.

pelas Upanishads, em frases como: "No princípio, tudo isto não era mais que o Ser, uno sem segundo"[924], "Este universo é o próprio Brahmâm"[925], "[...] e tudo o que se conhece não é senão o Ser"[926] e "Não há mais testemunha que Ele"[927]. Isso também é confirmado pela tradição, assim: "Sou o suave aroma na terra, o fulgor no fogo, a vida em todos os seres e a austeridade nos ascetas"[928], "Descendente da dinastia Bhârata, se dê conta de que sou 'o conhecedor do campo em todos os campos"[929] e em "Vê a quem vê o Ser Supremo residindo em todos os seres por igual, permanecendo como o imperecível entre o perecível"[930].

Chegam a essa mesma conclusão as frases que negam toda diferença, como: "Enquanto ele, que adora a um deus, pensando: 'Eu sou uno e ele é outro', não compreendeu. É como um animal para os deuses"[931] e "De morte em morte vai quem vê alguma diferença"[932]. Por meio de frases que, sendo negativas, transformam-se em positivas ao falar do Ser, como "É o grão sem origem, sem deterioração, imortal, imperecível, livre e absoluto. O Absoluto está livre de todo temor".[933] Também, se a afirmação de uma identidade universal não fosse correta, os que desejam a Libertação Espiritual não poderiam adquirir esse inegável conhecimento e não poderiam afirmar como algo evidente, culminação de todo anseio. As escrituras falam que "Tendo alcançado o Ser Interno, objetivo último do conhecimento védico, e tendo purificado as suas mentes através de práticas de samniasyn, aqueles que buscam a Verdade nunca relaxam seus esforços, desfrutam aqui a Suprema Imortalidade, e ao final dos seus esforços, conquistam plena liberdade em Brahmâm"[934]. E, ainda, "Qual desilusão, qual mágoa pode existir para eles, que estão permanentemente estabelecidos nessa grande unidade com o Âtman?"[935]. Também a tradição aponta a mente daquele que está firmemente estabelecido no Ser, na Bhâgavad Gitâ (II, 55-72).

---

924 TINOCO, 2021, verso VI, 2,1.

925 TINOCO, 1996, p. 201, verso II, 2, 11.

926 MARTÍN, 2002, p. 207, verso II, 4, 6.

927 MARTÍN, 2002, p. 282, verso III, 7, 23.

928 MARTIN, 2009, p. 155, verso VII, 9.

929 MARTIN, 2009, p. 212, verso XIII, 2.

930 MARTIN, 2009, p. 244, verso XII, 27.

931 MARTIN, 2002, p. 392, verso I, 4,10.

932 MARTIN, 2002, p. 396, verso IV, 4,18.

933 MARTIN, 2002, p. 408, verso IV, 4, 25.

934 TINOCO, 1996, p. 204, verso III, 2,6 (verso diferente).

935 TINOCO, 1996, p. 136, verso 7.

Quando a Iluminação Espiritual gera a unidade entre o Ser Supremo e a testemunha do corpo, os termos "testemunha do corpo" como sendo diferentes do "ser" e "o Supremo Ser" não fazem sentido. E o Ser é uno, embora se fale Dele com muitos e diferentes nomes. A frase "Aquele que conhece Brahmâm, que é a Realidade, a Sabedoria e o Infinito, oculto na cavidade do coração e no mais alto akasha – aquele que foi uno com o onisciente Brahmâm, desfruta simultaneamente de todos os desejos"[936] não se refere a alguma gruta, diferente da morada do ser individual. Sabemos que ninguém, a não ser o Absoluto Brahmâm, está escondido nessa gruta, conforme se pode ler na frase: "Tendo-o criado, entrou ali"[937]. De acordo com isso, somente o Criador entrou nos seres criados. Os que insistem em que o ser individual e o Ser Supremo são diferentes se opõem ao verdadeiro sentido dos textos das Upanishads e fecham a possibilidade para o perfeito entendimento que conduz à Libertação Espiritual. Imaginam que a referida Libertação é um efeito de algo e, por isso, impermanente e se, por sua vez, a consideram eterna, há um conflito lógico.

TEMA 7: BRAHMÂN COMO CAUSA MATERIAL

O ABSOLUTO, CAUSA MATERIAL DO UNIVERSO

Sutra 23: Brahmâm deve ser, também, a causa material para que não se contradiga a proposição e a ilustração[938].

Sutra 23: o Absoluto é também a causa material, já que não contradiz as proposições e os exemplos ilustrativos (nas Upanidhads)[939].

Dúvida: foi dito que, como a virtude e o vício são objeto de investigação, conduzindo este ao bem-estar secular, assim também deve ser o Absoluto Brahmâm, porque conduz à Libertação Espiritual. Brahmâm foi definido assim: "Este do qual este universo nasce" (I,1,2). Essa definição é aplicável à causa material, no sentido da argila, o ouro etc., e se usa para produzir jarras, colares e joias ou a causa eficiente, no sentido de que um oleiro, um ourives e outros são a causa. Portanto, nasce a dúvida, em que consiste, novamente, a causalidade do Absoluto Brahmâm?

---

936 TINOCO, 1996, p. 228, verso II, 1,3.

937 TINOCO, 1996, p. 232, verso II, 6 (verso diferente).

938 GAMBHIRANANDA, 1983, p. 291.

939 MARTÍN, 2001, p. 232.

Diz o adversário: de acordo com esse dilema, parece que o Absoluto Brahmâm só pode ser a causa eficiente.

Por quê?

Porque se ouve dizer que a reflexão antecedeu à energia criadoura. Por exemplo, na importante frase da Upanishad: "O próprio Purusha respondeu: 'Se, ao criar, penetro na minha criação, o que existe lá para me prender a ela? O que existe lá para eu abandonar quando for embora, ou para permanecer dentro, quando, quando fico lá? 'Assim refletindo, Purusha criou o Prana'".[940] Essa observação mostra que somente a ação das causas operativas, como o oleiro, está precedida pela reflexão. Ainda, a realização de alguma atividade é o resultado da convergência de vários fatores. Portanto, é lógico que vejamos o primeiro criador como a causa primeira. Ele, que se conhece como Deus, é outro motivo para se afirmar isso, pois os senhores, os reis, a morte etc. são considerados como causas operativas. Além disso, é mais adequado compreendê-Lo como causa eficiente, unicamente, como Deus do universo, já que esse é um produto, um composto inconsciente e impuro e pode ser a causa material, porque causa e efeito devem ser semelhantes. Sem dúvida, o Absoluto Brahmâm não se parece com o universo, em natureza, como se pode observar na frase: "É sem divisão, sem movimento, sem mancha, sem inquietude, e livre da inércia (*Tamas*)[941]. Daí, não nos fica outra alternativa a não ser admitir que, além do Absoluto, existe uma causa material do mundo, impura, tal como se sabe pela tradição. Devemos limitar a causalidade do Absoluto Brahmâm à causa operativa.

Diz o adepto do Vedanta: o Absoluto Brahmâm deve ser admitido como a causa material ao invés de causa eficiente. Por quê? Por causa da proposição das Upanihads e a ilustração. A proposição é a seguinte: "Pediste alguma vez que te ensinasse aquele Aquele pelo qual o inaudível chega a ser ouvido, o impensável chega a ser pensado, e o incognoscível chega a conhecer-se?"[942]. Essa frase insinua que, ao se conhecer a causa, tudo antes desconhecido torna-se conhecido. O conhecimento total é possível ao se conhecer a causa material, já que o efeito não é diferente da causa material. Por outro lado, os efeitos são diferentes das suas causas operativas, uma

---

940 TINOCO, 1996, p. 189, versos VI, 3-4.

941 TINOCO, 1996, p. 313, verso VI, 19 (verso completamente diferente).

942 TINOCO, 2021, verso VI, 1,2.

vez que sabemos pela experiência habitual que o arquiteto é diferente da casa que constrói.

O exemplo que ilustra isso a que se refere o Sutra descreve a causa material como: "Assim como com um tijolo de terra, tudo o que está feito de terra se conhece, porque o único verdadeiro é a terra e todas as transformações são apenas nomes e formas que denotam sua origem"[943]. O texto adiciona alguns exemplos mais da mesma natureza: "Igual a todas as variantes de ouro que se conhecem, conhecendo uma peça de ouro", "todas as coisas feitas com ferro se conhecem quando se conhecem as tesouras"[944].

Em outras frases, fazem-se também afirmações que propõem algo, como: "O que é aquilo que após ser conhecido, todas as coisas se tornam conhecidas?"[945]. Há outro exemplo semelhante que se encontra na mesma Mundaka Upanishad, assim: "Como as plantas crescem na terra" (Mu. Up., I,3,7). A proposição: "Querida Maitreiy, se deve tomar consciência do Ser, escutar sobre Ele, refletir sobre Ele, meditar sobre Ele. Porque quando se é consciente do Ser, escutando-O, refletindo e meditando sobre Ele, tudo se conhece".[946] A ilustração dessa frase é a seguinte: "Quando se toca um tambor, não se pode distinguir as diferentes notas particulares, a não ser as que se incluem na nota geral do tambor, ou no som geral produzido por diferentes classes de golpes"[947].

Em cada uma das Upanishads existem proposições e ilustrações que devem ser compreendidas como se fossem provas, em um ou outro grau, de que o Absoluto Brahmâm é também a causa material do mundo. A frase "Aquilo de onde estes seres nascem, Aquilo pelo qual, após nascerem, eles vivem; Aquilo ao qual eles retornam, ao se dissolverem, fundindo-se – busque conhecer. Aquilo é Brahmâm"[948] deve ser entendida como indicação à causa material, à substância básica: "A substância básica de algo que é nascido, se usa em caso ablativo" (Pâ. Sû., I, 4, 30).

Assim, teremos que concluir que o Absoluto Brahmâm é a causa operativa do universo, pois não existe outro ser que tudo o ordene. E verdadeiramente igual às substâncias básicas, como a terra, o ouro etc., atuam sob o controle dos artífices, o oleiro, o joalheiro ou outros, o Absoluto,

943 TINOCO, 2021, verso IV, 1,4.

944 TINOCO, 2021, verso VI, 1, 5-6.

945 TINOCO, 1996, p. 194, verso I,1,3.

946 MARTIN, 2002, p. 411, verso IV, 5,4.

947 MARTIN, 2002, p. 412, verso IV, 5, 8.

948 TINOCO, 1996, p. 235, verso III, 1, 1.

inclusive quanto à sua substância básica, não depende de outro ordenador. Por isso, põe ênfase no fato de que antes da criação tudo isso não era senão o "um sem segundo" e se deve entender que a ausência de algum outro princípio ordenador da causa material se pode determinar, segundo diz o Sutra, ou seja, de acordo com os textos que propõem algo e os que ilustram isso com exemplos.

Se admitíssemos um princípio ordenador diferente da causa material, ver-se-ia que não é possível conhecer tudo por meio de uma coisa e, então, as afirmações que propõem algo nas Upanishads e as que os ilustram estariam em contradição. O Ser é, portanto, a causa operativa, porque não existe outra substância pela qual se pode originar o mundo.

Que outra razão se pode mostrar de que o Ser é a causa material, enquanto eficiente?

Sutra 24: isso se entende, também, do ensino acerca da vontade de criar[949].

Sutra 24: e tendo em conta o ensinamento sobre a vontade de criar[950].

"O ensinamento acerca da vontade de criar" também conduz ao entendimento do Ser como causa eficiente e material: "Ele pensou: 'deixa-me ser muitos, deixa-me nascer" (Tai. Up., II, 5,2) e ainda: "Pensou: 'me converterei nos muitos, nascerei"[951]. Nessas frases, ao Ser se conhece como agente em virtude da ação independente que procede da reflexão. Além disso, pode-se entender que o Ser é também a causa material, pois a vontade de se converter em muitos, como se expressa no texto "me converterei em muitos", está relacionada ao Ser.

Sutra 25: e dado que se ensina que ambos (origem e dissolução) provêm diretamente de Brahmâm[952].

Sutra 25: e porque ambas (a criação e a dissolução do universo) têm como causa direta o Absoluto[953].

Essa é a continuação da causalidade material. O Absoluto Brahmâm é causa material pelo motivo anterior de que se fala no binômio criação — dissolução, aceitando diretamente, que Ele é a causa direta desse, de acordo com o que se pode ler na frase: "Todos estes seres se originam somente no

949 GAMBHIRANANDA, 1983, p. 294.

950 MARTÍN, 2001, p. 234.

951 TINOCO, 2021, verso VI, 2, 3, 2021.

952 GAMBHIRANANDA, 1983, p. 294.

953 MARTÍN, 2001, p. 235.

Espaço (Brahmâm) e desaparecem ali, dirigindo-se para o Espaço"[954]. Foi reconhecido que qualquer coisa da qual algo se origina e na qual desaparece deve ser a sua causa material; por exemplo: a terra o é do arroz, do trigo etc. Por meio do adverbio "diretamente", o escritor da frase implica que o texto "origina somente do Espaço" significa que não se aceita outro material. Além disso, constatamos que um produto é absorvido apenas pela sua causa material.

Sutra 26: Brahmâm é a causa material pela ação que se relaciona com Brahmâm mediante a mudança da forma[955].

Sutra 26: o Absoluto é a causa material, porque dizem as Upanishads que ele mesmo criou (universo) mudando de forma[956].

O Absoluto Brahmâm é a causa material pela seguinte razão ulterior: ao tratar do tema de Brahmâm, na frase: "No início, tudo isto (o universo manifesto) não existia. Dele nasceu o que existe".[957] Aponta-se que o Ser é objeto e o sujeito "Si mesmo", o qual denota o objeto, enquanto que "criado por si mesmo" representa o sujeito.

Diz o adversário: então, como pode uma entidade pré-existente, que ali se representa como o agente de alguma ação, reduzir-se a um objeto produzido?

Diz o adepto do Vedanta: nós dizemos que isso ocorre por meio da mudança de forma; a ideia é que o Ser, apesar de que seja preestabelecido, transformou-se em uma forma especial como o Ser das modificações. As mudanças particulares nas coisas modificadas são percebidas e trazidas à luz em casos de tais causas materiais, como a terra que produz trigo etc. O uso da frase qualificativa "por si mesmo" indica que não dependia de nenhuma outra causa. A seguinte palavra *parinamat* (modificação) pode ser um aforismo independente, cujo sentido é: Brahmâm não é a causa material, por essa razão ulterior de que a Upanishad cita tais modificações Dele no que foi criado, usando a mesma terminação das palavras depois de Brahmâm, em "Daquele Atman (Brahmâm) nasceu o akasha; do akasha nasceu o ar; do ar nasceu o fogo; do fogo, a água; da água, a terra; da terra, as ervas; das ervas, o alimento; do alimento, o homem"[958].

---

954 TINOCO, 2021, verso I, 9,1.

955 GAMBHIRANANDA, 1983, p. 295.

956 MARTÍN, 2001, p. 235.

957 TINOCO, 1996, p. 232, verso II, 7.

958 TINOCO, 1996, p. 228, verso II, 1, 3.

Sutra 27: e porque se declara que Brahmâm é a fonte (yoni)[959].

Sutra 27: e porque ao Absoluto se lhe chama a fonte[960] (a causa originária).

O Absoluto Brahmâm é a causa material por mais esta razão: na Upanishad, Brahmâm é mencionado como a fonte, nas frases: "O Criador, o Ser que tem sua origem no Absoluto" (Mu.Up., I,1,3)[961] e "A fonte original de todos os seres que o sábio percebe". A palavra yoni tem o significado de causa material, como na frase: "A terra é yoni — a fonte originária — das plantas e das árvores". O órgão sexual feminino chamado yoni é a causa material pelos seus constituintes. Algumas vezes, esse termo é usado no sentido de "lugar", como em: "Indra, tenho uma yoni, para que te assentes nela" (R.V., I, 104, 1). Mas, no texto que tratamos, significa "origem", como se pode verificar na frase complementar seguinte: "Como a teia que é produzida pela aranha, como as plantas que germinam sobre a terra, como os cabelos crescem sobre a cabeça e o corpo do homem, desse modo, do Imperecível nascem todas as coisas deste universo"[962]. Com isso, prova-se que o Absoluto Brahmâm é a causa material do universo. Quanto à objeção que argumenta que na vida normal a atividade dos agentes causais operativos como os oleiros é precedida da reflexão, mas a de uma causa material não, responderemos que esse argumento do senso comum não se pode aplicar aqui, porque essa não é uma verdade a qual se possa chegar por inferência a partir da experiência normal. O conhecimento dessa verdade depende unicamente dos ensinamentos dos Vêdas e a essa é a que se deve dirigir para demonstrá-la. Já foi visto que os Vêdas afirmam que o Deus que reflete antes da criação é também a causa material dela. Isso será exposto e se elaborará amplamente, mais adiante.

TEMA 8: A EXPLICAÇÃO DE TUDO

Sutra 28: por esse meio ficam explicadas todas as demais teorias da causa do universo. Ficam explicadas[963].

---

959 GAMBHIRANANDA, 1983, p. 295.

960 MARTÍN, 2001, p. 236.

961 Verso totalmente diferente (nota deste tradutor).

962 TINOCO, 1996, p. 195, verso I, 1,7.

963 GAMBHIRANANDA, 1983, p. 296.

Sutra 28: por isso se explicam todas as teorias sobre a origem do universo contrárias ao Vedanta[964].

Vamos iniciar com a frase: "A causa do atributo de ver o Uno, não é a causa do universo, pois as Upanishads não o ensinam" (B;S., I,1,5). Os aforismos apresentaram e refutaram, uma e outra vez, a teoria de Pradhana como a causa. Isso era assim, porque nas Upanishads se fala de alguns aspectos dos sinais indicativos que, para as pessoas de intelecto torpe, parecem fortalecer essa teoria, a qual admite a não diferença da causa e do efeito, acercando-se muito à teoria vedantina que alguns escritores, como Devala, usaram em seus textos, compondo aforismos sobre os preceptores e as proibições, como os deveres religiosos etc. Por essa razão, foi feito um grande esforço por repudiá-la e não por refutar as teorias do átomo etc. como causa, mas também elas devem ser refutadas por se oporem à teoria de Brahmâm como causa. Para as pessoas de intelecto limitado, algumas indicações védicas podem parecer como se confirmassem essas opiniões. Por isso, Sutrakara estende, no sutra anterior, a refutação da doutrina de Pradhana — constituinte principal — a todas as demais. A expressão: "por este meio" significa: mediante os argumentos que refutam a teoria de Pradhana como a causa. Também se deve entender como "explicadas" todas as demais teorias do átomo que o consideram como causa, provando que podem ser refutadas, porque isso não é falado nos Vêdas, que se opõem a elas. O fato de que se repita a expressão "ficam explicadas" assinala o final deste capítulo.

964 MARTÍN, 2001, p. 236.

CAPÍTULO VII

AVIRODHA – SEM CONTRADIÇÃO

SEGUNDO ADHYÂYA

AVIRODHA – NÃO CONTRADIÇÃO

TEMA 1: CONTRADIÇÃO COM SMRITI

PRIMEIRO PÂDA: REFUTAÇÃO DA TRADIÇÃO QUE NÃO SE BASEIA NA REVELAÇÃO

Sutra 1: se ao argumentarmos que, ao aceitar Brahmâm como causa do universo, surge a limitação de que os Smritis Samkhya ficam sem aplicação, diremos que não é assim, porque, de outra maneira, surgiria a outra limitação que os demais Smritis perdem sua aplicação[965].

Sutra 1: foi dito que a doutrina do Absoluto como causa do universo tem o defeito de não acomodar certas tradições, diremos que não, porque (com a doutrina oposta) se cairia também no erro ao não incluir outras tradições[966].

No primeiro Adhyaya ou primeiro capítulo, foi demonstrado que o Absoluto Brahmâm, o Ser Onisciente de tudo, é a causa da origem do universo, da mesma maneira que a argila é a causa material das vasilhas, potes e o ouro, dos ornamentos dourados. E sendo Ele quem organiza e ordena tudo o que foi criado, é a causa também da manutenção desse universo, da mesma maneira que o mago é a causa da ilusão que cria. Finalmente, Ele é a causa da reabsorção deste universo Nele mesmo, idêntico à terra que absorve as quatro classes de criaturas. Na verdade, Ele é o Ser de tudo.

965 GAMBHIRANANDA, 1983, p. 299.

966 MARTÍN, 2001, p. 241.

Posteriormente, ficou provado o significado comum que tem todos os textos do Vedanta: Deus como o Ser de todos os seres. As doutrinas da natureza e outras foram negadas como causa deste mundo, por não estarem baseadas nas escrituras.

O objetivo maior desse segundo Adhyaya, que é agora iniciado, é rebater as objeções à doutrina estabelecida até aqui, baseadas, por sua vez, na revelação e no raciocínio, e demonstrar que as doutrinas da natureza não têm mais que argumentos aparentemente lógicos para apoiar-se. Ainda que os textos vedânticos não se contradizem entre si, no que se refere à criação e outros temas semelhantes. O primeiro passo é negar as objeções que se baseiam na tradição.

Diz o opositor: não se pode manter a opinião de que só o Absoluto Brahmân é a causa deste mundo, pois, se assim fosse, seria defeituoso não dar espaço para certas tradições, tais como o chamado Tantra[967]. Essa última foi composta por sábio ou Rishi e é aceita por pessoas ortodoxas. Além disso, há outras tradições que nela se baseiam.

Para essas tradições, não haveria lugar se a sua interpretação dos Vêdas fosse verdadeira, porque todas elas ensinam que a natureza inconsciente é a causa independente do universo. Estão incluídas tradições, como a de Manu[968], que contém temas relacionados com o corpo e com os deveres religioso, preceitos que compreendem os rituais, como o do fogo (Agnihotra) e outros. Esse antigo código legislativo ensina em que momento os homens devem ser iniciados e com quais tipos de rituais isso deve ocorrer, fala das castas e diz como os Vêdas devem ser estudados e como isso pode ser interrompido e ensina sobre os rituais de casamento. Assinala também quais são os diferentes deveres religiosos que ajudam espiritualmente os seres das quatro castas, onde se incluem os sacerdotes. Por outro lado, a tradição do sábio Kapila[969] e outros livros semelhantes não estão interessados em ações, mas se referem quase que exclusivamente ao conhecimento puro, como meio para se alcançar a Libertação Espiritual e final. Se não fossem incluídas, essas tradições seriam completamente inúteis e, por isso,

---

[967] O Tantra foi um movimento cultural e religioso surgido na Índia, por volta do século V d.C. É também chamado Shaktismo, porque se fundamenta no poder da energia criadoura chamada Shakti (nota de Carlos Alberto Tinoco).

[968] O Código de Manu (Manarva Dharma Sastra) é, durante vários séculos, o Código legislativo da Índia. Possui fundamentos sociais, éticos e econômicos (nota de Carlos Alberto Tinoco).

[969] Kapila foi o fundador da doutrina filosófica do Samkhya. Sua obra Tattvasamasa é uma breve resumo desta doutrina, que está fundamentada no Samkhya-Karikâ, livro antigo e clássico (Nota de rodapé de Consuelo Martín, na sua tradução do Brahma Sutra, p. 242).

devemos explicar os textos do Vedanta, de maneira que não contradigam as tradições mencionadas.

Objeção: como é possível usar certas tradições contra o sentido da tradição revelada das Upanishads que ficou demonstrada como verdadeira, ou seja, que o Absoluto Brahmân é a causa do universo?

Diz o opositor: a nossa objeção, talvez, não pareça válida para pessoas de mente independente, mas como a maioria das pessoas dependem mentalmente uns dos outros nos seus critérios e são incapazes de descobrir, por eles mesmos, o sentido da revelação têm que confiar nas tradições escritas por pessoas autorizadas. Somente a partir daí, tratam de entender o sentido da revelação. Sem dúvida, não confiam nessas pessoas, nas nossas explicações pela autoridade que dão aos autores das tradições. O conhecimento nos seres humanos, de acordo com a tradição de Kapila, tem uma continuidade ininterrupta a partir dos rishis (sábios). Na frase seguinte da revelação, é afirmado: "Aquele que viu Kapila no início da criação e ao que Ele viu nascer" (Sv. Up., V, 2)[970]. Portanto, sua opinião não deve ser assumida como errada. Como eles mantêm sua posição com a ajuda da lógica, devemos explicar o ponto de vista das Upanishads, levando-se em conta as tradições. Isso é demonstrado aqui mais uma vez.

Diz o adepto do Vedanta: a essa objeção, respondemos com a afirmação seguinte: não é assim, porque, de acordo com isso, cair-se-ia em um erro ao não incluir também outras tradições. Se não está de acordo com a doutrina do Ser, que é a causa do universo, em virtude de que haveria então certas tradições inúteis que fariam inúteis àquelas tradições que são favoráveis à referida doutrina. Assinalaremos textos dessas tradições em continuação. Na frase na qual o Absoluto Brahmâm é o tema tratado, pode-se ler: "Aquele sutil, incognoscível Ser", "Dele surge o Imanifestado que é formado por três gunas" e, em outro lugar, "O imanifestado se dissolve no Espírito vazio de atributos". Disse também no Purana: "Escuta: O eterno Narayana é tudo isto. Ele projetou todas as coisas no momento da criação e as recolherá outra vez, no momento da dissolução". Na Bhagavad Gitâ pode-se ler: "Sou o princípio e fim do universo inteiro"[971]. E o Apastamba diz, referindo-se ao Ser: "Todas as coisas que se formam do espaço, têm sua origem Nele. Ele é sem mudanças, eterno" (Dharma Sûtra, I, 8, 23,2).

970 Verso totalmente diferente (nota deste tradutor).

971 MARTÍN, 2009, p. 155, verso VII, 6.

A tradição, inclusive, assinala a revelação de Deus em numerosos lugares, como a causa material e eficiente.

Como o opositor nos rebate, baseando-se na tradição, nós lhe respondemos baseando-se nela, unicamente. Sutra tenha essa atitude defensiva. Já foi mostrado que os textos da revelação nos conduzem à doutrina de Deus, como causa do universo. E quando as diversas escrituras estão em conflito, deve-se aceitar aquelas que mantêm esse ponto de vista, enquanto as que mantêm o ponto de vista oposto devem ser negadas. As tradições que seguem a revelação se consideraram autoridade, enquanto as demais devem ser ignoradas. De acordo com o Sutra que se encontra no capítulo que trata das provas (Mim. Sutra, I, 3,3): "Onde há contradição entre a revelação e a tradição, a tradição deve ser ignorada. E se não há contradição, deve-se levar em conta a Tradição, que por preceito deve ajustar-se à revelação".

Não se pode aceitar que algumas pessoas possam ver mais além dos sentidos sem a revelação, já que não existe causa suficiente para tal percepção. Nem se pode dizer que, no caso de Kapila e outros, como afirma o opositor, trate-se de um conhecimento sem limitações por ter poderes sobrenaturais (poderes paranormais). Porque, ao possuir tais poderes, depende da prática dos deveres religiosos e esses se caracterizam por estarem prescritos. O sentido dos preceitos dos Vêdas que se estabeleceram com prioridade não deve ser interpretado segundo a opinião das pessoas que estão "estabelecidas Naquele", ou seja, os sábios dotados de poderes sobrenaturais que são posteriores. Além disso, essas pessoas sábias aceitam como autoridade aqueles a quem se dirigem, nos casos em que a tradição se contradiz entre si, como já foi dito. Mas, nesses casos, deve-se buscar o significado final na revelação dos Vêdas. Inclusive, nas pessoas cujas capacidades de discernimento dependem das escrituras e de outros, não é próprio que se unam sem nenhuma razão, a uma tradição particular. Já que se as inclinações dos seres humanos não estivessem reguladas a mesma verdade, pela multiplicidade das opiniões humanas, seria variável. Portanto, devemos tentar dirigir seu juízo na direção correta, assimilando-lhes a contradição das tradições e a diferença entre elas, pois umas estão guiadas pela revelação e outras não.

A frase assinalada pelo opositor, provando a superioridade do conhecimento de Kapila, não justifica que aceitemos a sua doutrina contrária aos Vêdas. Isso porque essa frase cita somente o nome de Kapila, sem detalhar a que ele se refere. Por sua vez, na tradição, nós encontramos com outro Kapila, ou seja, aquele que queimou os filhos de Sagara, ao qual se chamava

Vâsudeva. Essa frase, por outro lado, tem outro objetivo, estabelecer a doutrina do Ser Supremo. Portanto, não tem força para provar o que já foi provado por outro meio, ou seja, a supremacia do conhecimento de Kapila.

Por outro lado, há uma frase da revelação que proclama a superioridade de Manu, assim: "Tudo o que foi dito por Manu, é medicina" (Tai.S., II, 2, 10-2). O mesmo Manu disse: "Ele que tudo oferece ao Ser, o que vê seu próprio Ser em todos os seres, e a todos os seres em seu próprio ser, alcança a Suprema Independência"[972]. É o que diz a tradição de Manu, que se opõe à doutrina de Kapila, a qual aceita a pluralidade de seres, enquanto se afirma que só existe um Ser.

A frase "Brahmâm, há muitos seres ou só há um", no Mahabharata, faz aparecer a discussão. E a opinião do opositor é a seguinte: "Rei; Segundo a filosofia Samkhya e o Yoga, há muitos seres". Essa é uma postura controvertida. Pode ser refutada pela frase: "O mesmo que existe num lugar de origem, a terra, para muitos seres humanos, lhes direi que o espírito universal possui qualidades transcendentes". Afirma-se ainda a onipresença desse ser universal, na frase: "Ele é o meu Ser interior, o teu, e o de outros seres encarnados. É a testemunha que ninguém pode ver. É a cabeça de tudo, os braços, as pernas e os olhos, o nariz de todos. Se move através de todos os seres, de acordo com a Sua vontade. É plenamente feliz e livre de sofrimentos". Ainda há frases védicas que se referem ao Ser de tudo, assim: "Qual ilusão, qual mágoa pode existir para eles, que estão permanentemente estabelicidos nessa grande unidade com o Atman?"[973].

Tudo o que foi dito é uma prova de que a filosofia de Kapila contradiz os Vêdas e a doutrina de Manu que segue o pensamento dos Vêdas não apenas por postular a existência de uma natureza independente, mas também pelas suas hipóteses sobre a pluralidade dos seres. Os Vêdas têm uma autoridade independente e direta, como a luz do sol, que é um meio direto da nossa percepção das formas e das cores. A autoridade de alguns seres humanos é indireta e remota, uma vez que depende de outras causas de conhecimento entre as que intervêm a memória daquele que fala. Por isso, consideramos que a tradição não tem aplicação no que se refere a temas que contradizem os Vêdas.

Por qual razão não há erros ao se tomar em conta as tradições? O Sutra a seguir indica outra razão.

---

972 DONINGER; SMITH, 1991, p. 287, verso XII, 91.

973 TINOCO, 1996, p. 136, verso 7.

Sutra 2: e Pradhana não é a causa, porque os Vêdas e a experiência comum não contemplam os demais[974].

Sutra 2: e como se mencionam outras entidades (categorias da natureza), nas escrituras, a natureza não é a causa[975].

Nem nos Vêdas, nem na experiência comum, encontramos também em Pradhana, como *mahat* e o restante, que os Smritis derivam de Pradhana. Dentre esses, os elementos e os sentidos podem ter um lugar nos Smritis, por serem bem conhecidos no mundo e nos Vêdas. Mas posto que *mahat* e o restante não se conhece, igualmente que os objetos de um sexto sentido, tanto no mundo quanto nos Vêdas, não é oportuno mencioná-los nos Smritis. No entanto, às vezes nos Vêdas encontramos palavras que parecem sugeri-los, na verdade, não possuem esse sentido, segundo foi explicado no aforismo: "Ficou demonstrado que algumas frases das escrituras que, aparentemente, se referem ao grande princípio da Vida, realmente tem outro significado" (I, 4, 1). A ideia que se quer transmitir é a seguinte: posto que a referência aos derivados (*mahat* e o restante) é inexata, também deve sê-lo o Smriti que se refere à fonte Pradhana. A partir desse ponto de vista, não se pode sugerir uma falha por deixar os Smritis — o Samkhya — sem aplicação. No que se refere ao ponto de vista lógico do Samkhya, esse permanecerá anulado com o aforismo que se inicia do seguinte modo: "O Absoluto Brahmâm não é a causa do universo, porque o mundo é de natureza distinta e, assim, se anulará a validade lógica do ponto de vista do Samkhya".

TEMA 2: REFUTAÇÃO DO YOGA

REFUTAÇÃO DA FILOSOFIA YOGA

Sutra 3: por meio disso se refuta o Yoga[976].

Sutra 3: a partir daqui, refuta-se a filosofia Yoga[977].

O argumento anterior amplia sua aplicação, porque, ao negar a tradição Samkhya, nega-se também a tradição do Yoga. Isso porque essa última também aceita, em oposição às escrituras, uma natureza como causa do

974 GAMBHIRANANDA, 1983, p. 304.

975 MARTÍN, 2001, p. 245.

976 GAMBHIRANANDA, 1983, p. 305.

977 MARTÍN, 2001, p. 246.

mundo e o grande princípio da vida e outros como as suas categorias derivadas. Sem dúvida, os Vêdas e a experiência normal não incluem nada disso.

Diz o opositor: se o mesmo raciocínio se aplica também ao Yoga no Sutra anterior, para que serve a extensão que se faz agora?

Diz o adepto do Vedanta: do que foi dito, aparece uma dúvida a mais, pois os Vêdas prescrevem o Yoga como um meio para se alcançar a iluminação espiritual completa, de acordo com a frase: "Querida Maitreyi, se deve tomar consciência do Ser, se deve escutar, refletir e meditar Nele"[978]. Na Svetasvatara Upanishad, encontra-se um ensinamento elaborado para a prática do Yoga, que compreende o adotar diferentes posturas corporais, de acordo com a frase seguinte: "O homem sábio mantém seu corpo firme, com as três partes eretas (cabeça, pescoço e tronco) e com a ajuda a mente, volta seus sentidos para o coração e com a ajuda da balsa de Brahmâm, atravessa a corrente assustadora do mundo"[979]. Existem certos sinais indicativos nos Vêdas sobre o Yoga, como: "Esse estado, caracterizado por firme controle dos sentidos, é obtido pela prática do Yoga"[980] e "Após receber estes ensinamentos do Rei da Morte, os quais estão associados às técnicas do Yoga, Naciketas tornou-se livre das impurezas e da morte, alcançando Brahmâm"[981]. Inclusive na filosofia do Yoga se diz que se estabelece o Yoga como meio para se tomar consciência da Verdade. Com isso, admite-se como meio para se atingir a Iluminação Espiritual.

Como uma parte da tradição do Yoga é aceitável, essa não pode ser descartada. Isso é o mesmo caso ao qual se refere o ritual Astakâ. Para eliminar essa dúvida que surgiu, foi feita extensiva a argumentação anterior ao Yoga. Isso porque, apesar de uma parte da tradição ser aceita, a discordância entre tradição e revelação em outros temas se mantém de acordo com o que foi indicado anteriormente. No entanto, há muitas tradições que tratam do ser humano e temos negado o Yoga e o Samkhya, porque, como se sabe, oferecem os meios para que o ser humano realize a sua última meta. Por elas, essas tradições gozam do favor de muitas pessoas competentes e a sua posição está confirmada pela frase: "Ele que conheceu a causa dos desejos dessa deidade que se aprende através do Samkhya e do Yoga, está livre livre de todos os laços materiais"

---

978 MARTÍN, 2002, p. 206, verso II, 5, 5.

979 TINOCO, 1996, p. 299, verso II, 8.

980 TINOCO, 1996, p. 173, verso III, 3, 11.

981 TINOCO, 1996, p. 174, verso II, 3, 18.

Mas os seguidores das filosofia Samkhya e a do Yoga são dualistas (aceitam a existência do Espírito — Purusha — e da matéria — Prakriti) como duas coisas distintas e, assim, não captam a unidade do Ser. A Realização Suprema não pode ser alcançada pelo conhecimento do Samkhya, nem pela prática do Yoga, pois as mesmas escrituras afirmam que não existe outro meio para se alcançar a plenitude do Conhecimento da Unidade do Ser à qual conduzem os Vêdas. Sobre isso, veja-se a frase: "Alguém que O conhece ultrapassa a morte; não há outro caminho para a Suprema Meta".[982] Na frase anterior: a causa dos desejos, essa deidade que se aprende com o Samkhya e o Yoga, os termos Samkhya e Yoga se referem ao conhecimento e à meditação, como deduzimos pela afinidade com frases próximas.

Podemos admitir que essas tradições citadas (Samkhya e Yoga) têm suas aplicações, na medida em que não se opõem aos Vêdas. Por exemplo, na descrição que fazem do Espírito (Purusha) sem atributos, também conhecida em textos upanishádicos, como "Porque o Ser Infinito é incondicionado"[983]. O Samkhya também admite que esse espírito não tem nenhum atributo. O Yoga, sobre as características dos monges, afirma que é um caminho de desapego, como se sabe pela seguinte frase: "Existe o monge, com as suas roupas de cores (ocre), cabeça raspada e sem aceitar posses" (Yâbala. Up., 5). Tudo isso servirá como resposta para refutar a tradição das escolas Nyâia e Vaishesika.

Diz o opositor: é por meio desses argumentos e deduções que eles são conduzidos ao Conhecimento da Realidade.

Diz o adepto do Vedanta: não negamos que lhes conduzam, mas somente se chega à Verdade por meio dos textos do Vedanta. Isso é o que afirmam as seguintes frases: "Quem não conhece os Vêdas, não pode chegar a esre Grande Ser" (Tai. Br., III, 12, 9-7) e "Agora te pergunto a ti por Aquele Ser que só se conhece pelas Upanishads..."[984].

[982] TINOCO, 1996, p. 302, verso III, 8.

[983] MARTÍN, 2002, p. 346, verso IV, 3, 15.

[984] MARTÍN, 2002, p. 302, verso III, 4, 26.

TEMA 3: A DIFERENÇA NA NATUREZA

O ABSOLUTO E A DIFERENÇA DE NATUREZAS

Sutra 4: Brahmâm não é a causa do universo, devido à diferença na natureza desse último; e o fato de que seja assim se sabe dos Vêdas[985].

Sutra 4: o Absoluto não pode ser a causa do universo pela diferença entre ambas as naturezas e que isso seja assim o sabemos pelas escrituras[986].

Foi solucionada a objeção que surgiu do ponto de vista dos Smritis, segundo o qual Brahmâm é a causa material e eficiente do universo. Agora, vamos considerar a objeção procedente do ponto de vista lógico.

Objeção: uma vez que foi averiguado este significado dos Vêdas, como pode haver alguma dúvida do ponto de vista da lógica? Não são os Vêdas uma fonte de autoridade independente acerca do Absoluto Brahmâm, tanto como o são acerca da virtude e do vício?

Diz o adversário: tal objeção poderia ser feita levantando-se, igual aos rituais religiosos etc., a serem cumpridos, o tema aqui tratado deveria ser conhecido somente dos Vêdas e de nenhuma outra fonte de conhecimento. Mas o Absoluto Brahmâm é reconhecido como uma entidade já existente, e não como algo a ser cumprido. Com respeito a uma entidade existente, outros meios de conhecimento têm, também, uma aplicabilidade, por exemplo, no caso da terra etc. Como em um caso de conflito entre os textos védicos, a todo o resto se faz conformar a um e, assim também, quando os textos védicos contradizem outros meios de conhecimento, dever-se-ia fazer corresponder com outros. Além disso, a inferência está mais próxima da percepção por apresentar uma coisa desconhecida, em conformidade com as características de outra, conhecida, enquanto as frases védicas se distanciam da percepção, por apresentarem seu tema na base da tradição dogmática. Sustenta-se que o conhecimento de Brahmâm, que culmina com a realização pessoal, tem um resultado percebido ou tangível na forma de remover a ignorância e conduzir à Libertação. Há a seguinte frase das Upanishads: "Deve-se ouvir falar do Ser, e refletir sobre Ele" (Br. Ar. II, 4,5) que proporciona reflexão, quando se ouve falar do Absoluto Brahmâm, mostrando também ao raciocínio que se deve dar a ele a merecida

985 GAMBHIRANANDA, 1933, p. 307.

986 MARTÍN, 2001, p. 247.

consideração. Daí, a dúvida procede da lógica, ou seja: "Brahmâm não é a causa do universo, em virtude da diferença de natureza entre ambos". A afirmação feita, segundo a qual Brahmâm consciente é a causa material do universo, é destituída de fundamento.

Por quê?

Porque não se pode manter a opinião do adepto do Vedanta de que a causa material deste mundo é o Absoluto Brahmâm, que é consciente. Isso porque, nesse caso, o efeito seria de natureza diferente da causa. Já que este mundo, o qual o adepto do Vedanta considera como sendo um efeito do Absoluto, não é consciente e é impuro, pelo que difere do Absoluto por natureza. Além disso, nos textos védicos, é dito que é diferente do mundo, ou seja, consciente e puro. As coisas de natureza diferente não podem estar juntas, como causa e efeito material. Assim, por exemplo, efeitos com ornamentos dourados não têm como causa material troncos de madeira, nem porções de terra têm como causa material o ouro. Certamente, as coisas de madeira são feitas de madeira, e as de ouro, de ouro. Do mesmo modo, este universo, inconsciente, constituído de prazer, dor e ilusão, deve ser o efeito de algo inconsciente, como prazer, dor e ilusão. Mas não pode ser o efeito do Absoluto Brahmâm, que é diferente por natureza. Sem dúvida, o mundo está isento de consciência, porque está subordinado a um princípio consciente, sendo o instrumento da sua atividade. Se a igualdade fosse dada, não poderia uma coisa estar subordinada a outra. Por exemplo, de duas lâmpadas não se pode dizer que uma depende da outra, sendo ambas igualmente luminosas. Entretanto, pode haver uma objeção: que um instrumento consciente pode estar subordinado ao ser que experimenta, do mesmo modo que um servente inteligente está subordinado ao seu amo.

Diz o opositor: essa analogia não é válida, porque, no caso do servente e do amo, somente o elemento não consciente está subordinado ao amo inteligente, pois um ser dotado de consciência está subordinado unicamente a outro ser consciente, com a sua parte consciente, seus sentidos etc., enquanto com a sua inteligência não atua nem a favor, nem contra outro ser. Os adeptos do Samkhya pensam que os seres inteligentes são incapazes de dar ou receber algo e não são ativos. Somente o que carece de inteligência pode ser instrumento. Nem há que se demonstrar que coisas como troncos de madeira e torrões de terra são de natureza inteligente. Ao contrário, a dicotomia que existe nas coisas que são conscientes ou inconscientes fica já demonstrada. Portanto, este mundo não pode ter uma causa material no Absoluto, o qual é diferente por natureza.

Objeção: as escrituras nos dizem que este mundo se originou de uma causa consciente. É comprovado pela observação que os atributos das causas permanecem no efeito, concluiremos que este mundo é consciente. Aquele em que a consciência não manifesta no mundo se deve à natureza da modificação. O mesmo que em certos estados como o do sonho e o transe, assim a consciência da madeira ou da terra não se manifesta e, no entanto, existe. A diferença que se produz entre a manifestação e a não manifestação da consciência e, em consequência da cor e da forma, que estão presentes na primeira e ausente na última, não evita que os instrumentos de ação estejam relacionados com os Espíritos — Purusha —, de acordo com graus de perfeição e imperfeição, mesmo sendo ambos da mesma natureza da consciência. E substâncias como a carne ou o arroz podem estar em relação, embora fundamentalmente sejam da mesma natureza, ou seja, são meras modificações da terra. No caso que tratamos, pode-se ver essa relação na conhecida distinção entre seres conscientes e inconscientes.

Diz o opositor: se esse raciocínio fosse válido, poderia eliminar em certa medida a diferença entre o Absoluto Brahmâm e o mundo, em que o Uno seja consciente e o outro não. No entanto, ainda haveria a outra diferença, a de ser de fato um puro e outro impuro. Mas, na verdade, o argumento que foi apresentado nem sequer elimina a primeira diferença, como se afirma na última parte do Sutra: "Ele que isto seja assim, é conhecido pelos Vêdas" e "Ele que é isto, seja assim" quer dizer "o fato de que seja diferente da causa material". Na frase "Aquele chega a ser consciente e inconsciente" (Tai. Up., II, 6). Os mesmos Vêdas nos fazem ver aqui que uma parte da criação, a inconsciente, é diferente do Absoluto Brahmâm.

Alguém poderia fazer a seguinte objeção: as Upanidhads falam em certas ocasiões dos elementos e dos órgãos físicos que são considerados geralmente como inconscientes, como se fossem conscientes, assim, por exemplo, as seguintes frases: "A terra deu", "As águas disseram" (S.B., VI, I, 3, 2-4), "O fogo pensou" e "a água pensou"[987]. Outras frases atribuem consciência aos órgãos corporais, assim: "Estes órgão corporais disputam entre si para ver quem é o melhor para ir ao Absoluto" (Br. Ar., VI, 1,7) e "lhe disseram a voz:"Canta o Udguitha para nós"[988].

O opositor responde à essa objeção com o seguinte Sutra:

987 TINOCO, 2021, versos VI, 2, 3-4.

988 MARTÍN, 2002, p. 54, verso I, 3, 2,.

Sutra 5: mas essa é somente uma referência às deidades que presidem, pois se menciona a distinção entre as deidades conscientes e os órgãos e os elementos inconscientes e a inerência (dessas divindades neles)[989].

Sutra 5: mas isso é só uma referência às deidades, segundo o que as distinguem (em conscientes e inconscientes) e segundo o que é inerente a elas[990].

A palavra "mas" refuta a objeção. Não se deve supor, dessas frases védicas, como: "a terra disse", que os elementos e os órgãos estão conscientes, pois essa é apenas uma referência às deidades que presidem o seguinte: 1. As deidades conscientes que se identificam com a terra etc.; 2. Os órgãos da fala etc. que estão empenhados em atividades práticas dos seres conscientes, como falar e disputar. Mas essa referência não se dirige aos meros órgãos e aos elementos.

Como isso pode ser possível?

"Devido à menção à distinção e à inerência". Isso porque, anteriormente, mencionou-se a distinção expressa como uma divisão entre o consciente e o inconsciente, das almas, dos elementos e dos órgãos que experimentam, o que seria ilógico se tudo fosse consciente. Além disso, com o propósito de evitar qualquer suposição referente aos meros órgãos e, a fim de aceitar as deidades que os presidem, os seguidores do texto Kaushitaki os qualificam com a palavra deidade na anedota sobre o Prana, na frase: "Nos tempos antigos, estas deidades disputavam acerca da suas respectivas supremacias" (Kau. Up. , II, 14). Também, graças aos mantras, as declarações corroborativas, as anedotas, as mitologias etc., sabe-se que as deidades conscientes que os presidem são inerentes em tudo (nos elementos e nos órgãos). Frases como "O fogo entrou nos elementos e nos órgãos" e "O fogo entrou na boca, ao tornar-se no órgão da fala" (Ai. Up., II, 4) revelam as deidades benévolas que os presidem, inerentes aos órgãos. Também, na frase seguinte, que trata do Prana, pode-se ler: "Estes órgãos se aproximaram do seu pai, Prajapati, e disseram"[991]. Aqui, pode-se constatar esse comportamento de ir ver Prajapati para estabelecer a sua supremacia, que se pode entender como a supremacia do Prana, seguindo um processo de acordo e diferença, segundo um conselho de Prajapati, para que os órgãos abandonem o corpo em sucessão, entregando presentes ao

[989] GAMBHIRANANDA, 1983, p. 311.

[990] MARTÍN, 2001, p. 250.

[991] TINOCO, 2021, verso V, 1,7.

Prana (Br. Up., VI, 1,13). Essas formas de comportamento e outras desse tipo que se assemelham com as nossas confirmam o ponto de vista de que a referência se alude às deidades que presidem. Também se deve entender que a frase "O fogo pensou", o pensamento ao qual se faz referência, pertence à Divindade Suprema que preside Brahmâm, o qual é inerente a todas as Suas modificações — as deidades inferiores. Por isso, essa criação é, certamente, diferente do Absoluto Brahmâm e, sendo diferente, não tem Brahmâm como causa material.

Disse o adepto do Vedanta: se essa é a objeção levantada, a frase se refuta do seguinte modo:

Sutra 6: mas é visto[992].

Sutra 6: mas isso se vê[993].

A palavra "mas" elimina a posição do opositor. A afirmação de que este mundo não pode ter a sua origem no Absoluto Brahmâm, por ter diferentes naturezas, não está baseada em algo verdadeiro, pois vemos que de uma pessoa que se sabe ser consciente surgem coisas, como o pelo e as unhas, que não são conscientes. Por outro lado, de materiais reconhecidas como sem consciência, como o excremento de vaca, produzem-se escorpiões e outros animais conhecidos.

Diz o opositor: a causa real do pelo e das unhas, que são inconscientes, é o corpo humano que não é consciente. E os corpos não conscientes dos escorpiões são um efeito do excremento não consciente.

Diz o adepto do Vedanta: ainda assim, há uma diferença de natureza entre o excremento, causa e o escorpião, com efeito. Enquanto uma matéria não consciente, como o corpo, é a morada de um princípio consciente, o ser do escorpião. Enquanto outra matéria não consciente, o excremento de vaca, não tem esse princípio. Além disso, a natureza é diferente, porque a causa se converte em efeito. É distinta a natureza dos corpos dos seres humanos e a dos pelos e as unhas. A mesma observação pode ser usada para o excremento de vaca e os corpos dos escorpiões. Se você insistir na igualdade — se fosse uma coisa efeito da outra —, a relação entre causa material e efeito, que se requer para a distinção ficaria anulada. Pode-se assinalar ainda que, no caso do pelo, dos escorpiões e do excremento de

992 GAMBHIRANANDA, 1983, p. 312.

993 MARTÍN, 2001, p. 251.

vaca, há um traço comum, pelo menos, tanto no efeito como na causa: o ter natureza terrena.

Diante do que foi aqui exposto, podemos dizer que, entre o Absoluto Brahmâm e o mundo, também existe este traço: o da existência. Encontra-se em todas as coisas a partir do espaço como os efeitos e no Absoluto Brahmâm, que é a causa. E quem descarta a doutrina do Absoluto, que é a causa do mundo, em virtude dos diferentes atributos, deve afirmá-lo pelas diferentes características do mundo que não se distinguem no Absoluto. E ainda, porque não se vê a consciência. A primeira hipótese nos conduz a negar a relação de causa e efeito, porque, caso fossem iguais, não poderiam diferenciar-se. A segunda vai contra algo que é óbvio, pois, como já foi assinalado, a característica da existência, atributo do Absoluto, também se encontra no espaço etc. Para a terceira hipótese, são requeridos exemplos que a provem. Que exemplos poderiam ser expostos contra a ideia do Absoluto Brahmâm como suporte, para provar que o que não tem consciência não é efeito Dele? O fundamento, que é o Absoluto Brahmâm, não admitiria nenhum exemplo, porque toda essa variedade de coisas que constitui a manifestação tem por base o Absoluto Brahmâm. Está claro que todas essas afirmações são contrárias às escrituras, pois, como foi demonstrado, o Absoluto como causa e substância do universo é objeto das escrituras.

Diz o opositor: pode-se aplicar outras provas ao Absoluto. Levando em conta que Ele já é um Ser Realizado, e não algo que tem que realizar-se, como o são os preceitos religiosos. Mas essa afirmação não é aceitável. Isso porque, ao estar o Absoluto isento de formas, não pode ser convertido em objeto de percepção. E como não há, nesse caso, características nas quais não podemos nos basear, não é possível aplicar aqui a dedução e outros recursos para demonstrá-lo. Por essa razão, igual aos preceitos religiosos, somente se o conhecerá por meio da revelação contida na tradição.

As escrituras dizem: "Yama: 'Este conhecimento não pode ser obtido pelo raciocínio. O Atman torna-se facilmente compreendido, ò querido amigo, quando é buscado de outro modo"[994] e ainda: "Quem a conhece de verdade? Quem poderia mostrá-la aqui, se não Aquele de onde esta criação surgiu?" (R.V., I, 30). Essas duas frases mostram que não se pode conhecer a causa deste mundo, nem sequer o Ser Divino Ishwara (o Criador), com a Sua extraordinária sabedoria e poder, pode conhecê-la. Há ainda as seguintes frases da tradição: "Mesmo que se tenha dito que o Ser não é

[994] TINOCO, 1996, p. 161, verso I, 2,9.

algo manifesto, que está mais além do pensamento e das mudanças, isto não te deve desanimar”[995] e “Nem os deuses nem os grandes sábios antigos conhecem minha glória. Porque sou a origem dos deuses e dos grandes sábios em todos os sentidos”[996]. Anteriormente, foi dito que as escrituras prescrevem pensar sobre o Absoluto Brahmâm e ouvir falar Dele. Os textos da tradição revelada indicam que deve haver um lugar para o pensamento.

A isso respondemos que não se deve interpretar erroneamente, que a frase prescreve raciocínio voluntário conciso. Deve-se entender que se fala do raciocinar que depende do conhecimento intuitivo. Quanto a essa maneira de raciocinar, podemos chegar às seguintes conclusões: como os estados de sonho e de vigília excluem o Ser, não está em relação com esses estados. O Ser nos estados de sono profundo abandona o mundo fenomênico e se identifica com aquele cuja essência é o Ser Puro, diferente do mundo fenomênico. Como o mundo surge do Absoluto Brahmâm, não pode separar-se dele, de acordo com o princípio da não diferenciação entre a causa e o efeito. A ilusão do simples raciocínio será mostrado mais adiante (II, 1,11). Além disso, baseando-se unicamente na tradição revelada sobre a causa consciente do universo, ter-se-ia que aceitar que este mundo foi (é) de natureza consciente. Haveria lugar aqui para outra frase das escrituras, assinalada anteriormente: “Ele se converteu em consciência, e no que carece dela”, ensinando-nos a distinção do inteligente e do não inteligente, onde se vê que a inteligência se manifesta em algumas ocasiões e em outras não. Porém, o opositor — o filósofo Samkhya — não poderia fazer nada com a frase, pois mostra que o Ser é a causa suprema de tudo. Pela sua diferente natureza, o que é consciente não pode converter-se em inconsciente e o que é consciente — a natureza inconsciente da filosofia Samkhya — não pode fazer-se consciente. Também, como o argumento que se baseia na diferença da natureza, já foi negado, rebatido, devemos aceitar, de acordo com as escrituras, uma causa consciente para o universo.

Sutra 7: se fosse dito que o efeito (nesse caso) é não existente (antes da criação) isso não é assim; pois viria sendo meramente uma negação (sem objeto que negar)[997].

---

995 MARTÍN, 2009, p. 63, verso II, 25.

996 MARTÍN, 2009, p. 185, verso X, 2.

997 GAMBHIRANANDA, 1983, p. 315.

Sutra 7: se foi dito que o efeito, o mundo é inexistente (antes de originar-se), dizemos que não, porque isso seria uma simples negação (sem base)[998].

Diz o adversário: se o Absoluto Brahmâm, que é consciente, puro e desprovido de qualidades como o som etc., é aceito como causa do efeito, a natureza do qual é oposta a Ele, por ser consciente, impuro e provido de sons etc., então, pode-se concluir que o efeito não existia antes da criação. Essa conclusão não é a desejável para vocês, adeptos do Vedanta, porque acreditam na preexistência do efeito.

Diz o adepto do Vedanta: isso não é um problema. O que disseste é uma negação sem um objeto que negar. Essa negação não equivale a um rechaço da existência do efeito antes da criação.

Como?

Porque se entende que o efeito — o universo — existe somente em identidade com a sua causa material (existência – Brahmâm), portanto, existiu dessa maneira desde antes da sua criação. Pois, até agora, essa criação não existe independentemente do Ser, que a sua causa material, como se pode perceber da seguinte frase: "Aquele que procura algo em outro lugar que não seja o Ser, é abandonado por todos" (Br. Ar., II, 4,6). Mas a existência do produto como causa antes da criação se diz de uma forma indistinguível.

Diz o adversário: por acaso o Absoluto Brahmâm não é a presumível fonte do mundo, desprovida de som etc.?

Diz o adepto do Vedanta: é correto, mas o efeito, que possui o som etc., não existe, certamente, separado do seu Ser, a causa material, seja antes da criação ou agora. Portanto, não se pode dizer que o efeito não existe antes da sua criação. Vamos falar disso de maneira elaborada, quando tratarmos da não diferença entre causa e efeito (B.S., II, 1,14).

Sutra 8: dado que na dissolução surge o dilema de que a causa se converte naquele efeito, então, essa teoria de que Brahmâm é a causa material se torna ilógica[999].

Sutra 8: no momento da dissolução do universo, a causa é igual ao efeito. Por isso a teoria do Absoluto, causa do universo, é absurda[1000].

---

[998] MARTÍN, 2001, p. 253.

[999] GAMBHIRANANDA, 1983, p. 316.

[1000] MARTÍN, 2001, p. 254.

Diz o adversário: se admitimos que essa criação objetiva é formada por partes, é inconsciente, limitada, impura etc. e tem a Brahmâm como a sua causa material, então, durante a fusão ou a dissolução, quando o curso da criação se inverte e o efeito se faz indistinguível da causa, esse vai afetá-la com os seus atributos. Portanto, seguindo esse raciocínio: nasce a possibilidade de que o Absoluto Brahmâm, durante a dissolução, contamine-se com as impurezas etc., da criação, motivo pelo qual a opinião das Upanishads de que Brahmâm é onisciente é a causa material do universo é ilógica. Há também outro absurdo. Quando todas as diferenças ficam aniquiladas, já não existirá a possibilidade de que volte a surgir uma divisão entre os experimentadores e os objetos de experiência, pois não haverá regras fixas para orientar a nova criação. Por outro lado, haverá esta inexatidão se admitirmos que as almas que experimentam podem renascer depois de haverem se unificado com Brahmâm Supremo durante a dissolução, momento em que os resultados das suas ações passadas sejam aniquiladas, aparece a possibilidade de que renasçam, também, as almas Libertas. Se, ao contrário, sustenta-se que na dissolução este mundo conserva sua distinção de Brahmâm Supremo, então, a dissolução não seria possível e, sem dúvida, não pode existir efeito que seja diferente da causa. Dessa maneira, tudo o que foi dito anteriormente é seguramente incoerente.

Sutra 9: isso não pode ser assim, devido à ilustração que sustenta o assunto[1001].

Sutra 9: isso não é assim, porque existem exemplos análogos[1002].

Diz o adepto do Vedanta: aqui, a resposta é a seguinte: nosso ponto de vista não é incongruente. Além disso, é inaceitável o argumento segundo o qual, quando um efeito se funde com a causa, esse a contaminará com as suas limitações.

Por quê?

Porque existem ilustrações que confirmam o que disse, segundo as quais, no entanto, os efeitos se confundem com as suas causas, não a contaminam com as suas peculiaridades. Por exemplo, os pratos de argila têm a peculiaridade de serem altos, médios ou planos durante suas existências separadas. Mas, uma vez que são reabsorvidos na sua substância original, não lhes transmitem suas qualidades individuais. Nem os produtos como colares de ouro transferem suas peculiaridades individuais ao ouro, quando

1001 GAMBHIRANANDA, 1983, p. 317.

1002 MARTÍN, 2001, p. 255.

se fundem nele. O hospedeiro de criaturas vivas de quatro classes que surgem da terra não transmite as suas características individuais à terra durante a suas absorções nela. Sem dúvida, não existe ilustração que sirva de apoio o ponto de vista do adversário. A reabsorção será uma impossibilidade se o efeito persistisse na causa junto com as suas peculiaridades. E ainda que a causa e o efeito não diferem, o efeito tem a natureza dessa causa e não vice--versa, feito esse que vamos declarar pela frase: "A não diferença do efeito da causa, se conhece pelas palavras, como origem" (II, 1,14). O argumento do adversário de que o efeito contaminará a causa durante a reabsorção não fica bem provado, pois a posição é a mesma também durante o estado de continuação da criação, posto que foi admitido que a causa e o efeito não diferem entre eles. Além disso, reconhece-se que o efeito difere da causa, durante os três períodos de tempo, de acordo com as seguintes frases das Upanishads: "Tu isto é o Ser"(Br. Ar.,II, 4, 6), "Tudo isto é unicamente o Ser" (Ch. Up., VII, 25, 2) e "Tudo isto, em frente, é Brahmâm, o imortal" (Mu. Up., II, 2,11). A maneira na qual se considera a objeção — durante a continuação —, sustentando que a causa não está afetada pelo produto e as suas características, pois a ignorância as superpõem à causa, deve seguir, igualmente, no caso da dissolução. Por outro lado, existem ilustrações paralelas. Como um mágico nunca é afetado no passado, no presente ou no futuro pela sua mágica da qual foi o artífice, sendo essa irreal, assim também o Ser Supremo não é influenciado por este mundo, que é uma ilusão. Como uma pessoa que sonha, que permanece o mesmo sob todas as condições, não é afetada pela ilusão do sonho, porque essa não persiste nele, durante os estados de vigília e sonho, assim também o testemunho dos três estados, que permanecem sendo sempre os mesmos, não é tocado pelos três estados variáveis. Essa aparência de que o Ser Supremo é idêntico aos três estados, é uma simples superposição, como no caso da corda que aparece como uma serpente. Com relação a isso, o mestre espiritual Gaudapada, versado nas ideias tradicionais do Vedanta, disse: "Quando o indivíduo, que dorme sob a influência de Mâyâ sem começo, desperta, toma consciência de *turya* que não nasce, não dorme nem sonha nem é dual" [1003]. Assim, fica demonstrado o infundado que é a objeção segundo a qual, na reabsorção a causa, como o efeito, expõe-se aos defeitos de ser grosseira etc.

Além disso, indicou-se que, se todas as distinções são aniquiladas durante a reabsorção, não haverá uma base razoável que regule o ressurgir

[1003] GAUDAPADA. **Mandukyakârikâ.** Madrid: Âsram Vydiâ, 2004. p. 46, verso 16.

da criação com as diferenças usuais. Isso nem sequer é sustentável, pela razão de que existe uma ilustração a respeito. Como no sonho natural e o Samadhî (êxtase místico) mesmo que haja uma erradicação natural das diferenças, essas voltam a aparecer ao despertar, devido à persistência da ignorância irreal, de maneira análoga, isso pode suceder aqui. A seguinte frase das Upanishads trata disto: "Todos os seres ao se fazerem uno com a Existência durante o sono, não sabem que: 'nos temos convertido em uno com a existência'. Qualquer coisa que tenha sido aqui: tigre, leão, lobo, cervo, minhoca, mariposa, ou mosquito, regressa a ela após o despertar"[1004]. Como durante o estado de continuação do mundo se vê que existem, analogamente a um sonho, diferenciações empíricas sob a influência da ignorância irreal, apesar da existência do Ser Supremo como uma entidade indiferenciada, também podemos supor que, no processo de dissolução, persiste um poder de diversificação possuído pela ignorância irreal. Está aqui a resposta à objeção de que as almas livres podem estar sujeitas ao renascimento. Pois, nos seus casos, a iluminação plena erradica a ignorância irreal. Também se refuta a outra objeção implícita ao final, por ser inadmissível e, segundo a qual, na dissolução, o universo continuará no Brahmâm Supremo com todas as suas diversificações. Portanto, esse ponto de vista das Upanishads é muito coerente.

Sutra 10: e porque os defeitos se aferram ao teu ponto de vista[1005].

Sutra 10: e porque as objeções citadas pelo filósofo Samkhya se aplicam também ao seu próprio ponto de vista[1006].

Também, esses defeitos irão surgindo igualmente, a partir do ponto de vista do nosso adversário.

Como?

A resposta é: a objeção segundo a qual este universo não pode ter o Absoluto Brahmâm como a sua causa material, por introduzir toda esta pluralidade, também se pode aplicar a teoria de Pradhana como a causa material, pois os adeptos do Samkhya admitem que o universo de sons surge de Pradhana e que está desprovido de som. Portanto, admitir a origem de um efeito diferente continua persistindo o aspecto que o produto não teve existência prévia. De modo análogo, os adeptos do Samkhya admitem a não diferença do efeito da causa durante a dissolução e, por-

1004 TINOCO, 2021, verso VI, 11, 3.

1005 GAMBHIRANANDA, 1983, p. 319.

1006 MARTÍN, 2001, p. 257.

tanto, nesse caso, a posição daqueles adeptos é igual à nossa. Novamente, quando, durante a dissolução, os efeitos estão despojados de todas as suas peculiaridades, convertendo-se em não diferenciados, as diferenças que podiam ser distinguidas individualmente antes da dissolução, ao se dizer que este ou aquele material criou essa outra, não podem ser determinadas assim, no momento de uma nova criação, porque não há uma base reguladora disso. Ainda quando na ausência de alguma base se sustenta uma regularidade na recorrência (da diferença), então, como a ausência de base é a mesma, tal teoria pode também conduzir ao renascimento das almas libertas. Também: se arguimos que alguns traços característicos se cancelam durante a reabsorção enquanto outros não estão, então, esses que não se separam das suas peculiaridades não serão produtos de Pradhana. Essas dificuldades que os adeptos do Samkhya levantaram pertencem a ambos os lados e não devem atribuir-se ao ponto de vista de um ou outro. Assim, o anterior fortalece a exatidão do ponto de vista do Vedanta, que deve ser aceito de todos ou modos.

Sutra 11: se argui-se que, não obstante o raciocínio seja inconcludente, todavia, devemos elaborá-lo de outra forma (para evitar esse defeito), também nesse caso não há maneira de evitar o defeito[1007].

Sutra 11: se considera-se que o raciocínio não é uma base segura (e para evitar este defeito), devemos usar outro método. Respondemos que isso não eliminaria (defeito), no que diz respeito a esse assunto[1008].

Em temas que conhecemos por meio das escrituras, não se deve confiar apenas no raciocínio. Isso porque os pensamentos humanos estão limitados e o raciocínio que não leva em conta os textos védicos e se apoia somente na opinião pessoal não têm base suficiente. Vemos que algumas pessoas inteligentes constroem, com grande esforço, argumentos que pessoas mais engenhosas que elas demonstram ser imaginários. E os raciocínios dessas últimas em outro momento são refutados por outras pessoas.

Por isso, levando-se em conta a diversidade de opiniões humanas, não se pode aceitar que apenas a razão tenha uma fundamentação segura. Também não podemos ignorar essa dificuldade, aceitando os argumentos daqueles que possuem reconhecida capacidade intelectual, como podem ser Kapíla ou outros, porque observamos que esses filósofos de mente

---

1007 GAMBHIRANANDA, 1983, p. 320-321.

1008 MARTÍN, 2001, p. 258.

extraordinária que fundaram escolas filosóficas se contradizem entre si, como Kapila e Kânada.

Pode-se dizer aqui que adequamos nosso raciocínio de outra maneira, para que não se nos recriminassem por não ter uma base suficiente. Sem dúvida, não se poderia alegar que se deva eliminar todo tipo de raciocínio, por bem fundamentado que seja. Mas, ao colocar isso, implica em basear-se na razão. A inconsistência do raciocínio se estabelece com o mesmo raciocínio. E se alguns argumentos são inúteis para se chegar a uma conclusão, daí não se conclui, sem dúvida, que outros da mesma classe sejam inúteis também. Além disso, se aceitarmos que todo tipo de raciocínio carece de base para chegar a uma conclusão verdadeira, o caminho prático da vida humana seria impossível. Isso porque vemos que os seres humanos atuam para conquistar a felicidade e evitar o sofrimento no futuro, pressupondo que passado, presente e futuro são iguais.

No caso das frases das escrituras aparentemente contraditórias entre si, apenas com o raciocínio se pode determinar o sentido real e descartar a falsa interpretação para chegar à conclusão adequada. Manu, o grande legislador, tem a mesma opinião, quando diz: "Para poder distinguir o correto do incorreto, se deve conhecer muito bem estas três coisas: a percepção direta, a dedução e a escritura através da diferentes tradições"[1009]. E somente aquele que conhece os ensinamentos dos sábios com a ajuda do raciocínio e sem contradizer os Vêdas conhecerá a lei[1010]. Desejar um fundamento, como foi afirmado antes, deve-se a mesma força de raciocinar e permite chegar à conclusões evidentes, por meio da negação de argumentos questionáveis, porque nos encontramos com um raciocínio falso, não devemos crer que todo raciocínio é falso. Não há razão para se supor que uma pessoa é estúpida, porque o seu irmão maior o seja.

Por todas essas razões, o desejar que exista um fundamento não pode usar-se como argumento contra o raciocinar. Contra isso assinalamos os vedantinos que não haveriam de libertar-se desse defeito, porque, em relação a algo que se observe que o raciocinar está bem fundamentado, nesse assunto se buscaria uma libertação do raciocínio desde a mesma base errônea. A verdadeira natureza da causa do universo, da qual depende a libertação final, não pode, pela sua profundidade, nem sequer ser pensada. Necessita-se a ajuda dos textos védicos. Não pode converter-se em objeto

[1009] DONINGER; SMITH, 1992, p. 288, verso XII, 5.

[1010] DONINGER; SMITH, 1992, p. 288, verso XII, 6.

de percepção, como já foi dito, porque não possui forma, nem sinais que a caracterizem a partir dos quais se possa fazer deduções ou aplicar outros meios para o conhecimento válido. Outro modo de enfocá-lo é usando a palavra *avimoksa* com o significado de "ausência de libertação". Todos os que ensinam a libertação final do ser estão de acordo em que surge da verdadeira compreensão iluminada. Essa compreensão é única — não cabe nela a diversidade de opiniões —, porque seu conteúdo são as coisas em si mesmas.

O conteúdo desse conhecimento é o mais real, uma vez que permanece sempre o mesmo e um conhecimento assim se considera verdadeiro, por exemplo, aquele que indica que o fogo é quente. Por isso, as pessoas que têm uma verdadeira compreensão não têm divergência de visão, como acontece com os que baseiam seus conhecimentos no raciocínio. Observamos que o que uma mente lógica determinou como conhecimento verdadeiro pode ser destruído por outra mente e, por sua vez, essa última o pode destruir uma terceira e é o que o conhecimento que se fundamenta no raciocínio com um objeto mutável. Como pode ser completamente verdadeiro esse conhecimento?

Os seguidores da doutrina da natureza como a causa do universo não são aceitos por todos os filósofos, como os que melhor raciocinam, em cujo caso poderíamos aceitar essa teoria como uma forma de conhecimento válido. Nem poderíamos reunir em um momento dado e em lugar determinado a todos os filósofos lógicos do passado, presente e futuro, para saber se a sua opinião tem um conteúdo imutável como corresponde ao conhecimento verdadeiro, enquanto os Vêdas são uma fonte eterna de conhecimentos verdadeiros, uma vez que o revelam conhecimentos firmemente estabelecidos. O conhecimento que brota daí é verdadeiro e não pode ser negado por filósofos do passado, presente ou futuro.

Até aqui, estabelecemos que o conhecimento das Upanishads é o único verdadeiro e, como fora dele não pode se dar a verdade, aí se dá a possibilidade da libertação dos seres que transmigram. Por isso, a nossa posição final é que, se nos basearmos nos Vêdas e o raciocínio que se adequa a eles, devemos considerar que o Absoluto Brahmâm consciente é a causa material e eficiente do universo.

TEMA 4: NÃO ACEITAÇÃO POR PARTE DO SÁBIO

O QUE NÃO ACEITAM OS SÁBIOS

Sutra 12: por meio disso se explicam todas as (demais) teorias que o sábio não aceita[1011].

Sutra 12: soram explicadas teorias que não aceitam as pessoas com sabedoria[1012].

Temos negado aquelas objeções contra os textos do Vedanta que estão baseados no raciocínio. Apoiavam-se na teoria da natureza como a causa do universo. Essa teoria devia ser refutada por estar próxima do sistema dos Vêdas e porque a apoiam alguns argumentos de peso e, em certa medida, foram adotadas por algumas autoridades que seguem os Vêdas. Mas algumas pessoas pouco inteligentes podem pensar que poderia surgir outra objeção baseada no raciocínio, como é o caso da teoria atômica. Portanto, amplia-se a refutação da primeira teoria à última, porque consideramos que, ao conquistar o adversário mais perigoso, a conquista dos inimigos menores já está realizada.

Outras teorias, como a atômica, que não foi aceita por Manu nem por Vyasa e outras autoridades, devem ser consideradas como negadas, já pelas mesmas razões que nos hão permitido eliminar a doutrina da natureza. Não há motivo para dúvidas, já que as razões para a negação são as mesmas. Os argumentos são os seguintes: 1. A incapacidade de raciocínio para penetrar na profundidade da causa transcendental do universo; 2. A base limitada do raciocínio; 3. A impossibilidade para a libertação final, inclusive no caso de conclusões formadas de outro modo (ver Sutra precedente). Em síntese, as razões são o conflito entre os Vêdas e os raciocínios.

1011 GAMBHIRANANDA, 1983, p. 323.

1012 MARTÍN, 2001, p. 260.

TEMA 5: BRAHMÂN SE CONVERTE NO EXPERIMENTADOR

A DISTINÇÃO ENTRE EXPERIMENTADOR E EXPERIMENTADO NA UNIDADE

Sutra 13: se arguimos que a distinção entre o experimentador (da felicidade e da dor) e as coisas experimentadas cessa quando os objetos (experimentados) se convertem no experimentador, então diremos que tal distinção pode também existir segundo se observa na experiência comum[1013].

Sutra 13: se foi dito que a distinção entre experimentador e o experimentado cessa (ao fundir-se com a causa, o Absoluto, e ficar indiferenciado), diremos que essa distinção se mantém como se observa na experiência comum[1014].

Há outra objeção baseada no raciocínio contrária ao ponto de vista do Absoluto Brahmâm como causa do universo. Nesse tema, as escrituras são uma autoridade. Mas também pode conhecer-se por outros meios de conhecimento válido. Às vezes, deve-se interpretá-lo em sentido secundário ou metafórico, como acontece com alguns mantras, quando o sentido primário ou literal não pode compreender-se pela via do conhecimento normal, da mesma maneira, o raciocinar de ser considerado incorreto, fora da sua esfera, como é o caso dos deveres religiosos e os seus opostos. Isso porque não se pode admitir que a escritura esteja em oposição a outros meios válidos de conhecimento.

E se perguntarmos onde se opõem as escrituras ao que foi estabelecido por outros meios, será dado o seguinte exemplo: a diferença entre experimentadores e objetos de experimentação se conhece suficientemente pela experiência quotidiana. Os experimentadores são seres conscientes, seres encarnados, enquanto o som é objeto de experimentação. Por exemplo, Devadata é um experimentador e o prato em que se come é objeto de experimentação. A diferenciação entre os dois não existiria se o experimentador se fundisse com o objeto de experimentação e vice-versa. Essa fusão seria a consequência da não diferenciação entre o mundo e o Absoluto Brahmâm. Mas a divisão, bem estabelecida — entre experimentador e objeto experimentado —, não poderia ser questionada. Não apenas no presente, onde se

1013 GAMBHIRANANDA, 1983, p. 324.

1014 MARTÍN, 2001, p. 260.

vê que tal divisão existe, mas também no passado e no futuro. A afirmação do Absoluto como causa material nos levaria à anulação da diferença entre experimentadores e coisas experimentadas, o que é inadmissível.

Diz o adepto do Vedanta: pode existir essa divisão desde o momento em que é de experiência comum e pode manter-se também, desde o nosso ponto de vista, já que assim se vê no mundo. Vemos que as ondas, a espuma, as bolhas e outras variantes da água sejam diferentes da água do mar, algumas vezes estão separadas entre si e em outras estão unidas. Ao serem individuais, não se fundem uma na outra, mas, mesmo não se fundindo, não distintas do mar. Assim também ocorre no tema aqui tratado. Os experimentadores e os objetos de experimentação não se fundem um no outro e não são distintos do Absoluto Brahmâm. No entanto, o experimentador não é uma transformação de Brahmâm, pois há uma frase das Upanishads que diz: "Tendo entrado em tudo, ele se tornou tanto o manifesto quanto o imanifesto, tanto o definido quanto o indefinido [...]"[1015] e afirma que o criador, mesmo sem experimentar mudanças alguma, converteu-se no experimentador, ao entrar no Seu produto — o corpo. Sem dúvida, produz-se alguma diferença para quem entra no produto, porque esse último atua como vestidura limitante. Assim, o espaço fica dividido por causa dos fatores condicionantes, como uma jarra etc. Por isso, pode-se dizer ainda que, quando todas as coisas não são diferentes da causa suprema — Brahmâm —, pode existir tal distinção como o experimentador e as coisas experimentadas, baseando-se na analogia do mar e suas ondas.

TEMA 6: ORIGEM

NÃO HÁ DIFERENÇA ENTRE O EFEITO E A CAUSA

Sutra 14: não existe diferença entre causa e efeito, devido aos textos acerca da origem etc.[1016].

Sutra 14: a não diferenciação entre o efeito e causa se conhece por termos como "a origem"[1017].

1015 TINOCO, 1996, p. 232, verso II, 6.

1016 GAMBHIRANANDA, 1983, p. 326.

1017 MARTÍN, 2001, p. 162.

A refutação contida no Sutra precedente está baseada na diferença prática entre experimentadores e objetos experimentados. Sem dúvida, essa distinção não existe realmente, porque se compreende que não há diferença de identidade entre causa e efeito. O efeito é esse mundo multiforme constituído por espaço e outras coisas, a causa é o Absoluto Brahmâm. Está claro que o efeito não é diferente da causa, porque não pode existir isolado dela.

Como é isso?

Tendo em conta a palavra das escrituras "origem" e outras mais. A palavra "origem" é usada relacionando-a com uma similar em frase que serve para demonstrar que, pelo conhecimento de uma coisa, tudo se chega a conhecer, em: "Por um pedaço de argila, se conhece tudo o que está feito de argila, logo o efeito, qualquer coisa feita de argila, é simplesmente argila"[1018]. A significado dessa frase é que se conhecemos um pedaço de argila que, realmente, não é senão argila, como vasilhas, pratos, pois todas têm essa mesma natureza. As modificações nada mais são que nomes e se originam a partir da linguagem e elas não existem como algo real. Não são verdadeiros esses nomes, individualizados e distinguidos com um nome, mas, enquanto argila, eles o são. Um exemplo paralelo aparece em relação ao Absoluto, quando se usa a frase: "Tendo sua origem na linguagem" para esse tema que estamos tratando com o exemplo. E assim, compreendemos que todo o conjunto de efeitos não existe separado do Absoluto Brahmâm. Mais à frente, quando o texto afirma que o fogo, a água e a terra são os efeitos do Absoluto, diz-se que os efeitos desses elementos não têm existência separadas Dele, de acordo com a frase: "Deste modo, desaparece a natureza específica do fogo que queima, já que a modificação é um simples nome que tem a sua origem na palavra, enquanto os três elementos são o verdadeiro"[1019]. Ainda, devemos assinalar aqui outras frases das Upanishads que lembram a unidade do Ser, como: "[...] e tudo que se conhece não é senão, o Ser"[1020], "[...] todas as coisas acima e abaixo são penetradas por Brahmâm; este universo é o próprio Brahmâm"[1021], "Tudo isto não é senão, o Ser"[1022] e "Não há diversidade Naquele"[1023].

1018 TINOCO, 2021, verso VI,1,4.

1019 TINOCO, 2021, verso VI, 4, 1.

1020 MARTÍN, 2002, p. 207, verso II, 4, 6.

1021 TINOCO, 1996, p. 20, verso II, 2, 11.

1022 TINOCO, 2021, verso VII, 25,2.

1023 MARTÍN, 2002, p. 396, verso IV, 4, 19.

De nenhum outro modo se poderia afirmar que, ao conhecer uma coisa, tudo o mais se torna conhecido. Esse é, portanto, o sentido. Da mesma maneira que essas partes do espaço limitado por vasilhas e jarras não são diferentes do espaço universal e o mesmo que a água de uma miragem não é diferente do deserto, pois que aparece e se desvanece em seguida e não existe separada do deserto, assim, este mundo fenomênico com as seus experimentadores, objetos experimentados e tudo o demais, não existe separado do Absoluto Brahmâm.

Diz o opositor: o Absoluto em si está constituído por muitas coisas. Como a árvore tem muitos ramos, também o Absoluto tem muitos poderes e energias que dependem desses poderes. Portanto, unidade e diversidade são ambas verdadeiras. Considera-se que uma árvore é única, mas seriam muitas, se considerarmos os ramos. O mar é uno, mas seria muitos, se considerarmos as ondas e as espumas. A argila é uma, mas pode ser considerada muitas em relação às vasilhas e aos pratos feitos dela.

A partir dessa ideia, a Libertação Final se alcança com o conhecimento verdadeiro do Absoluto como unidade. Sem dúvida, os processos de atividades do mundo ou disciplinas religiosas que dependem dos preceitos para a ação se justificam a partir do ponto de vista da diversidade. Com essa interpretação, as analogias dos pratos e das vasilhas são adequadas.

Diz o adepto do Vedanta: respondemos que essa teoria é insustentável. Issso porque em um exemplo a verdade da causa material se determina pela seguinte frase: "Como a argila, unicamente é verdade"[1024] e "Tendo sua origem na palavra, mostra a irrealidade de todos os efeitos". Quanto ao tema que o exemplo ilustrou, ou seja, o Absoluto Brahmâm como causa suprema, pode-se ler as seguintes frases: "Naquele, tudo tem seu ser" e "Aquele é a Realidade", nas quais se afirma que somente a causa suprema é a Realidade. Já a frase seguinte: "Este é o Ser , isto es tu, Svetaketo" (Chandogya Upanishad) nos ensina que o ser individual é também o Absoluto Brahmâm.

Devemos assinalar que a frase aponta claramente que essa identidade do ser encarnado com o Absoluto Brahmâm a estabelece na verdade sem que tenha que levar a cabo, nenhum outro esforço.[1025] Afirma-se que o ser individual tem a sua essência no Absoluto Brahmâm, que é a doutrina dos

1024 TINOCO, 2021, verso VI, 1,4.

1025 Ressalta aqui a característica dessa metafísica não dual na que somente a descoberta da Verdade, realiza o ser humano. E se vê o contraste com as metafísicas dualistas, que, ao considerar a realidade separada, pressupõe o esforço para alcançá-la (nota de rodapé de Consuelo Martín, na sua tradução do Brahma Sutra, nas páginas 263-264).

Vêdas, segundo foi aceitado, e acaba com a existência independente do ser individual, o mesmo que a corda — do célebre exemplo — que é diferente da serpente pelo que se há tomado a corda. E se temos que eliminar a doutrina da existência independente da alma individual, então, a opinião sobre o mundo se fundamenta com a alma individual.

Existe a multiplicidade, criada pela ignorância e por uma aproximação racional que imagina partes separadas no Absoluto Brahmâm. É o que aponta a Upanishad, na frase: "[...] todas as coisas são o Ser, o que poderia ouvir-se, através de que? O que poderia ver-se, e com que?"[1026]. E o que quer dizer é que para aquele que vê tudo tem seu ser no Absoluto Brahmâm, o mundo fenomênico, atores, ações e resultados delas são irreais. Isso não quer dizer que a irrealidade do mundo está limitada a certos estados, porque a identidade do Ser e o Absoluto não são um estado particular, senão que realmente se afirma "Este és Tú".

Com o exemplo do ladrão, pode-se observar que quem está em erro se encontra atado, enquanto aquele que está na Verdade é livre.(Ch. Up., VI, 16). Na Upanishad, é mostrado que a unidade é a mais elevada verdade, e a multiplicidade é consequência da ignorância. Se unidade e multiplicidade forem ambas verdades, como poderia considerar-se que uma pessoa estava equivocada ao aceitar essa existência fenomênica?

Outra frase das Upanishads censura aos que veem a verdade a partir de um ponto de vista dualista, assim: "Não há diversidade Naquele. Vai de morte em morte quem crer que há Naquele, diversidade"[1027]. Desde o ponto de vista assinalado (nele ambas, diferença e não diferença, são verdades), não se justifica a Libertação por meio do conhecimento da verdade, porque não se reconhece que a ignorância seja a causa do mundo fenomênico, que só a verdade elimina. Como poderia o conhecimento verdadeiro de uma unidade anular o conhecimento da diversidade, se ambos são verdadeiros?

Diz o opositor: se afirmarmos a unidade absoluta, a percepção e os demais meios válidos de conhecimento ficam anulados, porque a ausência de diversidade lhes deixa sem objeto, o mesmo que a ideia de um homem desaparece quando se vê, realmente, que era um poste. Além disso, todos os textos que contêm preceitos e proibições perderiam seu objetivo se a característica de multiplicidade da qual depende a sua validade, não existiria, realmente. Mais ainda, todo o sistema de ensinamentos que se refere à

[1026] MARTÍN, 2002, p. 215, verso II, 4, 14.

[1027] MARTÍN, 2002, p. 396, verso IV, 4, 19.

Libertação Espiritual seria anulado se a diferença entre mestre e discípulo, da qual depende, se não fosse real. E se o ensinamento sobre a Libertação Espiritual não fosse verdadeiro, como poderíamos manter a verdade da unidade absoluta do Ser, que é um ponto desse ensinamento?

Responde o adepto do Vedanta: sobre isso, respondemos assim: essas objeções não prejudicam a nossa posição, porque toda a complexidade da existência fenomênica se considera verdade, até o momento em que se percebe que o Absoluto Brahmâm é o Ser de tudo. O mesmo que as atividades de um sonho se consideram verdadeiras enquanto não se tenha despertado. Enquanto não tenha alcançado uma pessoa, a compreensão da unidade do Ser não sabe que o mundo fenomênico com seus meios e objetos de conhecimento e com os resultados das ações é ilusório. Como consequência da sua ignorância, essa pessoa vê o que são simples efeitos com o corpo, a descendência, a riqueza etc., como se pertencessem ao seu ser, esquecendo que, realmente, o Absoluto Brahmâm é o Ser de tudo. Por isso, até que não apareça o entendimento da Verdade, as atividades comuns, incluindo-se as religiosas, serão desordenadas. É o mesmo caso que o de quem dorme e, no sonho, vê muitas coisas. Até o momento do despertar, está convencido que as suas ideias produzem uma percepção verdadeira e não suspeita que seja falsa.

Diz o opositor: voltando à objeção que surgiu antes, como podem os textos upanishadicos, se são falsos, referir-se ao verdadeiro Ser do Absoluto Brahmâm? De fato, não vemos que a pessoa que morde uma corda — serpente —, segundo o exemplo em que a serpente se imaginou ao ver a corda, morra. Também não vemos que a água que aparece na ilusão se use para beber ou para banhar-se.

Diz o sdepto do Vedanta: essa objeção não gera nenhuma dificuldade. De fato, vemos efeitos reais como o resultado de causas irreais. Observamos, por exemplo, que, às vezes, a morte sobrevém em consequência de um veneno imaginário. E uma pessoa em estado de sono com sonhos se produzem os efeitos de morrer pela picada de uma serpente ou de banhar-se na água de um rio. Assim, pode-se dizer: sim, mas esses efeitos são irreais. São irreais, desde logo, responderíamos, mas a consciência que tem deles a pessoa que sonha é verdadeira. A pessoa que desperta do sonho considera os efeitos que viu sonhando, a picada de uma serpente, ao banhar-se em um rio etc., são irreais, mas a consciência de que teve deles não é irreal. O que não fica anulada a consciência daquele que sonha em estado de vigília e nos faz compreender que a identidade do Ser com o corpo é falsa[1028].

Há uma frase que explica isso, assim: "Se ao se realizar a cerimônia para se obter um resultado, se vê uma mulher em seus sonhos, se pensa que por este sonho o ritual terá êxito"[1029]. O que indica que a um sonho falso pode seguir-se algo correto. E em outra frase se afirma que se uma pessoa observa certos presságios desfavoráveis pode deduzir que não viverá muito. Diz-se também o seguinte: "Se vemos um homem negro com dentes negros em um sonho, isso causa a morte daquele que sonhou". Esse tipo de frase aponta que a morte certa pode indicar-se por sonhos falsos. Além disso, sabe-se por experiência que as pessoas que sabem interpretar sonhos, segundo o positivo ou o negativo, podem prognosticar fatos propícios ou desfavoráveis. E para citar outro exemplo de que algo verdadeiro pode conhecer-se por meio de algo falso, vemos que se conhecem os sons, que são reais por meio de palavras escritas que são irreais.

As Upanishads representam o significado definitivo do conhecimento válido, porque estão estabelecidas na unidade do Ser. Depois, delas não fica nada mais por conhecer. Embora na vida quotidiana apareça a curiosidade de conhecer: "O que, com que e como?" ao escutar o preceito: "Se deve fazer uma oferenda". Mas não fica nada mais por saber, quando se compreende: "Tu és Isto"[1030] ou ainda: "Eu sou o Absoluto"[1031]. Isso porque esse conhecimento tem por conteúdo o Ser que é a totalidade. Pode aparecer a curiosidade quando algo permanece fora da minha compreensão, mas não há nada mais além da unidade com o Ser, pelo qual possa haver curiosidade. Mas não se pode afirmar que um conhecimento como esse não possa aparecer. Isso porque textos upanishádicos, como "Por ele, compreendeu a realidade do Ser"[1032], confirmam que existem meios para que esse conhecimento apareça, como o escutar e estudar a verdade expressada nos Vêdas. Por outro lado, não se pode dizer que o tomar conhecimento — desse conhecimento — seja inútil ou errôneo, porque tem por resultado a eliminação da ignorância e ainda porque não há outro conhecimento acima dele. Dissemos já que, antes de tomar consciência da unidade do Ser, todas

[1028] Porque a uma mesma consciência lhe correspondem distintos corpos. Um em estado de vigília, e outro que pode ser diferente, em estado de sono com sonhos (nota de rodapé e Consuelo Martín, na sua tradução do Brahma Sutra, p. 265).

[1029] TINOCO, 2021, verso V, 2,8.

[1030] TINOCO, 2021, verso VI, 8, 7.

[1031] MARTÍN, 2002, p. 378, verso IV, 4, 5.

[1032] TINOCO, 2021, verso VI, 16, 3, 2021.

as ideias sobre o verdadeiro e o falso no âmbito da vida corrente no religioso permanecem imutáveis. Sem dúvida, quando as ideias de multiplicidade são desarraigadas, uma vez que se alcançou a estabilidade do Ser, já não se imagina o Absoluto Brahmâm como algo composto.

Diz o opositor: mais uma vez, citando o exemplo da argila como análogo, não teríamos que admitir que o Absoluto Brahmâm é suscetível a transformações? Porque sabemos que a argila e as coisas similares são mutáveis.

Diz o adepto do Vedanta: não é assim, porque o Absoluto Brahmâm é imutável. E as Upanishads negam todo tipo de mudança Nele, em frases como a seguinte: "[...] os que conhecem o Absoluto dizem que Aquele imutável é isto: não é grosso nem fino, nem curto nem longo, nem vermelho nem fluido, não é uma sombra, nem escuro, sem ar e sem espaço..."[1033]. Ao Absoluto Brahmâm não se pode imputar nenhuma das características, nem as que correspondem a estar sujeito às mudanças, nem as ideias de estar livre dele. Sobre isso, escreveu-se: "Deste Ser, se pode dizer: Não é isto, não é isto"[1034] e "Não é grosso nem fino, nem grande nem pequeno"[1035].

Diz o opositor: por que o Absoluto Brahmâm não pode ser considerado com mudanças e sem mudanças?[1036] Do mesmo modo se pode falar do movimento e do repouso.

Diz o adepto do Vedanta: o Absoluto Brahmâm é imutável, não pode ter nem o atributo do movimento, nem o da imobilidade. Como já foi demonstrado, é eterno e sem nenhuma modificação.

Compreender a unidade do Absoluto Brahmâm é o meio para se obter a Libertação Espiritual Final. E não existe nenhuma evidência de que esse conhecimento gere algum resultado independente capaz de transformar o mundo. As escrituras revelam unicamente o resultado que se produz quando se toma conhecimento do Imutável Absoluto Brahmâm como sendo o Ser. Há uma frase que se inicia assim: "Aquele Ser pode ser definido como 'Não é isto', 'Não é isto' [...]"[1037] e mais adiante "Ganeka alcançou o que está livre do medo"[1038].

1033 MARTÍN, 2002, p. 285, verso III, 8, 8.

1034 MARTÍN, 2002, p. 398, verso IV, 4, 22 (verso longo!).

1035 MARTÍN, 2002, p. 285, verso III, 8,8.

1036 Com mudanças é o mundo fenomênico e sem mudanças é o estado verdadeiro de unidade. Essa seria uma visão relativa e distorcida do Absoluto que, por essência, é sem mudanças, ou deixaria de ser o Absoluto. Nota de rodapé de Consuelo Martín, na sua tradução do Brama Sutra, p. 267.

1037 MARTÍN, 2002, p. 319, verso IV, 2, 4

1038 MARTÍN, 2002, p. 319, verso IV, 2, 4

Temos, portanto, que concluir desta maneira: quando se fala do Absoluto Brahmâm, pode-se ver que a Libertação é uma consequência de se compreender que Nele não há mudanças. Por isso foi dito que não tem nenhum efeito e as frases que tratam da transformação devem ser entendidas apenas como um meio para se conhecer o Absoluto Brahmâm. Como Nele mesmo não há efeitos, relaciona-se mencionando-O com algo que tenha efeitos.

Compreender que o resultado do Conhecimento do Absoluto Brahmâm seria o sofrer as modificações — que Ele sofre na manifestação fenomênica — seria incorreto. Isso porque o estado de Libertação Final ao qual chega o ser individual ao conhecer o Absoluto é eterno e imutável. Então, aparece uma questão por parte do oponente. Ao sustentar que a natureza do Absoluto Brahmâm é imutável, contradiz-se a doutrina fundamental, segundo a qual Deus é a causa do universo. A unidade absoluta não permite a diferença entre o ordenador — Deus — e o ordenado, ou seja, o mundo.

Diz o adepto do Vedanta: Não concordamos com isso, porque características como a onisciência que somente pertence ao Absoluto Brahmâm, enquanto relacionado com o mundo fenomênico, dependem da evolução dos princípios de "nome" e "forma", que estão baseados na ignorância.

O que defendemos, de acordo com frases das escrituras, como "Daquele Atman (Brahmâm) surge o akasha (espaço)"[1039] e que a criação deste mundo, sua manutenção e dissolução no Uno, procedem de um Ser onisciente e onipotente, e não de uma natureza destituída de consciência ou de qualquer outro princípio. Isso foi explicado no verso I,1, 24 do Brahma Sutra. Aqui, não se está ensinando nada diferente.

Diz o opositor: mas como é possível afirmar isso, quando se está mantendo a absoluta unidade e não dualidade do Ser?

Diz o adepto do Vedanta: veja como isso é possível. Existem o nome e a forma, ambas criações da ignorância. É como se pertencessem ao Ser de Deus. E não se pode determinar nem como o real nem como o irreal. Menciona-se da tradição esses princípios do mundo fenomênico, como o poder da ilusão — mâyâ —, a energia — shakti — ou a matéria-prima — prakritî — de Deus onisciente. Mas Deus é diferente desses princípios como se sabe por frases como estas: "Aquele que se chama espaço é o que revela todas as formas e os nomes. Porque todo ele está contido no Absoluto"[1040],"Aquele Ser onisciente , que criou todas as formas e deu todos

[1039] TINOCO, 1996, p. 228, verso II, 1, 3.

[1040] TINOCO, 2021, verso VI, 3,2.

os nomes , os pronunciou. " (Tai. Ar., III, 12, 7) e "Há um Dirigente não dual que preside as ações aparentes do Jiva encarnado; Ele produz muitas entidades do mundo fenomênico, a partir de uma semente. Felicidade eterna pertence ao buscador da Verdade, capaz de percebê-Lo no interior de todos os seres"[1041]. De alguma maneira, Deus, de acordo com as limitações referidas de nome e forma, oriundas da ignorância, cria realidades, o mesmo que o espaço universal faz nos agregados limitados das vasilhas e jarros. Ele permanece no mundo fenomênico como o organizador dos seres individuais, que se chamam criaturas quando se identifica com Ele. O mesmo que os espaços nas vasilhas, corpos e sentidos criados pelo nome e forma surgem da ignorância.

Daí, relação que tem Deus como onisciente e onipotente depende das relações referidas, que surgem em virtude da ignorância, mas nenhuma dessas características pertence ao Ser, nem a de organizador, nem a de onisciente. Somente se usa para ir eliminando as limitações superpostas pela compreensão verdadeira. Foi dito que: "Ali, onde não se vê nada, nem se ouve nada, ali, onde nada se conhece, está o Infinito"[1042], "O Ser (Atman) é o diretor de tudo, o rei de todos os seres. Assim como os raios estão fixos ao centro e à superfície de uma roda de carro, assim todos os seres , os deuses, os mundos, os órgãos e os 'indivíduos" estão fixos ao Ser""[1043] e "Porque quando parece que há dualidade então se vê algo, se ouve algo, se saboreia algo. Mas quando para o que conhece o Absoluto todas as coisas são o Ser, então o que haveria que ver e com que, o que haveria de ver com que, o que haveria de saborear e com que, o que haveria de falar e com que [...]?"[1044].

Todos os textos das Upanishads afirmam que, desde o estado da realidade verdadeira, o mundo fenomênico das aparências não existe. E ainda, em outras escrituras, pode-se ler o seguinte: "O Ser não cria nem a subjetividade nem os objetos, nem a relação com os resultados. É a natureza quem o faz. O onipresente- o Absoluto- não aceita nem as culpas nem os méritos de ninguém. A Verdade permanece encoberta pela ignorância, pelo que as criaturas estão confundidas"[1045] . Nesse texto, é mostrado que, desde a suprema Verdade, a relação entre o Divino que organiza e as Upanishads dizem: "É o criador de tudo o que governa e protege a todos os seres. É

1041 TINOCO, 1996, p. 312, verso VI, 12.

1042 TINOCO, 2021, verso VII, 24, 1.

1043 MARTÍN, 2002, verso II, 5, 15 (verso diferente).

1044 MARTÍN, 2002, p. 414, verso IV, 5, 15.

1045 MARTÍN, 2009, p. 130, versos V, 14-15.

o dique que limita e mantém separados os diferentes mundos"[1046] e "Deus habita no coração de todas as criaturas, Arjuna, e o Seu poder de criar ilusão (Mâyâ) as arrasta como se tivessem em uma roda mecânica"[1047].

Em outras frases de Vyasa (II, 1,13 e 14): "Se foi dito que a distinção entre o experimentador e o experimentado termina, dizemos que essa distinção se mantem, como se observa na experiência comum" e "A não diferença entre o efeito e a causa se produz por termos como a origem". Aqui, é afirmado a indiferenciação entre causa e efeito, desde o estado de verdadeira realidade, enquanto na experiência fenomênica se vê o Absoluto Brahmâm como se fosse um vasto oceano com ondas. O mundo dos fenômenos criados não se nega. As transformações se aplicam ao Absoluto Brahmâm com modificações (Saguna Brahmâm) a quem se dirige a devoção.

Sutra 15: causa e efeito não são diferentes, porque o efeito se percebe quando está a causa[1048].

Sutra 15: causa e efeito não são diferentes, porque o efeito se percebe quando existe a causa[1049].

O efeito não difere da causa por razão posterior: o efeito é percebido quando existe a causa e não de outra forma[1050]. Por exemplo, percebe-se a jarra quando está a argila, a tela, quando está o tecido. Sem dúvida, não é um fato invariável (usual) que se vê uma coisa quando está presente algo diferente; pois onde há um cavalo não se vê uma vaca, sendo esta distinta de um cavalo. Embora exista uma relação entre produtor e o efeito, não é correto que se perceba uma jarra somente quando o oleiro está presente, pois os dois são diferentes.

Diz o adversário: porém se percebe invariavelmente a presença de algo, ainda quando está presente algo que não seja a coisa em si, por exemplo: a fumaça pode existir apenas se há fogo.

Diz o adepto do Vedanta: não, porque, ainda quando o fogo se esgota, constatamos que a fumaça persiste, por exemplo: conservando-o dentro de uma urna. No entanto, qualificarias a fumaça como estando sujeita a certas condições: a fumaça que se eleva de um lugar em um fluxo contínuo e você diria que este tipo de fumaça não pode existir, a menos que exista

1046 MARTÍN, 2002, p. 398, verso IV, 4, 22.

1047 MARTÍN, 2009, p. 312, verso XVIII, 61.

1048 GAMBHIRANANDA, 1983, p. 335.

1049 MARTÍN, 2001, p. 269.

1050 Não apenas a existência do efeito depende da existência da causa (material), mas que a sua percepção depende, também, da percepção da causa material (nota de rodapé de Swami Gambhirananda, na sua tradução do Brahma Sutra, p. 335).

o fogo, e isso não refutaria a nossa proposição, pois diremos que: a razão pela qual sustentamos que a causa material e o efeito não são diferentes, é que a ideia do efeito pode existir somente quando persiste a ideia que tem a impressão da causa. E essa coexistência não acontece no caso do fogo e da fumaça.

Por outro lado, lemos o sutra: "Tendo em conta a existência da percepção". A indiferenciação não se aceita, apenas porque está nas escrituras, também se deduz da percepção. A indiferenciação se vê, por exemplo, no conjunto de fios, onde não vemos algo que se chama "tela", adicionados aos fios e simplesmente fios de tecidos entrecruzados. Por isso, entre os fios, vemos uns mais finos e outros grossos, que se identificam no conjunto da tela, mas que podem ser percebidos independentemente.

Baseando-se no que percebemos, podemos concluir que as partes mais sutis são idênticas, em última instância, com as suas causas, como o vermelho, o branco e o negro, cores do fogo, água e terra, de acordo com a Chandogya Upanishad (VI, 4). Também são idênticos com o ar, e este, com o espaço, e o espaço com o Absoluto Brahmâm que é uno sem segundo. Assim, temos explicado que estes experimentos nos levam ao Absoluto Brahmâm, como a causa final do mundo e não da natureza.

Sutra 16: e causa e efeito não são diferentes, porque o efeito tem existência (prévia) na causa[1051].

Sutra 16: e a causa e o efeito não são diferentes, porque o efeito existe antes da criação da causa[1052].

Também devemos considerar que o efeito não é diferente da sua causa, pela seguinte razão: nas Upanishads o que é posterior no tempo, o efeito, antes de atualizar-se, está essencialmente na causa, em frases como: "No princípio só estava o que é"[1053] e "Antes da criação do mundo, só existia o Atman [...]"[1054]. O efeito que se expressa com a palavra "isto" aparece em coordenação com a palavra que significa a causa. Pelo que se vê, ambos pertencem a mesma substância. Por outro lado, uma coisa que não existe em outra pelo seu ser não pode ser produzida por ela. Por exemplo, o azeite não se produz da terra. Daí, não se diferencia antes de produzir-se o efeito. Compreendemos que, após ter sido produzido, o efeito continua sendo igual à causa.

1051 GAMBHIRANANDA, 1983, p. 337.

1052 MARTÍN, 2001, p. 270.

1053 TINOCO, 2021, verso VI, 2, 1.

1054 TINOCO, 1996, p. 258, verso I,1,1.

Como causa, o Absoluto Brahmâm é o que é em todo momento, e o efeito, o mundo fenomênico, também é o que é em todo momento. O que é o Real só é uno. O efeito não é diferente da causa.

Sutra 17: se argumentamos que o efeito não existe antes da criação, posto que (na Upanishad) se declara "não existente", então diríamos que não é assim, porque, graças à porção complementar, sabe-se que a palavra é empregada desde o ponto de vista de uma diferença de características (Swami Gambhirananda, p. 337).

Sutra 17: tem-se dito que o efeito não existe (antes da criação), já que se considera (nas Upanishads) como não existente, dizemos que não é verdade, porque o termo "não existente" é uma característica mais (como se vê) ao final do texto[1055].

Diz o opositor: em alguns locais, as escrituras falam do efeito antes de ser produzido, como "não existente", por exemplo: "No princípio só havia o não existente"[1056] e "Aquele Brahmâm descrito como o não existente, criou a Si próprio"[1057].

Diz o adepto do Vedanta: não concordo com isso, pois não significa que a inexistência do efeito antes de ser criado é um absurdo. Simplesmente estava em um estado diferente. Ou seja, ainda não se havia desenvolvido o estado de nome e forma. É diferente esse estado daquele no qual ele já se tenha manifestado. E nesse último estado, antes de ser produzido o efeito, chama-se inexistente enquanto existe como idêntico à sua causa.

Essa condição se deduz do trecho final. Aqui, segue-se a regra segundo a qual o sentido de uma frase cuja primeira parte é duvidosa se determina pela parte que a complementa. Em relação ao texto: "No princípio isto era unicamente inexistência", assinalamos que o que aí se expressa com a palavra "inexistência" se encontra na frase que o complementa, assim: "Isto chegou a ser inexistente". A palavra "era" não se emprega para o que é completamente inexistente, o que não se pode relacionar com um tempo anterior ou posterior. Levando-se em conta as duas frases, a primeira, onde se diz que é "inexistente", e a segunda complementar, no que se faz "existente", fica demonstrado que não se refere à inexistência absoluta.

Em relação a tudo o que foi dito, deduz-se que a inexistência que se aplica ao efeito antes de ser criado se refere a nada mais que um estado

1055 MARTÍN, 2001, p. 271.

1056 TINOCO, 2021, verso III, 19, 1.

1057 TINOCO, 1996, p. 232, verso II, 7, 1.

diferente de ser e a nada mais que isto. E como o que se distingue como nome e forma, na linguagem habitual, se diz que existe o termo "inexistente" se aplicaria ao modo de metáfora para expressar o estado em que estavam antes de sua diferenciação.

Sutra 18: a pré-existência e não a não diferença do efeito ficam estabelecidas, por meio do raciocínio e de outro texto upanishádico[1058].

Sutra 18: pelo raciocínio e de acordo com um texto upanishádico posterior, deduz-se que o efeito existe antes da criação e que não é diferente da causa[1059].

No princípio foi demonstrado pelo raciocínio o seguinte: a experiência nos ensina que quando se deseja produzir certos efeitos como uma coalhada de leite, uma jarra de barro ou adereços de ouro, usa-se, para tanto, certas substâncias determinadas, como o leite, a argila e o ouro. Quando se deseja produzir coalhada, não se usa a argila, nem para produzir jarras se emprega o leite. Sem dúvida, tudo isso deveria ser possível, de acordo com uma doutrina que diz que não existe o efeito antes de atualizar-se como tal. Isso porque antes da sua atual origem todos os efeitos são igualmente inexistentes em qualquer substância causal. Portanto, por que as coalhadas têm que ser feitas apenas com leite e não com argila e as jarras só com argila e não de leite? A mesma inexistência de qualquer efeito em qualquer causa se verifica, mas, por sua vez, cada substância causal tem certa potencialidade que vai mais além dela mesma e vale somente para certo efeito concreto e não para outros. Como no exemplo anterior, somente do leite se pode fazer coalhada e não de argila. E somente de argila se pode fazer jarras e não de leite.

O que se entende por potencialidade? Se entendemos a condição anterior ao efeito, teríamos que abandonar a doutrina do efeito não existente na causa e comprovar que o efeito existe como foi dito. Entretanto, por outro lado, entende-se por potencialidade certo poder da causa ao efeito, já que somente determinado efeito surge de uma causa, deve-se admitir que este poder somente determinará o efeito particular. E se não é diferente da causa e do efeito, nem é inexistente, pois, se fosse uma dessas duas coisas, não se distinguiria de outra coisa, como poderia produzir ele somente o efeito particular? Deduzimos daqui que esse poder é idêntico ao Ser. Por outro lado, já que as ideias de causa e efeito, por um lado, e as substâncias

[1058] GAMBHIRANANDA, 1983, p. 339.

[1059] MARTÍN, 2001, p. 271.

e características, por outro, não estão separadas, como o estão as ideias em um cavalo ou um búfalo, há que reconhecer a identidade de causa e efeito igual a de substância e acidente.

Diz o opositor: então, deduzimos que a causa e o efeito, ainda que diferentes, não se consideram assim, porque estão conectados pela "relação inerente".

Diz o adepto do Vedanta: se deduzimos uma "relação inerente" entre causa e efeito, deve-se admitir também que essa relação está unida por algo aos dois termos que se relacionam entre si. E essa relação exigirá outra nova relação — para unir os dois termos relacionados. E assim, nos veríamos obrigados a supor infinitas séries de conexões ou, ao contrário, teríamos que afirmar que a "relação inerente" não está unida por nada aos termos que ela une. E como resultado disso i desfaria os dois termos da "relação inerente".

Diz o opositor: bem, então aceitemos que essa relação, ao ser uma conexão pode unir termos sem necessidades de outra união.

Diz o adepto do Vedanta: "a conjunção inerente" deve estar correlacionada com os dois termos que unem sem a ajuda de uma relação intermediária, pois uma conjunção também é um modo de conexão[1060]. E como as substâncias com as suas características se sabe que estão em uma relação particular, não há necessidade de supor uma relação inerente. Por outro lado, o que nos faz supor que, ao afirmar que causa e efeito se unem pela "relação inerente", que há uma substância composta por partes e que o efeito permanece na sua causa, ou seja, nas partes nas quais consiste? Permanecerá em todas as partes tomadas como um todo ou em cada uma em particular? Se diz que em todas as partes como um todo, não se poderia, então, ver ao todo como tal, já que é impossível que todas as partes estejam em contato com os órgãos de percepção. E não se pode dizer que o todo pode ser concebido somente por meio de algumas das suas partes, pois a multiplicidade que existe em todos os substratos — em todas as coisas — não se conhece até conhecer alguns desses substratos.

Diz o opositor: admitiremos que o todo está em todas as partes, mediante as limitações referidas?

[1060] A diferença que Shankara quer marcar sobre a filosofia Nyâya está na palavra "conjunção" que, ao basear-se em uma característica (Guna), é inerente ao ser com o qual se relaciona. Está, portanto, unido ao ser e não necessita nada mais que as relações (nota de rodapé de Consuelo Martín, na sua tradução do Brahma Sutra, p. 273).

Diz o adepto do Vedanta: responderemos a isso, assinalando que, nesse caso, deveríamos supor outras partes além das originais para que por meio delas o todo possa estar nos originais. Porque uma espada penetra na bainha por meio de cada uma das suas partes componentes que são diferentes das que compõem a bainha. Isso nos levaria a uma regressão infinita, porque em cada etapa novos componentes se unirão aos anteriores. Então, aceitaremos que o todo está em cada parte, separadamente. Se é assim, quando uma ação tem lugar em uma parte, não há ação nas outras. Porque se Devadata está em Srughna não está ao mesmo tempo em Pataliputra. Se do que tratamos é da presença em vários lugares, então teremos que aceitar multiplicidade de causas, como no caso de Devadata e Yjañadata residindo em Srughna e Pataliputra respectivamente (dois lugares porque são duas pessoas).

Diz o opositor: o todo pode estar presente em cada parte como as características genéricas da vaca está presente em cada vaca.

Diz o adepto do Vedanta: não é assim, porque não se percebe dessa maneira. Os atributos genéricos da vaca se percebe em cada vaca, mas o todo não é percebido em cada parte. Se o todo estivesse em cada parte, produziria seus efeitos indistintamente em cada uma delas. Por exemplo, uma vaca daria leite por seus chifres e seu rabo. Mas isso não acontece. Portanto, se o efeito não existisse antes da criação, a ação criativa se produziria sem nenhum agente e sem nenhuma realidade.

A criação é um ato, como o ato de falar, de andar, e, como tal, necessita um agente. Falar da ação sem um ator seria uma contradição. Se negamos a existência prévia do efeito na causa, teríamos que admitir que no momento em que se fala da origem de uma jarra, o ato de criá-la não teve a jarra mesma como sujeito. Qual seria, então? Teríamos que imaginar alguém como sujeito da ação na origem. Mas a origem de uma jarra aparece na ação do oleiro como causa operativa e se supõem as outras causas operativas já existentes com anterioridade. Mas essa não é a experiência habitual. Quando falamos da origem de uma jarra, o oleiro já havia sido criado antes.

Diz o opositor: pode-se dizer que a origem de uma coisa não é mais que a união do efeito com a sua causa, como existência. E assim, um ser chega a existir.

Diz o adepto do Vedanta: como pode relacionar-se com outra coisa algo que não existe? Somente é possível a relação entre coisas que existem e não entre uma coisa existente e outra não existente. E não se pode por um limite ao não existente que não tem nome, nem forma. Por isso, é ilógico dizer que o efeito não exista antes de ser criado, porque a experiência nos ensina que apenas as coisas existentes têm limites e não as existentes não. Por exemplo, se dizemos: "O filho de uma mulher estéril era rei antes de ser coroado Pûrnavarmam", o que se havia marcado um limite no tempo nessa afirmação não implica que o filho de uma mulher estéril, ou seja, algo sem identidade era, é ou será rei. Se o filho de uma mulher estéril pudesse se converter em algo que existe depois da ação de algum agente causal, também seria possível que o efeito que não existe, existira depois da ação de uma causa agente. Mas sabemos que nenhuma das duas coisas são possíveis. O efeito inexistente, o mesmo que o filho da mulher estéril, não são reais e não podem sê-lo nunca,

Diz o opositor: nesse caso, a atividade das causas agentes não tem nenhum propósito, porque o efeito esteve já completamente realizado na causa e não foi diferente dela, ninguém intentaria realizar algo que já está realizado antes fazer algum esforço. Mas, de fato, não é assim. Os agentes causais tratam de realizar efeitos e, se sua atividade tem algum propósito, teremos que admitir a inexistência do efeito antes de ser produzido.

Diz o adepto do Vedanta: essa objeção não é válida, porque a atividade do agente causal tem por objetivo transformar a substância causal na forma do efeito. E temos demonstrado que a forma do efeito não é algo que existisse previamente. Isso porque o que não existe já na causa não pode produzir-se. Uma substância que não se converte em outra porque aparece sob um aspecto diferente. Pode-se verificar que Devadatta em diferentes atitudes, com as pernas e os braços dobrados ou estendidos, sem dúvida, manterá a sua identidade, pela qual se o conhece. Do mesmo modo, as pessoas que nos rodeiam são as mesmas, embora se modifiquem de estado e de atitude, como pais, filhos, irmãos e outros.

Diz o opositor: mas permanecem os mesmos substancialmente, porque os diferentes estados nos quais aparecem não estão separados pelo nascimento e a morte, enquanto o efeito, por exemplo, uma jarra, aparece somente após a causa, e essa é como ficará destruída[1061].

1061 Dessa maneira, vê-se que o efeito como diferente da causa (nota de rodapé de Consuelo Martín, na sua tradução do Brahma Sutra, p. 275)

Diz o adepto do Vedanta: não, porque as substâncias causais como o leite existem depois de ter-se convertido em efeito, como a coalhada[1062]. Inclusive, nos dois casos nos quais não se vê a continuada existência da causa, como poder ser as sementes de uma figueira de onde saem brotos, árvores, o termo "nascimento" somente se refere à substância causal, ou seja, a semente. E se faz visível ao se converter em broto pela contínua acumulação de partículas similares de matéria. E a palavra "morte" somente significa que, pela separação dessas partículas, a causa está muito além do campo da visão. Também não se pode dizer que, na separação do nascimento e morte o que existe, deixa de existir e o que existia, existe. Se fosse assim, a criança que não nasceu, que ainda está no ventre materno, e a criança recém nascida que está no berço, seriam seres diferentes. Isso resultaria que um homem não seria a mesma pessoa em sua infância, na maturidade e na velhice e os termos como pai e outros seriam impróprios.

Pela mesma razão, a teoria budista segundo a qual toda a existência é momentânea fica aqui refutada. E quanto à suposição que considera o efeito inexistente, nos levaria à conclusão da falta de propósito na atividade do agente causal, porque o que não existe não pode ser objeto de nenhum esforço. Seria como movimentar a espada no ar para matar o espaço. O objeto não tem por que ser a causa inerente. Isso nos levaria a ao erro de pensar que a causa agente tem por objetivo a causa inerente, para produzir outra coisa — o efeito.

Diz o opositor: para eliminar esse erro, que o efeito não é algo da causa, se não certa força relativa (*atsaya*) da causa inerente, com ele aceitaria o que afirmamos, que o efeito já existe na causa.

Concluiremos, portanto, explicando que o leite e outras substâncias se chamam efeitos quando estão no estado de "coalhada" e outros e que é impossível, em certos anos, criar um efeito diferente da causa. A causa fundamental de tudo aparece na forma desse ou daquele efeito, até o último efeito, o mesmo que um ator aparece com várias vestimentas. Esse é o fundamento para todas as concepções aceitadas sobre o mundo fenomênico. O que aqui foi deduzido pelo raciocínio é que o efeito já existe antes da sua origem e que não é diferente da sua causa.

[1062] Apesar de invisível, a causa permanece porque não é diferente do efeito, é o quer explicar Shankara com este exemplo do leite e da coalhada, e com outros, mais adiante (nota de rodapé de Consuelo Martín, na sua tradução do Brahma Sutra, p. 275)

Foi abordado de outro texto das Upanishads que foi colocado como exemplo no Sutra anterior e que fala do inexistente. Se lhe considera distinto dos que se referem à existência. Esse texto começa assim: "No princípio tudo isto era não mais que existência, um sem segundo"[1063]. Esse texto se refere à teoria da não existência como causa do mundo. Se refere primeiramente à não existência com as mesmas palavras "tudo isto no princípio não era senão não existência". Mas aqui aparece em seguida a objeção seguinte: como poderia a existência surgir da não existência? E por último, volta a afirmar o primeiro: "No princípio tudo isto era não mais que existência, um sem segundo" (Ch. Up. VI, 2, 1-2). Nessa frase, o efeito que se expressa com a palavra "isto" está coordenado, na origem do tempo, com a causa expressada com o termo "existência". Isso significa que o efeito existe na causa e não é diferente dela.

Se antes da sua origem não existira e depois se encontra ali, na sua causa, pela "relação inerente" (*samavaya*), seria diferente da causa. Nesse caso, fica negada a declaração: "Conhecendo-se Aquele que, pelo inaudível chaga a ouvir-se"[1064]. Isso é aceitável, porém, compreendendo que o efeito existe na causa e não é diferente dela.

Sutra 19: e o efeito não difere da causa segundo a analogia de um pedaço de tela[1065].

Sutra 19: o efeito não é diferente da causa como uma peça de tela[1066].

Uma peça de tela dobrada pode não ser reconhecida como aquilo que é a tela, podendo parecer outra coisa. Mas se é desdobrada se mostra a sua verdadeira natureza. Ao estar dobrada, não se sabe tão pouco as suas dimensões, mas, ao estendê-la, comprovamos que eram as mesmas de quando estava dobrada. De igual modo, em efeito, que é a peça da tela, não estava manifestada quando permanecia na sua causa, os fios etc. E se manifesta e pode ver-se graças às operações de fiar, tecer, costurar. Aplicado este exemplo da peça de tela dobrada e estendida no caso e do efeito, nos damos conta de que o efeito não é diferente da causa.

Sutra 20: e isso é assim, como no caso da exalação etc.[1067]

Sutra 20: o efeito não é diferente da causa, como o alento vital[1068].

1063 TINOCO, 2021, verso VI, 2,1.

1064 TINOCO, 2021, verso VI, 1,3.

1065 GAMBHIRANANDA, 1983, p. 345.

1066 MARTÍN, 2001, p. 276.

1067 GAMBHIRANANDA, 1983, p. 346.

1068 MARTÍN, 2001, p. 277.

Pode-se observar que, quando se separam as operações do alento vital (Pranayama) a inalação e a exalação na "retenção do ar", as energias vitais se mantém apenas como causa. Somente fica a vida contínua, enquanto os efeitos de contração e expansão se separam. Ao renovar os efeitos, as diferentes formas da energia vital não são diferentes da força vital em si mesma. Todas têm a mesma natureza: o alento vital (Prana). Do mesmo modo, a causa não é diferente do efeito. Portanto, a totalidade do universo não é diferente do Absoluto Brahmâm. Compreende-se do texto upanishádico: "Conhecendo Aquele pelo que o inaudível chega a ir-se, o intocável chega a tocar-se, o incognoscível chega a conhecer-se"[1069].

TEMA 7: A NÃO EXECUÇÃO DO BEM

O ABSOLUTO E A REPRESENTAÇÃO

Verso 21: dado que se menciona a alma individual como estando identificada com Brahmâm, surgirão erros como os de não fazer isso que é benéfico e o que não é[1070].

Verso 21: se é considerado o outro (o ser individual idêntico ao Absoluto), se atribuirão seus erros como evitar o bem ou permitir o mal[1071].

Aqui, é apresentada uma objeção à teoria da causa do universo consciente. Sendo assim, os erros como o não fazer o justo se atribuirão à causa consciente, ao Absoluto Brahmâm. As escrituras dizem que o outro, ou seja, o ser encarnado, é uno com o Absoluto como mostra a frase: "Este é o Ser, esse és tu Svetaketo"[1072]. E se interpretamos "o outro" da frase de outro modo, as escrituras afirmam que o outro, ou seja, o Absoluto Brahmâm é o Ser do ser individual. Isso porque a frase "havendo criado isto, entrou Nele"[1073] afirma que o Criador, ou seja, o Absoluto Brahmân, sem segundo e sem mudanças é o Ser do ser encarnado, porque Ele penetra na Sua criação. E a frase: "Me manifestarei por Mim mesmo em nomes e formas, entrando no ser individual"[1074], a Suprema Divindade considera o ser individual

[1069] TINOCO, 2021, verso VI, 3,1.

[1070] GAMBHIRANANDA, 1983, p. 346-348.

[1071] MARTÍN, 2001, p. 277.

[1072] TINOCO, 2021, verso VI, 8, 7.

[1073] TINOCO, 1996, p. 232, verso II,6.

[1074] TINOCO, 2021, verso VI, 3,2.

como o seu próprio Ser, com o que demonstra que o Ser encarnado não é diferente do Absoluto Brahmâm. Por isso, o poder criativo Dele pertence ao ser encarnado. E sendo o ser um agente independente se esperaria que criara o que é benéfico para Ele e não o prejudicial como o nascimento, a doença, a morte, que implicam sofrimento. Porque ninguém criaria uma prisão para convertê-la em moradia. Nem um ser puro aceitaria o impuro corpo como se fosse a si mesmo. Por outro lado, se libertará das ações que lhe produzirão dores e aceitaria somente as que incluem o prazer. E recordaria que Ele havia criado este mundo, pois ele que há criado algum efeito recorda que Ele havia sido a causa Dele. Como o mago elimina quando quer a ilusão mágica que se apresenta, assim, o ser encarnado poderia eliminar a criação do mundo à sua vontade. Mas, de fato, não pode nem sequer eliminar o seu corpo. Portanto, ao ver que o seria benéfico, não se faz, não é possível aceitar a hipótese que considera consciente a causa do universo. Assim é como pensa o opositor.

Sutra 22: mas o Absoluto Brahmâm é maior que o ser que assumiu um corpo, pela declaração da diferença entre os dois[1075].

Sutra 22: mas, de acordo com a diferença (entre o ser individual e o Absoluto, que aparece na tradição revelada), o criador é algo mais que um ser individual[1076].

Diz o adepto do Vedanta: a palavra "mas" elimina a objeção do opositor. Falamos do princípio criador como um ser por natureza puro, livre eternamente e inteligente e que é algo diferente e mais elevado que o ser encarnado. As imperfeições que foram especificadas antes, como a de fazer o que é justo, não podem ser atribuídas ao Absoluto Brahmâm. Isso porque a Sua natureza é eterna liberdade, não há nada bom que tenha que fazer, nem tão pouco nada mal que evitar. Sendo Ele onisciente e onipotente, nada impede a sua inteligência e poder.

Por outro lado, o ser encarnado tem uma natureza diferente e as imperfeições anteriores são inerentes a ele. Não dissemos, portanto, que ele seja o criador do mundo, tendo em conta a "afirmação de diferença" nos textos das escrituras tais como: "[...] se deve tomar consciência do Ser, se deve escutar, refletir e meditar Nele"[1077], "Devemos descobrir o Ser, desejar

1075 GAMBHIRANANDA, 1983, p. 348.

1076 MARTÍN, 2001, p. 278.

1077 MARTÍN, 2002, p. 206, verso II, 4,5.

compreendê-Lo"[1078], "Então ele se faz como o Ser"[1079] e "....o ser que está no corpo, dirigido pelo Ser Supremo [...]"[1080]. Nessas frases são expressas as diferenças baseadas nas relações entre o agente e o objeto e, ao fazê-lo, vê-se que o Absoluto Brahmâm é diferente do ser individual.

Diz o adversário: há outros textos que afirmam a não diferenciação, por exemplo: "Este és Tu", e não pode dar-se juntas a diferença e a não diferença, porque seria uma contradição.

O adepto do Vedanta responde: que se mostra como podem dar-se as duas na vez do exemplo do espaço universal e o espaço limitado em uma jarra. Tão pronto como a consciência indiferenciada se faz em nós por haver constatado que não há diferença como nos textos que dizem: " Este és Tu", o estado transmigratório do ser e a característica de criador do Absoluto Brahmâm, se desvanecem e, ao mesmo tempo, desaparece também o fenômeno da pluralidade. Havia aparecido por erro e se dissolve com a compreensão. Em que se converte, então, a criação e ele não fazer o que é benéfico?

Temos explicado mais de uma vez que todo esse mundo de fenômenos no qual se realizam ações boas e más é uma ilusão causada pela falta de discernimento, por não ver as superposições de se fazem ao Ser. O corpo e outras limitações que aparecem com o nome e a forma são representações que criam a ignorância, mas que, em verdade, não existem. A ilusão é como uma ideia equivocada de que nascemos, de que fomos feridos, de que morremos, ainda que, em verdade, o único que nasce é ferido e morre, é o corpo físico.

O estado em que as aparências de realidade não foram eliminadas se depreende de textos que marcam a diferença entre o ser e o Absoluto Brahmâm, que é superior, como: "Devemos buscar Aquele"[1081] e neles fica excluída toda possibilidade de imperfeição no Absoluto Brahmâm.

Sutra 23: o ponto de vista do adversário é insustentável, devido à analogia da pedra e por outras razões[1082].

1078 TINOCO, 2021, verso VIII, 7,1.

1079 TINOCO, 2021, verso VI, 8,1.

1080 MARTÍN, 2002, p. 370, verso IV, 3, 35.

1081 TINOCO, 2021, verso VIII, 7,1.

1082 GAMBHIRANANDA, 1983, p. 349.

Sutra 23: pela analogia com as pedras que são produzidas da mesma terra e outras razões, a objeção é insustentável[1083].

As pedras são simples modificações da terra e, sem dúvida, entre elas observamos uma grande variedade. Algumas são gemas preciosas, como o diamante e o rubi, outras são cristais de valor médio e outras somente servem para serem atiradas aos cachorros e às gralhas. As sementes que são semeadas em um mesmo terreno faz brotar sândalos ou pepinos com grandes diferenças em suas flores, folhas, frutos, sucos e fragrâncias. Uma comida produz diversos efeitos como o sangue, os pelos e outros. De igual maneira, o Absoluto Brahmâm, sendo uno, pode conter os seres individuais e o Ser Supremo, porque pode produzir muitos efeitos. Por isso, não se pode aceitar a objeção que põem alguns ao ensinamento do Absoluto como como causa do universo. Apresentam-se, além disso, outros argumentos baseados em que: "todos os efeitos têm sua origem na palavra", como afirma a Chandogya Upanishad, VI, 1,4, e pelo exemplo dos sonhos que são vários, embora a pessoa que sonha seja única.

TEMA 8: CRIAÇÃO SEM MATERIAIS

A CRIAÇÃO SEM MATERIAIS

Sutra 24: se afirmamos que Brahmâm não pode ser a causa, posto que se devem adquirir os materiais (para a produção de um objeto), diremos que não é certo, pois é possível, segundo a analogia do leite[1084].

Sutra 24: tem-se dito que o Absoluto não pode ser a causa do universo sem a ajuda de materiais (porque a produção de um objeto requer matérias para a sua construção), diremos que não, porque sucede como com o leite (ao se transformar em coalhada)[1085].

Diz o opositor: o afirmar que o Absoluto Brahmâm consciente é um sem segundo é a causa do mundo não pode sustentar-se se teremos em conta como se empregam os materiais na experiência. Os oleiros, tecelões e outros artesãos fabricam jarras, telas, depois de prover-se dos meios e materiais como a argila, os operários, as rodas, as cordas etc. Mas tu manténs a opinião

[1083] MARTÍN, 2001, p. 349.

[1084] GAMBHIRANANDA, 1983, p. 350.

[1085] MARTÍN, 2001, p. 280.

de que o Absoluto Brahmâm não tem nenhuma ajuda. Como pode, então, atuar como criador sem instrumentos, sem materiais para trabalhar? Por isso, afirmamos o Absoluto Brahmâm não é a causa do universo.

Essa objeção não é válida, porque é possível a criação a causa da peculiar constituição da substancia causal. O primeiro que o leite e a água se transformam em coalhada e em gelo, respectivamente, sem necessidade de outro meio estranho, assim sucede no caso do Absoluto Brahmâm.

Se o opositor questiona essa analogia, porque o leite para se converter em coalhada necessita um agente externo, o calor, responderemos que o leite também experimenta as mudanças solares, o calor simplesmente a acelera. Se o leite não tivesse essa capacidade em si mesmo, o calor não poderia forçá-lo, pois vemos que o ar ou ao espaço o calor não o faz converter-se em coalhada. Com a ajuda dos meios auxiliares correspondentes, simplesmente se termina de converter-se o leite em coalhada. O poder do Absoluto Brahmâm não necessita da ajuda de nada estranho a Ele. As escrituras afirmam: "Ele não possui corpo físico ou órgãos; ninguém melhor do que Ele pode existir. Os Vêdas falam sobre Ele, exaltando Seus poderes, capazes de produzir diversos efeitos, falando também sobre Sua onisciência e Sua capacidade de ação"[1086]. Concluímos daqui que o Absoluto Brahmâm ainda que sendo único, pelos seus poderes pode transformar-se em múltiplos efeitos, o mesmo que o leite.

Sutra 25: também Brahmâm pode criar sem a ajuda estranha, como os deuses e os demais (segundo se vê) na experiência diária[1087].

Sutra 25: como os deuses e outros seres no mundo, o Absoluto pode criar sem a ajuda de nada estranho a Ele[1088].

Diz o adversário: é possível admitir que as coisas inconscientes como o leite se convertem em requeijão sem a ajuda de fatores externos, pois isso o experimentamos cada dia. Mas constatamos que os seres conscientes, como o oleiro e os demais, dependem dos meios necessários, enquanto se dedicam aos seus respectivos trabalhos. Portanto, como é possível que o Absoluto Brahmâm, consciente como é, atue sem ajuda?

Diz o adepto do Vedanta: nós dissemos que pode ser assim "como no caso dos deuses e os demais", pois, devido à autoridade dos mantras e de outras declarações corroborativas nas escrituras, as histórias e as mitologias,

1086 TINOCO, 1996, p. 281, verso VI, 8.

1087 GAMBHIRANANDA, 1983, p. 351.

1088 MARTÍN, 2001, p. 280.

é um fato sabido que "neste mundo", os deuses, os manes (alma dos mortos), os Rishis e outros, por poderosos e conscientes que sejam, criam por si sós mediante a mera vontade e sem ajuda externa, muitas coisas como os corpos, os palácios, as carruagens etc., de várias formas, porque possuem poderes especiais. Também a aranha cria o seu fio por si só; a cegonha concebe sem acoplar-se, ao simples ouvir o troar das nuvens; e o talo do lótus se move de um lago para outro sem esperar veículo algum. De modo análogo, apesar de que o Absoluto Brahmâm seja consciente, pode criar o universo por si mesmo sem buscar meios externos.

Diz o adversário: quando você toma seus deuses e os demais como ilustração para Brahmâm, eles não se parecem com Ele para nada, enquanto se usem para ilustrá-Lo, pois os mesmos corpos inconscientes dos deuses e não as suas almas conscientes proveem o material para a manifestação dos seus poderes divinos na forma de outros corpos. No caso da aranha, é a saliva que se solidifica por haver comido os insetos pequenos, convertendo-se em fio. A cegonha concebe quando ouve as nuvens trovejar. E o talo do lótus se move sob o impulso da sua consciência, de lago em lago com a ajuda do seu corpo, como uma planta trepadeira sobe ao longo de uma árvore. Não é que o lótus inconsciente se mova, por si só, a outro lago. Portanto, essas analogias não se podem aplicar ao Absoluto Brahmâm.

Diz o adepto do Vedanta: poderíamos responder a isso que simplesmente queríamos demonstrar que o caso do Absoluto Brahmâm é diferente dos oleiros e outros agentes semelhantes, porque, enquanto os oleiros por um lado e os deuses por outro possuem os atributos comuns de serem conscientes, os oleiros requerem meios distantes que estão fora dos seus corpos, e os deuses não. Por eles, também se supõe que o Absoluto Brahmâm, ainda consciente, não necessita meios distantes Dele.

Como o exemplo dos deuses queríamos demonstrar unicamente isso. Nossa intenção é assinalar que uma peculiar capacidade que está condicionada a algum caso, como a do oleiro, não tem por que supor-se em todos os demais.

TEMA 9: TRANSFORMAÇÃO TOTAL

A TRANSFORMAÇÃO TOTAL

Ficou estabelecido que Brahmâm consciente, uno e sem segundo, converte-se na causa do universo por meio de uma transformação que não necessita ajuda externa, como no caso do leite ou dos deuses e os demais. Sem dúvida, levanta-se outra objeção que se propõe pôr o significado das escrituras mais além de qualquer capricho:

Sutra 26: se Brahmâm se transforma no mundo, então, surgirá a eventualidade de uma transformação total ou se violará os textos que afirmam que Brahmâm não tem partes[1089].

Sutra 26: se o Absoluto é a causa do mundo, há que se aceitar que sofre uma transformação, do contrário haveria contradição com os textos que afirmam que não tem partes[1090].

Até esse momento, foi declarado várias vezes que o Absoluto Brahmâm que é consciência, um sem segundo, transformando-se sem empregar nenhum método distante, é a causa do mundo. Mas surge outra objeção para aclarar mais o ponto que tratamos.

Diz o adversário: foi dito que a consequência do ensino vedanta é que devemos aceitar que o Absoluto Brahmâm se transforma totalmente em seus efeitos, porque não está composto de partes. Se fosse como a terra ou qualquer matéria constituída por partes, poderíamos compreender que uma parte muda e a outra permaneceria imóvel. Mas as escrituras afirmam claramente que o Absoluto Brahmâm não tem partes, nas frases: "Aquele que não tem partes, que não tem atividades, sereno, puro, sem mancha"[1091], "Ele é o auto luminoso Purusha, sem forma, incriado. Ele é vazio de Prana, vazio de mente, puro, tão imperecível quanto o imperecível Brahmâm"[1092], "O Ser é Aquele que foi definido como 'nem isto, nem isto"[1093] e "Não é grosso nem fino, nem curto nem longo, [...]"[1094]. Todas estas frases negam a existência de distinções no Absoluto Brahmâm.

1089 GAMBHIRANANDA, 1983, p. 353.

1090 MARTÍN, 2001, p. 282.

1091 TINOCO, 1996, p. 313, verso VI, 19 (verso diferente).

1092 TINOCO, 1996, p. 198, verso II, 1, 2, Mundaka Upanishad.

1093 MARTÍN, 2002, p. 302, verso III, 9, 26.

1094 MARTÍN, 2002, p. 285, verso III, 8,8.

Se vemos que uma transformação parcial é impossível, podemos concluir que a transformação será do Absoluto Brahmâm em totalidade. Mas isso supõe arrancar ao Absoluto da mesma raiz. Os ensinamentos vedânticos exortam a que nos esforcemos por tomar consciência do Absoluto Brahmâm. Mas se pode ver os efeitos Nele, sem esforço, enquanto o Absoluto mesmo não existe separados deles. Além disso, os textos que afirmam que não há sido criado são contraditórios, segundo isso. Porque, se para eliminar as dificuldades assinaladas aceitamos que o Absoluto Brahmâm formado de partes, pomos-nos em contrário daqueles textos que afirmam que não está feito de partes. E se o Absoluto Brahmâm fosse composto de partes, não seria eterno. Essa seria a objeção ante o ponto de vista vedântico.

Sutra 27: mas isso não deve aceitar-se, baseando-se na autoridade das Upanishads, pois a Brahmâm se o conhece somente pelas Upanishads[1095].

Sutra 27: mas isso não é assim, segundo os textos upanishádicos. E o Absoluto somente pode conhecer-se pelas Upanishads[1096,1097].

Diz o adepto do Vedanta: as palavras "mas" elimina a objeção. Negamos isso e afirmamos que o nosso ponto de vista não tem objeção alguma. Da frase "pelos textos upanishádicos", não se deduz que o Absoluto Brahmâm sofre uma transformação total. Porque assim como as escrituras falam do mundo criado pelo Absoluto, também falam Dele, separado dos seus efeitos. Isso aparece nos textos que indicam a diferença entre causa e efeito, assim: "Aquela divindade determinou: 'Penetrarei nas três divindades por mim mesmo, como ser individual e expressarei a manifestação de nomes e formas'"[1098] e "Grande é a Sua glória, mas ainda maior é o Espírito. Todos os seres estão aos seus pés. Seus três pés imortais estão no Céu"[1099] . Também há frases que afirmam que o Absoluto Brahmâm sem mudanças tem a Sua morada no coração e outras ensinam que no sono sem sonho o ser individual está unido à Realidade.

1095 GAMBHIRANANDA, 1983, p. 354.

1096 O Absoluto não pode ser compreendido a partir do conhecimento racional, que é dual. Porque sempre seria um conhecimento relativo. Não há relações entre o Absoluto e o relativo, as relações são sempre relativas. Somente através da intuição, que é uma visão imediata, se pode aceitar uma verdade relativa. Nas Upanishads se esquiva esta dificuldade de transmitir uma verdade não dual com uma linguagem dual, mediante a união dos opostos e a imagem metafórica. A partir desses textos pode haver um conhecimento intuitivo do que é o Absoluto (nota de rodapé de Consuelo Martín, na sua tradução do Brahma Sutra, p. 282).

1097 MARTÍN, 2001, p. 282.

1098 TINOCO, 2021, verso VI, 3,2.

1099 TINOCO, 2021, verso III, 12, 6.

Se o Absoluto Brahmâm em totalidade passou aos seus efeitos, a limitação da união do ser com o Absoluto ao estado de sono sem sonho que é assinalado em: "então está unido à Sua essência" (Ch. Up. VI, 8, 1) não teria sentido, pois o ser estaria sempre unido aos efeitos e não ao Absoluto que não pode ser objeto de percepção por meio dos sentidos, enquanto os efeitos podem ser objetos. Por essas razões, deve-se admitir a existência do Absoluto Brahmâm sem transformações.

Não se contradizem aqui os textos que afirmam que o Absoluto Brahmâm não tem partes, senão que admitimos que não tem partes tal como o revelam as escrituras upanishádicas, porque, tendo em conta que o conhecimento do Absoluto se encontra nesses textos e que somente eles têm autoridade para esse tema, deve-se aceitar o que as Upanishads declaram e esses textos declaram que o Absoluto Brahmâm não passa a seus efeitos em totalidade e que, além disso, é sem partes. Inclusive, certos objetos habituais como pedras preciosas, feitiços, ervas possuem poderes que segundo as diferenças de tempo, lugar, ocasião produzem diferentes efeitos opostos, e ninguém deve saber por raciocínios o número desses poderes, suas condições ideias e os seus propósitos. São necessárias algumas instruções para ele. É impossível, também, que o pensamento racional compreenda a verdadeira natureza do Absoluto Brahmâm e os Seus insondáveis poderes sem a ajuda das escrituras. Tal como disse o Purana: "Não apliques o raciocínio ao que é impensável". A prova de que algo não se pode pensar é o ver que está por cima de todas as causas materiais. Portanto, a compreensão de que está mais além dos sentidos somente pode basear-se nos textos upanishádicos.

Diz o opositor: nem sequer os textos das escrituras podem nos fazer compreender o que é contraditório. Foi dito aqui que o Absoluto Brahmâm não tem partes e sofre uma transformação, mas não em totalidade. Se não tem partes ou não muda ou muda na Sua totalidade e se foi afirmado que muda e em parte permanece em Sua própria natureza, se há produzido uma ruptura de onde se depreende que consta de parte. É verdade que, em assuntos relacionados com a ação, como os preceitos védicos: "Se deve colher a taça durante o ritual Atiratra", qualquer contradição que possa apresentar-se ao entendimento fica eliminada ao adotar a pessoa uma das duas alternativas; mas aqui não se elimina a contradição. Porque uma coisa existente como o Absoluto Brahmâm não depende — como a ação a realizar — da pessoa. Portanto, nos encontramos aqui com uma verdadeira dificuldade.

Diz o adepto do Vedanta: não é mais uma dificuldade aparente, porque a ruptura que se imagina na natureza do Absoluto Brahmâm é inventada pela ignorância. Uma ruptura assim divide tanto quanto a lua quando parece que se multiplica para uma pessoa com defeito de visão. Essa pluralidade é a ilusão da ignorância que se caracteriza pelos nomes e as formas, sendo manifestada e não manifestada. Não se pode definir também como existente e não existente.

O Absoluto Brahmâm se converte na base de todo este mundo de aparências com as suas mudanças, enquanto em sua verdadeira e real natureza permaneça sem mudanças no universo fenomênico. E como as diferenças entre nomes e formas são ilusões se dão somente pela linguagem e não contradizem realmente que o Absoluto não tenha partes. As frases das escrituras que falam das transformações do Absoluto Brahmâm não se propõem a ensinar o fato da mudança, pois um ensinamento assim não teria nenhum efeito, mas tem por objetivo mostrar que o Ser do Absoluto está acima deste mundo de aparências. Esse é o ensinamento que, como sabemos, tem um resultado. A frase upanishádica que se inicia assim: "Só se pode descrevê-lo como não é isto, não é isto" que fala do incondicionado Absoluto Brahmâm, ao final, expressa-se o resultado, com estas palavras: "Tu chegaste Àquele que está livre do medo, Janaka, disse Yajnavalkya"[1100]. Assim, pode-se ver que o nosso ponto de vista não conduz a nenhuma dificuldade.

Sutra 28: porque isso é o que ocorre no caso da alma individual também e nos casos dos deuses e dos demais, as criações são de várias classes[1101].

Sutra 28: e porque no ser individual também se dão distintas criações, o mesmo que no Absoluto sem perder a unidade[1102].

Não há nenhuma razão para se encontrar objeções no Ser Uno sem que a Sua natureza se destrua, porque as escrituras nos ensinam que existe uma criação múltipla no Ser Uno da pessoa que dorme, assim: "Não há ali carruagens nem cavalos, nem caminhos..."[1103] E na vida normal, as diversas criações, os elefantes, os cavalos etc. aparecem com os deuses ou os magos, sem interferir com a unidade do seu ser. Dessa maneira, pode existir também uma criação múltipla no Absoluto Uno, sem que perca a sua unidade.

1100 MARTÍN, 2002, p. 319, verso IV, 2,4.

1101 GAMBHIRANANDA, 1983, p. 356.

1102 MARTÍN, 2001, p. 284.

1103 MARTÍN, 2002, p. 342, verso IV, 3, 10.

Sutra 29: e porque o ponto de vista do adversário é igualmente adulterado[1104].

Sutra 29: e porque a objeção (ao nosso ponto de vista) vai contra o ponto de vista do oponente[1105].

Aqueles que sustentam que o mundo surgiu da natureza estão ensinando implicitamente que algo ilimitado, sem partes, sem atributos como o som e demais, é a causa de um efeito, o mundo, que é limitado, está feito de partes e se caracteriza pelos seus atributos designados com nomes. E a natureza, ao não ter partes, tem que sofrer uma mudança em totalidade. A não ser assim, haveria que abandonar o ponto de vista da natureza sem partes.

Diz o opositor. mas se poderia argumentar em favor dos adeptos do Samkhya, onde eles não dizem que a natureza não tenha partes. A definem como o estado de equilíbrio dos três gunas, a consciência, a atividade e a inércia. Assim, a natureza tem três partes.

Diz o adepto do Vedanta: dizendo que tal divisão não elimina a objeção da qual nos ocupamos, porque cada um dos atributos se considera sem partes. E cada guna por si mesmo, ajudada pelas outras duas, constitui a causa material dessa parte do mundo que a reflete.

Diz o opositor: aceitarmos que a natureza é homogênea, que tem partes para eliminar os argumentos sobre uma natureza homogênea.

Diz o adepto do Vedanta: se acetarmos isso, então, não poderia ser eterna. Digamos que os diferentes poderes da natureza, aos que a variedade dos efeitos estão assinalados, são as suas partes. Nós que vemos que a causa do mundo é o Absoluto Brahmâm, admitimos também esses poderes na natureza. O mesmo poderia dizer-se a respeito da teoria dos átomos como causa do universo. De acordo com essa teoria, um átomo, ao combinar-se com outro, haverá que se unir com toda a sua extensão, já que não está composto de partes. E como não aumenta em magnitude, ao final não haverá mais que um átomo. Se, por outro lado, sustenta-se que o átomo se combina somente com uma parte, isso iria contra da premissa de que não partes. E como todos os pontos de vista levam ao erro, inclusive o nosso, não devemos nos dirigir a nenhum dos que disputam em particular. De fato, o que tem fé no Absoluto Brahmâm tem clara a sua posição ante a isso.

[1104] GAMBHIRANANDA, 1983, p. 357.

[1105] MARTÍN, 2001, p. 285.

TEMA 10: A POSSE DE TODOS OS PODERES

Sutra 30: além do mais, a Deidade possui todos os poderes, segundo o revelam as Upanishads[1106].

Sutra 30: e o Absoluto inclui todos os poderes como se revelam nas escrituras[1107].

Já temos afirmado que este mundo múltiplo dos efeitos é possível pelo Absoluto, porque, ainda que seja uno, tem vários poderes.

Diz o adversário: como se sabe que o Absoluto Brahmâm tem vários poderes?

Diz o adepto do Vedanta: a resposta é que a Suprema Divindade possui todos os poderes, porque assim foi revelado. Várias frases das escrituras afirmam que Ele possui todos os poderes, assim: "Ao que pertencem todos os atos, todos os desejos, todos os aromas e todos os sabores, a Aquele que o penetra tudo, nada lhe importa e nada fala"[1108], "Seus desejos são verdade e Sua vontade é real"[1109], "Quem conhece tudo e compreende todas as coisas, percebe que Dele, o Imperecível Brahmâm, nasce Brahmâm, nome, forma, e comida"[1110] e "Sob a poderoso Lei do Imutável Gargy, o sol e a lua estão sustentados nas suas posições"[1111]

Sutra 31: se é argumentado que Brahmâm não pode atuar por falta de órgãos, isso teria sido contestado anteriormente[1112].

Sutra 31: se foi dito que o Absoluto não tem poderes por carecer de órgãos (e portanto não pode criar), diremos que isso já foi explicado[1113].

Diz o opositor: isso deve ser assim. Sem dúvida, as escrituras afirmam que a Divindade Suprema não tem órgãos de ação. Assim, por exemplo, na frase: "Não tem sabor, não tem odor, sem olhos, nem ouvidos, sem órgãos da fala e nem mente..."[1114]. Dessa maneira, como poderia produzir efeitos, ainda tendo todos os poderes? Sabemos que os deuses são seres animados, que têm toda classe de poderes e que podem cumprir com as suas obrigações,

---

[1106] GAMBHIRANANDA, 1983, p. 358.

[1107] MARTÍN, 2001, p. 286.

[1108] TINOCO, 2021, verso III, 14,4.

[1109] TINOCO, 2021, verso VIII, 7,1.

[1110] TINOCO, 1996, p. 195, verso I, 1, 9 (verso diferente).

[1111] MARTÍN, 2002, p. 286, verso III, 8,9.

[1112] GAMBHIRANANDA, 1983, p. 359.

[1113] MARTÍN, 2001, p. 286.

[1114] MARTÍN, 2002, p. 285, verso III, 8,8.

porque têm corpos e órgãos físicos. Além disso, como pode a Divindade estar relacionada com os poderes, se as escrituras dizem "não é isto, não é isto", negando-Lhe todos os atributos?

Diz o adepto do Vedanta: isso já foi abordado anteriormente. O Absoluto Brahmâm transcendente pode ser compreendido unicamente por meio dos Vêdas, e não com um simples raciocínio. E não podemos pensar tão pouco que a capacidade de um ser é igual a de outro. Foi explicado já que, ainda que haja negado todo atributo ao Absoluto, não obstante, pode-se considerar que Ele possui poderes se aceitarmos a pluralidade que é simples aparência em sua natureza. Há uma frase das Upanishads que diz: "O avarento sem mãos, o apressado sem pés, o conhecedor de Brahmâm vê sem os olhos, ouve sem os ouvidos"[1115].

Nessa frase, afirma-se que o Absoluto Brahmâm, ainda que sem órgãos corporais, tem todas as possibilidades.

TEMA 11: A NECESSIDADE DE MOTIVO

A CRIAÇÃO SEM MOTIVO

Novamente, o adversário questiona, de outro modo, o fato segundo o qual uma entidade consciente pode ser o Criador do Universo.

Sutra 32: Brahmâm não é a causa por necessitar algum motivo (para a criação)[1116].

Sutra 32: o Absoluto não é o criador do universo, porque, para criar algo, há que ter um motivo[1117].

Aparece outra objeção à teoria do mundo criado pelo Ser Supremo consciente. Não pode ser o criador deste mundo, se levarmos em conta que as ações têm um motivo. Pela experiência habitual, sabemos que uma pessoa, como ser consciente que é, faz algo depois de haver refletido. E não se dedica a uma atividade por insignificante que seja se não tem um interesse nela e mais ainda se é importante. Há uma frase das escrituras que confirma isso que ocorre com a experiência: "Não é por amor a tudo

[1115] TINOCO, 1996, p. 304, verso III, 19.

[1116] GAMBHIRANANDA, 1983, p. 360.

[1117] MARTÍN, 2001, p. 287.

pelo que tudo é amado, se não por amor ao Ser"[1118]. A ação de criar este mundo com os seu múltiplos objetos certamente é importante. Por isso, se pensamos que o ser consciente tem um objetivo ao criar, negamos a independência que as escrituras concedem ao Absoluto Brahmâm. Mas, sim, por outra parte, se pensarmos que não tem motivo, então, terá que aceitar que não há atividade Nele.

Consideremos que o mesmo que sucede com uma pessoa consciente que, ao estar fora de si, na sua loucura atua sem motivo, assim também, o Ser Supremo criou sem motivos este mundo. Entretanto, isso contradiz a onisciência do Ser Supremo que declara os Vêdas. Teremos, portanto, que concluir que a teoria da criação do universo por um ser consciente é incongruente.

Sutra 33: a Brahmâm não se lhe pode acusar de parcialidade nem de crueldade, porque Ele toma outros fatores em consideração; pois isso é o que os Vêdas mostram[1119].

Sutra 33: sem dúvida a atividade criativa do Absoluto é um simples jogo como se vê na vida diária.

A expressão "sem dúvida" anula a objeção que foi feita. Na vida, vemos que os príncipes e outras pessoas de alta posição, que não deixaram desejos sem realizar, atuam sem propósito quando se divertem. Também vemos que o processo respirar é constante e não está relacionado com nenhum objetivo distante dele. É simplesmente manter a lei da própria natureza. De igual modo, a atividade do Ser Supremo pode imaginar-se como um simples jogo que aparece da sua própria natureza, sem que haja relação com um propósito, porque nem as escrituras nem o raciocínio nos levam a pensar em um objetivo do Ser Supremo, tão pouco pode questionar-se Sua natureza[1120].

Ainda nos parece que a criação deste mundo é algo árduo, difícil de realizar, não é mais que um simples jogo para o Ser Supremo, cujo poder é ilimitado. E se na vida diária podemos detectar algum motivo sutil no jogo, depois de investigar cuidadosamente, não sucede o mesmo com as ações divinas, já que, como dizem as escrituras, todos os seus desejos estão

---

1118 MARTÍN, 2002, p. 206, verso II, 4,5.

1119 GAMBHIRANANDA, 1983, p. 361.

1120 A natureza de Deus em relação à criação seria a ignorância que só pode produzir ações sem propósito. Mas, pode ser a ignorância a natureza de Deus? Essa é questão que aqui se deixa de lado (nota de rodapé de Consuelo Martín, na sua tradução do Brahma Sutra, p. 288).

realizados. Nem se pode dizer que Ele não atua ou o que faz insensatamente, porque as escrituras afirmam, por um lado, o fato da criação e, por outro, a onisciência divina. Finalmente, devemos recordar que o ensinamento das escrituras sobre a criação, não se referem à Suprema Realidade, somente se trata do mundo de aparência que se caracteriza por estar constituído por nomes e formas através da ignorância. Além disso, as escrituras insinuam que o Absoluto Brahmâm é o ser de tudo.

TEMA 12: PARCIALIDADE E CRUELDADE

NÃO SE PODE ATRIBUIR AO ABSOLUTO PARCIALIDADE OU CRUELDADE

Sutra 34: a Brahmâm não se lhe pode acusar de parcialidade, porque Ele toma outros fatores em consideração; pois isso é o que os Vêdas mostram[1121].

Sutra 34: a atividade criadoura do Absoluto não se lhe pode atribuir a parcialidade ou a crueldade, porque há que tomar em conta outros fatores como mostram (os Vêdas)[1122].

Diz o adversário: Brahmâm não pode ser, razoavelmente, a causa do mundo.

Por quê?

Porque isso conduziria à possibilidade da presença de parcialidade e crueldade, o que poderia nos levar a concluir, razoavelmente, que o Ser Supremo tem a paixão e o ódio como algumas pessoas não nobres; dado que cria um mundo injusto ao fazer que alguns, os deuses etc. experimentem a felicidade, outros, os animais etc., o sofrimento extremo e outros mais. Os seres humanos, uma combinação de felicidade e dor moderadas. Isso anularia a índole de pureza extrema de Brahmâm — a imutabilidade —, que se declara nos Vêdas e nos Smritis. Então, a causa do sofrimento e da destruição infligidos a todas as criaturas, Brahmâm poderia se expor à acusação de ser sem misericórdia e extremamente cruel. E inclusive um vilão o aborreceria. Assim, devido à possibilidade da presença de parcialidade e crueldade, Brahmâm não é um agente criador do mundo.

1121 GAMBHIRANANDA, 1983, p. 362.

1122 MARTÍN, 2001, p. 288.

Diz o adepto do Vedanta: a resposta a isso é que não se pode acusar o Ser Supremo de distribuir as coisas desequilibradamente, nem de crueldade, porque há que por atenção em outros fatores. Se o Ser Supremo pela Sua própria iniciativa criou este mundo de forma desarmônica, sem nenhum fator alheio, se poderia culpar por ele. Mas a realidade é que, ao criar, está rodeado de certos fatores. Tem que levar em conta os méritos e as culpas. Por isto, a circunstância de desigualdade da criação se deve ao bem e ao mal das criaturas criadas. Não há erros no Ser Supremo. Sua posição pode ser considerada como a do doador da chuva (Parganya). Parganya é a causa do arroz, do centeio e de outras plantas, enquanto a diversidade de espécies à distinta potencialidade das sementes. Do mesmo modo, o Ser Supremo é a causa que cria deuses, homens etc., enquanto a diferença entre as distintas classes de seres se deve ao que cada ser individual merece. Portanto, não podemos reprovar a distribuição desigual ao Ser Supremo, nem a crueldade, porque se deve a outros fatores.

E se nos perguntam como descobrimos que o Supremo, ao criar este mundo condicionado de distintas maneiras, está rodeado de outros fatores que há que ter em conta, diremos que as escrituras o afirmam. Vejamos, por exemplo, as duas frases seguintes: "Porque Ele não é bom pelas boas ações nem mal pelas más. Está por cima dos bons desejos que produzem ações boas e dos maus que produzem más ações. Está verdadeiramente por cima destes mundos" (Kau. Upa, III,8) e "Uma pessoa é boa pelas suas boas obras e má pelas suas más obras"[1123]. Também as frases da tradição se referem às doações divinas de favores que depende das obras dos seres viventes, por exemplo: "Os reis e sábios conheceram este caminho do Yoga e o transmitiram uns aos outros sucessivamente. Mas, com o transcorrer do tempo, destruidor dos inimigos, foi esquecido"[1124].

Sutra 35: se argumentam que não é possível considerar o Karma: o mérito e o demérito, no princípio, posto que os frutos do trabalho ficam, todavia, indiferenciados, nós dizemos que não é assim, dado que o estado transmigratório não tem começo[1125].

Sutra 35: se foi dito que não é possível a distinção entre o bom e o mal (antes da criação), diremos não é assim, porque (o mundo) não tem princípio[1126].

1123 MARTÍN, 2002, p. 379, verso IV,4,5.

1124 MARTÍN, 2009, p. 90, verso IV, 2, p. 90, 2009 (verso diferente).

1125 GAMBHIRANANDA, 1983, p. 364.

1126 MARTÍN, 2001, p. 289.

Diz o opositor: a frase "No princípio tudo isto era o Ser, um sem segundo"[1127] afirma que antes da criação não havia distinções, o ser era indiferenciado. Como consequência disso, não havia nem o bem nem o mal, a criação não era desigual. E se aceitamos que o Ser Supremo ao fazer a distinção se guiou pelas ações dos seres vivos posteriores à criação, entramos em um ciclo vicioso. A ação depende das diversas condições da vida e essas condições dependem, por sua vez, da ação. Podemos considerar que o Ser Supremo atua segundo os méritos ou culpas, depois que a diferença surgiu. Mas, como antes da causa de desigualdade, não existia o mérito, a primeira criação devia ser sem desigualdades.

Sutra 36: além do mais, isso é lógico e as escrituras o consideram assim[1128].

Sutra 36: é razoável, além disso, que se vê pelas escrituras que o mundo não tem princípio[1129].

É lógico que o mundo não tenha princípio, pois se tivesse tido um princípio como tudo chegou a existir sem causa, os seres libertos tenderiam a entrar no ciclo de existência transmigratória. E pela contingência dos resultados sem causa, as diferenças de felicidade e sofrimento não estariam justificadas.

E se há assinalado que o Ser Supremo não é a causa da desigualdade. Tampouco pode sê-lo a ignorância por si mesma por ser de uma natureza diferente do Ser Supremo. Por outro lado, a ignorância pode ser a causa da desigualdade se considerarmos que está relacionada com o mérito ou culpa acumulados pela ação produzida por impressões mentais de atração, repúdio e ilusão. Ninguém pode vir a essa existência sem os méritos ou culpas acumulados (Karma) e tão pouco pode formar-se as boas ou más ações sem corpo. Desse modo de pensar que o mundo tem um começo nos leva a uma petição de princípio. Enquanto se a criação é sem começo tudo resulta lógico segundo a analogia da semente e dos brotos. Até aqui, não há nenhum problema.

Damo-nos conta do porquê o mundo não começou nunca, pela revelação dos Vêdas e pela tradição. Nos Vêdas, encontramos a frase: "Que entre Eu mesmo neste ser vivente (*Jîva-âtman*)"[1130]. Fala-se da criação aqui

---

1127 TINOCO, 2021, verso VI, 2, 1.

1128 GAMBHIRANANDA, 1983, p. 364.

1129 MARTÍN, 2001, p. 290.

1130 TINOCO, 2021, verso VI, 3,2.

mediante o ser individual, chamado antes da criação por "ser vivente". Esse é um nome que se lhe aplica como princípio que mantém as energias. E mostra que o mundo fenomênico não teve princípio, porque, se houvesse um princípio, a energia não existiria antes desse princípio e, então, como se poderia referir o texto ao ser vivente com a palavra *Jîva* que se usa significando o processo da vida? Tão pouco se pode dizer que se lhe chama assim pensando que uma relação futura com as energias vitais, porque está estabelecido que uma relação passada, já existente tem mais força que uma que ainda não existe. Teremos, além disso, o verso seguinte: "O criador, criou o sol e a lua em prévios ciclos" (R. V., X, 190, 3), onde se mostra a existência dos primeiros ciclos da criação. Na tradição também se afirma que o mundo não tem princípio, na frase: "Aqui, entre os humanos, não se percebe sua forma, nem onde termina nem onde começa".[1131] E o Purana conclui dizendo que os ciclos passados e futuros são inumeráveis.

TEMA 13: A IDONEIDADE DE TODAS AS CARACTERÍSTICAS

O ABSOLUTO INCLUI TODAS AS CARACTERÍSTICAS NECESSÁRIAS PARA A CRIAÇÃO

Sutra 37: e Brahmâm é a causa pela idoneidade de todas as características (de uma causa Nele)[1132].

Sutra 37: o Absoluto é a causa do universo, porque todas as características que se requerem para a criação do mundo estão Nele em potência[1133].

O mestre espiritual Vyasa negou até agora todas as objeções apresentadas como a diferente natureza do Absoluto Brahmâm e o mundo e se determinou o verdadeiro sentido dos Vêdas que afirmam que o Absoluto Brahmâm consciente é a causa eficiente e material do universo. Depois disso e antes de entrar em um novo capítulo que tratará de eliminar as conclusões mantidas pelos opositores (B.S., II, 2), faremos um resumo do capítulo precedente que demonstrou o porquê havia que aceitar seu ponto de vista. Porque, se reconhecemos ao Absoluto Brahmâm como a causa do universo, vê-se que todas as características de tal causa se referem a Ele. Tendo isso em conta, esta filosofia baseada nas Upanishads não inclui nenhuma dúvida.

1131 MARTÍN, 2009, p. 259, verso XV, 3.

1132 GAMBHIRANANDA, 1983, p. 366.

1133 MARTÍN, 2001, p. 291.

REFERÊNCIAS

APTE, V. M. B. A. **Brahma-Sûtra Shânkara-Bhâsya, Bâdarayana's Brahma-Sûtra with Shakâracharya's Commentary**. Bombay-Índia: Popular Book Depot, 1882-1960.

CAMPBELL, J. *In:* ZIMMER, H. **Filosofia da Índia**. São Paulo: Editora Palas Athena, 2003. p. 431-436.

DASGUPTA, S. **A History of Indian Philosophy**. Delhi, Índia: Motilal Banarsidass, 1992. 5v.

DONIGER, W.; SMITH, B. K. **The Laws of Manu**. London: Peguin Books, 1991.

DRAGONETTI, C.; TOLA, F. **Filosofía de la India**. Barcelona: Editorial Kairós, 2008.

FLOOD, G. **Uma Introdução ao Hinduísmo**. Juiz de Fora: Universidade Federal de Juiz de Fora, 2014.

GAMBHIRANANDA, S. (Trad.) **Brahma-Sûtra-Bhasya of S'ri S'ankaracârya**. Calcutta-India: Advaita Ashran, 1983.

GAMBHIRANANDA, S. **Brahma Sutra Bhasya de Shankaracharya**. Traduzido para o espanhol. Las Vegas: Sarada Ma Publishing, 2011. 2v.

GLASENAPP, H. von. **La Filosofia de los Hindues**. Barcelona: Barral Editores, 1977.

MAHADEVAN, T. M. P. **Invitación a la Filosofia de la India**. Mexico: Fondo de Cultura Económica, 1991.

MARTÍN, C. **Bhagavad Gitâ com los contarios Advaitas de S'ankara**. Madrid: Editorial Trotta, 2009.

MARTÍN, C. **Brahma-Sutras-Con los Comentarios Advaita de S'ankara**. Madrid: Editorial Trotta, 2001.

MARTÍN, C. **Gran Upanisad del Bosque (Brhadaranyaka Upanisad), com los comentários Advaita de S'ankara**. Madrid: Editorial Trotta, 2002.

RADHAKRISHNA, S. **Indian Phisosophy**. Oxford: Oxford University Press, 2006. 2v.

RUBIO, F. **La ciência del Brahman**. Barcelona: Editorial Trotta, 2000.

SANKARANANDA, Dr. S. **S'ri S'ankara- His Life, Philosophy and Relevance to Man In Modern Times**. Madras: The Adyar Library Research Center, 2001.

THE CULTURAL Heritage of India. Calcutá, v. 1, p. 152, 2001.

THE CULTURAL Heritage of India. Calcutá-Índia: The Ramakrishna Mission-Institute of Culture, 2001. 6v.

TINOCO, C. A. **As Upanishads**. São Paulo: Editora Ibrasa, 1996.

TINOCO, C. A. **As Upanishads**. São Paulo: Editora Ibrasa, 1997.

TINOCO, C. A. **As Upanishads do Yoga**. São Paulo: Madras Editora, 2005.

TINOCO, C. A. **História das Filosofias da Índia**. Curitiba: Editora Appris, 2016. 2v.

TINOCO, C. A. **Changogya Upanishad**. São Paulo: Editora Ibrasa, 2021.

TINOCO, C. A. **A Grande Upanishad da Floresta**. São Paulo: Madras, 2013.

TINOCO, C. A. **Introdução ao Pensamento Védico**. Manaus: Imprensa Oficial do Amazonas, 1989.

THIBAULT, G. (Trad.). **The Vedanta Sutras**. New York: Dover Publications, Inc, 1962. 2v.

VIRESWARANANDA, S. **Brahma-Sutras**. Mayavadi, Almora, Himalaya-Índia: Advaita Ashrama, 1936.

ZIMMER, H. **Filosofia da Índia**. São Paulo: Editora Palas Athena, 1986.